나, 여성노동자

1

나, 여성노동자 1권: 1970~80년대, 민주노조와 함께한 삶을 말한다

초판 1쇄 발행 _ 2011년 5월 1일
초판 2쇄 발행 _ 2011년 7월 10일

엮은이 · 유경순

펴낸이 · 유재건 | 주간 · 김현경
편집팀 · 박순기, 주승일, 태하, 임유진, 김혜미, 김재훈, 강혜진, 김미선, 고태경, 김효진
디자인팀 · 서주성 | 마케팅팀 · 정승연, 황주희, 이민정, 박태하
영업관리팀 · 노수준, 이상원, 양수연

펴낸곳 · (주)그린비출판사 | 등록번호 · 제313-1990-32호
주소 · 서울시 마포구 동교동 201-18 달리빌딩 2층 | 전화 · 702-2717 | 팩스 · 703-0272

ISBN 978-89-7682-751-7 04300   978-89-7682-750-0(세트)
이 도서의 국립중앙도서관 출판시도서목록(CIP)은 e-CIP 홈페이지(http://www.nl.go.kr/ecip)와
국가자료공동목록시스템(http://www.nl.go.kr/kolisnet)에서 이용하실 수 있습니다.(CIP제어번호:
CIP2011001656)

그린비출판사 **나를 바꾸는 책, 세상을 바꾸는 책**
홈페이지 · www.greenbee.co.kr | 전자우편 · editor@greenbee.co.kr

나, 여성 노동자

1

1970~80년대
민주노조와 함께한 삶을 말한다

유정숙

신순애

김한영

이승숙

유옥순

박육남

조분순

성훈화

김덕종

유경순 엮음

그린비

책을 내며

지난 50년 동안 여성노동자들의 삶은 얼마나 달라졌을까

1960년대 이후 한국 자본주의를 지탱해 오던 봉제·전자 공장에서 일하던 여성노동자들의 삶과 50년이 지난 2010년 비정규직 여성노동자들의 삶은 얼마나 달라졌을까. 이 물음에 대한 답으로 이 책은 1960년대 이후 현재까지 한국 자본주의의 변화 속에서 여성노동자들의 삶과 활동이 어떠했는지를, 여성노동자들의 '목소리'로 담았다.

1962년부터 군사독재정권이 주도한 경제개발계획의 추진으로 한국 자본주의 발전이 본격화되었다. 특히 1980년대까지 한국 자본주의는 섬유산업과 전자업종 중심의 여성노동력에 기대어 그 발전을 이루었다. 이들 여성노동자들은 대부분 농촌에서 '딸'로 태어나 집안의 입 하나 덜기 위해, 또는 오빠나 남동생을 공부시키기 위해, 청계천으로 구로공단으로 밀려와 공장에서 일하며 청춘을 보냈다. 이들은 잔업·철야·특근을 밥 먹듯이 하며 세계에서 가장 긴 시간을 일하면서도 '쥐꼬리만 한 월급봉투'를 받아야 했고, 그 덕분에 한국 경제는 성장을 계속했다. 그런데 이들의 뒤를 이은 오늘의 여성노동자들은 어떤 조건에서 일하고 있을까? 더 나은 조건에서 노동하며 살고 있을까?

이에 대한 답은 불행하게도 "아니다!" 1997년 말 경제위기 국면을 거쳐 현재 여성노동자들은 비정규직이나 비공식 부문의 노동자로, 오히려 불안정한 일자리로 생존을 위협받으면서 여전히 최저생계비에도 못 미치는 더 열악한 노동조건에서 일하고 있다. 달라진 것이 있다면 산업변화에 따라 봉제·전자업종 중심에서 서비스·유통업체나 학교비정규직, 보육노동자, 간병인, 조리사 같은 곳으로 일자리가 옮겨졌을 뿐이다.

그 때문에 1970년대와 1980년대에 이어 현재 여성노동자들은 자신의 노동조건을 개선하고 노동자 권리를 지키기 위해 투쟁으로 일어서거나 노동조합 활동에 적극적으로 나설 수밖에 없었다.

이런 여성노동자들의 삶과 활동을 둘러싼 연구가 일부 이루어지고 있지만, 과거에 머물든지 아니면 현재의 노동상황으로 제한된 듯하다. 더욱이 이런 연구성과조차 '연구자들의 몫'으로 공유될 뿐 노동자들 사이에서 소통되고 공유되지 못하고 있다. 그 결과 긴 역사로 이어져 온 여성노동자들의 삶과 활동의 경험은 연구에서도, 노동자들 사이에서도 여전히 뒷전에 밀쳐져 있을 뿐이다.

이에 이 책은 여성노동자들이 '여성으로서 또 노동자로서' 자신의 삶과 활동의 경험을 스스로 글로 쓰거나 직접 말하여 자신들의 '목소리'로 세상과 소통하기 위한 시도를 담아 냈다. 즉 이 책은 1960년대부터 현재까지 여성노동자들의 삶과 활동을 돌아보며, 한국 자본주의 발전 뒷면에 있는 '다르면서도 같은' 다양한 여성노동자의 삶과 저항을 통해, 과거에서 현재까지 지속되고 있는 '여성노동자'의 상황을 이해하는 데 하나의 디딤돌을 마련하기 위한 노력의 결과물이다.

이 책 『나, 여성노동자』의 1권에는 청계천과 구로공단에서 노동하고 활동한 아홉 명의 여성의 목소리가 담겨 있다. 여섯 명이 글을 썼고 세 명이 자신의 삶을 말하였다. 우선 1970~80년대 한국 노동운동사를 대표했던 청계피복 노동조합은 1970년 전태일 열사 분신 이후 삼동친목회원을 중심으로 결성되었다. 조직 기반이 취약했던 노동조합에 유정숙이 중심이 되어 만든 여성노동자 소모임인 '아카시아회'는 1970년대 노동조합을 받쳐 온 든든한 힘이었다. 그 뒤를 이은 1970년대 중반기 노동조합을 지탱한 이들은 신순애처럼 노동교실을 통해 참여한 여성노동자들이었다. 그녀는 어린 여성노동자들에게 한글을 가르치거나 소모임을 만들어 '청계노조의 조직가'로 역할을 했다.

1981년 신군부정권에게 강제해산을 당한 청계노조가 1988년 다시 노조 합법성을 쟁취하기까지, 많은 여성노동자들의 헌신이 있었다. 그 중 김한영은 문학모임과 탈춤모임을 통해 노조활동에 참여해, 야학을 매개로 노조에 참여한 이승숙과 더불어 노조 복구활동에서 중심적인 역할을 하였다. 이들의 글에서 노조 복구과정이 얼마나 치열했는지를 알 수 있다.

이처럼 청계노조는 긴 활동기간 때문에 1970년대 전반기와 중반기, 1980년대 복구세대 등으로 세대교체가 있었다. 이 때문에 네 명의 글을 담았는데, 세대는 달라도 여성과 가난이라는 같은 경험과 다른 세대의 노조활동을 엿볼 수 있다.

다음으로 1967년부터 '수출한국'을 위해 구축된 구로공단은 전자·금속산업과 섬유산업이 중심을 이루었고, 두 산업에서 노동조합 활동이 일어났다. 우선 유옥순은 구로공단 최초의 민주노조이자 70년대 유일하게 성차별문제나 여성특수과제 해결을 위해 노력한 콘트롤데이타 노조의 활동을 엿볼 수 있게 해준다. 한편 노동운동의 역사에서 이름만 남아 있고 그 활동이 지워진 많은 노조가 있다. 한일도루코 노조와 남화전자가 그 경우인데, 두 사람의 글을 통해 지워진 활동의 일부나마 복원을 할 수 있었다. 박육남은 한일도루코 노조활동이 노동자들에게 얼마나 큰 삶의 기쁨이었는지, 거꾸로 1980년 신군부 세력의 노조 탄압 때문에 당한 고문이 얼마나 잔혹했는지를 전하고 있다. 남화전자의 조분순의 목소리를 통해서는 한국노총의 어용성과 자본의 노조 탄압 양상을 볼 수 있다. 특히 노조 와해 이후 수차례에 걸친 재취업과 해고과정에서 '블랙리스트'가 노동자들의 활동만이 아니라 생존을 위협했던 상황이라는 것을 새삼 알 수 있다. 또 가리봉전자 노조 성훈화의 글에서는 1985년 구로 동맹파업과 이후 활동과정에서 겪었던 '상처'를 딛고, 과거의 경험을 어떻게 현재의 삶에 녹일 수 있는지를 보여 주고 있고, 김덕종은 1987~97년에 구로 공단을 뒤흔들었던 나우정밀 노조간부로서 활동하며 겪었던 내적 갈등과 고민을 솔직히 이야기하고 있다.

1997년 말 경제위기를 거치면서 한국사회에는 실업, 구조조정, 비정규직이란 용어가 일상화되었다. 중산층이 무너지고 많은 기혼여성들이 가정생계를 꾸리기 위해 일자리를 찾아나서야 했다. 그러나 이들에게 주어진 일자리는 '비정규직'이었다. 물론 새롭게 사회로 진출한 대부분의 20, 30대 역시 일할 수 있는 곳은 '비정규직'이었다.

이런 한국사회의 변화를 반영해 2권에서는 비정규직 여성노동자들의 삶과 활동을 담았다. 가능한 다양한 직종, 여러 지역을 포괄하려 했다. 나이 역시 30대에서 60대까지 여러 연령층의 경험을 담으려 했다. 그 결과 다섯 명이 글을 썼고 세 명에게 구술을 받았다.

한때 전국을 떠들썩하게 했던 이랜드 노조의 이경옥과 공공노조 서경지부 학교비정규직인 최보희의 글은 IMF 이후 기혼여성들이 왜 일자리를 찾아나서는지, 그들에게 주어진 일자리가 어떤 곳인지를 단적으로 보여 준다. 전남 광주의 시청 청소용역 여성노동자들은 왜 나이 50이 넘은 이들이 고용보장을 요구하며 알몸투쟁까지 벌여야 했는지, 50대·60대의 여성노동자들이 왜 노동조합을 할 수밖에 없었는지, 비정규직 노동자의 현실을 적나라하게 들려준다. 또 경남 대구 간병인노조의 석명옥은 간병인이라는 직업을 통해 병원 내의 수직적 위계질서와 비정규직 노동자들이 노조로 뭉쳤을 때 어떤 힘을 발휘할 수 있는지를 말해 준다. 동산의료원 조리원인 이화자의 글은 최근 새롭게 등장한 '다단계 하청화' 시도가 노동자들을 더 낮은 임금과 열악한 노동조건으로 내모는 현실을 보여 준다. 그 때문에 기혼 여성노동자들이 일자리와 자존심을 지키기 위해 투쟁에 나섰고, 투쟁과정에서 지역노동자들의 연대가 얼마나 큰 힘이 되는지 잘 보여 주고 있다.

한편 다음 세 명의 글에서는 젊은 세대 역시 그들이 일할 곳은 비정규직이라는 현실을 보여 준다. 1,895일간의 투쟁을 승리로 이끈 기륭전자 노조의 김소연은 할 수 있는 모든 투쟁방법을 다 하면서 그 투쟁과정이 얼마나 고통스러웠는지를, 그럼에도 '이길 때까지 싸우는 것'이 승리의 힘이라는 현실을 알려 준다. 현대자동차 아산 사내하청 노동자인 원문숙은 '용감한 싱글맘'으로 같은 노동자임에도 남성노동자들이 여성노동자들을 어떤 시선으로 바라보는지, 재벌기업인 현대자동차의 하청구조와 비정규직 노동자들의 투쟁 상황을 엿볼 수 있게 해준다. 보육노동자 심선혜의 글은 자신의 정체성을 둘러싼 내적 갈등을 솔직히 들여다보면서, 보육교사로서 아이들에 대한 애정과 비정규직 노동자로서의 노동조건, 새로운 사회를 꿈꾸는 그녀의 갈등과 고민 등이 짙게 묻어 있다.

이들 비정규직 여성노동자들의 활동은 현재 진행형이다. 그래서 조심스러운 면도 있지만, 용감한 이들은 자신의 삶과 활동을 솔직하게 이야기했다.

이 작업은 여러 계기를 디딤돌 삼아 추진하였다. 우선 2003년 이후 1970~80년대 민주노조 활동을 했던 여성노동자들과 구술작업을 하면서 이들의 경험을 어떻게 다른 이들과 같이할 수 있을까 하는 생각이 그 출발이었다. 그 뒤 2007년 구로동맹파업 주체들과 같이 자기역사쓰기를 시도해 본 결과, 노동자들도 자기역사를 쓸 수 있다는 것을 확인했다. 과거 경험을 중심으로 만나오던 과정이 현실경험으로 이어진 것은 2008년 3·8 여성노동자의 날을 기념하며 여성운동네트워크에서 주최한 '비정규직 여성노동자들의 증언대회'를 같이 진행한 일이었다. 이 과정에서 비정규직 여성노동자들의 삶과 투쟁의 경험을 공유하면서 더 많은 이들과 같이 소통할 수는 없을까 하는 고민이 생겼다. 그 결과 과거 여성노동자들의 경험에서 나아가 현실의 비정규직 여성노동자들의 삶을 같이 연결해서 추진할 수 있었다.

이런 계기들이 모여 2009년 9월부터 2010년 6월까지 '여성노동자 자기역사쓰기 모임'(약칭 '여자모')을 진행했다. 집단작업을 할 수 있는 이들이 격주 또는 한 달에 한 번 모였다. 모임에서는 자신의 삶을 돌아보고 정리방식을 익히기 위해, "글쓰기를 어떻게 할 것인가", "여성노동자의 자기역사쓰기는 왜 필요하며 어떻게 쓸 것인가"라는 주제의 강좌를 했다. 그 과정에 각자 자신의 삶을 큰 틀에서 정리해서 이야기해 보고, 삶의 연표를 정리한 다음 목차를 짰다. 이후 모임에서는 각자 글을 써 와서 같이 읽고 얘기했다.

대부분 성장과정에서 '딸'로서 겪었던 차별과 배움에 대한 고픔, 결혼 이후 가정에서의 여성문제와 재취업 과정, 작업현장에서 여성노동자로서 겪은 차별, 노동조합 활동이나 투쟁과정에서의 어려움 등을 이야기하면서 같이 울거나 분노하고, 즐거운 일은 같이 웃으면서 조금씩 정리해 나갔다.

물론 진행하는 데 어려움도 많았다. 어떤 이는 투쟁으로 온몸에 상처를 입은 채 작업을 해야 했고, 다른 이들은 노동조합 활동과 직장 일정에 쫓기는 조건이었다. 거기에 일요일에 진행하는 모임에 가족을 등지고 나오는 것도 쉬운 일은 아니었다. 그럼에도 어떤 이들은 기억을 확인하기 위해 자료를 찾아다니거나 같이 활동했던 이들에게 확인하는 노력을 했고, 다른 이는 시간이 없어 밤잠을 줄이고 정리 작업을 해야 했다. 또 다른 이는 컨테이너 농성장을 밤새 지키며 투쟁의 현장에서 자신을 돌아보며 정리하기도 했다.

조건과 시간 때문에 모여서 같이 하기 어려운 이들은 개별적으로 논의하며 글을 써 나갔다. 어떤 이는 인천에서, 또 다른 이는 강화도에서 공책에 글을 써 오면 그것을 컴퓨터에 입력하면서 논의하고 수정하기를 몇 차례 거쳐서 글을 완성하였다. 마지막으로 글쓰기가 더 어려운 조건에 있는 이들은 구술을 받아 정리했다.

이런 과정을 거쳐 만들어진 이 책은 사회를 변화시키기 위해 투쟁하고 활동한 여성노동자들이 이제는 그 경험을 스스로 기록하며 역사쓰기의 주체로 나서야 한다는 것을 실천한 것이다. 더 많은 여성노동자들의 목소리가 이 사회에 널리 퍼지기를 바라면서…….

이런 글쓴이들의 마음을 담아 이 책을 여성노동자들에게 드린다. 이 사회를 깊고, 넓게 변화시켜 나가고 있는 여성노동자들의 목소리가 서로 소통되기를 바라면서. 그리고 이 책을 남성노동자들과 꼭 같이 읽고 싶다. 그들의 어머니와 누이들, 부인과 딸들인 '여성'들이 가정과 직장에서 그리고 노동운동을 하면서 어떤 고민을 안고 있는지 그 이유가 무엇인지 같이 알아 가면 좋겠다.

또한 사회 진출을 하려는 20대들과도 이 책을 나누고 싶다. 청년실업 40만이 넘는 '야만의 시대'에, 나이 많은 비정규직 여성노동자들의 투쟁이 그녀들의 일자리를 지키려는 몸부림을 넘어 사회의 일꾼으로 등장할 젊은이들이 마주할 현실에 대한 고민을 안고 있다는 것을 전하고 싶다.

이 책이 나오기까지 여러 분들의 도움과 지지가 있었다. 장소를 제공해 주고 지지를 보내 주신 노동자교육센터 김진순 님, 신재걸 님, 김영준 님, 그리고 구술자 섭외를 해준 공공노조의 주미순 님, 한선주 님, 특히 공공노조 광주전남지부의 전욱 지부장님은 일에 쫓기면서도 구술자 섭외, 거기에 초고 검토와 사진수집까지 지원해 주셔서 너무 감사하다는 말을 꼭 전하고 싶다. 또 모임에 참여해서 신세대의 감각을 느끼게 해준 박선영 님, 녹취록 작성작업과 원고 검토를 도와준 이곽미옥 님, 녹취록 작성을 해준 최보미 님에게도 감사를 전한다.

마지막으로 기획안을 보고 반가이 출판을 맡아 주신 그린비출판사와 출판을 위해 많은 수고를 해주신 출판-인쇄 노동자 분들께도 고개 숙여 감사드린다.

2011년 봄

'여자모'를 대신해서 엮은이 씀

나는 무엇을 하며 살았는가? 나는 이 사람보다 조금 더 나은 생활을 하고 중학교에 다녔는데도,
우리 가정, 어머니와 동생만을 생각하며 우물 안 개구리처럼 기계처럼 살았는데,
전태일은 자신의 비참한 생활 속에서도 희망을 품고 극복하려 노력하고 사회를 바꾸어
보려고 혼신의 힘을 다하다가 나 아닌 다른 사람들을 위해 하나밖에 없는 목숨까지
희생하였단 말인가.

어둠 속에서 빛으로

유정숙

청계피복 노동조합 아카시아회 회장 · 노동조합 간부

어둠 속에서 빛으로

1. "쓸데없는 딸들"

내가 태어난 곳은 충청도 광덕면 '은골'이라는 곳이다. 지금도 집이 십여 채 정도만 있을 뿐 젊은이들은 직장과 자녀 학교 문제로 도심으로 떠나고 노인들만 남아 있는 깊은 산골이다.

해방 이후, 고향인 평북 영변을 등지고 월남한 부모님은 서로 떨어져 아버지는 인천에서 장사를 하셨고, 어머니는 낯설고 물선 은골에서 농사를 지으며 사셨다. 나는 둘째 딸로 자랐지만, 내가 어렸을 때 죽은 두 언니가 있었기 때문에 실제로는 넷째 딸인 셈이다. 유난히 아들을 원하셨던 어머니에게 넷째 딸은 실망과 슬픔 그 자체여서 죽으라고 윗목으로 밀어 놓았는데, 내 생명줄이 길어서 살아났단다. 무남독녀 외딸로 자라오신 어머니는 외할아버지가 아들을 얻기 위해 작은 부인을 얻기까지 했었다며 아버지께 버림을 받을까 노심초사하며 집안의 대를 이을 아들을 원했는데 딸이라고 많이 우셨다고 한다.

청계피복 노동조합의 소식지였던 「청계노보」에 대해 설명 중인 필자(2008년)

어머니는 땅도 없는 곳에서 힘들게 화전을 일구어 밭농사를 지으며 살다가 한국전쟁의 소용돌이 속에서 아들을 낳게 되었단다. "대를 이을 아들을 낳고 보니 세상을 다 얻은 것 같았다"며 기뻐하셨단다. 나는 남동생과는 달리 환영받지 못하고 태어났지만 그래도 있는 듯 없는 듯 조용하고 건강하게 잘 자랐다.

전쟁이 끝난 후 은골을 떠나 온 가족이 인천으로 돌아왔고, 생활력이 강한 이북 사람들의 기질을 타고난 부모님 덕분에 마당이 꽤 넓은 집에서 살았다. 나는 아버지의 손을 잡고 송림초등학교에 입학하였다. 아버지는 학교에 관심이 많으시어 육성회장을 하시는 덕분에 초등학교 1, 2학년은 순탄한 배의 항로같이 마냥 즐겁게만 흘러갔다. 나는 공부는 물론 그림도 잘 그려서 반 대표로 뽑혀 자유공원으로 그림을 그리러 다니기도 했고, 어린이날이면 인천의 모든 학교가 참여하는 체육대회에 릴레이 선수로 나가서 상을 타기도 하면서 아버지와 어머니의 자랑스러운 딸로 자랐다.

　　그러나 집안에서는 남동생 때문에 차별대우를 받았다. 과자를 사와도 아들에게만 주고 어디를 가도 아들만 앞세우고 다니는 부모님을 이해할 수 없었다. 어느 날 남동생이 없어졌으면 하는 생각을 하기도 했다. 그런데 정말 다섯 살 된 동생이 없어진 적이 있었다. 그때 나는 나도 모르게 내가 그런 생각을 해서 없어진 것 같아 무서웠고, 죄를 지은 것 같아 두려웠다. 온 식구가 동생을 찾으러 몇 시간을 헤맨 뒤에 아버지의 품에 안겨 동생이 들어왔을 때 어찌나 반갑던지……. 소중한 생각이 절로 일었다. 나는 다시는 그런 생각을 하지 않으리라 다짐했다. 그리고 이런 내 마음을 아무에게도 들키지 않아 다행이라고 생각했다.

　　그런데 언제부터인가 아버지가 집에 들어오시지 않았다. 초등학교 2학년 때 가을인가. 아버지가 대구에 계시다며 어머니는 막내 동생만 데리고 가셨다. 그때가 처음으로 어머니와 떨어졌던 때라, 노을이 질 때면 엄마 생각이 나서 벗어 놓은 치맛자락으로 얼굴을 감싸고 엄마의 냄새를 맡았던 기억이 난다. 며칠 만에 돌아오신 어머니는 집을 팔고 살림을 정리했고, 우리는 대구로 이사를 하게 되었다. 그런데 대구에 가서 보니 아버지는 이미 다른 여자와 살림을 하고 있었다. 어머니는 속았다는 것을 알았지만 이미 집을 옮겼기에 어쩌지 못하고 대구에서 살기로 하였다. 성격이 강하고 냉정한 어머니는 아버지를 다시 보지 않겠다는 생각을 하고 방 하나를 얻어 우리 사남매를 굶기지 않으며 살아갈 고민을 하다가 행상을 시작하셨다. 어머니가 어렵게 사는 것을 본 이웃 아저씨가 "정숙이를 양녀로 달라"고 하셨지만, 어머니는 "내 자식은 누구에게도 절대 보내지 않겠다"라고 거절하셨단다.

나는 대성초등학교에 3학년으로 전학을 하였고, 선생님들이나 친구들에게 인정과 사랑을 받아 가며 대구 사투리에도 적응해 가면서 즐거운 학교생활을 했다. 학교 가까운 곳에 달성공원이라는 유명한 공원이 있다. 학교에서 2백 미터쯤 가면 공원 담 쪽으로 철망을 친 곳에 개구멍을 만들어 수업이 끝나면 친구들과 공원에 들어가 뛰어놀며 많은 시간을 보냈다. 3년 정도 되는 기간이었지만 마음의 고향으로 느낄 만큼 어린 시절의 추억이 가장 많이 남아 있는 곳이다.

성인이 되어서도 어릴 적 놀던 그곳을 꿈속에서 보기도 하다가 몇 년 전 마음이 울적하여 45년 만에 찾아가 보았다. 예전의 학교건물은 없어지고 새로 지어지긴 했으나, 학교를 보니 친구를 만난 듯 너무 반가워 가슴이 뛰고 눈시울이 뜨거워졌다. 친구들의 흔적은 찾을 수 없었으나, 마음은 고향에 온 것같이 따뜻해졌다.

이렇듯 대구에서의 학교생활은 즐거웠다. 나는 꿈이 있고 모든 이들에게 인정받으며 장래가 촉망되는 모범 어린이였다. 그러나 마음 한구석에는 언제나 아버지에 대한 미움과 어머니의 눈치를 살피는 마음이 웅크리고 있어서, 나의 뜻과 생각을 속으로 감추기 시작하였다. 또 집에 오면 어머니가 힘겨워하시니까 눈치만 보곤 하다가 어머니께 칭찬을 받기 위해서라도 내 일은 내 손으로 해야지 하는 생각에 학교 다녀오면 숙제는 물론 입었던 치마, 블라우스, 엄마가 만들어 준 고무줄 넣은 검은 팬티 등을 빨아서 다음날 입고 갈 수 있도록 준비해 놓곤 했다. 그런 내 모습을 보며 놀기 좋아하는 주인집 딸, 순자는 자기 부모나 언니로부터 "너는 정숙이 발뒤꿈치도 못 따라간다"는 야단을 맞기도 해서 나를 미워하기도 했다. 그래도 고무줄놀이, 공기놀이, 줄넘기 할 때는 꼭 불러서 같은 편이 되어 놀

자고 하였다. 내가 들어가는 편이 이기니까…….

추석을 앞두고 비가 내리던 어느 날, 노점상을 하는 어머니가 장사를 못하고 들어오시더니 언니와 나한테 화풀이를 하셨다. "필요 없는 딸들 벌어 먹이느라 힘들다"며 야단하셨고, 언니와 나는 밖에 나와 울고 서 있었다. 얼마 후에 엄마가 국수를 끓여 놓고 부르셨다. 그날따라 따뜻하게 느껴졌던 국수에 엄마의 마음이 녹아 있는 것 같아 더 맛있게 먹었다. '엄마가 속상해서 그러셨겠지. 추석 대목인데 비는 오고 장사도 못하고 아버지에 대한 원망 때문에 그랬을 거야'라며 어린 마음에도 어머니를 이해하려고 애썼다. 그러나 엄마는 더 화가 나는 날이면 새벽부터 자고 있는 언니와 나를 깨우고 "쓸데없는 딸들!"이라며 "아버지한테 가서 밥 먹고 학교에 가라"고 쫓아내기도 하였다. 그럴 때는 죽기보다 더 싫었지만 엄마의 극성스러운 야단에 마지못해 언니와 손을 잡고서 아버지의 집으로 향했다. 가는 길에 조그만 언덕이 있었는데, 그 주변으로 큰 거위를 기르는 집이 있었다. 그 길을 지나가면 큰 거위가 꽥꽥거리며 우리를 쫓아와 겁이 많은 나와 언니는 무서워서 도망가며 울었다. 어린 언니와 내가 아버지집 앞에 가서 망설이고 망설이다 대문 안으로 들어서면, 아버지와 같이 사는 여자의 날카로운 목소리가 들려왔고, 우리는 아무 말도 못한 채 눈물만 흘리며 되돌아왔다.

지금도 그 일을 떠올리면 '딸로 태어난 게 무슨 죄인가? 딸은 엄마의 화풀이 대상인가?'라는 생각이 들고, 어려서 가슴에 새겨진 깊은 상처와 어머니에 대한 미움의 자국이 함께 올라온다.

그날은 왠지 몸도 아프고 보리밥이라서 도시락도 가지고 가지 않아 힘없이 화장실을 다녀오는 길에 어떤 큰 아이와 정면으로 부딪쳐 뒤로 넘어져 그만 정신을 잃고 말았다. 얼마 후 아이들의 웅성거리는 소리에 눈을 떠 보니 하늘과 땅이 빙빙 돌면서 일어설 수가 없었다. 그래도 나를 알아보는 아이들이 있어 5학년 2반이라며 부축을 하여 교실로 들어갔으나 도저히 수업을 받을 수가 없었다. 책상에 엎드려 있으니 선생님께서 "왜 그러니? 많이 아프면 집에 가거라"고 하셨다. 집에 와 어머니가 걱정하실까 봐 아프다는 말도 안 했다. 며칠을 학교에도 못 가니 반 친구들이 쌀을 모아서 들고 왔다. 선생님이 우리 가정 형편이 안 좋은 것을 아시고 그런 마음을 써주셨지만 나는 창피하고 자존심이 상했다. 하지만 한편으론 고마운 마음이 들기도 했다. 5일이 지난 뒤에 어머니가 내 머리를 만지시다 뒤통수에 물렁한 혹이 있자 깜짝 놀라셨다. 어머니가 장사도 못 가시고 나를 데리고 병원에 갔는데 의사선생님은 "뇌 속으로 피가 들어갔으면 뇌에 손상이 올 뻔했다"며 어머니를 나무라셨다. 다행히 잘 치료되어 괜찮았지만 지금도 그 자리에는 동전만 하게 머리칼이 나질 않는다. 미용실에 가면 원형탈모증이냐고 묻는다.

대구에서 서울로

내가 6학년이었던 어느 더운 여름날, 어머니는 "서울로 이사를 해야겠다"고 하셨다. 늦게 정신을 차리신 아버지가 그 여자와 헤어지고 가정의 소중함을 아셨는지 서울로 이사를 와서 함께 살았다. 그때만 해도 중학교 입시가 있었는데, 담임선생님은 나를 전학시키지 말고 선생님집에서 당신 딸과 함께 학교를 다니게 하자고 부탁하셨다. 어머니는 여름방학은 서울에서 보내고 다시 대구로 보내겠다고 약속을 한 후 나를 데리고 올라오셨다. 이렇게 철없이 뛰놀며 정들었던 친구들과 인사도 못 나눈 채 서울에 올라왔다. 얼마 지나 1961년 광복절 날, 처음으로 우리 가족은 전차를 타고 무료입장하는 창경원으로 가족나들이를 갔다. 우리 가족은 즐겁게 동물원, 식물원 구경을 하면서 고궁을 다니며 행복한 시간을 보냈다. 여름방학이 지나 내가 다시 대구로 가려니 아버지는 "아무리 선생님이 보살펴 주신다고 하지만 어린 아이를 보낼 수 없다며 전학 서류를 보내 달라"고 편지를 쓰셨다.

결국 9월, 창신초등학교에 전학을 와서 새로운 친구들과의 생활이 시작되었다. 그러나 학교생활은 지루했고 '서울깍쟁이'라더니 반 아이들은 정말 그랬다. 대구에서 친구들과 개구멍을 통해 달성공원에서 뛰놀던 때가 그리웠다. 대구에서 전학 온 내가 경상도 사투리를 쓰지 않는다며 아이들은 궁금해했다. 그러나 시험을 보아도 다섯 손가락 안에 들어가니 아무도 무시하지 못하고 오히려 친절하게 잘 대해 주었다. 하지만 12월에 있을 중학교 입학시험을 앞두고 있어 친구들과 친해질 겨를도 없이 계속 모의고사를 보며 공부하기에 정신이 없었다. 무사히 창덕여중에 합격하여 꼭지가 있는 베레모를 비스듬히 쓰고 허리 라인이 들어간 재킷과 스커트를 차려입고 다녔다. 누가 입어도 돋보이는 예쁜 교복이었다. 중학교 시절, 이렇게 소녀의 꿈을 키워 가며 즐겁게 지냈다. 아버지는 공부 잘하는 딸을 귀여워하셨다. 어머니는 아들을 편애했지만 아버지는 달랐다. 오히려 개구쟁이고 공부를 잘 못하는 남동생을 못마땅해하셨다.

여름이면 동생들과 나는 아버지와 함께 전동차를 타고 뚝섬으로 가서 줄이 여러 개 있는 긴 낚싯대로 물고기를 잡고 싸 가지고 간 도시락도 먹으며 즐거운 시간을 보냈다. 집안 형편은 어려웠지만 아버지와 함께하는 시간을 식구들 모두가 좋아했다. 그때 우리집은 아버지, 어머니가 지방에 가서서 옷을 팔고, 또 서울로 오실 때면 그 지방 특산물을 가져와 팔아서 생활을 하고 있었다.

그러던 1965년 1월 2일, 눈이 많이 내리는 추운 겨울날이었다. 방학이라 따뜻한 아랫목에서 언니와 동생들과 놀고 있는데 전보 한 통이 배달되었다. 아버지의 갑작스러운 죽음을 알리는 것이었다. 하늘에서 날벼락이 떨어진 것 같았다. 뇌출혈이라 했다.

1965년 중학교 졸업식장에서 친구들과 함께(앞줄 왼쪽이 필자)

아버지는 어머니와 함께 강원도 정선에 있는 아버지의 친구집에 계시다가 큰일을 당하셨던 것이다. 그때만 해도 교통이 불편했기 때문에 하루를 걸려 기차와 버스를 타고 가서 아버지의 마지막 얼굴을 보았다. 친구 분의 도움으로 장례를 모두 마치고 돌아온 우리 식구들은 살아갈 일이 막막하여 실의에 빠져 있었다. 나는 아버지가 대문을 열고 들어오시는 환상을 보곤 하였다. 갑작스런 죽음이어서 실감이 나지 않았다. 겨우 3년 정도 아버지와 함께 지내며 따뜻한 가족 간의 사랑을 느꼈는데…… 한때는 미운 아버지였지만 미움이 사라지고 함께한 짧은 세월이 너무 아쉽기만 했다.

다시 생계를 꾸려가는 일은 예전처럼 엄마의 몫이 되었다. 고등학교 시험을 앞둔 시기에 일어난 아버지의 죽음은 내 인생을 바꿔 놓았다. 진학 시험을 포기하려는 나에게 선생님은 실업계 서울여상 원서를 내게 하셨

1968년에 찍은 가족사진(오른쪽이 필자)

고 그 결과 합격통지서를 받았다. 나는 어머니께 "입학금만 해주시면 내가 벌어서 다니겠다"고 했지만 어머니는 "나 혼자는 너희들을 먹이고 가르칠 수 없다. 네가 학교에 가면 네 동생들은 어떻게 하느냐?"고 진학을 포기하라고 하셨다. "아들 때문에 딸은 희생해야 한다"는 어머니가 야속했다. 그때에는 정말 죽고 싶다는 생각을 하기도 했다. 1993년인가 방영한 「아들과 딸」1992년 10월~1993년 5월, MBC방영이라는 주말드라마가 있었다. 상영시간만 되면 하던 설거지도 중단하고 TV 앞에서 눈물, 콧물 흘리며 보던 드라마 속의 후남이가 바로 나 같았다. 우리 어머니처럼 아들 선호사상으로 꽉 찬 부모에게 차별 대우를 받으며 자란 딸 후남이의 삶의 여정을 그린 드라마였다. 학교는 포기했지만 후남이는 그래도 직장에 다니면서 자신을 위한 삶을 살았지만, 나는 동생들을 위한 희생양이 되어야 했다.

2. 평화시장의 시다가 되다

일만 하는 기계

유난히 눈이 많이 오고 추웠던 겨울이 지나고 봄은 왔지만, 우리 가정과 내 마음은 여전히 추운 겨울이었다. 아버지를 잃은 슬픔에만 빠져 있을 수 없다며 충신동 산동네로 이사를 하고 엄마는 노점상을 시작하셨다. 학교도 못 가고 무슨 일이든 해야 하는 나에게 이웃 아주머니의 딸이 평화시장에서 옷 만드는 공장에 다니는데, 마침 사람을 구한다며 함께 일할 미싱사 언니를 만나 시다로 취직하였다.

5월이었는데 형광등 불이 있어도 어두침침한 평화시장 2층 긴 복도를 들어서니 열기와 매캐함이 느껴졌다. 복도에는 양옆 공장에서 연탄난로를 피워 그 위에 쇳덩이를 뜨겁게 달구는 화덕들이 즐비하게 놓여 있었다. 내가 일할 공장에 들어서니 좁은 곳에 미싱 여덟 대가 있고, 그 아래로는 시다가 일하는 궤짝이 놓여 있으며, 시끄럽게 돌아가는 미싱 소리 속에 분주히 움직이는 사람들이 20여 명 있었다. 또 허리도 펴지 못할 정도로 낮은 2층 다락에는 재단사와 시아게^{옷 마무리 공정}하는 곳과 단추를 다는 기계가 있었다.

나와 함께 일하는 언니가 '6번 미싱사'여서 나는 '6번 시다'로 불리었다. 번호가 내 이름이었다. 바닥에 앉아 미싱에서 내려오는 옷감을 따고 가위질해 뒤집고 다려서 다시 미싱 위에 올려놓는 단순한 일이었지만, 처음 하는 나로서는 서툴고 느려서 성질 급한 내 오야지^{미싱사}는 "빨리빨리~"를 연발하며 미싱판을 두드리곤 하였다. 서둘러서 하려니 가위에 손을 베기도 하고 다리미에 손을 데이기도 했지만 일 공정에 맞추려고 노력하였다. 이때는 다림질을 하려면 뜨겁게 달구어진 판에 쇳덩이를 놓아서 데워서 했다. 그런데 고참 시다들이 내가 올려놓은 쇳덩이를 밀어 놓아 제대로 일을 할 수 없어, 미싱사에게 "자기 자리도 찾지 못한다"며 혼나기 일쑤였다. 어떻게 하루를 보냈는지 집이 가깝다고 밤 11시가 넘어 보내 주어서 집에 돌아온 나는 말할 수 없는 피로와 좌절감으로 잠도 잘 수 없었다.

다음날 아침, 그 미싱사는 나를 데리러 왔다. 나가고 싶지 않았지만 어머니에게 등을 떠밀려 따라나섰다. 이렇게 공장생활에 점차 익숙해져 갔고, 10일치를 깔고 월급을 지급하기에 일한 지 한 달이 넘어 월급날이 왔다. 월급날은 모두에게 즐겁고 기쁜 날이었다. 미싱사는 한 장당 공임을 정해서 하는 수량만큼 계산하는 도급제 방식으로 돈을 받아 월급의 많고 적음이 그의 실력에 달려 있다. 특히 시다와 손발이 잘 맞아서 많이 하면 시다도 미싱사에게 월급을 기분 좋게 받는다. 나는 첫 월급으로 3,000원이 든 봉투를 받았다. 생전 처음 일하여 돈을 받고 보니 가슴이 뭉클하였다. 다른 시다들은 2, 3년을 하여 잘하는데도 월급이 나와 같았다. 우리 오야가 나에게 큰 인심을 쓴 것이라고 나중에 다른 시다들이 말해 주었다. 월급받은 다음날은 유일하게 간식으로 호떡이나 김밥을 사먹는 날이었다.

나는 집이 가깝기도 했지만 아침 등교시간이면 학교 친구들을 만날까 두려워 6시면 출근해 열려 있지도 않은 공장 앞에서 기다리다 들어가 작업준비를 미리 해놓았다. 또 끝날 때는 다른 시다들은 막차 버스를 타고 갈 시간이면 퇴근했지만, 마지막 마무리까지 깨끗하게 하고 갔다. 그런 내 모습은 사장과 재단사, 공장장, 미싱사들에게 인정을 받았지만 다른 시다들에게 시기와 질투의 대상이 되었다. 일류 미싱사들이 "월급 더 줄 테니 같이 하자"고 꼬드기기도 했지만 처음 만난 미싱사에게 미안한 일이라며 거절하였다.

힘들게 일하는 중에 나에게 희망을 주는 분이 계셨다. 사장의 처남인 공장장 아저씨였다. 부지런히 말없이 일하는 나를 보고 "정숙이는 이런 공장에서 일하는 게 아깝다"라며 늦은 밤에는 우리집까지 데려다 주시기도 하면서 우리 가정에 대하여 아시게 되었다. 아저씨는 "1년 참고 일해서 야간학교에라도 가라"며 "회사 사무실에 사원으로 취직시켜 주겠다"고 하셨다. 나는 입학금만 마련하면 다시 학교에 갈 수 있으리라는 희망으로 열심히 일했다. 그러던 어느 날, 공장장 아저씨가 어머니를 만나 그 말씀을 드렸더니, 어머니는 "나 혼자 동생들 학교 보내며 살아갈 수 없고, 정숙이가 일해서 도와주어야 한다"며 거절하셨다.

나는 그때부터 절망 속에서 나 자신을 위해서가 아니라 오직 어머니와 동생들만 생각하며 일벌레처럼 살았다. 1년이 채 되지 않아 함께 일하던 미싱사가 다른 곳을 간다며 함께 가자고 하였지만, 따라가고 싶지 않았다. 그런 나에게 공장장은 단추 달고 검사하는 일을 하라고 맡겼다.

시간이 흘러가면서 나는 기술을 점차 인정받아 일류 미싱사가 되었지만 자신을 위해선 책 한 권 볼 수 없었을 뿐만 아니라 쉴 수 있는 시간조차 없었다. 한 달에 한 번 쉬는 셋째 주일은 목욕하고 밀린 잠만 자는 날이다. 일만 하는 기계로 살아가는 자신이 지겹고 힘겨워 차라리 죽어 없어졌으면 하는 생각을 하기도 했다. 어둠의 긴 터널이 언제 끝날지 모른다는 절망감에 흐느끼고 괴로워할 때가 많았다.

전태일의 죽음과 노조와의 만남

1970년 초겨울, 11월 13일 점심시간이었다. 평소처럼 싸 가지고 온 도시락을 함께 모여서 먹고 났는데, 예고 없이 정전이 되었다. 정전이 되면 전기가 들어올 때까지 기다려야 했기 때문에 보너스로 받는 쉬는 시간이나 마찬가지였다. 한 달에 한 번 쉬는 우리들에게는 그 시간도 기다려지는 소중한 시간이었다. 목욕탕에 가기도 하고 공장 바닥에 누워 부족한 잠을 자거나 긴 시간이면 삼류 극장에 가서 영화를 보기도 하였다. '공순이'들에게는 문화생활, 여가생활이라는 말조차 사치로 생각되었다.

초겨울이라 두꺼운 솜이 들어간 잠바를 만드는 공장엔 일이 많았고, 그래서 나가려고 하는 미싱사들을 못 나가게 붙잡고 있었다. 2시가 넘자 언제 전기가 들어오나 알아보러 간 시아게사가 들어오더니 "어떤 사람이 자신을 불살라 죽었다"고 전했다. 나는 궁금했지만 무서워 나가지도 못하였고 세상 다른 일에는 관심을 두고 싶지 않았다. "전기가 들어오지 않으니 집에 가라"는 말에 상황을 알지 못하는 우리는 어서 집에 가서 먼지 뒤집어 쓴 머리를 감고 싶은 생각뿐이었다.

다음날 출근하니 사장이 직접 나와 "어제 어느 재단사가 자신의 몸에 석유를 뿌리고 불에 타 죽었다"면서 "취직도 안 되고 일하기 싫어하는 사람이었다"고 나쁘게 말하였다. 모든 일에 무관심하던 공장 동료들도 더 이상 묻지 않았다.

얼마 후에 중학교 때 친구를 만났더니, 친구가 신문에서 보았다며 그 사건 이야기를 하는 것이 아닌가. "의로운 죽음이고 노동환경을 개선해 달라고 하였다"고 전한다. 나는 그때서야 가까이에서 일어난 일에 무관심한 내 모습에서 뭔가 모를 미안함을 느꼈다.

전태일 씨가 분신한 장소를 평화시장 제품 공장에서 일하는 사람들은 '인간노동시장'이라고 부른다. 이곳은 많은 사람들이 모여 구인, 구직 정보를 서로 나누는 곳이다.

나는 점심시간을 이용하여 평화시장 옥상에 있는 사무실을 찾아가 기웃거렸다. 사무실은 책상만 몇 개 놓여 있을 뿐 좁고 우중충한 곳이었다. 그런데 일복 차림으로 기웃거리는 나를 보고 까만 한복을 입고 머리에 쪽을 진 작고 단아한 모습의 아주머니가 나오며 반갑게 손을 잡으시는 게 아닌가. "이렇게 찾아와 주어서 고맙다"며 "전태일이 내 아들이다"라고 하시는데, 나는 "마음이 많이 아프시죠? 힘내세요!"라며 눈물만 글썽이고 다음 날 다시 오겠다며 일터로 돌아왔다. 그러나 일이 손에 잡히지 않았다. 그후로 점심시간만 되면 옥상 사무실로 뛰어갔다. 그날의 일, 그 이전의 일들을 듣고 가슴이 터질 듯이 아팠고 머리는 큰 충격을 받은 것처럼 멍해졌다.

이렇게 어려운 환경 속에서도 나만이 아니라 모든 근로자들을 위하여 한몸 불살라 그 뜻이 이루어지기를 바라는, 가슴 뜨겁고 사랑이 많은 정의로운 사람이 여기 있었구나! 나 자신이 너무 부끄럽고 한심한 생각이 들어서 몸둘 바를 몰랐다. 나는 무엇을 하며 살았는가? 나는 이 사람보다 조금 더 나은 생활을 하고 중학교에 다녔는데도, 우리 가정, 어머니와 동생만을 생각하며 우물 안 개구리처럼 기계처럼 살았는데, 전태일은 자신의 비참한 생활 속에서도 희망을 품고 극복하려 노력하고 사회를 바꾸어 보려고 혼신의 힘을 다하다가 나 아닌 다른 사람들을 위해 하나밖에 없는 목숨까지 희생하였단 말인가. 그동안 나는 얼마나 이기적이고 스스로 어둠 속에 갇혀 힘들어하고 괴로워하였던가!

'부족한 사람이지만 전태일 님처럼 나보다 더 어려운 사람들에게 조금이라도 도움이 된다면 어떤 일이라도 하여 먼저 간 전태일 님께 부끄럽지 않은 삶을 살아야겠다'고 다짐하였다.

그후로 점심시간만 되면 매일 사무실에 들러 노조 결성과정을 들으며 함께하려고 노력했고 내 주변을 살펴보는 밝은 눈과 사랑의 마음을 가지고 우리의 일을 우리가 함께해야 한다는 생각을 가지게 되었다. 인생의 어둠 속에 있던 내게 빛과 희망을 준 전태일 씨를 이렇게 만났다.

3. 쉬는 시간이면 노조사무실로 달려가다

무엇을 할 것인가

전태일을 알고 난 후 내 머릿속은 '내가 무엇을 할 것인가? 내가 필요하다면 무엇을 도와서 힘이 되어 줄 것인가?'라는 생각으로 꽉 차 있었고 쉬는 시간이면 노조사무실로 달려갔다. '그의 거룩한 죽음을 헛되이 하지 않기 위해서 모든 노동자가 조합원이 되어 노조에 관심을 가지고 참여하여 하나가 되어야 한다'는 생각이 들었다. 그래서 나는 주변에 함께 일하고 있는 공장 동료들에게 노조의 필요성을 말해 주며 가입원서를 받기 시작했다. 전태일의 죽음은 노동자들이 하나로 뭉치는 도화선이 되어 불처럼 번져 갔다.

한편 사업주들은 전태일의 죽음을 두고 "일하기 싫고 현실을 도피하기 위해서 죽음을 선택하였다"고 악선전하고, "그 친구들[삼동회원]도 깡패집단"이라 악평을 하며 노조에 가입하려는 노동자들을 방해하였다.

그때 우리집은 공장 사장님의 집에 세들어 살았다. 사장님은 우리 가족에게 무척 호의적이고 잘해 주셨다. 그러나 내가 노조에 관여하는 줄 아시고 어머니께 "정숙이가 노조에 다니는데 그곳은 깡패집단이니 다니지 못하게 단속하라"고 말해 나는 어머니의 꾸지람을 밤마다 듣게 되어 나중에는 "노조에 다니지 않겠다"고 거짓말까지 해야 했다. 그 뒤에도 일감이 없어 일찍 끝난 날 노조사무실에 들러 늦게 집에 들어가면 사장님 때문에 바로 어머니게 알려져 더욱 혼이 났다. 그동안 살아오면서 어머니의 말을 거역해 본적이 없었는데 그때는 내 뜻을 굽히지 않았다.

노조에 가면 무엇인가 남을 도울 수 있다는 생각이 들고 함께 노력하면 어두운 현실을 바꿀 수 있겠다는 희망이 생겨났다. 진취적인 생각을 가진 비슷한 사람들과 만나니 외로움의 긴 터널을 벗어나는 느낌이 들었다. 거기에다 조합간부들이나 조합원들로부터도 인정을 받게 되니 나의 존재감도 찾을 수 있었다.

그날도 어김없이 급하게 점심을 먹고 노조사무실에 들렀다. 그런데 책상과 서류 집기들이 흩어져 있고 몇 개 안 되는 화분이 다 깨져 뒹굴고 있었다. 노조간부들도 보이지 않았다. 나는 아무 말 없이 흩어져 있는 물건들과 바닥의 흙을 깨끗이 치웠다. 그 모습을 보신 창동어머니는 "고맙다, 고맙다"고 되뇌셨다. 우리 청계조합원들은 이소선 어머니를 '창동모친' 또는 '어머니'라 불렀다. 간부들이 노조 가입원서를 받는 데 어려움이 많아 현수막을 만들어 평화시장 옥상에 내걸자 "빨간 글씨로 썼으니 빨갱이들이 하는 짓"이라며 경찰들이 철거했다고 했다. 격분한 간부들이 온몸에 석유를 뿌려 전원 "분신하겠다"고 항의하자 경찰이 이들을 연행하려는 과정에서 몸싸움이 일어나 사무실이 엉망이 된 것이었다.

청계노조는 설립신고서가 나왔지만 수만 명이 넘는 상가의 노동자들 중에는 조합원이 없었다. 조합간부들은 가입원서를 받기 위해 발이 부르트도록 공장마다 다녔지만 노동자들이 조합에 대한 이해가 없어서 공장 문 앞에서 거절당하기 일쑤였고 사업주들의 노골적인 욕설과 방해로 어려움을 겪고 있었다.

대부분의 사업장이 10~30명의 노동자가 있는 영세한 곳이다 보니 사업주 역시 그 수가 많았다. 사장들은 자기 공장 사람들에게 "노조는 일하기 싫어 저런 일을 하며 껄렁거리는 깡패집단"이라면서 "조합에 가지도 말고 가입하면 조합비도 내고 갑근세도 내게 되니 너희들이 오히려 손해 본다. 가입하면 해고하겠다"며 으름장까지 놓았다.

조합간부들은 조합원도 얼마 되지 않았지만 조합비도 받지 못해 사무실 운영비도 없어 각자의 주머니를 털거나 창동어머니가 헌옷을 팔아 온 돈으로 운영비와 생활비를 감당했다. 그때 김성길 지부장을 제외한 다른 간부들은 창동어머니 댁에서 함께 생활하였다. 사무실에서 점심으로 불어터진 라면을 끓여 먹는 모습을 여러 번 보았다. 이런 간부들을 보면 벅찬 감동과 함께 한편으로는 가슴이 아려오곤 했다. 조합 운영의 어려움을 잘 알지만 내 월급은 고스란히 동생들의 학비와 생활비로 쓰여 용돈 천 원도 못 받는 처지라 돕지 못하는 마음이 안타까웠다. 전태일 씨의 마지막 유언을 지키려 젊은 패기와 열정을 가지고 헌신적으로 노력하는 모습들이 참 용감하게 느껴졌고 믿음과 신뢰가 가는 청년들이라 생각되었다.

카드를 만들다

노조를 드나들며 가끔은 즐거운 일도 있었다. 1970년 12월 즈음 노조간부들이 "조합원들이 참여하는 등산을 가자"고 했다. 그때만 해도 여성조합원이 별로 없던 때였는데, 나는 우리 공장 미싱사 다섯 명을 데리고 노조간부들, 남성조합원 몇 명과 같이 도봉산 망월사로 등산을 갔다. 추운 겨울, 등산장비도 전혀 없이 밥솥을 가지고 가서 나뭇가지로 불을 피워 떡국과 라면을 끓여 먹었다. 그리고 힘든 포대능선 코스를 넘으면서 서로 잡아

1970년 노조에서 처음 간 도봉산 등산에서(오른쪽에서 세번째)

주고 밀어주며 난생처음 등산을 다녀왔다. 지금 생각하면 등산화는커녕 장비와 옷도 제대로 갖추지 않고 무모한 산행을 한 것이 어처구니없어 웃음도 나온다. 그래도 그 순간만은 즐거웠고 서로 협동하는 모습에서 더 결속이 되었다는 생각이 든다.

연말이 다가오자 쓸쓸하고 추운 거리에 크리스마스 트리와 카드들이 눈에 띄었다. 카드를 본 순간 나도 카드를 만들어 친구들에게 보내기도 하고, 많이 만들어 팔아서 그 돈으로 노조에 도움을 주자는 생각이 들었다. 나는 오래전부터 꽃잎과 나뭇잎을 책갈피에 꼭꼭 눌러 모아 놓았는데, 그것을 꺼내서 카드에 붙이고 글씨와 그림을 그리면 될 것 같았다. 좀 색다르지만……

공장 일을 마치고 돌아오면 밤 11시가 넘고 단칸방에서 동생들과 어머니와 함께 살다 보니 환하게 불 켜놓고 카드를 만드는 일이 쉽지 않았다. "빨리 불 끄고 자라"는 엄마의 성화와 밀려오는 잠으로 몇 장 만들지도 못하고 잠자리에 들곤 했다. 멋지게 잘 만들진 못했지만 마음과 정성을 기울여 만든 카드를 동료 미싱사들에게 보여 주었더니 귀한 카드라고 흔쾌히 500원씩에 사 주었다. "솜씨 좋다"는 말도 아끼지 않고 해주어 용기도 생기고, 돈도 모아 노조를 도울 수 있다고 생각하니 날아갈 듯이 기분이 좋았다. 그래서 더 많이 만들려고 했지만 시간과 공간이 마땅치 않았다. 그래도 밤마다 서너 장씩 만들어 이웃 공장의 아는 사람을 통해 팔고 주문을 받기도 했다.

성탄절이라 공장이 쉬는 날이었다. 아침부터 서둘러 노조사무실로 나가 불기 없는 난로 옆에 앉아 열심히 쓰고 그리며 카드를 만들었다. 간부 몇 사람이 나와 나의 모습을 보고 난로를 피워 주어 언 손을 녹이려다 손을 데이기도 하였다. 그래도 손을 덴 아픔보다 카드를 여러 장 만들 수 있어서 좋았다. 지금 남편은 그때 나의 모습이 너무 신기하고 인상적이어서 마음에 담아 두었다고 한다. 이렇게 정성이 담긴 돈 1만 2천 원을 운영위원회 때 전달하니 모두 놀라며 감동하는 눈치였다. 그때 지부장이었던 김성길 씨는 이런 나를 보고 '새침떼기'라며 "아무에게도 표현하지 않고 이런 좋은 일을 하여 간부들에게 큰 힘과 용기를 주어 고맙다"고 하였다.

그는 한국노총에서 맡았던 간부직을 사퇴하고 청계노조에 기대와 희망을 걸고 지부장으로 왔지만 적극적인 조합원이 얼마 안 되는 데서 많은 어려움을 겪다가 실망하고 3개월 만에 미국으로 이민을 갔다. 노동자 출신이 아닌 그분은 '전태일정신'인 사랑과 희생정신이 부족했다는 생각이 든다. 1971년 4월 임시대의원대회를 소집해 새로운 지부장을 맞아야 했다. 한국노총 소속의 운수노조 지부장 출신의 구건회라는 사람이었다. 이

사람 역시 청계노동자 출신이 아니어서 다른 간부들과 의견 대립이 심했고, 노조 고문으로 계시는 창동모친이 노조에 관여하는 것을 노골적으로 싫어하였다. 그 역시 간부들과 갈등이 심해지면서 5개월 뒤 사표를 내고 떠났다. '진정성과 희생정신이 없는 노조간부는 오래갈 수 없구나'라는 생각이 들었다.

다시 9월에 대의원대회를 열어 전태일 씨의 친구이자 삼동회원삼동회는 전태일이 만든 평화시장 노동자 친목회로, 이 회원들이 청계피복노조의 주축으로 활동했다인 최종인 씨를 지부장으로 선출했다. 그는 인정이 많고 포용력이 있는 사람이었다. 이때부터 주로 정의감과 희생정신을 지닌 삼동친목회 친구들이 주축이 되어 노조를 이끌어 가기 시작했다. 그동안 실무적인 것도 많이 배워 단체협약도 체결하였다. 지부장을 비롯한 삼동회원들은 친구의 뜻을 이어 가기 위해 헌신적으로 일을 하였고, 항상 창동어머니와 함께하였다.

4. 여성노동자 모임 아카시아회를 만들다

평화시장은 여성노동자들이 중심인데 부녀부장 자리가 불안정했다. 4월경에 J.O.C.가톨릭노동청년회 회원인 정인숙이 부녀부장으로 들어왔다. 정인숙은 성격도 차분하며 말씨도 곱고 정이 많아 사람들을 잘 설득시키는 매력이 있었다. 나는 나이도 같은 그와 금방 가까워져 친하게 지냈다. 가정형편도 비슷하였는데 그녀의 고향인 예산에는 어머니만 계셨고 동생 둘을 학교 보내기 위해 서울에 데리고 와서 같이 자취생활을 하고 있었다. 그녀는 독실한 가톨릭 집안 사람이었다. 그래서인지 품성이 따뜻하고 남의 말을 거절하는 법이 없었다. 어찌 보면 우유부단해 보이기도 하지만 항상 웃으

1971년 아카시아회 창립, 동구릉에서(가운데)

며 긍정적으로 사는 모습이 좋아 보였다.

여성노동자들의 상태를 알기 시작한 정인숙은 "J.O.C. 활동 방식인 소모임을 하자"며 내게 의논을 해왔고, 우리는 뜻이 맞는 미싱사들을 찾아 다녔다. 미싱사들은 노조에 오라면 거부감들을 가졌지만 친목회를 만들 자니 쉽게 같이 하였다. 대부분이 집안 생활비를 부담 중이거나 동생들 학비 또는 오빠의 학비를 벌어야 하는 비슷한 처지들이었다. 그러다 보니 서로가 쉽게 의사소통이 되었고 점심시간이면 평화시장 옥상에서 만나 친목회를 만들 준비를 했다.

첫 모임을 위해 "1971년 6월 6일 현충일 날 동구릉으로 야유회를 가자"고 하였더니 모두 오랜만에 나가는 야유회라 좋아하며 각자 도시락이며 김밥을 준비하여 모였다. 그때 동구릉에는 아카시아꽃이 흐드러지게 피어 있었는데 바람에 날리는 꽃잎 향기가 우리를 취하게 만들었다. 나는 오래전부터 아카시아향을 좋아했다.
집으로 가는 길에 아카시아나무가 있
어 그곳을 지날 때면 아카시아의 그
윽한 향기가 지친 몸과 마음을 시원
하게 해주었다. 친목회 명칭을 정하
려 했을 때 나는 서슴없이 '아카시아
회'로 하자고 제안하였다. "회의 중심
뿌리는 노조에 두고, 가지마다 많은
꽃송이들이 모여 좋은 향기를 풍기는
모임이 되자"고 했다. 모두 거부감 없
이 이름을 아카시아회로 결정을 했다.

1971년 아카시아회 백합클럽 불암산 등반(앞줄 왼쪽에서 두번째)

　　그후로 아카시아회에 가입하려는 미싱사들이 많아 기본틀은 아카시
아회로 하고 각 송이마다 다른 꽃 이름으로 클럽의 명칭을 정하기로 하였
다. 늘 정보부 형사들이 우리를 주시하고 있던 시기여서 빠르게 번져 가는
아카시아회의 활동을 알게 된 중부경찰서 정보과 형사가 회장인 나를 만
나자고 하였다. 죄를 지은 건 없었지만 왠지 두렵고 겁이 났다. 어느 다방
에서 만나니 "아카시아 명칭을 누가 지었느냐?"고 물었다. "내가 지었다"
고 하니 "그 뜻과 의미가 무엇인지 아냐?"고 물었다. "본래의 뜻과 의미는
모르지만 개인적으로 아카시아향기가 좋아 아름다운 향기로 주위 동료
들에게 좋은 모습과 꽃송이처럼 좋은 열매를 맺고자 한 것이다. 그 뿌리는
노조에 두고 있다"고 했다. 순수하고 여성스러운 생각으로……

　　그러나 이 형사가 말하는 의미는 달랐다. "아카시아 나무는 번식력이
강하고 가시가 있어 사람들을 다치게 한다"고 하였다. 그러면서 "너희들

1971년 시장상가 연소근로자 위안잔치

의 그 모임은 강하고 독성이 있으며 다른 뜻[이념적인 것]을 가지고 있지 않느냐?"고 반문하면서 은근히 경계하는 눈치를 보였다.

아카시아회가 주최한 여러 행사들

그렇게 조금씩 회원들을 늘려가는 가운데 1971년 12월, 중앙청소년회관에서 처음으로 아카시아회원 주최로 '불우청소년 성탄 위안잔치' 행사를 가졌다. 평화시장은 12~14세의 어린 시다들이 3분의 1이나 되어 오가는 길에 그 아이들의 모습을 보면 마음이 무거웠기 때문에 무언가 도움이 될 일이 없나 하다가 연말이 오면서 계획한 것이다. 레크리에이션과 노래로 즐거운 시간도 갖고 선물도 나누었다. 청소년회관의 관장으로 계셨던 이정호 선생님의 도움으로 우리는 그곳을 교육장소로 자주 이용하였다. 이때부터 아카시아회에서 해마다 연소근로자 위안잔치를 베풀었다. 1972년 12월에는 명동문화관에서 '연소근로자 위안잔치'를 벌였는데, MBC 협찬으로 새마을 노래잔치를 공개방송으로 열어 많은 이들이 즐거워했다. 이때 아카시아 합창단도 만들어 위안잔치에 출연도 하고 중앙청소년회관에서 주최한 '청소년의 달 기념 노래부르기 경연대회'에 참가하여 준우승을 차지하기도 했다. 또 새마을 노동교실 개막식에도 참가해 축하노래를 불러 분위기를 한층 돋우기도 하였다.

1972년 시장상가 부녀근로자 위안잔치

　　이런 문화활동은 우리들이 일상을 돌아보는 계기가 되어 좀더 많은
이들이 함께할 수 있는 문화활동을 찾게 되었다. 그러는 중에 새마을사업
의 일환으로 전석환 선생님의 지도하에 '밝은 노래 부르기'라고 하여 유행
가가 아닌 건전가요들을 부르기 시작하였다. 취미로 통기타를 배우는 시
간도 있었고 뽀빠이 이상용 씨와 함께 즐거운 레크리에이션 시간도 가졌
다. 그 시절 대학생들 사이에서는 청바지에 통기타를 치며 노래를 부르는
것이 유행이었다. 회원들도 양희은, 송창식, 윤형주, 서유석, 이장희의 노
래를 부르며 기타로 로망스도 연주하였다.

　　야외행사도 가끔 했는데 금곡, 동구릉, 청평 호반의 집, 행주산성, 가
래울 유원지에 가서 야외교육과 단합을 다지는 시간이었다. 하일동 가래
울 유원지에서 있었던 야외행사는 너무 재미있었는데, 안상호 선생님의
지도로 레크리에이션을 하고 처음 수영복을 입고 수영을 배우던 일, 30여

명이 수영복 차림으로 미스 아카시아 뽑는다고 몸매를 자랑하며 웃던 일이 오래도록 기억에 남았다.

　모두들 배움에 대한 갈증이 있었기에 노조에서는 연소근로자들을 위한 중등과정 야학을 시작하기로 하였다. 1972년 4월에 이화여대 사회학과 학생들의 도움으로 중등과정인 평화교실 1기를 시작하였다. 그때 이미 경 같은 대학생들이 무료로 봉사하였고 노조사무실에서 오후 8시에서 10시까지 수업을 하였다. 처음에는 30명이 시작하였으나 늦게까지 일을 하니 오지 못하는 학생도 있고 사장이 못 가게 하는 경우도 생겼다. 결국 스무 명 정도가 3개월 과정을 마칠 수 있었다.

　1973년 2월, 노동청으로부터 나는 '모범 근로여성' 표창을 받았다. 아카시아회를 통해 연소근로자의 자질 향상을 위한 선도사업과 건전가요 보급으로 직장 퇴폐풍조 일소에 이바지하였으며 노동교실 설립 추진에 앞장선 공적과 부녀근로자 위안잔치를 베푼 것 등이 이유였다. 청와대 민정수석실에서 조사하여 대통령의 지시로 노동청에서 모범 근로여성으로 선정한 것이다. 그후 여러 방송국에서 인터뷰 요청이 있었고, 프로그램에 초대손님으로 출연하면서 그동안의 활동내용을 포함한 나의 이야기가 전파를 타고 흘러나갔다. 여러 곳에서 격려 편지가 날아왔다. 한번은 용인의 농촌에 사는 4H클럽^{농촌생활 개선을 목적으로 하는 세계적 청소년 민간단체}의 회장인 오민근이라는 학생에게서 편지가 왔다. 꼭 한번 보고 싶고 만나서 이야기를 듣고 싶다며 그곳에 와줄 것을 요청했다. 농촌에서 자라지 않은 나에게는 반가운 일이었다. 아카시아 회원 세 명과 함께 용인 원상면 죽능리라는 곳을 방문하여 농촌의 새마을운동을 실천하는 4H클럽 회원들과 만나 도시와 농촌의 이야기들을 나누며 서로를 격려하였다. 여름밤, 수박밭에 자리한 원두막에서 개구리 노래 소리와 까만 밤하늘에 펼쳐진 수많은 별을 그때 처음으로 듣고 보았던 것 같다.

아카시아회와 노조활동

이런 활동을 바탕으로 아카시아회는 눈에 띄게 여러 클럽으로 늘어났다. 1973년에 활동하던 각 클럽이 백합, 무궁화, 물망초, 옥잠화, 크로바[클로버], 매화, 장미, 태양, 코스모스, 일심, 개나리, 진달래, 세븐, 봉선화, 목화, 스마일로 16개나 되었고, 인원은 160여 명으로 늘어났다. 인원이 늘어나면서 아카시아회는 목적을 정해 나갔다. 순수한 클럽활동을 통해 '회원 상호간의 협조와 친목도모, 직업여성으로서 자질 향상, 전체 가운데 약 40%를 차지하는 상가 연소근로자 계몽 선도'를 목적으로 하였다. 그리고 각 클럽의 성격에 맞춰 매주 1회 모임을 진행했는데, 밤에는 노조사무실에서 하고 점심시간에는 옥상 바닥에 앉아 회합을 하였다. 비가 오거나 추울 때는 복도에서 할 때도 있었다. 전체 아카시아회원은 월 1회 일요일 전체회의와 교육프로그램에 참여하였다. 초기에는 여성들의 관심을 끄는 미용 강습, 의상과 헤어스타일, 꽃꽂이 이론과 실기, 바람직한 이성교제 등을 교육 내용으로 하다가 점차 조합원으로서 알아야 할 기초상식인 근로기준법, 노동조합론, 근로자의 권리와 의무 같은 내용을 했다. 이어 인간관계론, 지도자의 자세, 10월 유신헌법 해설, 프로그램 작성법, 회의 진행법, 리더십의 정의 및 사명감, 노동운동의 방향 등 좀더 실제적인 의식화 교육과 중간 지도자의 역할에 대한 내용으로 변화시켜 갔다. 이런 교육을 통해 성장한 아카시아 회원들이 1970년대 중반기에는 적극적인 노조간부가 되어 투쟁을 주도하기에 이르렀다.

불암산에서 열린 지부장컵 등반대회

　월례교육에는 40명 내지 60명의 회원이 참여했는데, 마땅한 장소가 없어 을지로 6가에 있는 이향의 집, 분도회관, 수표동에 있는 중앙청소년회관, 영등포 돈보스코청소년센터로 멀리까지 떠돌이처럼 돌아다니며 교육을 받았다. 거리가 멀어 불편한데도 누구 한 사람 불평하지 않고 오직 필요한 교육을 받기 위해 즐거운 마음으로 참석하였다. 이렇게 모임과 교육이 있을 때마다 먼 곳까지 이동을 해야 했던 회원들은 교육 장소 마련에 대한 간절한 바람을 갖게 되었다.

　아카시아회는 자체 활동 이외에도 노조행사에 적극적으로 참여하였다. 1972년 가을에는 제1회 지부장컵 등반대회가 불암산에서 열렸는데, 우리 회원들이 많이 참여하여 협동정신을 키워 갔다. 그 뒤에도 1973년은 수락산에서, 1974년에는 도봉산에서 해마다 등반대회가 열렸고 많은 회원들이 참여했다. 1974년 8월에는 큰 홍수로 인해 발생한 호남지방의 많은 수재민들을 돕기 위해 회원들이 앞장서서 모은 의류와 현금을 『중앙일보』사에 전달하기도 했다.

이렇게 아카시아회원들은 취미활동과 교양 갖추기, 그리고 친목을 다져나가며 서서히 노조의 힘으로 성장해 갔다. 회원들이 청계노조의 핵심 조합원들로 커가면서 노조간부들에게 힘과 용기를 주고, 받았다. 이들은 사업장에서는 일류 기술자였고 가정에서는 생계를 책임지거나 남자형제들을 뒷바라지하기 위해 학비를 조달하는 등 1인 3역할을 하는 성실하고 책임감 있는 이들이었다. 한편 이숙희, 이순자, 정선희처럼 아카시아회원들 중 적극적이고 열성적인 이들은 노조의 실질적인 중간 활동가로 성장해 나갔다.

5. 노동교실과 후생식당 운영에 참여하다

모두의 꿈이었던 노동교실 개관

우리의 염원이었던 노동교실을 가질 수 있는 기회가 만들어졌다. 부녀부장이었던 정인숙이 새마을운동 공로자로 청와대에 초청받아 간 자리에서 영부인 육영수에게 청계노조의 실정을 설명하였고, 이야기를 듣던 영부인이 무엇이 필요한지 묻자 "근로자들이 사용할 수 있는 교실이 필요하다"고 말해 영부인이 시장에 노동교실을 만들도록 지시한 것이다. 그 뒤 노사 공동으로 노동교실 추진위원회가 구성되어 빠르게 진행되었다.

그 결과 1972년 10월, 각 사업장별로 설립기금 3백만 원을 할당하여 걷기로 하고 교실 장소로 50평 규모의 동화시장 옥상에 대한 장기임대 계약을 하였다. 내부 시설과 비품 지원은 아프리^{AAFLI : 아시아·아메리카 자유노동기구}

에서 지원해 주기로 하여 순조롭게 추진되었다.

아카시아회원들은 모두의 꿈이었던 교실이 세워진다는 소식에 너무나 기뻐서 "우리도 교실 교육기금을 모으자"며 바자회를 열기로 결정하였다. '근로자를 위한 교육기금 모으기 바자회'를 위해 아카시아회원들이 주체가 되어 2개월에 걸쳐 바자회를 위한 기술교육과 작품제작을 진행하였다. 바자회 출품 품목은 조합원들이 만든 의류와 회원들이 만든 수예품과 봉제완구, 리본플라워, 스킬 자수, 아후강 뜨개질로 만든 가방들이었다. 1973년 7월, 종로3가 초동교회에서 이틀간 열린 바자회는 회원들의 작품과 조합원이 만든 의류와 각 단체들이 기증한 물품으로 성황리에 끝이 났다. 한국여성단체협의회, 대한YWCA연합회, 주부클럽연합회 등의 여성단체들이 도와주었다. 그 결과 49만 원의 수익이 생겨 교육기금으로 적립하였다.

바자회를 준비하며 1973년 5월 21일, 노동교실 개관을 맞았다. 그러나 뜻하지 않게 개관식을 전후하여 '고 전태일 기념회관'이란 신문보도와 함께 개관식에 재야인사인 함석헌 선생님을 초청한 것 때문에 시끄러운 일이 일어났다. 교실의 임대주이자 동화상가 주식회사 사장인 유인규가 5월 23일, 추진위원회를 관리위원회로 개칭하고 청계지부가 운영을 담당한다는 본래의 취지를 뒤엎고 자신이 설립 추진위원장을 맡아 교실을 직접 관리, 운영하겠다는 일방적인 선언을 한 것이다. 또, 노조간부들을 추방하고 교실 문을 닫고 노조와 일절 상대하지 않을 것을 선언하였다. 그리고 일방적으로 관리자와 실장을 임명하고 7월 19일, '전국연합노동조합 청계피복지부 새마을노동교실'이란 공식 현판을 철거하고 '시장상가 새마을노동교실'이란 간판을 내걸었다. 이게 무슨 뚱딴지같은 행동인가.

1973년 노동교실 개관식에서(앞줄 오른쪽에서 두번째가 필자)

여기에 그치지 않고 유인규 사장은 8월부터 견습공 중에서 수강생을 선발하여 중등반 기초과정 교육을 일방적으로 진행하기 시작하였다. 그러자 열성 조합원들은 동화시장 옥상에서 새마을 노동교실 인도를 요구하며 자발적인 농성을 하였다. 유인규 사장은 우리 노동자들의 항의를 "빨갱이가 하는 짓을 한다"며 경비들을 시켜 몰아내었다.

노동교실 운영을 지부가 전담하기로 한 설립 취지가 어긋나자 아프리에서 지부 상대로 시작했던 지원도 명분을 상실하여 시청각 기자재와 기술교육용 미싱, 그리고 교육에 대한 지원이 중단되었다. 이미 지원된 내부 시설물과 기자재 전부를 회수할 것을 검토 중이라는 의사까지 비추고 있었다. 만일 노동교실 운영이 합리적으로 개선되지 않고 현재 같은 상태가 지속되어 아프리에서 지원시설을 회수하는 것이 확정되면 매우 난처해질 것이라는 우려의 소리가 높았다. 개관하고 3개월이 지나도록 노동교실이 제대로 운영되지 못하자 관심 있는 노동자들의 실망은 이루 말할 수 없이 컸다.

7월 들어 우리는 노조의 이름으로 사용주들의 일방적인 관리운영을 시정하여 줄 것을 요청하는 탄원서를 제출하고 시정 교섭을 진행하였으나 진전이 없었다. 이 과정에서 노조간부들은 사용주들로부터 '빨갱이 새끼 집단'이라는 말도 안 되는 소리를 들어야 했다. 얼마 후 노동청장으로부터 회신이 왔는데 "새마을 노동교실은 도시 새마을 본관으로 추진된 것이며 관리와 운영에 대한 문제는 사용자와 근로자가 원만하게 합의하여 자율적인 운영 정상화가 이루어져야 한다"는, 해결 의지가 보이지 않는 내용이었다.

우리는 다시 노조의 기본방침을 확인하였고, 새마을노동교실은 노조가 설립한 평화교실의 발전적인 소산이므로 설립취지에 맞도록 노사의 공동참여체제를 이룩하고 운영은 노조에서 주관한다는 내용을 담은 운영계획을 여러 차례 통보하였다. 그 뒤 1974년 4월, 노조에서는 새마을사업의 일환으로 교육문화 활동을 추진하기 위한 계획을 확정하여 사용주들을 무시하고 노동교실을 사용하기 시작하였다. 그러나 조합원들이 사용하고자 하는 시간에는 상가회사의 제한을 받게 되어 자유롭게 사용할 수가 없었다. 노조는 아프리의 지원으로 노동교실을 새로운 장소로 이전하기로 하고 을지로 6가에 있는 건물을 전세 계약하였다. 새로운 노동교실의 이전과 함께 모든 교육계획을 세우고 노총과 본조, 아프리, 노동청 관계자 등 많은 내빈과 조합원이 참석한 가운데 성대한 개관식을 가졌다. 노동교실이 우리 노조가 모든 운영을 전담하는 체제를 갖추고 새롭게 출범하게 된 것이다.

이 시기 평화시장에는 800개가 넘는 공장이 있었고, 사장도 800여 명이나 되었다. 규모는 대부분 20명 안팎인 영세 공장이었는데, 노동자 수는 2만 명 정도였고 그 중 여성이 80% 이상이었다.

이렇게 많은 사업장을 노조간부 대여섯 명이 관리하는 것은 여간 힘드는 일이 아니었다. 노조간부들은 허리띠를 졸라매고 황무지를 개척하듯 '무에서 유를 창조'하는 정신으로 일을 하였다. 노조에서 제일 먼저 한 일은 노조 가입원서를 받기 위한 활동과 다락방 철폐와 환풍기 설치를 독려하러 다니는 일이었다. 또 작업시간을 단축시켜 오후 8시에 퇴근하고 주일마다 쉴 수 있도록 노동자들의 의식을 먼저 바꾸려고 노력하였다.

당시 현장노동자들은 인간으로 대우받지 못했고 미싱사들은 도급제이다 보니 공임 문제로 다투기도 하고 계절별 옷을 생산하니 일감이 없어 놀 때도 있어 자연히 일 많은 곳으로 옮겨 이직률도 높았다. 더구나 월급 계산 때 10일치씩 깔아 놓는 것이 관례화되어 있었다. 직장을 옮기면 그 10일치 임금을 떼어먹는 사장들이 많았다. 심지어 퇴직자가 "10일치 임금을 달라"고 요구하면 사장들은 다음 달로 미루기도 하고 "괘씸해서 안 준다"고도 하였다. 이러다 보니 일해 놓고 월급을 받지 못하는 때가 많았지만 포기하는 경우가 많았고 가끔 싸우는 경우도 있었다. 그러다 노조가 만들어져 체불임금 신고를 하면 즉각 사장을 불러 처리를 해주자 노조에 대한 인식도 좋아졌는데, 그래서인지 노조를 '체불임금 받아 주는 곳'으로 바라보기도 했다.

그런데 무엇보다도 우리를 힘들게 한 것은 좁은 공간에서 두 배의 작업 효과를 얻기 위해 만든 다락에서 일을 하는 것이었다. 키가 150cm인 경우에나 일어설 수 있고 키가 큰 사람은 머리나 허리를 굽힌 자세로 서야만 하는 곳이다. 친구인 영자는 165cm의 훤칠한 키였지만 허리 한번 제대로 펴지 못해 키 작은 나를 부러워하였다. 여름이면 두세 개의 조그만 창을 열어 놓고 겨우 선풍기 두세 대를 트는 것이 더위를 쫓기 위한 방법의 전부였다. 온종일 앉아서 일하는 미싱사들은 엉덩이에 땀띠가 나서 힘들어하였다. 겨울에는 난방시설이 전혀 되어 있지 않은 곳이라 작은 창문도 닫고 문틈으로 들어오는 바람을 막기 위해 원단 자투리로 커튼을 쳤다. 화재 위험이 될 만한 불기라고는 전혀 없는 곳이었다. 움직이지 않고 일하는 미싱사들의 발은 동상에 걸리기 일쑤였다.

거기에다 가난한 어린 시다들은 점심식사 한 끼 제대로 하지 못해 풀빵이나 수제비로 주린 배를 채우기도 했다. 노조가 만들어지기 이전에는 누구 하나 개선해 달라는 사람이 없었다. 노조가 만들어지면서 우리들은 서서히 희망을 갖기 시작했다.

노조는 이런 노동자들의 어려운 상황을 해결하기 위해 복지시설로 후생식당을 운영하기 시작하였다. 처음에 후생식당은 시장상가 영세 노동자들의 급식문제를 해결하기 위해 1971년 2월 21일, 서울시에서 설치한 '서울특별시립 후생식당'으로 운영되었다. 이나마 도시락도 싸오지 못하는 이들에게는 큰 도움이 되었다. 그러나 1973년 11월, 갑자기 후생식당이 폐쇄되어 급식에 의지하던 많은 노동자들은 실망하였다. 노조와 우리 조합원들은 서울시장과 중구청장에게 후생식당을 부활시켜 줄 것을 바라는 진정서를 제출하고 노동청장과 본조 위원장에게도 후생식당 부활에 대한 협조를 요청하였다. 결국 식당 재운영에 대한 건의가 받아들여져 '대한적십자사 서울지사'의 지원을 받아 동화시장에서 후생식당을 다시 운영하게 되었다. 그때부터 나와 아카시아 회원들, 그리고 창동어머니는 점심시간이면 직접 국수를 삶고 급식을 하며 식당일을 도왔다. 힘들지만 우리의 것을 지키려는 일념으로 궂은일도 마다하지 않고 도왔다. 10원 하는 국수 한 그릇이면 주린 배를 채우기에 넉넉했다.

또 상가 특성상 직업병과 질병도 많고, 그동안 노동자들의 건강진단을 한 번도 실시한 적이 없어 노동청 지원으로 '시장상가 근로자 복지의원'을 1971년 2월 동화시장 옥상에 설치하였다. 사업장마다 건강진단을 받도록 하였지만 건강진단비를 줄이기 위해 사업주들은 노동자 수가 스무 명이면 그 중 다섯 명 내지 열 명만 받게 하고 나머지는 받지 못하게 하였다. 질병이 있는 노동자들과 미싱바늘에 찔려도 펜치로 바늘을 뽑고 미싱기름을 바르고 계속 일을 해야 했던 노동자들도 이제는 복지의원을 찾아가 치료받을 수 있게 되었다.

그러나 1974년 1월, 노동청에서 운영비 지원이 불가능하게 되어 운영을 담당하였던 대한산업보건협회에서 독자적으로 운영할 대책이 없어서 복지의원을 폐쇄하였다.

우리 노조간부들은 논의를 통해 복지의원이 시장상가 노동자들에게 없어서는 안 될 복지시설이기에 복지의원을 효율적으로 운영하기 위해 노조가 그 관리와 운영에 참여할 수 있는 제도를 마련해야 한다는 입장을 확정하고 복지의원을 부활시키기 위한 교섭활동에 나섰다. 아프리에서는 복지의원의 관리·운영에 노조가 참여하는 조건으로 복지의원의 시설과 기자재를 지원할 의사를 밝히고 노동청에 정식으로 통고하였고, 1974년 2월 노동청으로부터 복지의원을 존속시킨다는 방침을 확정받았다. 이전에는 복지의원이 동화시장 옥상에 있어 이용하기 불편하였는데, 아프리의 지원으로 유림빌딩 2층으로 이전하여 1974년 4월에 새로이 출발하게 되었고, 건강진단은 물론 직업병 예방, 산재 예방, 폐결핵 치료, 보건 상담 및 훈련, 방역, 환경 위생 등 여러 일들을 하였다.

이렇게 노조가 활동 영역을 조금씩 넓혀 나가던 1973년 1월에 처음으로 소식지인 「청계피복노보」 1호를 발행하게 되었다. 내용은 주로 노조 활동과 소식, 아카시아회 활동 소식과 교육, 체불임금 해결 방식, 노동자들이 알아야 할 상식 등에 관한 것이었다. 소식지 탄생에 모두들 기뻐하느라 소식지에서 눈을 뗄 수가 없었다. 이렇게 매월 1회씩 발행된 소식지는 조합원들에게 전달되어 노조의 활동에 큰 효과를 발휘했다.

나는 노조가 설립된 후 대의원, 운영위원, 비상임 부지부장, 노사협의회 의원을 두루 하면서 아카시아회 활동을 열심히 하였다. 그리고 1974년 5월, 정인숙 부녀부장의 사임으로 부녀부장이 되었다. 그동안 언제나 부녀부장과 함께하여 왔고 노조간부들과도 친하여 별 어려움 없이 내게 주어진 일들을 할 수 있었다.

1975년은 세계 여성의 해였다. 여러 여성단체에서 여성의 사회적 지위와 사회에서 받는 여성의 불평등에 대한 연구와 토론회를 열었기에 거기에도 참가하였다. 아카데미에서 주최하고 수원의 '내일을 위한 집'에서 가진 전국 여성노동자 간부 교육과 토론을 통해 다른 노조들의 활동상황을 듣고 서로 격려하며 희망을 나누기도 했다. 이때 아카데미 간사로 계셨던 신인령 선생님과 이광택 선생님을 만나게 되었다.

그러다 1975년 10월, 나는 노조사무실을 떠났다. 사업상 교육선전부장이랑 함께하는 일이 많은데 그와의 관계가 어색하고 불편해졌기 때문이다. 사실 그 1년 전부터 교선부장은 내게 "이성으로 사귀어 보자"고 했는데, 나는 부담스러워서 "친구로 지내자"고 말하며 거리를 두고 있던 차였다. 그런데 아카시아회는 부녀부에서 관리하지만, 회원들의 교육은 교육선전부가 전담하기 때문에 자연히 부녀부장과 교선부장은 함께 일을 하게 되는 경우가 많았다. 시간이 갈수록 어색하고 불편한 관계가 되었다. 한 사무실에서 동지로서 지내고자 하는 나와는 다른 입장이었던 교선부장은 내게 청혼을 하였는데, 동지로서 그가 지닌 올바른 판단력과 성실함, 시원한 업무처리, 직책에 어울리는 설득력 있는 언변은 좋았지만 결혼상대로는 생각하고 싶지 않았다. 가난한 집안에서 육남매의 맏이로 힘들게 살아가는 환경과 그의 단호하고 거친 듯한 성격이 나를 불안하게 했던 것이다. 친구로서는 좋았지만 인생을 함께할 동반자는 아니다 싶어서 거절하였고, 이렇게 어색한 관계가 되다 보니 일하는 데 불편함이 계속 느껴지면서 부녀부장 자리를 사임하고 노조사무실을 떠나게 되었던 것이다.

6. 구속된 남편의 구명운동에 나서다

결혼과 생활고

노조활동을 하던 1974년, 내가 살던 충신동 지역이 재개발 지역으로 확정되어 집을 재건축하지 않으면 안 되었다. 한 번도 은행통장을 가져 보지 못한 우리 식구는 돈도 없었던 데다가 그나마 내 월급과 조그만 구멍가게를 하던 어머니의 수입은 동생 둘의 학비와 생활비로 쓰이고 있었기 때문에 집 짓는 것은 엄두도 내지 못하였다. 건축업자는 2층으로 지어 임대를 주면 건축비가 나온다며 무리하게 재건축을 진행했고, 집을 지을 때 얻은 부채를 갚기 위해 나는 부녀부장 직을 사임하고 잠시 쉴 틈도 없이 현장 미싱사로 더욱 열심히 일해야만 했다. 부녀부장의 월급보다 배가 넘는 10만 원 이상의 수입을 올릴 수 있었다.

노조를 떠난 후에도 교선부장 임현재 씨의 꾸준한 설득이 있었고 만남이 이어졌다. 내가 바라던 결혼상대로서의 이상형은 아니었지만 그의 끈질기고 집요한 설득에 나 자신도 허물어지고 있었고, 나를 그토록 사랑하며 원하는 그를 완강하게 거절할 수 있는 냉정함도 내겐 없었다. 하지만 나는 결혼할 수 있는 처지가 아니었다. 집 지을 때의 부채도 남아 있고 동생들 학비와 생활비를 벌어야 하는 처지라서 결혼비용도 전혀 준비되어 있지 않아 결혼을 미루자고 하였으나 그는 서둘러 빨리 하자고 하였다.

가진 게 없는 집의 장남이라 어머니도 결혼을 반대하였지만, 그는 끊임없는 설득으로 어머니의 마음을 움직였다. 용기와 성실함과 패기가 있어 보인다며 둘이 열심히 노력하면 잘살 수 있을 거라고, 마침내 허락하셨다. 최소한의 비용으로 1976년 3월 21일, 많은 사람들의 축복을 받으며 결혼식을 마치고 부산 태종대로 신혼여행을 떠났다. 미래의 꿈으로 설레야 할 여행이었지만 새로운 삶의 첫발이 두렵게 느껴졌다.

가난하기는 남편도 마찬가지였다. 생활력이 없는 부모님과 육남매의 맏이로 가정의 생계를 책임지고 있는 처지였다. 양쪽 집 모두 가난한 가운데 우리의 신혼생활은 달콤한 미래의 꿈이 아니라 무거운 경제적 현실만이 앞을 어둡게 하였다. 신사동에 사는 친구의 도움으로 조그만 단칸방에서 신혼살림을 시작하였다. 단칸방 뒤쪽으로 아카시아가 많은 조그만 동산이 있었다. 주인집 부부는 인정이 많고 따뜻한 분들이어서 어렵게 시작한 살림을 보살펴 주기도 하였다. 우리는 가끔 주인집 어린아이들과 뒷동산에 올라가 잊을 수 없는 아카시아 향기에 취해 보기도 하고 꽃을 따다

술을 담가 놓기도 하였다.

그해 4월, 결혼한 지 한 달도 안 되어 생긴 노조의 여러 가지 변화로 남편은 노조간부를 사임하고 현장에 취직하려 했으나 일자리를 찾기가 쉽지 않았다. 어렵게 일자리를 구해 다니다 보면 노조간부였다는 사실이 알려지면서 거듭 해고를 당하는 신세가 되었다. 결혼 초부터 생활비를 걱정하고 살아야 하는 생활에 나는 다시 공장 미싱사로 취직을 해야만 했다.

그러다 첫아이를 임신했는데 기쁨보다는 생활에 대한 걱정과 불안함이 나를 우울하게 하였다. 결국 정신적 불안감으로 자연유산이 되어 마음의 상처와 더 깊어진 우울함은 무엇으로도 달랠 수가 없었다. 자연히 밖에 나가는 일도 없고 무미건조한 생활에서 남편의 부정기적인 수입으로 더욱 어려운 생활고를 겪어야만 했다. 이때 나를 더 힘들게 한 것은 시부모님이 우리에게 갖고 있는 기대감이었다. 가부장적인 가정의 큰아들은 무거운 책임과 의무만 있었다. 유산은커녕 집도 전세도 아닌 월세를 살아야 하는 우리에게는 감당하기 어려운 두려움만이 짓누르는 생활이었다.

그러다 1977년 여름, 남편은 무엇이라도 하겠다며 중곡동으로 이사를 하여 자전거를 타고 다니며 옷을 파는 행상을 시작하였다. 그리고 그해 9월, 예쁜 첫딸을 맞이했다. 그날도 하루 종일 자전거 페달을 밟으며 다니다 돌아온 남편이 말쑥하게 양복을 손질해 입고 병원으로 첫딸을 보러 왔다. "아빠와의 첫 만남이니만큼 초라한 모습보다 깨끗하고 단정한 모습을 아기에게 보여 줘야 한다"고 말하는 남편의 마음에 눈물이 핑그르르 돌았다. 우리에겐 복덩이라며 행복해하는 남편이 고맙게 느껴졌다. 우리는 첫딸을 보며 열심히 살아야 할 이유를 찾았고, 희망이 생겼다. 딸이 귀엽게 자라는 모습과 젖을 빠는 모습에서 오랜만에 엄마로서의 책임과 깊은 존재감을 느꼈다. 그러던 중 우리는 조그만 가게가 딸린 방 하나를 얻어 청바지 가게를 시작하게 되었다. 밤에 남편이 재단하고 내가 만들어 맞춤도 하고 기성복을 사다 줄여 주기도 하였으며, 낮에는 아이를 돌보며 물건을 팔기도 하였다.

어느 날 남편이 노조 이야기를 하며 "다시 노조로 가야겠다"고 하였다. 나는 딸과 내가 버려진다는 느낌이 들어 완강히 말렸다. 그러나 남편의 의지는 단호했다. "지금 삼동회원이 떠난 노조는 조직분규가 있고 많이 어려워 삼동회원이 다시 와야 한다고 창동모친과 장기표 형이 간절히 원한다"고 하였다. 결국 남편은 1978년, 노조에 복귀하였고 가정살림과 가게는 나의 몫이 되었다. 남편은 지부장 직을 맡으며 어려운 문제를 헤쳐 나가기 위해 고민에 싸여 있었고, 매일 피로에 젖은 모습으로 늦게 귀가했다. 혼자 어린 딸을 데리고 둘째를 임신한 상태로 가게를 힘들게 운영하다 보니 건강에 무리가 왔다. "가겟세를 올려 달라"는 주인의 요구에 결국 가게를 정리하고 면목동으로 이사를 하였다.

이곳에서도 집주인과 이웃과의 관계는 좋아서 다른 사람들은 우리 가정을 가난하지만 행복하게 살아가는 것으로 알았다. 그러나 속사정은 달랐다. 시집에서는 경제적 지원이 없다고 불평만 하는데 우리는 도와주지 못하는 형편이 답답하기만 하였다. 이웃집에 사는 독실한 가톨릭 신자였던 부인이 내가 힘들어하는 것을 보고 성당에 나가 보라고 권했다. 아일랜드 신부님인데 한국말을 잘하신다고 했다. 아는 분이라 확신하고 반가움에 성당으로 찾아가 만나 뵈었다. 을지로 6가에 있던 이향인의 집에 계시던 J.O.C. 지도 신부님이신 양노엘 신부님이셨다. 신부님께서는 반가이 맞아 주시며 그때 만삭의 몸이었던 나에게 통신교리를 신청해 주셨다.

그러던 1980년 1월, 둘째 딸을 낳았다. 그때도 친정어머니는 딸이라고 서운해하셨지만 남편과 나는 "딸도 훌륭히 잘 키우면 아들 못지않고, 다음에 비행기 두 번 타서 좋다"고 하였다. 나도 친정 엄마처럼 아들만 선호할까 싶어서 처음부터 우리는 "아들 딸 구별 않고 둘만 낳아 잘 기르자"고 가족계획을 세웠던 것이다.

1980년 4월에 면목동성당에서 영세를 받게 되었다. 성당에서는 1981년, 남편이 구속되어 어려움을 겪을 때 물심양면으로 많은 도움을 주었다. 집 월세도 내주고 교우들을 통해 기도도 해주어 어려움 속에서도 많은 위로를 받으며 지냈다.

남편은 노조에 복귀하여 지부장 직을 맡다가 1980년 4월에 임금인상과 단체협약체결을 위한 11일간 농성투쟁을 하였다. 10인 이상 사업장에 퇴직금 정착과 직책별 임금인상, 견습공 최저임금인상을 관철하는 큰 성과가 있었다. 이 투쟁을 통해 평화시장에는 영세사업장에서는 감히 생각도 하지 못한 퇴직금을 받을 수 있는 기준을 만들었다.

아프리 농성사건과 남편의 구속

1980년 5월 17일, 전두환 정권이 비상계엄을 확대하고 광주민주항쟁을 무참하게 짓밟음으로써 사회는 완전히 얼어붙은 겨울 같은 분위기였다. 이후 청계노조에는 또 한번의 회오리바람이 불어왔다. 그 당시 민주노조로 알려져 있던 청계, 원풍, YH 등 민주노조의 간부들은 군합수부에서 2주일간 혹독한 조사를 받고 나왔다. 계엄령이 선포되자 모두들 긴장하였고 청계노조 역시 불안감이 감돌아 풍전등화와 같은 상태였다.

1981년 1월 6일, 서울시 노동위원회 서울시장 박영수 명의로 느닷없이 노조 해산 명령서가 날아왔다. 마른하늘에 날벼락을 맞는 격이었다. 해산 이유는 공익을 해할 염려가 있는 노조라는 것이다. 청계노조가 어떻게 태어났는데…… 해산명령에 불복하자 1월 21일, 경찰들이 노조사무실을 습격하여 사무실 재산을 탈취하고 노조사무실은 폐쇄해 버렸다.

이때 노조간부들과 조합원들은 울분을 토하며 격분하였지만 광주항쟁이 진압되고 계엄이 강화된 상태에서 사회가 온통 공포분위기에 놓여 있어 전전긍긍할 수밖에 없었다. 결국 1981년 1월 30일, 노조간부들과 열성 조합원들이 아프리 사무실을 점거하고 농성을 하였다. "청계노조 해산명령서를 철회하라", "서울시장 퇴진하라" 등의 구호를 외치며 결사투쟁하다 경찰의 무자비한 진압으로 조합원 두 명이 투신하여 한 명이 크게 다쳐 서울대병원에 입원하는 사건이 일어났다. 이때 조합원 20여 명은 경찰서에서 훈방되고 나머지 열한 명과 지부장이었던 남편은 구치소에 수감되었다. 열한 명 중 이소선 어머니와 세 명은 결혼을 하여 어린 자식들과 아내가 있었지만 다른 일곱 명은 시골에 노부모님이 계시는 미혼이었다. 가족들이 면회를 신청해도 조사가 끝나지 않았다는 이유로 유치장이나 구치소에서 2개월이 지나도 면회가 되지 않았다.

그해 겨울은 유난히 춥고 길게 느껴졌다. 신문보도로 TV로 라디오뉴스로 이 사건은 널리 알려졌다. 구속자 가족, 이숙희가 첫아들을 해산한 지 한 달도 되지 않은 몸으로, 김수정 역시 6개월 된 둘째아이를, 내가 1년 된 둘째아이를 등에 업고 전순옥과 함께 구명운동을 해야 했다. 노조의 상급단체, 한국노총, 재야인사, 학계, 정치, 종교단체, 가톨릭노동상담소, 기독교인권위원회 등을 만나 사건을 알렸다. 구속자 석방을 위한 서명을 받으며 도움을 청하는 일을 계속하였다. 가톨릭노동상담소에서는 구속자를 위해 매월 10만 원의 성금을 보내 주고 김수환 추기경님이 구속자 가족으로부터 사건의 경위와 현재의 상황을 직접 듣고 싶어 하신다며 만나기를 청하시어 찾아뵈었다. 추기경은 나의 상황 설명을 귀 기울여 들어주시고 "지금은 힘들고 어렵지만 힘을 내고 어려움을 극복하라"는 위로의 말씀을 하시며 두 손을 꼭 잡아 주셨다. 그 뒤 호소문도 만들어 전하고 구속자가 열한 명이 되니 그들을 돕기 위한 손수건도 만들어 팔며 소식을 알렸다.

주위의 관심 있는 분들이 따뜻한 담요와 솜옷을 보내 주었고, 형성사, 돌베개 출판사에서는 많은 책을 보내 주어 구속자들에게 골고루 넣어 주는 것으로 열한 명의 옥바라지를 하였다. 무슨 큰 죄인이라고 직계가족만 면회가 되어 가족이 시골에 있는 다른 구속자들을 내가 대신 면회하려 했으나 허용이 되지 않아 안타까웠다. 하루는 둘째 윤선이를 등에 업고 구치소로 면회 가고, 다른 하루는 각계각처로 다니며 구명운동을 하고 돌아다니다 보면 온몸은 파김치처럼 늘어졌지만 걱정에 싸여 간신히 잠이 들고는 했다. 다음날이면 어김없이 일어나 기저귀와 미음을 끓여 우유병에 담고 어린 딸을 등에 업어 일찍 집을 나섰다.

정보과 형사가 늘 그림자처럼 감시를 하며 누구를 만나든 어디를 가든 따라다녔다. 나를 감시하는 사복형사가 매일 우리집으로 출근하며 내 주위를 맴돌자 주인집에서는 불편하였는지 "집수리를 해야 하니까 방을 비워 주고 이사를 가라"고 하였다. 체신 공무원이었던 집주인은 부동산으로 재산을 불리고 있는 터라 불안했던 모양이다. 평소에는 우리 큰아이도 돌보아 주며 잘해 주던 인자한 분들이, 나의 사정을 너무 잘 아는 분들이 그렇게 매정하게 나오니 야속하기만 하였다. "남편이 돌아올 때까지만 살게 해주세요"라며 애원하였지만 소용없었다. 가진 것이 없는 설움을 또 겪어야만 했다. 당장 이사하려면 보증금이 더 필요한데 막막하였다. 시집이나 친정이나 내가 도와줘야 할 처지라 월세도 내줄 수 있는 여유가 없으니 부탁할 데도 없었다. 언제나 몸과 마음으로나 물질적으로나 내가 베풀어야 하는 위치가 더욱 가슴 아프게 다가왔다.

이렇게 답답할 때 정인숙에게 봉투 하나를 전달받았다. 일금 20만 원. 큰돈이었다. 나의 어려운 처지를 김수환 추기경에게 말씀드리니 도와주시도록 선처해 주셨다고 했다. 추기경님 덕분으로 보증금을 보태어 부엌도 없는 골방으로 이사할 수 있었다. 면회를 다닐 때 작은 딸을 등에 업고 세 번씩 버스를 갈아타고 다니는 일이 쉽지는 않았다. 어떻게 그런 힘과 억척스러움이 나왔는지, 그게 강한 모성의 힘이 아니었을까, 라는 생각이 든다. 심지어 따라다니는 형사가 힘들어하는 나를 보고 택시를 타고 다니자며 택시비를 내주면서 자기를 떼어 놓고 혼자 다니지 말라고 한 적도 있었다. 변호사 선임도 제대로 할 수가 없었다. 정치적으로 민감한 일이라 누구도 맡으려 하질 않았다. 결국 1심에서는 국선변호로 7월에 일곱 명이 출감할 수 있었다. 나머지 네 명은 항소를 하여 12월에 남편은 출감하고 다른 세 명은 실형을 살아야 했다.

7. 가정을 지키기 위해 온힘을 쏟다

남편이 출소하여 돌아오고, 이산가족이 만난 것처럼 반가움의 눈물로 서로를 부둥켜안았지만 작은딸은 아빠 얼굴을 익히기도 전에 헤어진 1년 동안의 시간이 너무 길었던지 아빠한테 가기를 꺼려하였다. 당장 살아가는 게 또 걱정이었다. 쉽게 일자리를 얻을 수도 없었지만 출감 후에도 그림자처럼 형사의 감시를 받고 있었다. 나는 남편에게 가정 지키기를 강조하였다. 다시 노조 복귀를 한다면 이혼하겠다며 으름장을 놓았다.

　어렵게 성당 신협에서 대출을 받아 흥인상가에 반쪽짜리 가게를 얻어 아동복을 받아다 판매를 하였다. 그러나 처음 하는 장사는 재고만 남기고 정리하게 되었다. 친구의 권유와 도움으로 신당동에서 하청공장을 하였다. 어린 아이들만 두고 다닐 수 없어 살림집도 신당동으로 이사를 하였다. 남편은 어린 자식들과 가정을 위해 살 것을 약속하였다. 끝까지 노조를 지키지 못한 것에 괴로워하는 남편을 볼 때 안타까웠다. 그러나 나는 몸이 쇠약해져 허리를 세워 설 수가 없어 기어다니는 상황이었다. 공장일은 커녕 집안 살림을 하는 것도 힘에 부쳤다. 밤낮으로 성실하게 일하며 마무리 작업까지 꼼꼼히 챙기는 남편의 공장 관리로 일감을 꾸준히 공급받아 공장도 넓은 곳으로 옮겼다. 봉제 하청공장을 운영해서는 겨우 먹고사는 정도만 되었다. 어렵게 빚을 얻어 남대문시장 포기아동복상가에서 가게를 시작하였다. 남편은 공장에서 직원들과 함께 일하며 전직 노조지부장이었던 사람으로서 항상 일하는 사람의 입장에서 말하며 인격적으로 잘 해주어야 한다는 신념으로 그들을 대하였다. 그러다 보니 제품공장은 이직률이 높은 데 반해 다행히 우리 공장에서 일하는 사람들은 오래 일하다 결혼을 하는 경우가 많았다. 남편이 공장에서 열심히 옷을 만들면 새벽 두 시에 나는 남편과 같이 가게로 나와 지방 손님들에게 도매를 하였다. 다시 낮이 되면 나는 소매를 하였고, 남편은 공장 작업을 하였다. 둘은 항상 잠이 부족했다. 그야말로 돈을 벌기 위해 밤잠도 제대로 못 자고, 아이들과도 함께 시간을 보내지 못하는 부모가 되어 버려 늘 미안했다. 함께 놀아 주기는커녕 아침에 도시락도 못 싸주는데도 아이들은 건강하고 씩씩하고

삼동친목회 야유회에 함께한 가족

착하게 잘 자라 주었다. 유치원 다닐 때부터 동생을 보살피는 윤정이는 언니의 몫을 잘해 주어 대견스러웠다. 공부도 잘하고 친구관계도 원만하였다. 우리는 일이 힘들었지만 기쁨과 희망을 안겨 주는 사랑스런 딸들이 있기에 더욱 열심히 살았다. 우리가 배움에 대한 갈증이 많았기에, 아이들만은 학교를 제대로 다닐 수 있도록 뒷받침해 주고 싶었다. 하고 싶은 일을 할 수 있도록 배려해 주는 것이 부모의 의무와 책임이라고 느꼈기에 우리는 땀 흘리며 노력하였다. 우리가 보내온 가난 속에서 아이들은 벗어나게 해주고 싶었다. 그렇게 살아온 삶이 지금 한편으로 생각해 보면 자식들을 통하여 대리만족을 얻으며 살아온 것같이 느껴지기도 한다.

생활조건 때문에 이곳저곳으로 옮겨 다닌 열두 번의 이사 끝에 16년 만에 처음으로 장충동에 조그만 빌라를 마련하였다. 그때의 기쁨은 운동회에서 달리기를 할 때처럼 앞만 보고 있는 힘을 다하여 달린 후 큰상을 받는 그런 느낌이었다. 이 시기 우리 부부의 목표는 첫째는 아이들이 학업을 포기하지 않고 할 수 있는 한 마칠 수 있도록 해주는 것이었고, 둘째는 우리의 집을 갖는 것이었으며, 셋째는 마음의 빚을 진 분들께 빚을 갚으며 사회복지사업을 하는 것이었다.

큰딸은 대학 마치고 결혼하여 하느님의 선물인 손녀를 안겨주었다. 작은딸도 성실히 살아가는 사회인이다. 가끔 남편이 "지금까지 내가 살아오면서 가장 잘한 일 가운데 하나가 당신과 결혼한 일"이라며 나를 인정해줄 때 나는 남편에게 "나를 지켜 주는 수호천사"라고 불러 준다. 높은 산을 오를 때처럼 높고 낮은 오르막 내리막을 통하여 심신이 단련된 듯 굴곡이 많은 인생여정을 통해 나의 내면적 삶이 깊어진 것 같다.

환갑을 지난 내가 살아온 시간을 돌아보면, 자라면서 들어 왔던 '쓸데없는 딸'이라는 차별적인 말과 동생 때문에 좋아하던 공부를 제대로 못했던 것이 가슴에 깊이 박혀 있는 것을 알 수 있다. 그러나 젊은 시절을 보낸 평화시장, 전태일 씨의 죽음, 어린 여성노동자들과의 관계, 노조활동은 나보다 어려운 이들에게 등 돌리지 말라는 감성을 심어 주었다. 한 가정에서의 아내, 며느리, 엄마로서의 역할을 어느 정도 마친 지금, 주어진 내 조건에서 어려운 이들과 조금이라도 같이 할 수 있도록 노력하고 있다. 남은 시간이 얼마나 될지 모르지만, 앞으로의 삶 속에서 이웃과 함께 사랑을 나누고, 나를 필요로 하는 곳에 도움을 줄 수 있도록 여건이 된다면 복지사업을 하고 싶다. 그게 내가 살아오며 힘들 때마다 마음을 보태 주신 이들에 대한 보답이라고 본다.

그 전에는 나는 예를 들면 '7번 시다' 뭐 이렇게 현장에서 부르는데, 어느 날 노조 가니까
'신순애'로 불러주고, '신순애 씨', '신순애 씨' 하고 이러니까, 내가 어쨌든 인간으로 태어난 것
같은, 내가 존중받는 듯하고, 집에서도 그래 보지 못했는데 나를 인정해 주니까 좋았어요.
그래서 내가 노조에 폭 빠지게 돼요.

평화시장 '7번 시다', 노동조합에 뛰어들다

신순애

청계피복 노동조합 부지부장, 부녀부장, 아카시아회 회장

평화시장 '7번 시다', 노동조합에 뛰어들다

1. 환영받지 못한 출생

●●● 언제 태어나셨나요? 태어나실 때 집안 상황은 어땠어요?

그러니까 1954년 10월 7일에 전북 남원 금지면 입암리, 지금은 사구라고 그러는데, 거기서 태어났어요. 아버지가 쉰세 살이고 엄마는 마흔 셋이었대요. 내가 7남매 중에 막내였고. 그러니까 우리 언니가 막내인 줄 알았는데 5년 있다가 공교롭게 내가 엄마 뱃속에 생겼던 거죠. 옛날에는 피임이 없었으니까요. 그때 우리 엄마가 건강이 안 좋으시고 아버지도 아픈 상태에서 나를 낳으셔서, 사람들이 내가 거의 사람 구실을 못 할 거라고 그랬대요. 엄마가 젖이 나오질 않아서 나한테 젖을 못 먹이니까, 시골에서 밥 하면 밥 물 넘을 때 뿌연 물 있잖아요? 언니가 그걸 숟가락으로 내 입에 떠넣

신순애 씨의 구술작업은 면담자 유경순(본문에서는 ●●●로 표시)이 2003년 3월 26일에 작업한 것을 바탕으로 2010년 8월 7일 용산에서 다시 진행하였다. 녹취 내용을 정리한 후 구술자의 확인을 거쳐 글을 마무리하였다.

어 주면 내가 누워서 '꼴깍~ 꼴깍~' 받아먹더래요. 엄마 친구들은 우리 언니보고 "저 애 사람 구실 못하니까 정 주지 말라"고 말하기도 하고, 또 아버지는 "딸은 필요 없다", "지 팔자니까 죽게 그냥 내버려 둬라" 그래서 그냥 나를 놔두고. 그렇게 내가 시골에서 컸어요. 그래 내가 별명이 '비실이'였고, 또 키만 껑충하게 크다고 '껑다리'

청계노조의 활동 경험을 이야기하는 신순애(2010년)

여서 우리 아버지가 "저년은 누굴 닮아서 게을러 터지려고 대나무처럼 키만 크냐"고 그랬던 기억이 나요.

●●● 집안 경제사정은 어땠어요?

그전에는 잘나가는 집안이었대요. 고조할아버지가 정3품 벼슬을 한 임명장이 아직도 큰오빠 집에 가면 있어요. 잘살았던 집안이지요. 근데 큰아버지가 재산을 다 갖다가 털어 먹은 거예요. 그래서 덩달아서 우리까지 못살았다는데. 그 때문에 엄마하고 할머니하고 사이가 엄청 안 좋았대요. 할머니는 그래도 큰아들이니까 감싸고, 엄마는 시아주버님이 그렇게 정신을 못 차리는데 아버지가 살림을 지키지 못하는 게 너무너무 답답하셨겠죠. 그러면서 논이 두마지긴가? 그리고 밭이 세마지기밖에 없었어요. 거기에 몇 식구야? 한 일곱 사람 정도는 살았으니까. 지금도 기억나는 게 겨울에는 무를 한 소쿠리를 썰어요. 큰 가마솥에다 무를 쫙 깔고 쌀은 한주먹 정도 무 가운데 딱 넣어요. 그렇게 밥을 짓고 살살~ 해서 아버지 밥 한 공기를 푼 다음 나머지를 우리한테 퍼서 주면 전부 무밥이야, 어쩌다 쌀이 하나 보이는 거죠. 그걸 간장에다 비벼먹고 그랬어요. 밥은 숭늉을 끓이면 구수하잖아요? 근데 무로 숭늉을 끓이면 단맛이 나가지고 들큰하고, 들척지근한 거야. 나는 그 숭늉이 제일 싫었어요. 그 다음에 여름에는 순전히 보리밥. 그래도 서울 살 때와 비교하면 시골생활이 좋았는데, 왜냐하면 시골은 배고프면 겨울에는 고구마 삶아서 동치미에다 먹기도 하고, 쌀밥이 먹고 싶어서 그렇지 배고픈 거는 넘기잖아요? 들에 나가면 아구배니, 오디니 뭐 하다못해 땡감이라도 따먹을 수 있고, 아니면 탱자도 따먹어도 되고, 아니면 고구마 순 같은 거 삶아서 먹고. 그런 거는 주변에 있으니까.

••• 형제자매는 몇 분이었어요? 가족 분위기는 어땠나요?

오빠 셋, 언니 셋이었는데, 오빠는 남원군에서 1등 했는데도 아버지가 반대하시니 학교를 못 가고. 또 내가 아홉 살 때 우리 언니가 시집갔는데, 예전에는 항상 길게 따는 머리만 했거든요, 근데 그때 머리칼을 자르는 문화가 막 들어왔던 거 같애요. 서울은 벌써 들어왔겠지만. 암튼 우리 언니가 "시집 안 간다" 하는데 아버지는 먹을 것도 없으니까 입 하나 덜려고 시집을 보내려고 하셨고. 그 전에는 언니가 파마를 하고 싶다고 해도 아버지가 그거 절대 허락을 안 하셨던 분인데, 시집 보내려고 허락해 주셨어요. 우리 아버지가 철칙이 "여자는 목소리가 크면 안 되고. 좋아도 좋은 척하지 말고 싫어도 싫은 척하지 말고." 그러니까 예를 들면 학교 가서는 뒤꿈치 들고 살살~ 댕겨야 되고. 이런 교육이 내가 어떻게 생각하면 잘 받은 거고 어떻게 생각하면 나를 죽이는 데 한몫을 한 거지. 그런 속에서 살았기 때문에 이렇게 나를 드러내는 일은 상상도 못하는 거죠.

●●● 학교 다닐 때는 어땠어요?

우리 오빠가 20세에 서울 가서 넝마 줍고, 구두 닦고, 그런 거 했어요. 내가 입학할 때 오빠가 빨간 가방하고 운동화를 사 줬는데, 시골에서 내가 빨간 가방을 유일하게 들어본 거여. 애들이 되게 부러워했었는데. 학교나 읍내를 가려면 다른 마을을 지나가야 하는데 거기에 개구쟁이 남자애들이 여자애들을 못 가게 딱 막아요. 그 중 하나가 "야, 저기 동수 동생 있어" 그러는 거예요. 그러면서 아무 소리 안 하고 나를 보내 줘요. 우리 오빠는 체격이 조그맸지만 운동회 때도 1등 하고, 내가 오빠하고 12년 차이가 나서 오빠 졸업한 지 몇 년 지나 학교 들어갔는데도 "신동수 동생? 역시 공부 잘한다"고 말할 정도였어요. 1학년 때 오빠가 나한테 공부를 가르쳤으니까 내가 공부를 잘했겠지.

그렇게 공부를 하다가 3학년 때, 그때 육성회비가 5원인가? 그거를 1학기 때 못 냈어요. 학교만 가면 선생님이 "집에 가서 돈을 갖고 오라"고 계속 그러니까 그게 창피해서 학교를 안 갔어요. 내가 스스로 안 갔는데 엄마는 그거를 미안해하고. 나는 집에 와서 "엄마 나 돈 줘" 하고 졸라 보지를 못했어요. 학교에서 선생님이 "그 돈 갖고 오라"고 쫓으면 집에 와서는 그 이야기를 엄마한테 못했어요. 엄마 마음 아플까 봐 그랬던 거 같고. 아니면 말해 봤자 돈이 없으니까 안 나올 게 뻔하니까. 왜냐면 그때 아버지가 소에게 받혀서 위를 다치셔서 갖고 그래서 셋째오빠가 서울에서 돈 쪼금 벌어서 아버지 약 사오고 또 시계 팔아서 약 사오고.

●●● 서울은 어떻게 오게 된 거죠?

우리 오빠가 서울하고 집을 왔다갔다 하다가 안 되겠는지 "서울로 이사를 가자", "어차피 여기서는 아버지 병원비도 그렇고 올라가서 뭐를 하든지 한번 해보자" 해서 엄마, 아버지도 농사도 없고 어차피 자식들이 다 서울로 올라가니까 "그렇게 하자"고 한 거죠. 그러니까 내가 국민학교 3학년 중퇴하고 한 1년 있다가 서울로 왔는데, 그때 내가 막 우니까 셋째오빠가 그랬어요, "걱정하지 마. 서울 가서 내가 너 공부 가르쳐 주겠다"고. 그래서 서울 올라오는 게 어떤지도 모르고 학교갈 수 있다는 말에 그냥 신나서 서울로 왔던 기억이 나요. 그렇게 해서 65년도에 중랑교 뚝방 하꼬방, 거기로 와서 방 하나에 아홉 명이 잤어요. 서로 머리를 반대편으로 해서 지그재그로. 큰오빠는 뽑기장사 하고 셋째오빠는 구두닦기하고. 그러다가 셋째오빠가 스물두 살 때인가 강원도에 돈을 많이 번다고 갔는데, 폭탄을 캐면 구리가 나오잖아요? 그거를 팔면 돈이 되니까, 누가 그걸 캐는 걸 옆에서 보고 있다가 폭탄이 터진 거죠. 그래서 사고로 오른손을 다쳐서 지금도 장애예요. 그후로 오빠가 마음을 못 잡고 방랑생활을 해요.

거기다가 몇 년 지나 공교롭게 둘째오빠가 군대 가서 헬리콥터를 탔는데, 여섯 명이 탔는데 다 죽고 우리 오빠만 살았어요. 제대를 했는데, 후유증으로 못 일어나고 누워 지냈어요. 그래서 내가 열여덟 살에 완전히 기술자가 돼서, 돈 벌면 쌀 팔아서 둘째오빠 갖다 주고 그랬어요. 또 어떤 일이 있었냐면, 큰형부가 마흔 살에 갑자기 일하다 말고 쓰러져서 고혈압으로 돌아가셨는데, 돌아가시기 전에 못된 짓은 다 한 거예요. 뭐 노름을 하다가 다 털어먹고 아무것도 없이 돌아가셨어요. 그래서 큰언니가 아들 셋, 딸 둘인데 고생 엄청 했죠. 그래도 동기간이라고 큰오빠가 오라고 해서 천

막 치고 거기에다가 큰언니 방을 하나 만들어 줬어요. 그런데 조카들 밥 먹을 때 김치 하나만 줘도 엄청 많이 먹으니까 언니는 시금치밭에 다니면서 걔네들 밥 대기도 바쁜 거예요. 그러니 내가 월급 타면 애들 옷이라도 사다 줘야 했어요.

2. 평화시장 '7번 시다'

●●● 서울에 오셔서 뭘 하셨어요?

돈을 벌어야 하니 처음에는 PAT공장을 갔어요. 지금도 휘경동에 있는데. 누가 거기를 데리고 갔던 거 같은데, 공장장이 나보고 "몇 살이냐?"고 그래서 "열두 살이요" 그러니까 "젖 더 먹고 오라"고 안 써주더라고요. 나는 돈을 벌어야 되겠는데 나를 써주는 곳이 없으니까……. 그러다 평화시장에 다니는 주인집 언니가 옆 공장에 "시다 구한다"고 써붙여 있다면서 나를 그 공장에 데려다 준 거예요. 동대문에 내려서 평화시장까지 갔는데, 그때가 66년도예요. 공장으로 올라가니까 위에는 다락이 있고 그 위에서 미싱하고 아래는 뭐 재단하고 한쪽에 단춧구멍 뚫는 기계가 하나 있었고. 처음에는 나보다 덩치 큰 사람도 와 있더라고요. 시다 하나 구한다는데 둘이 온 거예요. 그런데 미싱사가 "일 해봤냐?"고 덩치 큰 사람한테 물으니까 걔가 "안 해봤다"고 대답을 했어요. 나한테 물을 때 열두 살짜리가 뭘 알아서 그렇게 대답을 했는지, 내가 거짓말을 한 거야, "해봤다"고. 그러니까 다행히 나를 썼어요. 그런데 한 3일 있다가 그 언니가 "너 왜 거짓말을 했냐?"고 그래서 "저는 돈을 벌어야 돼요" 그랬죠. 그때 그 언니가 미싱사 7번이었어요. 그때 내 첫 월급이 3,000원 정도인데 그 미싱사 언니는

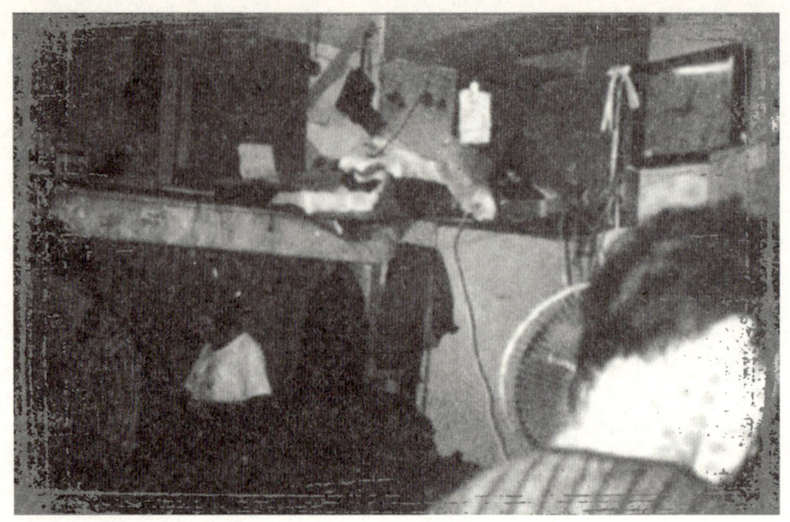

청계천 여성노동자들의 작업 모습

15,000원인가 탔고. 나보다 다섯 배 많은 거 같았어요. 나는 얼마 안 되는 데, 그 언니 월급 탈 때 그게 좀 부러워서 나도 빨리 미싱을 타야지 했어요.

●●● 그때 시다 일은 뭘 했어요?

미싱으로 박은 일감이 내려오면 미싱대 밑에 쪼그리고 앉아서 다리미질 하고 시다하는 거예요. 화장실 가면 한 30명씩 줄 서 있고, 그래서 가능하 면 화장실을 안 가려고 배가 터질 때까지 참고. 그러고 그냥 꼬부리고 하 니까 항상 발이 저리고. 그리고 윗층에 올라가면 천장이 낮아 일어설 수가 없어서 늘 꼬부려야 하고, 1층에 내려와야 허리를 펼 수 있었어요.

●●● 월급 타면 어떻게 하셨어요?

나는 월급 타서 우리 부모님을 갖다 주고 싶었는데, 경제권이 엄마한테 없어서 엄마가 너무너무 기죽는 게 마음 아프지만 올케를 갖다 줬어요. 그거 갖다 주면 올케가 엄마한테 더 잘 하겠지 하는 마음으로 눈치 보면서. 그러면 내 월급에서 오빠가 30원인가를 용돈으로 주고 차비 매일매일 주고. 그때 차비가 5원이었던가 했는데 그걸 저금통에 넣고 일찍 끝나면 평화시장에서 중랑교까지 걸어 다녔어요.

●●● 미싱은 언제 타셨어요?

거기는 형제끼리 다니는 사람이 많았어요. 그래서 미싱사가 자기 친언니인 사람은 아무래도 미싱을 더 빨리 탔고, 나는 남보다 1시간 정도 출근을 일찍 해서 미싱사 오기 전에 미싱해 보고. 처음에는 미싱사 언니한테 미싱을 건드렸다고 혼났는데, 나중에 미싱을 배우고 나니까 미싱사 언니가 좋아하더라고.

●●● 일을 처음 하셨던 곳, 이름이나 위치 기억나세요?

삼양사, 평화시장에 있는데 우리가 시다할 때 삼일고가도로 공사를 막 시작했어요. 그래서 우리가 "공사 다 하면 끝이 어딘가 한번 가보자"고 떠들기도 했어요.

●●● 전태일 열사 분신 사건을 그때 알았어요?

전태일 씨 죽었을 때 누군지는 몰랐는데 죽었다는 건 알았어요. 그때는 신문을 보지 않지, 설사 보고 싶어도 볼 시간도 없고, 또 신문이 전부 한문이었기 때문에 볼 수가 없었죠. 하여튼 누구한테 들었는데 "누가 죽었다. 거기 가지 말라"고 하거나 "시체가 지금 가마니에 덮여 있다"고. 그리고 "깡

패가 죽었다"고 하고. 그렇게들 알고 있었어요. 그래서 그쪽에 갈 일이 있
어도 무서워서 못 갔어요. 하여튼 나는 내가 죽어라고 벌면 무슨 대책이
있겠지 하는 생각으로 그냥 기를 쓰고 일만 했어요.

••• 주로 어떤 옷을 만드셨었어요?
시다할 때는 아동복 블라우스. 그리고 겨울에는 모자 달린 문어코트라고
그랬는데, 안에다가 스폰지를 넣어 누벼서 푹신푹신한 거예요. 지금 생각
해보면 옷도 아니었어. 팔하고 앞하고 뒤만 있고 단추만 있으면 되는데 만
들기가 바쁘게 팔렸던 거 같애요. 그 다음에 미싱하면서 진선미라는 와이
셔츠공장으로 옮겼어요. 그게 앞집 언니가 진선미를 다녔는데 그 집에서
미싱사를 구한다고 해서 간 거예요.

••• 공장에는 몇 명 정도나 있었죠?
처음 들어간 데도 열다섯 명이 넘었죠, 미싱이 7대 있었고. 좀더 큰 데는 미
싱이 15대 정도 있었는데, 와이셔츠집인 진선미는 큰 집이라 미싱이 많았
어요. 그러다 내가 다림사로 옮겼어요. 그 전에도 몇 번 옮겼는데, 잘 기억
이 안 나네요. 그때 안삼순, 이광숙이가 그 집에서 같이 일했어요.

••• 이광숙 씨도 노조활동을 하죠?
예, 열심히 했죠. 그때 이광숙이가 나보다 한 살 위예요. 개는 중학교 졸업
하고 왔고. 한번은 그 집에 놀러 갔는데 개네 엄마가 만두국에 떡을 넣어
서 끓여 줬어요. 내가 서울 와서 그렇게 실컷 먹은 건 처음이었어요. 거기
다 콩자반을 해놨는데 막~ 깨가 하얗게 뿌려진 거야, 그게 어찌나 부럽던

지. 우리집은 깨, 양념, 이런 거는 뭐 명절에나 제사 때나 500원어치, 100원
어치 사서 딱 쓰고 마는데. 하여튼 걔네 엄마가 "많이 먹어라" 해서 얼마나
많이 먹었는지, 지금도 그때 먹고 나서 씩씩거렸던 기억이 나요, 허허.

　　그리고 공장에서 나는 애들이나 광숙이랑 밥을 같이 먹는 게 창피했
어요. 항상 내 반찬은 김치였으니까. 다른 애들이 멸치볶음을 해오면 그게
그렇게 먹고 싶은데, 애들이 "쟤는 김치만 싸오면서 남의 반찬 먹는다"고
그럴까 봐 소심해서 그걸 못 먹었던 기억도 나요.

　　우리집에서는 저녁은 먹을 게 없으니까 수제비를 한꺼번에 끓여 놔
요. 그러면 둘째올케가 애기 낳고 얼마 안 됐으니까 한 그릇 먹고도 너무
적잖아요? 그러니까 한 그릇 더 먹어 버리는 거야. 나는 항상 제일 늦게 들
어가는데, 우리 올케가 더 먹어 버린 날도 있어서 저녁을 거의 굶다시피
했어요. 에고, 눈물 나 안 되겠네, 얼른 노동조합 애기해요.(눈물 흘림)

3. 노동조합에 참여하다

"공짜 노동교실이 있다"

●●●　그럼, 노동교실에는 어떻게 참여하게 되셨어요?

내가 72년도 동화시장에서 일할 때인데, 누가 동화시장의 3층인지 4층인
지 "옥상에 노동교실 차렸다. 점심시간에 오라"고 하데요. 그러니 복도에
서 사람들이 "공짜 노동교실 있다"고 하더라고요. 그래서 "야, 공짜로 가
르쳐 준다니까 가보자"고. 그래서 찾아갔는데 문을 잠가 버리는 거예요.
나는 무서워서 보내 달라고 하고. 그러니까 "꼭 갈 사람은 가라"고 문을 열
어 줬는데 거기서 좀 있다가 나는 나왔어요. 처음에는 그런 게 무서웠어요.

노동교실 건물 입구

하여튼 그때 노동교실 문제로 함석헌 할아버지를 모시기로 한 거 때문에 농성을 했던 거 같아요. 그때 처음으로 내가 거기를 밟은 거지. 그런 싸움이 나서 그 이듬해인가 복지의원 건물로 노동교실을 옮겼어요. 그게 73년도인가? 정인숙 언니가 부녀부장 할 때였는데 와서 조합을 얘기하는데, 나는 그게 조합인지 노동청인지 뭔지도 모르고, 막 이렇게 팔딱 끼고 돌아댕기니까 '아, 저 사람은 공부를 얼마나 많이 했으면 저러고 다닐까' 부러웠어요. 그래서 노조에서 노동교실을 개관한다고 해서, 나는 중등과정을 신청해 공부를 했어요. 중등과정 하면서 내가 반장이었는데, 누가 시켜 줬었어요. 그때서부터 노동조합을 알게 된 거예요.

●●● 노동교실에서 어떤 걸 배웠어요?

중학교 과정을 배우는데, 생각나는 게 김정호 선생님이라고 청소년 무슨 센터 같은 데서 오셨는데 국어를 가르치면서 한문도 가르치더라고요. 근데 1, 2, 3, 4……, 1에서부터 억까지 한문을 가르쳤어요. 지금은 은행 가서 돈을 찾을 때 아라비아 숫자로 5자나 10자를 쓰는데 그때는 한문으로 썼잖아요? 한문을 모르면 은행을 갈 수가 없었어요. 그런데 나는 그걸 왜 가르치는지 모르고 하래니까 했는데, 그 다음에 이분이 "통장을 만들어 오

노동교실에서 공부하는 여성노동자들

라"고 그러더라고. 10원도 좋고 100원도 좋다고 하면서. 그래서 만들었죠. 처음 만들 땐 그냥 이름만 쓰면 되니까. 그 다음에는 "그 돈을 찾으라"는 거예요. 그때 내가 처음으로 공부라는 거를 배워서 활용해 보고, 한문이 왜 필요한지를 터득한 거예요. 왜 한문이 필요한지를 이론으로 막 설명했으면 내 귀에 안 들어왔을 텐데, 그걸 실지로 실습을 해보니까, '아, 이게 이래서 필요한 거구나' 하는 거예요. 그래서 내가 너무 고맙고 좋아서 노동교실에 일찍 가서 청소도 하고 그랬어요. 지금도 그분이 너무 고맙고요.

●●● 노조에는 어떻게 참여하신 거죠?

내가 노동조합에 관심을 가진 이유는 돈이 없어서 초등학교를 못 갔는데, 어쨌든 노동조합이란 곳에서 돈 안 받고 공부를 가르쳐 준다니까. 내가 볼 때 이건 나라보다도 더 좋은 사람으로 느껴진 거죠. 거기에 매일 가면 새

노동교실에서 주최한 노동자 야유회

로운 것들이 막 금을 캐듯이 나오잖아요? 근로기준법도 배우고, 뭐 영어
도 배우고, 노래도 배우고. 또 하나는 뭐라고 그럴까? 그때 이소선 어머니
가 따뜻하게 대해 주는 표정? 이런 거가 굉장히 인간적으로 느껴졌어요.
현장에서는 나를 '7번 시다' 이렇게 부르는데, 어느 날 노조 가니까 '신순
애'로 불러 주고. '신순애 씨', '신순애 씨' 하고 이러니까, 내가 어쨌든 인간
으로 태어난 것 같고, 내가 존중받는 듯하고. 집에서도 그래 보지 못했는데
나를 인정해 주니까 좋았어요. 그래서 내가 노조에 푹 빠지게 돼요. 그러면
서 현장에서 퇴직금 달라는 싸움도 하고.

광진복장 퇴직금투쟁

●●● "퇴직금을 지불하라"는 싸움을 하신다고요?

아, 그게 청계천 쪽은 임금체불도 많고 퇴직금이라는 건 아예 없었어요. 그
런데 75년도 봄에 와이셔츠업체인 광진복장의 미싱사들이 퇴직금 지급

을 요구했어요. 그래서 우리가 어떻게 싸움을 했냐면, 평화시장은 재단사
도 일종의 권력이었지만, 오야 미싱사들도 권력이었거든요. 그래서 와이
셔츠업체의 오야 미싱사들을 다 모은 거예요. 다림사, 엠파이어, 그 다음에
삼정사……. 하여튼 일곱 군데의 오야 미싱사가 여덟 명이 모였어요. 노조
에서 이승철 선배님하고 이 싸움을 어떻게 할지 의논하고. 그때 사장들도
처음이니까 돈을 조금씩 모아서 "법정에다 돈을 주더라도 절대로 물러서
지 말자" 하고. 노조나 우리들이나 처음 하는 싸움이니까 "한번 해보자. 근
로기준법에도 있는 거니까", 이렇게 시작을 해요. 노조에서는 노동청에다
고발도 하고, 우리는 점심시간마다 밥을 빨리 먹고 구름다리 밑에서 모이
는 거예요. 이때 모이면 50명에서 100명? 그래서 이 광진복장 가게로 쫓
아가는 거였어요. 가서 "퇴직금 달라~!"고 소리 지르고. 그러다가 점심시
간 끝나갈 즈음 되면 "우리 내일 또 오자" 해산해서 작업하러 딱 가고. 한
1~2개월 정도 했어요.

●●● 지금으로 말하면 시위를 한 거네요?

그렇죠. 우리 표현을 한 거죠, 노조는 노조대로 하고. 그래서 이때 두 사람
이 그만두면서 최초로 퇴직금을 받아서, '아, 이런 것도 받는구나' 알게 됐
고. 법에는 있었지만 우리는 월급도 제대로 못 받았으니까. 그러면서 신이
난 거죠.

노동시간 단축 농성투쟁

●●● 음, 법이 있어도 뭐 지켜지지 않는데…….

그러니까 8시간 노동 이거하고 전혀 관계없는 게 평화시장이에요. 저녁

10시, 11시까지 일할 때가 많거든요. 그래서 75년 12월 23일 시간단축 싸움을 하면서, 아무리 늦어도 저녁 8시까지만 일하자고 했어요. 처음에는 노동교실이 꽉 차서 130~150명 정도 돼요. 그때 이숙희가 앞에 나와서 말을 하는데 너무너무 잘하더라고. 이순자도 너무 말을 잘해서 앞에 나와 울면서 얘기하면 같이 울고. 그러다 시간이 늦어지니까 사람들이 하나둘 가고 밤 11시 되니까 50명 정도밖에 안 남았어요. 이소선 어머니가 뭐라고 그랬냐면 "갈 사람 가라"고. 근데 그 소리에 내가 마음이 미어지는 거야. 그러면서 어머님이 "여러분이 하루에 잠바, 응!, 열심히 죽냐 사냐 해서 한 장 더 만들까, 어떻게 하면 와이셔츠 하나 더 만들까 죽을 둥 살 둥 만드는데, 여러분 시집가 봐라. 와이셔츠 만드는 거 소용없다. 애기 나서 애기를 잘 키우려면 내가 똑똑해야 되는데, 지혜롭게 해야 되는데, 여러분들 와이셔츠만 한 장 더 만들어 가지고, 엉! 지혜가 생기겠냐?"고 막 말씀하시는데, 그 말이 너무 나한테 와닿았어요. 또 전태일 일기 "나는 돌아가야 한다. 꼭 돌아가야 한다" 그걸 앞에서 누가 읽었어요. 우리가 그 글에 뿅 가버렸어, '아, 저 사람이 그랬구나' 하고. 미리 삼각산 기도원에서 준비한 거, 평화시장으로 돌아오려고 결심하는 거, 그런 거를 들으면서 다 울었어요.

●●● 거기서 밤새 같이 있었어요?

그때 75년도에 집이 철거되어서 내가 엄마랑 같이 갈 데가 없어서 영등포에 사는 둘째언니네 집에서 잠깐 살았어요. 오빠는 성남이 직장이라서 그쪽으로 가고. 그런데 그때는 전화도 없잖아요? 내가 농성장에 있으면서 우리 언니한테 연락을 못해서 불안한 거예요. 그래 새벽에 이소선 어머니한테 "나 갔다가 올게요" 그런 거야. 그러니까 어머니는 "쟤가 또 오겠나?"

그러셨대요. 근데 내가 영등포까지 가서 우리 언니한테 "언니 이래이래 가지고 못 들어왔다"고 얘기하고 다시 돌아온 거예요. 지금 같으면 당당하게 집에 안 갔겠지, 하하. 근데 어린 마음에 언니와 형부가 나를 걱정할 거 같은 거예요. 그래서 갔다가 그 말만 하고 온 거예요. 첫차 타고 거기 갔다가 오니까 7시 40분쯤 됐어요.

그때 마침 출근시간이라 사람들이 동화시장, 을지상가, 통일상가, 연쇄상가로 가고 있고, 나는 공장이 있는 동화시장으로 갈까 농성장 쪽으로 갈까, 서서 고민을 하는 거죠. 그래도 농성장으로 가야 될 거 같아요. 왠지 여기는 우리한테 필요한 시간단축을 하자는 건데 하는 생각이……. 내가 공부하면서 일이 늦게 끝나면 공부 한 시간 빼먹고 헐레벌떡 오고 이런 경험이 있거든요. 그래서 이 일이 필요한 거 같았어요. 내가 처음으로 결근하고 여기를 참석을 한 거예요. 노동교실 입구 즈음 왔는데, 안에서 내가 걸어오는 게 보였나 봐요. 그때 내가 검은 바바리를 입고 걸어가고 있었거든요. 어머니가 안에서 막 박수를 치는 거야, "조합원 하나 온다"고. 그래서 내 별명이 '검은 바바리'가 됐어요. (하하.) 그러니깐 순애 하면 기억을 못 해도 '검은 바바리' 하면 어머니가 기억하셨어요. 그 바바리는 셋째오빠 결혼식 할 때 해입은 옷인데 그때까지 입은 거예요. 너무 오래되어서 반질반질 닳아지고 가을 건데 겨울까지 그것만 입고 다닌 거예요. 내가 돌아왔는데도 농성자가 스물여덟 명밖에 안 됐어요. 저녁에 "내일 아침 오겠다"고 간 사람들이 아무도 안 오는 거예요. 그래 어머니가 속으로 "내가 돈만 있으면 사람을 사고 싶은 심정이었다"고 하셨어요.

●●● 일 안 나가고 농성장에 있을 때, 공장에서 잘릴까 봐 걱정 안 됐어요?

아휴, 나도 와서 앉아 있는데 얼마나 불안했겠어요? 마음 한쪽으로 '공장에 가야 되는데……' 하는 불안한 감정이 있잖아요? 평화시장 다니면서 처음 결근한 거니까. 그런데 오후 한 3시쯤 중부경찰서 장계장이 정복입고 총을 차고 왔는데, "여러분들 다 불법이다, 여러분들 다 구속한다"고 막 엄포를 놓는데, 총으로 금방 우리를 쏠 거 같은 분위기예요. 나는 무서워서 진짜 덜~덜~ 떨었어요. 더구나 전날 미국의 200년 전 슬라이드를 보았는데, 거기서 데모하는데 막 총을 쏘고 그래서 죽은 과정을 봤거든요. 그래서 '내가 여기서 죽을 수도 있겠구나' 이런 생각을 한 거예요.

••• 그걸 농성장에서 본 거구나. 농성하면서 뭘 했어요?

여러 가지인데 기억에 남는 게 분반토의를 하는 시간이 있었어요. "희망사항을 적어 보라"고 그랬는데 정석호라는 애가 "보너스 1,000%"라고 그런 거예요. 그러니까 막 사람들이 "우와~! 얼마나 좋을까" 그랬어요. 우리는 그게 상상도 못하는 일이잖아요? 나는 "전국에 버스가 한번 서 봤으면 좋겠다"고 이야기했어요. 200년 전 미국사회의 슬라이드에서 전국에서 버스 파업을 하고 거기서 얻은 결과를 보면서 '아, 우리도 그렇게 하면 되겠구나' 하는 그 희망사항 있잖아요? 그거를 적은 거예요. 여하튼 그때 희망사항이 월급 1,000%, 보너스 1,000% 인상, 철도 서 봤으면 좋겠다, 막 이런 게 나와요.

••• 싸움 결과는 어떻게 되었어요?

어머니가 거기서 "우린 시간단축을 해서 8시에 끝내 줘야 나간다"고 했어요. 그러니까 장계장이 처음에는 "당장 끌어내라" 했는데 어머니는 "그래

시간단축만 해주면 당장 나간다"고 하고, 그러다가 나중에서야 그쪽에서 "들어주겠다"고 그랬어요. 그래서 전깃불을 내려서 8시에 끝났는데, 동화시장 앞이 미어터지는 거예요. 다음날 8시에 전깃불을 내려 일을 못하니까 다 나왔을 거 아니에요? 을지상가, 동화상가, 통일상가, 다 나왔어요. 얼마나 좋았던지 날아갈 것 같았어요. 그래서 김혜숙 언니랑 "야, 기쁨이 이런 거구나. 우리가 이렇게 하면 되는구나" 하면서 같이 신난 거죠. 그때 얼마나 뿌듯했는지.

4. 청계노조의 여성조직가로 활동하다

와이셔츠업종 노동자들의 임금인상투쟁

●●● 음, 그러면서 본격적으로 노조활동을 하시는 거군요?

예. 그 다음에 어떤 일이 있었냐면 77년도인지, 이때는 이승철 지부장이었어요. 그때 노조에서 임금인상을 할 때, 와이셔츠업체도 임금인상투쟁을 한 거예요. 그 전에 3년 동안 임금이 하나도 안 올랐거든요? 그래서 임금인상투쟁을 하는데, 내가 다니던 다림사는 직원이 35명이었는데 이때 농성장에 참석한 사람이 31명이었어요. 누가 있었냐면 이광숙, 이연수, 정은자, 박명옥, 아, 이연수가 대의원이었어요. 여하튼 결혼한 언니들까지 다 온 거예요. 지금도 이 언니들한테 내가 고마운 건, 우리는 결혼을 안 했으니까 농성하는 게 쉽잖아요? 그런데 이 언니는 결혼을 했는데 얼마나 힘들었겠어요? 남편하고 아이들도 있는데. 그래도 같이 한 거예요. 그리고 미싱사 밑에 시다들 있잖아요? 장선애니 조선희, 이런 애들은 사실은 어린애들이잖아요? 두들겨 맞으면서도 참석을 했어요. 또 광진복장, 삼성사, 엠파이어, 하여튼 여섯 곳인가? 다 왔어요. 6개사 미싱사들이 복도에 모여서 회의를 한 거예요. "우리 이번에 임금인상 하자. 우리 3년 동안 하나도 못 올렸지 않냐?" 하면서. 그러니까 와이셔츠 만드는 미싱기술자 대표들로 한 20명이 모여서 "다같이 하자"고 한 거예요. 그리고 자기 공장 가서 다시 토론하고 해서 모두 참여하게 된 거죠. 그래서 와이셔츠 공장에서 조합원이 한 120명 정도 나와서 농성을 한 거예요. 거기에 잠바부에 임금자, 정선희가 있었고, 아동복에 이선희가 끼었고. 그렇게 모이니까 사장들도 업주회의를 한 거죠. 그래서 노사협의를 해서 37.8%를 올려 주기로 합의를 했어요. 협의하는 과정에서 아동복은 혼자 와서 이 공장은 그냥 돌아가고. 그러니까 사장이 중요하게 생각하지 않았죠. 또 누구도 한두 명 데리고 왔어, 그러니까 돌아가요. 사장이 불편하긴 해도 애를 자르면 그만이야. 근데 와이셔츠는 전 공장이 다 스톱을 해버린 거예요. 그러니까 와이셔츠 사장들이 발칵 뒤집어진 거죠. 회의를 하는데 "1일 8시간 근무를 해서 시간외수당 주는 거"까지 합의를 다 한 거야. 그러면서 노사협의 한 걸 다 이행하기 시작한 거예요. 예를 들면 와이셔츠는 이때부터 기본급 얼마, 수당 얼마가 다 정해졌어요. 그리고 와이셔츠 주인들도 회의를 해서 사실은 덕을 본 거예요. 왜냐면 우리 덕에 단가를 100원 올려 버렸거든요. 예를 들면 와이셔츠 하나에 3,200원이었다면 3,300원을 받아 버린 거예요. 근데 우리에게 임금 33% 올려 줘도 끽해봤자 50원이었나? 그 정도였어요. 그러니까 우리 때문에 자기네가 이익을 더 본 거죠.

현장에 뿌리내린 와이셔츠업종의 조직력

●●● 그런 싸움을 하고 나면 노동자들이 노조에 적극적이겠네요?

그렇죠. 이때부터 뿌리내린 게, 와이셔츠 사람들은 모이기만 하면 얻어지니까 노동조합에서 "임금인상하는 데 데모하자"고 하면 잘 모였어요. 그러니까 나는 노동조합을 하면서 굉장히 든든하게 했어요. 오죽하면 우리 공장장이 뭐라고 그랬냐면 "나 노동조합 인정한다. 공장마다 공정하게 하자. 데모해도 좋다. 그러면 한 공장에 하나 둘씩 뽑아서 가라. 왜 우리공장만 올스톱 되냐?" 이거야. 내가 싸움을 하는데 31명씩 다 끌고 댕겼잖아요? 시위할 때 정말 우리 다림사는 아주 모델이었어요. 그러니까 공장장 입장에서는 다른 데는 일 잘하고 있는데 유독 다림사만 올스톱하고 있으니까 답답했겠죠. 내가 사실 개인적으로 미안해요. 어떻게 보면 노동조합 때문에 피해를 본 사장이 다림사 사장이거든요. 그때 이소선 어머니가 "100명 모이면 싸움하는 데 3일이면 되고 1,000명 모이면 1시간이면 되고 10,000명 모이면 30분이면 된다" 그랬거든요. 내가 싸워 보니까 그 원리를 알겠더라고요. 설사 무식했어도 싸움만 하면 이겨낸 거예요. 힘이 생기죠. 거기다 공장장이 뭐라고 했냐면 "내가 신순애 너를 자를 수도 있다. 근데 너를 자르면 공장에 31명이 가만 안 있을 거라서 내버려 둔다"고. 그만큼 사람들이 나를 지지했어요. 여기서 내가 제일 오야 자리를 한 거예요. 그리고 일도 내가 잘했어요. 나는 어떤 주의냐면 내가 일하는데 노동조합 참여하는 약점이 있잖아요? 그러니까 '열심히 하자' 주의예요. 열심히 해야 내가 인정도 받는다고. 그때 우리가 미싱 7대가 있잖아요? 하루에 티셔츠를 700개씩 뽑아냈는데, 라인작업 했거든요? 나는 에리(옷깃) 가사리(스티치) 놓고, 한 사람은 누르고, 한 사람은 주머니 달고. 그러니까 에리 하나 가사리 놓는 데 1분도 안 걸려요. 한 10분만 하면 화장실 한 번 갔다 오면 엄청 쌓여요. 예를 들어 내가 맨 위에서 가사리 놓잖아요? 나 보고 "야, 순애야

너 화장실 좀 제발 가라. 내 일을 늘려 놔야 되니까" 그랬어요. 그래서 공장장이 "신순애 있을 때 돈 벌었다" 그런 얘기하면서 한편으로 인정해 줬어요. 나는 출근시간 30분 전에 공장에 와서 일하고 대신 퇴근은 "땡!" 하면, 칼이에요. 노동조합 가서 일을 해야 되니까. 내가 그 속에서 살아남은 건 나는 기술이 뒷받침되었기 때문이에요. 당당하게 일했고, 또 내가 이야기하는 게 설득력이 있었어요.

●●● 음, 이때 노조에서 여러 싸움이 있었잖아요? 거기도 참여했나요?

1976년에 풍천화섬 사건이 나고 양승조 씨가 범인 은닉죄로 성동경찰서에 잡혀간 일이 있어요. 그래서 우리가 성동경찰서를 찾아가서 "양승조 내달라"고 얼마나 싸움을 했는지. 그때, 내가 원풍모방을 부러워했던 이유 중에 하나가 뭐냐면 원풍은 3교대를 한 거야. 그러니까 8시간 일하고 8시간 싸움하고 8시간 잠자고. 이게 교대가 가능했잖아요. 근데 우리는 그게 안 되니까. 예를 들면 동부경찰서 쫓아가잖아요, 그럼 다림사는 올스톱 되는 거예요.

●●● 주로 동원이 다림사에서 되는군요?

그러니까. 다림사에서 31명 다 가니까요. 다행히 일 끝나고 갈 땐 문제가 없어요. 그런데 점심시간에 동부경찰서를 가면 2시까지 못 와요. 거기서 뭐 구호 외치고 싸우고 얻어맞고 경우에 따라선 또 끌려가죠. 그럼 한 70, 80명이 연행되어 사람이 많으니까 경찰서별로 나눠 넣은 거예요. 그렇게 끌려가면 우리는 서로 모르는 사이인 거예요. 그때는 컴퓨터가 없으니까 오늘은 신순애로 했다가 내일은 신순임으로 했다가 내 맘대로 이름을 바

상가 옥상에서 회의하는 여성노동자들

꾸는 거죠. 그래서 잡혀가면 오늘은 서대문경찰서, 그 다음에 잡혀가면 중 랑서, 중부서, 동대문경찰서로 가고. 그렇게 그 싸움을 한 거거든요. 어떤 경찰서는 조사를 끝내고 바로 보내주는 경찰서도 있지만 어떤 경찰서는 가서 뒤지게 때려서 보내기도 하고. 하여튼 경찰서마다 조금씩 다르더라 고요. 그러니까 와서 보면 다림사는 엉망진창인 거지. 그래서 내가 다림사 사장이나 공장장, 이런 사람들한테 개인적으로 미안해요.

••• 민종진 질식사 사건 때는 어땠어요?

민종진 씨 사건 났을 때 지금으로 말하면 연대[투쟁을 했던 거]예요. 사실 우리 청계가 제일 많이 갔고, 제일 두드려 맞아요. 전경버스가 우리 노동자 들을 해산시키기 위해서 노동자들 앞으로 들어오고 있는데 갑자기 임미 경이가 드러누워 버렸어요. 잘못하면 임미경이 전경차에 죽을 수도 있었다는데, 나는 그걸 몰랐어요. 이미 나는 시위하다가 쓰러져서 구급차에 실려 가지고 링거 맞고 있었기 때문에 그 다음은 잘 몰라요. 하여튼 나는 무슨 데모 하고 실려 갔다 하면 1번 타자로 가요. 그게 잘 못 먹고 커서 기가 없어서, 누렇게 떠 가지고 금방 쓰러지는 거 같아요. 여하튼 민종진 씨 싸움은 우리 노동교실에서 여러 관계가 맺어진 게 역할을 크게 했어요. YH 최순영 씨도 우리 청계 노동교실 많이 왔고, 삼성제약도 많이 오고. 그러면서 그 안에서 나름대로 서울 시내 있는 노동조합들하고 관계를 한 거죠. 이승철 씨도 했고, 또 이양현 씨도 했고. 예를 들면 박문담 씨는 어딜 맡고 누군 어딜 맡고 이런 게 있었고, 지식인들도 청계 하면 이 사람 저 사람이 다 만나는 게 아니라 장명국 선생님 딱 한 사람만 만나는 걸로 이렇게 얘기가 됐다고 그러더라고. 나중에 얘기 들은 거죠.

●●● 농성하고 그러면 주로 어떤 역할을 해요?

농성만 했다 하면 이소선 어머니가 나보고 앞에 나가서 이야기하게 했어요. 나는 어렸을 때부터 평화시장에서 일을 했고, 또 실제로 기술자고. 그래서 내가 앞에 나가서 얘기하면 어머니가 보기에 설득력 있고 잘한다고 보신 거죠. 내가 얘기하면 나도 울고 조합원도 울고 그랬거든요. 예를 들면 양승조 씨 구속사건을 알리는 일을 NCC^{기독교교회협의회} 기독교회관에서 하는데, 어머니가 나보고 가서 알리라고 그러시더라고요. 그래서 내가 "몇 월 며칠 이런 걸 했고, 몇 월 며칠에는 이런 걸 했고……" 하면서 청계노조 상황보고를 싹 해요. 그랬더니 그때 신인령 선생님이 와서 "청계천은 어쩜 그 엄마에 그 딸이냐? 우리는 앞에 나가 이야기하면 기록해서 보고를 하는데, 기록도 안 하고 저렇게 술술 나오냐?"고 그러셨어요. 그리고 서울대도 내가 가서 얘기를 한 적이 있어요. 어떤 얘기를 했냐면 "…… 예를 들면 여러분들이 15년 지나 일류의사가 되면 150만 원 받는데, 우리 노동자들은 150만 원까지는 바라지도 않는다. 우리 노동자들은 15년 되면 최소한 100만 원은 되어야 한다고 생각한다. 돈 들여서 공부한 거 인정한다. 그래서 의사들하고 똑같이 해 달라고 하진 않는다. 그러나 똑같은 15년 투자해서 기술로 보면 미싱사도 일류지 않냐? 그러면 의사의 3분의 2는 되어야 된다고 생각한다"고 그런 논리로 얘기를 했어요. 그랬더니 거기서 막 박수 치고 그러더라고요.

1977년 9·9투쟁

●●● 계속 현장에서 활동을 하신 거예요?

우리 노조 총회가 77년 6월 즈음 있거든요? 그때 내가 부지부장이 돼요. 그런데 불과 두세 달도 안 돼서 어머니 구속되고 노동교실 폐쇄되고 9·9 투쟁하다가 나는 감옥에 들어가서 간부활동을 많이 못했어요.

●●● 그 시기에 싸움이 많았죠?

그러니까 어머니 구속되기 전에, 풍천화섬 사건이 있었잖아요? 76년 추석 전에. 그 뒤에 민종진 사건이 있고, 이러면서 우리는 거의 싸움만 한 거예요. 이제 지칠 대로 지쳤고. 또 한편으로는 '올 때까지 왔구나' 하고, 나는 구속될 각오를 한 거죠. 왜냐면 이때 장명국 선생님은 싸우지 말라고 그랬어요. "이번에 깨진다", "지금은 싸울 때가 아니라 조용히 몸 관리를 할 때다"라고. 그래서 오죽하면 최한배 선생님이 "이때는 잘 먹어야 된다"는 얘기까지 하고 그랬는데, 그때는 그 소리가 안 들어오더라고요.

●●● 노조가 왜 대응을 안 한 거죠?

내가 부지부장인데 집행부 간부회의는 안 들어가고 운영위원회에는 들어 갔어요. 그때 사무실 상근자는 양승조, 이숙희 이렇게 있는데, 그리고 아마 민종덕이도 상근을 했는데, 사무실에서 어떤 얘기를 했는지 모르겠지만 결과적으론 아무 대응이 없었죠. 그런데 어느 날, "9월 10일까지 사무실을 빼지 않으면 그 물건을 다 처분하겠다"는 내용증명이 온 거예요. 그래 민 종덕이가 "우리 물건 빼내기 전에 한번 싸워야 되지 않겠냐?" 해서 그 말 에 공감은 했는데, 지금 생각해 보면 이 내용증명이 온 날짜에 싸우는 날 을 맞춘 거 같아요.

●●● 아, 건물 주인이 압력을 넣는구나, 탄압이 아닌 걸로 보이려고?

그렇죠. 그러니까 우리는 뭐냐면, "그냥 물건을 빼느니 죽더라도 깩 소리 라도 한번 하자" 이렇게 된 거죠. 그래서 우리가 9월 9일로 날짜를 잡은 거 지. 그런데 공교롭게 9월 9일이 북한의 '조선 인민민주주의 공화국의 날' 이래요. 그래서 나는 경찰서에 가서 죽는 줄 알았어요. 하필이면 그날이 우 리가 싸우는 9월 9일이어서.

●●● 그럼 계획을 별도로 세웠어요?

그렇게 시작된 건데, 구체적으로 민종덕 씨랑 의논하고 그러진 않고, 즉흥 적으로 했던 것 같아요. 그래서 실제 9·9사건에 인원 동원이 안 됐죠. 와이 셔츠업계에서도 몇 명 오지 않았어요. 왜냐하면 우리는 들어가서 깨질 걸 알았기 때문에, 나 같은 경우도 다림사에서 내 시다 애들 두 명만 데리고 갔어요. 그러니까 이미 느낌으로 알았던 거 같애요, 그때 가면 다칠 걸 알고 그래서 일부만 간 거 같애요. 그때 총 인원이 50명도 안 됐죠.

●●● 싸움 들어갔던 날은 어땠어요?

9월 9일인데, 지금 기억은 안 나는데, 그날 내가 중부서를 왜 갔는지 모르겠어요. 장계장이 오라 해서 내가 중부서를 갔어요. 공장에다가 뭐라고 하고 갔는지 모르겠는데. 중부서에서 장계장이 뭐라뭐라 하며 나한테 훈계를 했겠지. 그러고는 자꾸 밥 사준다는 거예요. 그래서 내가 "안 된다. 약속 있다"고 나와서 그 길로 데모하는 데 간 거예요.

●●● 싸움은 시간에 맞춰서 가셨어요?

그러니까 1차로 밀고 들어갈 때, 거기에 전경이 두 명 있었어요. 내가 지금 기억이 안 나는데 내가 처음에 뭐라 그러고 들어가려 하니까, "들어가라"고 그러더라고. 그래서 나는 4층에 올라가서 물을 받았어요. 왜냐면 그때 싸우면 전기, 수도를 다 끊는 걸 우리가 알았거든요. 이 사람들이 첫번째 끊는 게 전기하고 수도였던 거 같애요. 그래서 물이 없으면 안 되니까 욕조에다가도 담고 그릇 그릇마다 물을 다 담고. 그리고 사람들이 오고 4층에 있다가 주삼이나 그 친구들이 재단판, 이렇게 큰 거 있잖아요? 이런 걸로 막 바리케이드를 치고 있는데, 불과 얼마 되지도 않아 소방차가 오고 난리가 난 거예요. 그러니까 주삼이가 "우리 죽을 수도 있다!", 막 할복하려고 유리를 깨고. 우리 여자들은 그런 거 반대하면서 "야, 우리가 죽는다고 이런 게 해결되겠냐?" 해도, 걔네들은 "제2의 전태일이가 또 나와야 된다" 이랬는데. 그렇게 불과 1시간도 못했을 거예요. 교실에 물 호스를 쏘는데, 내가 그거 맞고 날아가 버린 거예요. '아, 이제 죽었다'는 생각이 딱 들더라고요. 그래서 벽 붙잡고 가만히 있었어요. 거기에 한쪽에서는 불이 났었는데, 왜 났는진 몰라요. 나중에 우리가 방화까지 뒤집어써서 내가 재판에서 "절대 우린 불은 지르지 않았다" 이랬었죠. 나중에 방화는 무죄로 되긴 했어요. 아무튼 그래 가지고 한 시간도 못 싸우고 연행됐을 거예요.

●●● 경찰서에 끌려가서는 어땠나요?

그래서 경찰서에 연행됐는데, 장계장이 나를 딱 보더니 욕부터 하기 시작하는 거지. "신순애, 쌍년아 일루 와!" 이러더니 귀싸대기를 얼마나 때리는지 고막이 터졌잖아요. 그 사람은 "너, 이 쌍년아! 기껏, 밥 먹고 가라니까 약속 있다고 그러더니 가서 이 지랄 하려고 그랬냐?"고, 하여튼 되게 맞았어요. 그래 조사과정에서 따로 끌려가고. 근데 숙희랑 나랑 미경이랑이 구속영장을 신청했는데 기각된 거예요. 그러니까 또 조사를 하는 거야. 이게 조사받는 과정이 장난이 아니잖아요? 잠을 안 재우잖아요. 두번째도 기각된 거예요. 그러니까 세번째 조사를 하는데, 이 사람들이 74년부터 내가 한 걸 쭉~ 조사를 하는 거예요. 와이셔츠 임금인상, 뭔 임금인상……. 그래서 다 했다고 그런 거지. "거기서 너 뭐했냐? 뭐했냐?" 그래서 결국 구속영장이 떨어져서 구속된 거예요.

그때 내가 제일 힘들었던 게, 경찰서에서 11일을 있는데 속옷을 한 번도 못 갈아입었어요. 그래서 여기저기 얼마나 쓰라렸는지. 그때 구치소에 넘어가면 교도관들이 항문 조사까지 하면서 옷 벗으라고 하는 게 첫번째 일인데, 내가 제일 먼저 벗었어요. 왜냐면 사타구니가 쓰라리니까. 그랬더니 나중에 거기 있는 애들이 "별이 몇 개냐?" 그랬어요. 아가씨가 옷 벗으라는데 제일 먼저 벗으니까 여러 번 감옥에 온 걸로 본 거죠.

감옥생활

●●● 그땐 죄명이 뭐였어요?

음, 특수공무집행방해, 그 다음에 방화, 폭력, 뭐 뭐 해서 다섯 가지인가 되는데, 하여튼 감옥에선 잘 먹고 잘 지냈어요. 일반범하고 같이 넣어서 한 방에 열두 명이 있었어요. 처음에 딱 들어가면 첫번째 하는 게 죄명을 신고하는 게 통례인데, "죄명이 뭐냐? 신고식 해라" 이러는 거예요. "너 별이 몇 개냐? 내숭 떨지 말고 말해라" 이런 식으로 군기를 잡는 거죠. 그땐 화장실이 푸세식이었는데, 그 앞에다 나를 재우더라고요. 그렇게 있다가 거기에 택시기사 아줌마가 하나 들어와 있었어요. 그 아줌마가 내 얘기를 듣고는 "고생 많이 했구나" 하면서 대우가 달라져서 나를 특별한 사람으로, 그 안에서 특별대접을 해주는 거예요. 예로 오늘 재판이 있잖아요? 그럼 그 사람을 세수도 먼저 나가게 하고, 식구통으로 밥이 12개 들어오잖아요? 그럼 그 사람이 첫번째로 받고 그 다음엔 내가 받는 거야. 그리고 당시에는 뭐든 밖에서 넣어 주는 물건들이 10개 단위로 들어왔던 거 같애요, 뭐 떡도 10개, 계란도 10개. 그러면 사람들한테 하나씩 다 돌려요. 그러고는 꼭 나는 하나 더 주는 거야. 계란이고 뭐고. 그러니까 "너는 좋은 일 하다 들어왔으니까 고생했으니까 더 먹어야 된다"는 거죠. 그리고 누군가 아픈데, 간수들이 약을 안 줘요. 그럼 내가 아프다고 거짓말 하는 거예요. 방장이 간수를 불러서 "여기 신순애가 지금 머리 아픈데요" 그러면 금방 해열제를 갖다 주는 거야. 물도 "선생님, 신순애가 물 먹고 싶대요." 그러면 물도 하나 더 줘요, 그러니까 그 사람들도 내 덕을 본 거죠.

●●● 면회는 누가 왔었어요?

면회는 그때 우리 엄마하고 조합원들이 왔어요. 그때는 면회가 하루에 한 번만 됐는데, 지금도 이름이 기억나는 서○○ 씨라는 그때의 간수가 엄마더러 "오후 3시에 오세요" 했대요. 그럼 난 면회를 두 번 할 수 있다면서요. (왜요?) 왜냐하면 처음에는 몰랐는데 나중에 엄만인 줄 아니까, 조합원들이 한 번 오고 엄마가 오면, 엄마니까 두번째 와도 해줄 수 있다는 거지. 근데 엄마가 먼저 와 버리면 조합원들은 안 되잖아요? 그래서 그걸 알려줘도 우리 엄마가 절대 그렇게 못해요. 하하. 왜냐하면 우리 엄마는 눈 뜨면 딸한테 와 봐야 되니까. 내가 감옥에서 나오고 나서 '아, 이래서 엄마가 좋구나' 하는 걸 느낀 게, 우리 엄마는 내가 감옥에 있을 때 한 번도 연탄불 안 땠어요. 딸이 냉방에 사는데 하면서요. 사실은 감옥은 냉방이래도 마루여서 잘 수 있는 구조인데도.

우리 엄마는 원래 표현을 안 하셔요. 근데 처음 나를 면회하고 나서 엄마가 답답하시니까, 우리 집안에 조금 높은 데 있는 공무원이 한 분 계셨는데 거기를 찾아 갔나 봐요. 그 오빠가 엄마한테 "대통령 빽으로도 못 빼니까 그냥 가만히 계시라"고 그랬다면서 나보고 "남의 집에서 물건 훔친 도둑이나 돼야 너를 빼낼 수 있지, 지금 너는 빼낼 수도 없다는데 어떡하냐?" 그러시면서 어쩔 수 없으니까 나중에는 담담하게 받아들였던 거 같아요. 그래도 엄마는 나를 믿어줬어요. 우리 딸이 절대 그렇게 어마어마한 나쁜 일을 했다고 생각을 안 하고 옳은 일을 했다고 생각을 했고. 나중에 집주인이 "당신 딸 간첩이라는데?" 하면서 전셋돈을 던졌을 때, 엄마는 나한테 "너 간첩 아닌 거 믿는다" 이러셨거든. 그리고 늘 나한테 미안해하셨죠.

내가 공부하러 댕기다가 그렇게 됐으니까 당신이 안 가르쳐서 그렇게 됐다고 생각을 하는 거지. (노조활동 하시는 건 아셨어요?) 어렴풋이 알았겠죠. 아! 우리 엄마가 알았겠다. 왜냐하면 아카시아회에서 연례행사로 '연소근로자 위안잔치'를 했었는데, 내가 76년 아카시아회장 되고 나서는 '어버이날' 행사도 한 번 했어요. 그때 우리 엄마도 내가 모시고 갔거든요.

●●● 감옥에는 얼마 동안 있었어요?

1심에서 징역 5년 선고받았죠. 그래서 항소한 2심에서 받은 게 5년 집행유예 3년 징역인데, 감옥에서 산 거는 11개월 정도예요. 감옥에서는 뜨개질을 많이 했어요. 간수들 것, 말하자면 "침대 커버를 떠 달라" 그래서 떠주고 그랬죠. (부려먹은 거 아니에요?) 결과로 보면 부려먹은 거죠. 교도관들이 나보고 뭐라 그랬냐면 "이숙희는 데모하다 온 거 맞는데 너는 아니래"는 거야. 내가 좀 맹해 보였나, 순진해 보였나. 그 전엔 사람들이 나보고 "순애야, 너는 진짜 노조활동 안 하고 열심히 일만 할 애 같은데 왜 노조를 알아가지고 이 고생을 하느냐"고도 하고.

5. 출감 이후, 새로운 집행부에 참여하다

부녀부장으로 여성노동자를 조직하다

●●● 11개월 살았으면 78년 8월에 감옥에서 나오셨겠네요? 이때 노조 상황은 어땠어요?

이때부터 사실은 친구들한테 상처를 입었는데, 내가 나온 날 숙희도 같이 나왔는데 "창동을 가자"는 거예요. 나는 "못 간다. 오빠도 기다리고 엄마한테 가서 하루 자야지.” 그래서 숙희는 창동으로 가고 나는 집으로 갔어요. 나중에 알고 보니까 숙희는 창동으로 간 게 아니라 집행부들이 일하는 곳으로, 창신동에 노동교실을 얻어 놓고 있었는데, 거기에 가서 그동안의 상황을 다 들은 거예요. 그런데 나한테는 그동안에 노조가 어떻게 했다는 얘기를 아무도 해주지 않았어요. 그날 내가 그리로 안 간 죄밖에 없는데, 나중에 친구들이 나를 모임에 끼어 주지도 않았어요. (창동 안 간 거하고 그게 무슨 상관이죠?) 쉽게 얘기하면 내 친구들은 양승조 씨하고 한편이면서, 삼동친목회 선배들이랑 나뉘어서 갈등하고 있었는데, 나는 이쪽도 저쪽도 아니고 그냥 혼자 있는 거예요.

어느 날, 삼동 쪽 선배가 나한테 만나자고 그러더니 얘길 쭉 하는 거예요. “노조가 지금 너무 싸움만 해 가지고 이제는 힘도 없고 그러니까 이제 좀 내실을 다지자”고. 근데 난 그 말에 공감을 한 사람이거든요. 왜냐면 내가 다림사에 있을 때 조합원들 맨날 데리고 가서 두드려 맞고, 응! 그러면서 “아, 이거는 아니다”고 생각을 한 거거든요. 그때 어떤 일도 있었냐면, 예를 들어 삼성사에 노동자들이 월요일 날 출근하니까 사장이 도망을 가 버린 거예요. 공장을 몰래 이사해 버린 거예요. 그래서 우리가 그 가게에 가서 데모를 해 갖고 다시 이사 온 경우가 있었거든요. 그러니까 분위기가 어땠냐면 시장 안에는 노조가 관리를 하니까, 예를 들면 뭐 저녁 8시 이후에는 일을 할 수도 없어요. 그런데 저 바깥에, 노조와 조금 멀리 떨어진 데로 가면 마음대로 일 시킬 수 있잖아요? (그렇죠.) 사장 입장에서는 자꾸 그리로 가려고 그러는 거예요. 그러니깐 선배들은 “노조가 지나치게 하면 자꾸 공장만 없어진다. 여기를 차라리 활성화시키기 위해 온순하게 내실을 좀 다지자”는 거고, 나는 그거에 공감을 했거든요.

당시로 봤을 때는 그렇게 싸우는 게 우리가 전체 정치적인 면에서는 모르지만, 노동현장에 있는 노동자들한테는 아무런 의미가 없는 거예요. 그래서 나는 싸우지 말자는 게 아니라 내실을 다지자는 거에 공감을 한 거예요. 그랬는데 나중에 어떤 얘기가 나왔냐면 "신순애가 변했으니까 당분간 만나지 말자." 그래서 나랑은 열여덟 살 때부터 만난 둘도 없는 친구가 있었는데, 이 친구도 나한테 말을 안 해서 나는 그게 상처였어요.

••• 음, 그래서 집행부하고 선배들하고 대립하다가 어떻게 되나요?

양승조 씨가 나한테 직무대행을 해 달라는 거예요. 선배들 쪽에서 평화시장에 적을 갖고 있지 않아서 자격이 문제라고 나오니까. "우리 쪽에 자격 문제없는 사람은 신순애밖에 없다." 신순애는 다림사에서 일했던 거가 확실하니까. 나는 또 양승조 씨한테 "그래요? 그거는 또 문제네요" 그런 거예요. 그랬는데 내가 직무대행이 된 거예요. 그러니까 나한테 정확하게 얘기해 준 사람이 아무도 없는 거예요. 지금까지도 그때 얘기해 준 사람 없어요.

••• 지나서 생각해 보니 왜 그런 대립이 일어나는 거라고 보세요?

지금 생각하면 문제가 첫째, 우리가 나이가 너무 어렸어요. 그래 갖고 상황 판단을 잘 못한 거예요. 지금 보면 온건파-강경파인데 그때는 선배들을 어용으로 몰아붙여 버렸어요. 사실은 선배들이 나이가 들었으니까 이리 재고 저리 재서 좀 결단을 빨리빨리 못하는 것도 있는데. 거기에 어머니 힘이 실려서, 우리들이 나이 어리니까 어머니라고 그러면 껌벅 못하고, 어머니가 검정이라고 하면 검정이고 백이라면 백인 거야. 그러니까 선배들이 오해도 많이 받은 거고 힘들었을 수 있지. 또 하나는 선배들은 결혼했고 우리는 결혼 안 하고 그런 차이도 있어요. 또 J.O.C.^{가톨릭노동청년회}들이 두드러지게 선배들을 지지하는 꼴이 되어 버리니까 그런 현상이 나온 거죠. 그리고 이 얘기는 아주 중요한데, 양승조 씨가 사실은 우리 청계 때문이 아니라 풍천화섬 사건 때문에 구속됐는데 한쪽에서는 "청계의 힘을 약화하기 위해 그런 거다"라는 거고, 다른 한편에서는 싸워야 한다는 거죠. 요즘 사람들이 70년대는 연대싸움을 안 했다고 그러는데 그게 사실 연대싸움이지 뭐예요? 우리가 청계 일을 갖고 싸운 게 아니라 다른 일[풍천화섬] 갖고 싸운 거니 연대죠. 다만 조직적으로 체계화가 안 됐을 뿐이죠. 연대싸움은 우리 청계가 너무 잘했어요. 그래서 청계가 제일 많이 깨졌고 또 주변에서도 청계는 꼭 해주기를 바라고. 그러니까 외부로부터의 요구도 있었던 거 같애요. 말하자면 지식인들이 막 싸우게 부추기는 그런 분위기 있잖아요? 그래서 한쪽은 연대하는 거에 참여해야 한다는 거지만, 우리 쪽에서는 너무 피해를 당하니까 막고 싶었던 거 같아요. 그것도 나는 충분히 이해가 가요. 큰 목적을 위해서는 그렇게 해야 되지만, 유독 우리 청계만 더 많은 피해를 받는 거는 나도 문제라고 공감하는 부분이죠. 그러면 연대를 안 해야 되냐? 그건 아닌데 방법적으로 충분하게 진지하게 토론을 했어야 한다는 거죠.

●●● 그래서 새 집행부에 참여하세요?

예, 78년도에 노조에서 부녀부장으로 상근했어요. '어떻게 해서든지 노동조합 조직을 좀 살려 보자'는 게 내 생각이었고.

1978년 노조 대의원대회 모습

●●● 부녀부장으로 활동하면서 여성들을 많이 조직했어요?

그때 숙희도 그만두고 다 그만둔 상태였어요. 조합원들 조직하는 거를 거의 나 혼자 관리하다시피 한 거예요. 우리집이 중랑교였는데, 석방되어 나와서 엄마에게 미안한 것도 있고, 조직활동하려고 창신동 입구에 전세 5만 원짜리 방을 얻었어요. 그게 구로공단에 있는 쪽방처럼 방 하나 있고 수도나 나머지는 마당에서 같이 쓰는 건데. 그때 사람들 만나려면 찻값 많이 든다고 하니까 내가 자취방에서 밥을 해놓고 기다리는 거야. 내가 밥 잘한다고 소문났잖아요, 하하. 일요일이면 야유회 가서 조직을 해야 되잖아요? 그러면 밤새도록 김밥 70~80개를 싸 가지고 가서 뒷바라지해서 다 먹여요. 그러니까 내가 얘기하면 따라올 수밖에 없어요. 이때는 하루는 아카시아회 만나지, 다음날은 한글 모임하지, 또 회합하지. 또 하루는 최한배 선생님이나 몇 사람들을 같이 만나서 내 공부해야지. 정말 열정을 갖고 일했어요.

한글반을 만든 동기가 뭐냐면, 내가 열두 살 시다였을 때인데, 시다들이 라벨을 목 뒤에다 붙이는 일을 하거든요? 근데 라벨에 글씨가 써 있어요. 사이즈 표시한 건데, S, M, L, XL 이렇게 있잖아요? 이상하게 애들이 자꾸 거꾸로 잘라요. 예를 들면 옷이 10장이라면 공장장이나 재단보조가 라벨을 10개만 주거든요. 그걸 잘라 가지고 미싱사가 옷에 달기 좋게 딱 접어서 풀칠해서 미싱에 올려 줘야 되는데, 이거를 거꾸로 자르는 거예요. 그래 불량나서 재단사한테 다시 달라고 하면 혼나죠. 처음에 나는 왜 걔들이 거꾸로 자르는지 몰랐어요. 나는 영어 못했지만 눈치가 있어서 모르면 옆에 사람 하는 걸 잽싸게 보는 거야. 그러면 M을 몰라도 뾰쪽한 데를 위로 하면 되거든, 하하. (하하.) 그래서 나는 일하면서 그런 실수를 안 했어요. 근데 애들은 실수를 하는 거야. "야, 너 왜 자꾸 혼나냐? 이렇게 자르면 되지." 그러니까 "한글도 모르는데 어떻게 영어를 아냐?"는 거예요. 그래서 애가 야단맞는 게 마음이 아파 가지고 처음에는 내가 잘라 줬어요. "여기를 이렇게 자르라"고. 그때를 생각해서 내가 아카시아회원들한테 "야, 우리 주변에 한글 모르는 애 있으면 같이 한글반 하자" 했더니 금방 8명이 모였어요.

어떻게 그렇게 가르쳤는지, 너무 신기해요. 하하. 어떻게 가르쳤냐면 갱지에다가 '미싱사, 시다, 재단사……' 이렇게 써서 가르친 거예요. 아니면 '재단보조' 또 '시아게' 이렇게 써서 이걸 복사를 했어요. 그땐 등사기로 미는 거잖아요? 그래 하루에 글자를 7개만 가르치는 거야. 그러니까 애네들이 '미싱사' 하면 맨날 듣는 게 미싱사잖아요? 너무 잘 알잖아. 시다는 자기

1977년 연소근로자 위안잔치

고. 그 다음엔 또 뭐를 했냐면 '삼양사, 다림사 또 광림복장……' 상호를 한 거예요. 그러면 상호는 자기네 가게니까 알잖아요? 얘네들이 금방 한글을 연결해서 배우는 거예요. 그래 애들이 3개월도 안 돼서 한글을 다 배웠어요. 그 중에 어떤 애 엄마가 나한테 크리스마스 때 "고맙다"고 장갑도 한 켤레 선물을 주기도 해요.

●●● 아카시아회에서는 어떤 활동을 하죠?

아카시아회는 소모임이 7~9개가 있었어요. 한 달에 한 번씩 하면서 꽃꽂이해서 부케를 만들어 가지고 친구들 결혼할 때 해주기도 하고, 되게 재미있었어요. 또 요리하는 거 배우기도 하고, 유익한 거 하려고 되게 애썼고. 또 한번은 여자들이 결혼한 다음에 만약에 이혼하게 되면 법을 알아야 재산문제나 아이문제 해결할 거 아니에요? 그래서 신인령 선생님한테 "강사 소개해 주세요" 해 가지고 법교육도 하고. 그 중에 부채춤 추는 반도 있었

아카시아회 주최 어버이날 행사 때 부모님들과 같이

어요. 그래서 우리가 '연소근로자 위안잔치' 때 그 부채춤도 공연하고, 어버이날은 우리 부모님들 모셔서 처음으로 해보고.

●●● 남자들 모임도 그때 있었나요?

남자들 모임은 잘 안 됐어요. 그때 산울림 모임을 했는데 안 되니까 나중에 해체되고. 여하튼 남자들은 소그룹이 잘 안 됐는데, 좀 하다가 깨지고 싸우고. 남자들은 성실하지 않은 애들도 좀 있었어요. 여자들이 제일 싫어하는 게 성실하지 않은 거야. 노동조합이 문제점이 뭐였냐면, 또는 그럴 수밖에 없는 게, 나처럼 현장에서 탄탄하게 자리를 잡고 있으면 노조일을 할수가 있는데, 한 3일 하다가 데모하면 일하다가 잘리고 딴 데 가고 그러니잘 안 되죠.

●●● 최한배 선배님은 어떻게 아셨어요?

최한배 선생은 동화모임을 지도했어요. 그때 노조에서 그룹별로 담당을 두었는데 평화모임은 박재익이가 맡고 동화모임은 내가 맡기로 한 거예요. 동화모임에는 서재덕, 이선주 또 황만호, 김준용이 이런 사람들이 있고. 최한배 씨가 굉장히 좋은 분인데, 뭐라 그럴까? 길게 보고 가르치시지. 진짜 헌신적이었어요. 옷은 항상 꾀죄죄한 거 입고 다니고, 누가 보면 진짜 공부한 사람이라는 티가 하나도 안 나요. 그래서 그 모임에서 우리들 공부 시켜 주시고.

●●● 그 시기까지, 노동교실에서 공부한 거 말고 따로 공부하신 거는 어떤 게 있어요?

나는 상근간부를 안 했기 때문에 크리스천 아카데미에서 하는 교육은 못 갔지! 안 간 게 아니라 5박 6일 이런 교육은 못 가고 1박 2일 코스로 하는 거는 간 거예요. 그 다음에 개인적으로 감옥에 가기 전에 조영래 변호사를 꾸준히 일주일에 세 번 만났어요.

●●● 변호사님은 만나 가지고 뭘 했어요?

공부도 가르쳐 주고 그분이 참 인성이 괜찮았던 거 같아요. 나는 그분한테서 어떻게 보면 남성상을 배웠어요. 그분을 만나기 전에는 "모든 남자들은 여자들을 괴롭히는 것들"로 알았는데, 그분 만나고 나서 남성상이 좀 바뀌었어요. 그래서 아마 내가 결혼도 하게 됐을 거 같아요. 그 선생님이 책을 쓴다고, 그런 얘긴 자세히 안 했는데, "아주 어렸을 때 평화시장에 일한 사람을 어머니한테 소개해 달라"고 그랬었나 보더라고. 그래서 『전태일 평전』읽어 보면 손에 지문 다 없어지고 하는 여공 이야기 그런 게 내 얘기거든요. 처음에는 이분이 피해 댕기는 사람인 줄도 모르고 만났는데, 꼭 묘지 앞에 가더라고. 남이 보면 부모님 묘소 앞에서 둘이 얘기하는 거 같잖아요? 남매가 둘이 얘기하거나 뭐 어쨌든 그래 보이잖아요? 난 사실 그게 싫었거든요. 남의 묘 앞에서. 그래도 뭐 예의 갖춘다고 자기 손수건 깔고 앉으라고 그러기도 하고. 이분이 민청학련 사건으로 피해 다녔는데, 그때 전화가 없으니까 약속을 다 정해 놓는 거예요. 오늘 못 만나면 뭐 다음주 어디 어디서 보자고.

제일 기억에 남는 거는 생전 처음으로 서점이라는 곳을 가 봤어요. 근데 너무너무 큰 거야, 책도 많고. 사람들은 그냥 쓱 책 제목만 보잖아요? 근데 이분은 책을 계속 보고 있는 거야. 내가 속으로 '아휴 왜 이렇게 궁댕이가 무거워. 빨리 가지.' 그러면서 이분이 책을 고르더니 "순애, 이거 가서 봐" 하고 주더라고. 그때 열 몇 권을 줬어요. 뭐『죄와 벌』그 다음에『난장이가 쏘아올린 작은 공』도 있고. 그러니까 이 선생님이 공부를 "이거는 이거다" 이렇게 가르쳐 주진 않았는데 꼭 신문을 들고 와 신문을 펴 놓고, 그때는 한문이었잖아요? 예를 들어 뭐 '근로자', '물가' 이런 거 나오잖아요? 그러면 "이거는 자주 나오는 말들이니까 한번 보라"고. 그러고는 그냥 지나가요. 그 다음에 만나서 신문 보다가 '물가', '근로자'가 나오잖아요? 그러면 "혹시 이거 기억 나?" 그러는 거예요. 그런 식으로 공부를 했어요.

●●● 그 전까지는 남성에 대해서 왜 그렇게 부정적이었어요?

우리 가족으로 보면 우선 아버지가 아프셨어요. 그 다음에 우리 둘째오빠는 군대에서 그렇게 아팠고 우리 셋째오빠는 폭탄으로 또 손가락 잃고 그

1980년 2월 중견조합원 양성교육

랬는데. 그러니까 우리 큰오빠 성질이 못되 가지고 자기 성질대로 안 되면 막 그릇 부수고 이래요. 그러니까 일단 싫잖아요. 그런 데다 우리 형부도 술 먹으면 난리나지. 그래서 나는 절대 성질 급한 사람하고는 결혼 안 한다고 생각했거든요. 그런데 남편이 너무 성격이 느긋해 가지고 내가 머리에 쥐나지, 하하. (하하.)

1980년 임금인상투쟁, 퇴직금 제도를 바꾸다

●●● 새 집행부 들어서면서 이전하고 활동이 많이 달라져요?

집행부 바뀌면서 조직을 다지기 시작을 하는데, 나는 아까 말한 대로 매일 소그룹을 만났고. 노조에서는 예를 들면 등산대회라든가 아니면 품목별 모임을 하던가 그러면서 활동이 활발해지기 시작했어요. 결국 80년도 임금인상과 단체협상에서 10인 이상 퇴직금 받아낸 게, 그 성과라고 봐요.

어쩌면 전태일 씨 죽고 나서 10년 동안 계속 근로기준법에 미달한 거 채우기에 급급했잖아요? 근데 80년 싸움은 근로기준법을 넘어서 달성한 거예요. 나는 그 싸움이 굉장히 의미 있다고 보거든요. 그게 다 차근차근 노조의 힘을 다져서 한 건데, 전두환이 그걸 알고 없애서 문제지만. 그때 11일간 싸움할 때는 정말 대대적으로 인원동원이 됐었거든요? (대중투쟁을 한 거죠?) 그렇죠. 집행부와 조합원이 하나가 돼서 움직여 준 싸움이었으니까. 나는 그 싸움이 임금인상도 중요했지만 근로기준법을 뛰어넘었다는 점에서, 노조 역사상 가장 의미 있다고 생각해요.

●●● 노조에서 왜 퇴직금 제도를 문제로 삼은 거죠?

그러니까 근로기준법에 보면 16명 이상이 상시 근로예요. 그래야 퇴직금을 주는 걸로. 그런데 예를 들면 16명을 쭉 고용하다가 한 달만 15명으로 내려가도 법 적용이 안 되는 거니까, 사장이 머리 쓰는 거야. 한 명 내보내기도 하고. 그냥 "너 그만뒀다가 한두 달 있다가 와", 이래 버리면 노동자들은 나갔다가 나중에 와야 해요. 그러면 퇴직금을 안 줄 수가 있는 거니까. 사장들도 점점 똑똑해지는데, 우리가 안 되겠더라고요. 그래서 "퇴직금 지불은 10인 이상 하라" 이러고 싸움을 한 거죠.

●●● 이게 계획된 건가요?

노조에서 다 계획을 한 거죠. 그리고 공식적으로 회의해서 그동안의 진행을 얘기하고, 그때 노사협의가 6차, 7차까지 갔는데 타결이 안 되었어요. 그래서 다시 협의 들어가기 전에 "이번에도 안 되면 그 회의장에서 노조 간부들이 나오지 않고 단식을 하겠다"고 했고. 그래서 노사협상을 동화시

장 옥상에서 했었는데, 협상 들어간 사람들이 주머니에다가 땅콩을 조금
씩 집어넣어 갔었어요. 왜냐면 그게 지방이라 조금 덜 지친다고 해서. 그
런데 또 노사협상이 안 되고 회사 측에선 가 버리자 우리 간부들은 남아서
단식을 했고 나는 쓰러져서 병원에 실려간 거예요. 하루 동안 간부들이 단
식하고 있는데, 조합원들이 평화시장으로 몰려가기 시작한 거예요. 그래
서 간부들도 거기로 합세한 거예요.

●●● 단식하다 쓰러져 병원 갔다가 돌아왔어요?

나는 병원에서 링거 맞고 다시 옥상으로 간 거죠. 그런데 우리가 어떤 얘
길 했냐면 "우리 이 싸움은 하루 이틀에 끝날 게 아니다. 그러고 대대적인
과시도 필요하다"고. 그래서 옥상에다 빈 가마니 있잖아요? (예.) 빈 가마
니를 쌀가마니로 보이게 둔갑해서 한 10가마니를 쌓아 놓고 "우리가 이렇
게 준비하고 있다"는 걸 보여 준 거죠. 그때 옥상에다가 가마솥도 두 개 걸
어 놓고 거기다 밥해서 그 자리에서 소금 넣고 기름 넣은 주먹밥 만들어
서 단무지하고 하나씩 던져 주는 거지. 그러면 애들이 하나씩 더 먹으려고
"순애 누나, 순애 누나"를 얼마나 부르던지, 하하. (하하) 그때 생각하면 지
금도 손에서 참기름 냄새가 나는 거 같아요. 10일 동안 미스 나[노조 사무
원]와 내가 책임지고 그걸 했으니까.

●●● 11일 싸움하는 동안 프로그램은 뭐가 있었어요?

프로그램이 즉흥적이었지. 어머니가 사는 얘기도 하고 또 임현재 선배님
도 말 잘해요. 어머니가 나한테도 마이크를 잡으라고 그랬어요. 돌아가면
서 잡는데 나는 밥하고 이러니까 "꼭 마이크 잡아라" 그랬어요. 나는 뭐 살

1980년 4월 임금인상투쟁

아온 얘기서부터 "난 사실은 노동조합 알기 전에 삼양사에서 일하고 다림
사에서 일할 때도 사장이 명절 날 가게로 불러서 나만 특별히 500원 더 줬
다. 근데 그 500원이 사람 잡는 거였다", 하하. (하하.) 그렇게 시작해서 줄
줄이 꿰기 시작하면, 그게 공감을 불러 일으켰어요. 왜냐면 평화시장에서
는 나 같은 사람이 90% 이상이었어요. 나처럼 도시락 싸오는데 친구하고
같이 먹기가 창피한 친구들이 대부분이었죠. 근데 노조간부들은 그래도
중학교를 나왔어요. 유정숙 언니도 중학교 나왔고 누구도 중학교를 나왔
고 광숙이도 나왔고. 그런 사람들은 좀 똑똑했을 거 아니에요? 조금 눈에
띈 것도 있고. 그런데 초등학교도 졸업 못하고 온 우리들은 아무래도 간부
하기가 어려웠어요.

●●● 이소선 어머님은 주로 어떤 얘길 하셨어요?

어머니는 "지금은 여러분이 옷 하나 만드는 거에 전력을 다하지만 결혼하면 그게 인생살이가 다가 아니다. 결혼해 내 자식도 잘 가르치고 그러려면 엄마가 똑똑해야 된다", 뭐 그런 얘기를 하셨고. 그리고 이승철 선배 말도 기억에 남는데, 그분은 철학이 있어요. "노동조합 활동하려면 3일 동안 굶을 수 있어야 되고, 3일 동안 말할 수 있어야 되고, 3일 동안 잠 안 잘 수 있어야 된다. 이 세 가지가 돼야 조직을 할 수 있다." (그 세 가지의 공통점은 체력이네요, 하하.) 하하, 맞아요. 또 이분은 뭐라 그러냐면 "노동운동 할라 그러면 첫째 돈관계 깨끗해야 되고, 둘째 이성관계 깨끗해야 되고." 하여튼 나는 이분의 그런 말에 굉장히 공감했어요. 왜냐면 그때 이성간에 좋아하는 거까진 좋은데 책임 못 지는 행동을 하는 사람들이 좀 있었거든요. 그래서 사실은 망가지는 친구들도 꽤 있었고요.

대공분실 조사와 수배생활

●●● 80년도 임금투쟁 시기 지나 계엄이 확대되면서 탄압이 가해질 때, 청계 상황은 어땠어요?

우리 노조에서도 많이 끌려갔어요. 나는 대공분실에 80년 12월 달인가 끌려갔을 거예요, 겨울에 끌려갔어요. 거기 지하실은 내가 지금 찾아가래도 못 찾을 거 같애요. 아주 미로같이, 문이 20개도 더 넘어, 열고 들어가면 또 들어가야 되고, 복도 골목으로 갔다 뭐 어디로 갔다. 왜 그런 곳이 있는지 이해할 수 없어. 거기다가 문이 다 하얀색이니 그나마 다행이지 까만색이었으면, 으유, 진짜, 끔찍해요. 조사를 받으면서 '아, 나는 이제 죽었다'는 생각을 한 게, 이 사람들이 "우리가 지금 서울대도 없앨 생각을 하고 있는데 니네는 파리 목숨도 아니다"고 얘기하더라고. 그러면서 한쪽에서는 기자들 계속 고문하는 소리 들리고. 그래서 진짜 죽었다고 생각했어요. 조사하면서는 천장에 백열등이 있어서 불을 비추는 게 아니라, 바닥에서 불을 비추게 해 가지고 (눈을 제대로 못 뜨게요?) 예, 눈을 뜰 수가 없어요. 그러고 책상 조그만 거 있고 앞에 조사관이 앉고, 그 다음에 군대의 야전침대 있는데 그 위에 담요를 두 개 갖다 놓고, 내복 한 벌하고 팬티 하나 갖다 주고.

조사받으면서 내가 186번 시위와 농성에 참여했다는 걸 알았어요. 그 사람이 나보고 쓰라는 거야, 그래서 "뭘 써요?" 그랬더니 "74년도부터 186회를 데모를 했는데, 니가 거기서 뭐 했는지를 다 쓰라"는 거예요. 근데 무서웠던 게, 이름 대라고 해서 불면 사람들 데려올까 봐, 그리고 여자니까 성폭행 당할까 봐 그게 제일 무서웠어요. 자기네는 4시간마다 사람 바꿔가면서 들어오고 나는 계속 잠 안 재우면서 자꾸 진술서를 쓰라니까. 근데 "뛰는 놈 위에 나는 놈 있다"고 생각을 해보니까 이게 썼다가 글씨 하나 잘못 쓰면 난리 나잖아요? 그래서 "나는 글씨 모른다" 그랬어요. 그랬더니 막 때리고 "이 쌍년아! 글씨 모른다는 게 말이나 되냐?" 그래서 "알아보시라. 나 초등학교도 졸업 안 했다" 그랬더니 기가 막혀 하면서 "너, 이 쌍년! 거짓말 하면 죽어!" 그러고 나가더라고. 자기네가 조사해 봤나 봐요. "글도 모른단 말이야?" 그래서 "읽을 줄은 알아요. 쓸 줄은 모르고" 그랬어요. 내가 버틴 거지. 그러니깐 지네들이 쓰데요. "이거 맞어?" 물어요, 그럼 내가 "이거 틀렸는데요. 아니에요" 가만히 앉아서 그러고.

●●● 그때 노조가 전반적으로 돌아가지 않았겠네요? 간부들이 들어갔다 나와서는 어땠나요?

그때는 광주사태 나고 뭐 분위기가 이미 얼어 있는 상태라서, 광주 유인물 보는 것만으로도 우린 쫄고 있었고. 대공에 들어갔다 나오고 노조해산 명령이 때려지자 사람들이 우리집에서 회의를 하면 나는 "싸움하지 말자"고 했어요. 그때 내가 장명국 선생님을 만났는데 "싸움하는 거 아니다"고 그러더라고. 어쨌든 몇몇이 아프리AAFLI ; 아시아·아메리카 자유노동기구 점거하고 싸웠는데 우리집에서 회의했다는 걸로 내가 집행유예기간이니까 졸지에 주동자가 돼 버렸어요. 그래서 피해 댕기면서 우리 조합원 중에 죽은 사람이 있는데, 그 동생이 제천에서 고물상을 해요. 그래 박재익[남편]이랑 거기를 간 거죠. 아마 우리 남편이 나를 걱정해서 그리로 데리고 간 거 같아요. 그 고물상에서 봉투 붙이고 그런 거 하면서 세월 보냈죠. 그것도 사람들이 나를 알아볼까 봐 푹~ 둘러쓰고 한 1년 있었나.

●●● 1년 정도? 82년이 다 지나갔구나.

고물상에서는 화장실 가고 봉투 붙이는 거 말고는 아무것도 한 일이 없어요. 답답해 죽겠더라고요. 그래서 "우리 여행이나 가자"고. 그러고 우리 남편이랑 그 사람 친구랑 셋이서 주문진을 가서 방을 하나 얻었어요. 동네에는 "결핵을 앓아서 좀 쉬고 있다"고 그랬는데 한 20일 되니까 동네사람이 의심을 하더라고. 그래서 또 나와요.

●●● 그때 박재익 씨하고는 사귀고 있었어요?

그 전에 우리 남편은 나한테 관심이 있었다는데, 나는 남편을 조합원으로 만 봤었는데, 뭐 일하다 자연스럽게 가까워진 거죠. 그러다가 서울 올라와서 살아야 되니까 성남으로 가서 방 하나 얻어서 둘이 공장에 취직해서 일을 한 거지. 근데 외곽으로 나가면 나갈수록 공장이 열악해서 일하기가 더 힘들어요.

6. 생활고를 딛고, 다시 사회활동에 뛰어들다

결혼과 김밥장사

●●● 그럼 성남에는 언제까지 계셨어요?

82년도에 우리 오빠네 집을 갔어요. 그때 '아이, 인제는 구속되려면 구속 돼라.' 왜냐면 답답해서 미치겠으니까. 누가 용돈을 주는 것도 아니고 차라리 감옥에 있는 게 더 편하겠더라고요, 솔직히. 그래서 그냥 '잡힐래면 잡혀라' 그리고 둘째오빠네 집으로 가서 몇 달 살아 본 거죠.

●●● 오빠네로 와서 몇 달 살다가 결혼식을 하신 거구나. 결혼은 언제 하셨어요?

결혼했는데, 나는 동거생활이 싫었어요. 그래서 우리 남편한테 "나이도 먹었는데 그냥 결혼식만이라도 하고 살자" 해서 삼촌한테 20만 원 빌려서 83년 9월 30일에 결혼식을 했어요. 예식장 예약 5만 원인가 3만 원에 하고. 내 한복 10만 원 주고 한 게 다예요. 그렇게 결혼식을 해서 사는데 사는 게 사는 게 아니라. 나는 그 전까지는 몰랐는데 결혼하고 '내 운명이라는 게 있구나' 하는 걸 느꼈어요. 결혼 전에는 막내인데도 어쨌든 가장노릇을 했는데, 결혼했는데도 내가 가장이 돼 버리더라고. (왜요?) 아니, 우리 남편은 이상하게 똑같이 일을 해도 월급을 못 받아요. 나는 월급 못 받은 적은 별로 없거든. 그러니까 남편 다니는 데는 어렵다고 안 주고 어찌한다고 안 주고 그랬어요.

거기다, 돌아가신 양반인데, 우리 어머니 얘기를 안 할 수가 없어서, 내가 이 이야기는 안 하려고 그랬는데……. 말하자면 내가 우리 어머니더러 '공주 할머니'라고 그러는데, 철이 하나도 없어요. 내가 정부미 사면 "정부미 냄새 나서 어떻게 먹냐?" 그러고, 된장국이라도 끓여 드리면 "노인네 밥상에 비린 생선 하나도 없다"고 투정하시고, 원래 그랬어요. 그러니까 당신밖에 모르는 거야. 그러니 병원에 6년 있는데, 당신 형제들인 시이모들도 안 찾아와요. 나중에는 사람이 불쌍하더라고요

처음에는 '어떻게 저렇게 사실까?' 내가 오죽하면 "돌아가시면 다 썩는데 그 손 좀 써도 괜찮아요" 할 정도로 일을 할 줄도 모르고. 우리 시이모들이 다 해줬나 봐요. 시어머니의 친정엄마가 돌아가시자 시이모들이 속으로. '저거 어떻게 사나 보자' 그랬는데, 1년도 안 돼서 아들이 결혼하더래. 그러니까 며느리인 내가 다 하는 거지.

어머니한테 내가 용돈을 드린 날은 그날 집을 안 들어오세요. 그러고 옷을 사 입고 들어오셔서는 누가 줬대요. 그 새 옷을 입고 당신은 막 멋쟁이처럼 하고 댕기고 싶은데 며느리는 살라고 발버둥 치니까, 나한테 미안했다는 거예요. 어디 나갈 때 내 눈치를 봤다는 거야. 그 말 한마디 들으니까 그동안에 내가 어머니한테 쌓였던 것들이 싹 녹더라고요.

••• 결혼한 다음에는 어떤 일을 하셨나요?
내가 애를 둘 낳았어요. 그런데 도저히 미싱해 가지고는 내 자식들 공부를 못 시키겠더라고. 어떻게 해서든지 장사를 해야지 애들 공부를 가르칠 거 같애요. 그래서 집에서 미싱을 하다 기계를 다 팔아 버렸어요. 미싱을 절대 안 하려고, 안 팔고 놔두면 뭔가를 하다가 안 되면 또 미싱을 할 거 같아서.

그러고 이것저것 해보다가 우유배달도 했다가 야쿠르트배달을 하려는데 애기가 어리다고 안 해준데요. 그래서 김밥장사를 20만 원 갖고 시작한 거예요. 87년 이후에 내가 전세 250짜리 살았거든요. 12가구가 화장실 하나를 쓰는데, 그래도 거기가 가장 인간적이었어요. 왜냐면 그 전에는 지하실에서 살고 그래서 주변 사람들이 막 우리를 무시하고 그랬는데. 여기는 다 똑같이 사니까. 그러고 우리 남편이 서둘러서 공동수도에서 각각의 집에다 수도를 넣도록 연결한 거예요. 수도요금은 공동으로 내는 거지. 거기는 그러고들 다 어렵게 살았어요.

성폭력 상담소 봉사활동과 공부를 시작하다

●●● 그럼 상담소는 어떻게 다니신 거예요?

애들이 자라서 사춘기가 됐는데, 한번은 중학교 1학년인 작은딸이 학교 갔다가 김밥장사 하는 데 와 가지고 하는 말이 "엄마, 남자하고 자면 임신한다는데, 왜 난 임신이 안 돼?"이러는 거예요. 그때 충격 먹었죠. 보통의 엄마들이 누구랑 잤는지가 궁금하잖아요? 그래서 "누구랑 잤는데?" 물었더니, 이 녀석이 대답이 "아빠랑요." (하하.) 그래서 '아, 내가 사춘기 맞는 딸들을 둔 엄마로서 너무 자격이 없구나.' 그때 『내일신문』을 보고 있었는데, 성교육 관련된 게 있나 하고 계속 신문을 훑어 보고 있었어요. 그랬는데 6월인가 7월 달에 신문에 났더라고요. 구성애, (아, 구성애 씨.) 성교육 강사프로그램이에요. 근데 거기에 주부라니까 또 안 된다네. 그래서 "그럼 나 같은 주부들이 되는 방법이 없어요?" 내가 하도 그렇게 나오니까 신청하라는 거예요. 그래서 신청해 가서 보니까 뭐 광주교육청 교육감, 또 서울대학교 박사 누구, 박사과정 누구, 다 이런 사람들만 있는 거야. 근데 나는 '주부 신순애' 그렇게 소개했어요. 왜 그런 사람들이 왔나 하고 보니까 강사프로그램이라서 그때 교육청이나 이런 데서는 그런 교육을 받으면 자기네 경력에 플러스 알파가 되더라고요. 그래서 연수를 하는 거더라고. 하루에 8시간씩 6일 동안, 6×8에 48, 48시간 듣고. 그래서 모의강의까지 하는데 '나도 강의를 한번 해볼까?' 그러다 아휴, '학력을 속일까?' 그러다 '아휴 속이지 말자. 내가 어디서 저렇게 배운 사람들한테서 괜히 배운 척 했다가는, 차라리 활딱 벗고 말자', 그러고 "나는 초등학교도 졸업 못했고……" 그렇게 시작해서 노동조합 얘기했더니 사람들이 감동받고.

그 상담소에 근무하는 이현숙 선생님이라는 분이 "같이 자원봉사자 하자"고 하더라고요. 그리고 끝났는데 최영희 선생님이 오신 거예요. "너 여기 어쩐 일이니?", "어머! 선생님이 여기 어쩐 일이세요? 나 여기 교육 들으러 왔는데요" 그랬는데, 그 선생님이 거기 대표였더라고.

●●● 강의 들으면 자격증을 주나요?

강사증은 아니고 수료증을 주고, 여성부에서 하는 성폭력 상담 자격증을 주는데, 나는 또 그 자격이 안 되는 거예요. 내가 그거 때문에 열 받아가지고 공부를 시작했잖아요. 나중에는 수료증을 받았는데 그것도 사연이 많아요. "자격증 달라"고 했더니 소장이 "선생님은 안 된다"는 거예요. "왜 안 되냐" 그러니까 "전문대 이상이라야지 자격이 있다"는 거예요. 그 자리에서 표현은 못하고 "그래도 선생님 교육은 받으세요" 하는 거야. 그러고 교육은 진행되는데, 나는 그 얘기 딱 듣고 나니까 교육받을 맛이 안 나는 거야. 그래서 교육 안 받고 있었는데 고등학교 졸업한 다른 한 선생님이 나처럼 그러고 있는 거야. 내가 눈물이 흐르는데 참았어요. 근데 그 선생

님이 "선생님은 자신 있게 잘 나서던데 어떻게 버텼냐?" 이거야. "내가 이
번에 성폭력 교육을 받아서 수료증 받으려고 하니까 자격이 안 된다. 전문
대 이상이라야 된다"고 얘기를 하면서 그 선생이 울먹울먹하니까, 나도 내
설움에 엉엉~ 울어 버렸어요, 문을 잠그고. 그 선생은 자기는 산업체에서
근무를 해서 졸업장은 있는데 실제로 나보다 실력이 못하다는 거야. 그 선
생님이 서른 몇 살밖에 안 됐거든요. 그래서 내가 위로를 했어요. "선생님
은 나보다 조건이 좋지 않냐? 어쨌든 고등학교 졸업장이 있고. 나는 초등
학교 졸업장도 없는 사람이다" 그러면서 "사실은 나는 힘들었는데 표현을
안 했을 뿐이다" 그러면서 막 울었어요. 그 선생님도 막 울었고.

　　나중에 그게 알려져서 센터소장이 얘기하자고 하더니 "이 선생님은
안 돼도 신순애 선생님은 실력이 되는데, 왜 안 줬는지 모르겠다"고 그러
는 거예요. 내가 그 말에 화가 나서 "선생님, 앞으로 사람 모집할 때 아예
전문대 이상을 모집해요" 막 그랬죠. 사실 그 일로 해서 나는 자격증을 받
았어요.

●●●　음. 그게 공부하는 계기가 되기도 하는군요?

공부하는 계기가 여러 가지가 있긴 했는데, 어쨌든 결정적인 거는 약올라
가지고. 하하. (하하.) 결국에 수료증은 내가 울고불고 난리쳐 가지고 받았
어요. 그 뒤로 바로 학원에 갔잖아요? 그게 2003년도예요. "저 중학교 검
정고시 하려고 왔는데요" 그러니까 "아, 졸업장 있으세요?" 하고 물어서
"아니오" 그랬더니 "그럼 초등학교서부터 해야 되는데요." (하하.) 아우, 진
짜 그땐 쪽팔리더라고요. 그런 데다 5월에 시험이 있는데 내가 3월 달에
갔어요. 이 선생이 "한글 아세요?" "네" 그랬더니 뭐라고 쓰더니 "소리 내

1997년 상담교육을 마치고

서 읽어 보세요" 그래서 읽었어요. 그러더니 연필로 딱 뭐라고 쓰냐면 "이
거 한번 맞춰 보세요" 이러는 거야. "6×8에 48이요," 뭐 "7×8에 56이요."
그래 가지고 "5월 달에 초등학교 검정고시 있는데 두 달만 열심히 하면 되
겠네요" 그러는 거야. 그래서 두 달 동안 거기서 초등학교 13과목인가를
공부하는데, 와, 음악은 미치는 줄 알았어요. 도돌이표, 장조, 뭐 다장조, 바
장조, 내가 언제 그걸 해봤냐고. 그거 외우는데 진짜 미치겠더라고. 외워져
요? 어쨌든 합격은 했고 그래서 공부를 해요.

••• 상담소에서는요?

상담소에서 자원봉사자로 전화상담을 좀 해달라고 그러더라고요. 그래서
내가 "나는 할 수 없다"고 그랬더니 그분이 "지금 한 거 보니까 하고도 남
는다"고 그래서 그때 전화상담을 처음으로 하기 시작했어요. 그거 하면서
그때가 한참 학계에서 여성학이나 상담학 붐이 일 때여 갖고 '서울대학에

서 뭐 심리학 누구가 무슨 세미나 한다' 그러면 쫓아가고 '성의 역사 한다' 그러면 쫓아가고. 그러면서 상담소에서 어떤 일을 했냐면 고봉중학교에 13주 동안 상담을 하러 간 거예요.

●●● 고봉중학교요?

요즘에는 소년원을 고봉중학교라고 그래요. (어, 그렇군요. 처음 알았어요.) 거기를 가기 전에 어떤 일이 있었냐면 방송에서 '고대 번개'라는 친구를 소개했어요. '번개'라고 딱 달고 짜장면 배달을 하는데, 이 친구가 초등학교 졸업장이 없는데 교수를 잘 만나 가지고 종합청사에서 그날 강의를 한다고 그러더라고. 그래서 내가 들어간 반 애들한테 한 10분 일찍 끝내고 "고대 번개친구 아냐?" 물으니 "안다"고 하네. 그때 그 친구가 스물세 살이었거든요. "그 친구가 지금 종합청사에서 강의한다" 그랬더니 애네들이 깜짝 놀라는 거야. 그래서 "여러분들도 충분히 할 수 있다"고. 이래 가지고 애들 분위기가 확 뜬 거예요.

●●● 아이들의 어려운 상태를 잘 이해하시는군요.

한번은 살레시오 애들하고 캠프를 갔어요. 천주교에 살레시오 수도회라는 데서 말하자면 감호처분 받은 애들, 오갈 데 없는 애들을 기술도 가르치고 뭐 재워 주기도 하고 그래요. 거기서 도자기 만드는 거 하는 애들도 있고 공부도 하고. 거기 있는 애들 49명하고 5박 6일 동안 캠프를 간 거예요. 그때 우리 센터 선생하고 명지대 대학원생하고 해서 갔어요. 그런데 3일째 되는 날, 뒤집어진 거예요. 앞에서 교수님이 강의를 하고 있는데 애네들이 막 "십팔, 저팔" 하고. 여름인데 마룻바닥에 앉혀 놓으면 애네는 지

1999년 상담원 실습과정

겹지. 뒤집어졌어. "못 듣겠다" 이거야. 애들의 결론은 "니네 부모 잘 만나서 많이 배웠다는 건 알겠는데, 이제 고만 지껄여라. 더 이상은 못 들어주겠다" 이거예요. 앞의 선생님이 "그러면 우리 회의를 할 테니까 30분 있다가 만나자" 하니 "좋다"고 그랬어요. 그래 회의를 하는데 명지대생하고 우리 센터 선생님하고 총 21명이더라고. 애들은 49명이고. 거기서 우리 상담소 선생님 한 사람이 갑자기 "지금 쟤네들을 잡아 분위기를 끌 수 있는 사람은 신순애 선생님밖에 없다" 이거야. 무식하면 용감하다고 내가 뭐 어떤 얘기를 할 건지 준비도 안 됐어요. 근데 내가 "하겠다"고 그랬어요. 왜냐면 나는 걔네들이 내 이웃이고 내 조카들이라고 느꼈기 때문에. 그리고 우리가 회의에서 뭐라 그랬냐면 내 얘기도 안 먹히면 돌아가는 걸로, 애들이 어차피 안 따라주니까. 그래서 내가 들어가서 뭐라 그랬냐면 "내 얘기를 듣고도 여러분이 하기가 싫다면 쫑을 내자" 그러니까 "좋다"고 애들이 하더라고요. 그래서 내가 "조건이 있다. 나는 강사도 아니고 교수도 아니다.

살레시오 친구들과 함께

그래서 내 얘기를 할 건데 1시간이 걸릴지 2시간이 걸릴지 모른다. 그러니까 그때까진 참아 달라. 두번째 나는 내 얘기를 안 듣는 건 좋다. 졸리면 자고 너무 힘들면 누워라. 그래도 싫으면 나가라. 근데 3명만 들으면 나는 끝까지 할 거다. 그것만 약속을 지켜 주라." 그러니까 이 친구들이 그러자고 해서 시작을 했어요. "여기 초등학교 졸업 못한 친구 있어요?" 하니까 3명이 들더라고. 그래서 나까지 손을 든 거야, 그러니깐 4명이 됐지. 애들이 눈이 똥그래지는 거죠. 그때서부터 내가 얘기를 한 거야 "나는 뭐 7남매의 막내였고…… 평화시장에 있었고……" 이런 얘기를 쭉 하면서 "나는 여러분들이 부럽다. 왜 부럽냐? 사실은 우리 오빠가 때리고 형부가 술 먹고 언니 때릴 때 내가 그 사람들을 죽이고 싶었다. 그렇지만 용기가 없어서 욕한 번 해보지 못했다. 근데 여러분들은 지금 용기 있게 하지 않냐? 여러분들은 '십팔'이라고 한번 해보고 '조팔'이라도 해보지 않았냐? 나는 그런 여러분들이 부럽다" 이러면서 시작을 한 거예요. 그랬더니 나도 울고 애들도 울고 덩치 큰 애들이 막 눈에서 눈물 뚝뚝 떨어지고. 그래서 1시간 한 50분을 했어요. 그러고 "니들이 결정을 해라. 니들이 싫으면 밥 먹고 출발하는 걸로 하자" 했더니, 덩치 큰 애가 하나 와 가지고 "선생님, 하겠습니다" 이런 거야. 이게 역사가 이루어진 게 뭐냐면 밥 먹고 그 다음 프로그램이 에이즈연맹 사무총장 차례였던 거예요. 그 사람이 휠체어를 탔어. 그러니까 교통사고로 하반신이 마비됐대요. 이 사람이 마이크를 딱 잡더니 "여러분의 '자지'는 여러분 게 아닙니다. 이 다음에 결혼하면 내가 사랑하는 배우자의 것입니다"며 얘기를 하는 거야. 그러니까 성에 문란한 애들도 굉장히 많은데, 그러면서 의식이 깨지기 시작해 가지고 프로그램을 잘 마쳤어요.

●●● 상담을 10년은 계속하신 거네요. 하시면서 어려운 점은 뭐가 있나요?

상담소에도 나를 아주 지지해 주는 사람이 있는가 하면, 잘난 것들이, 무시하는 것들이 사실 더 많지. (잘난 것들이란? 하하.) 좀 배웠다는 사람들 중에는 나를 무시하는 사람도 꽤 있어요. 그리고 나를 아주 우습게 보는 사람도 있는데, 인간 됨됨이가 틀려먹은 거죠.

그러니까 최영희 선생님이 청소년보호위원장이 됐어요. 그러면서 1388청소년상담전화을 센터에서 한 거예요. 내가 야간 전화상담도 하고, 예를 들면 119로 SOS를 치면 데려오기도 하고 뭐 그런 일을 하는데, 거기서 어떤 애가 "선생님 나 지금 공부해야 되겠어요" 그래서 "엉, 해야지, 니가 하고 싶은 거 해" 그랬더니 자기는 미용할 거래. 그래서 갑자기 대학교를 들어가려니까 고등학교를 졸업 안 해서 검정고시를 봐야 된데요. 근데 엊그저께인 8월 4일 시험 봤는데 떨어졌다는 거야. 그래서 "그래? 나도 그날 시험 봤는데" 했더니, 얘가 깜짝 놀래. "선생님은 다 배운 사람인 줄 알았는데……" 그러면서 힘을 얻더라고. 그렇게 사실은 나 같은 사람이 굉장히 필요한데, 또 내가 인정받으니까 꼴을 못 보더라고. 예로 강의 요청이 오는데 "프로필 달라"고 그러면 나를 빼는 거예요. 그러니까 어떤 선생님은 "아예 공부 안 한 거를 까놓고 해서 키우지, 왜 프로필 달라면 저분을 강의에 안 보내는 거예요?" 그러는데, 왜냐면 센터 이미지 때문에. 그래서 내가 이런저런 상처들도 있고 또 생각해 보니까 내가 조금 더 공부를 하면 지금보다는 훨씬 더 많은 애들을 만날 수 있겠더라고요. 훨씬 더 그릇이 커질 거 같기도 하고. 그리고 나 스스로도 자꾸 위축돼요. 상담일지나 이런 거 자꾸 오타가 나고, 그런 거 때문에 나 씹는 사람들이 보기 싫기도 하고. 그래서 공부를 했는데, 어떻게 갈지 아직은 모르겠어요.

뒤를 돌아보며 앞으로 나가기

●●● 청계활동이 내 삶에서 주는, 내 삶에 미친 영향이나 의미나 이런 건 뭔가요?

청계노조를 알기 전에는 나라는 존재가 없었어요. 노동교실부터 시작해서 '나'라는 사람을 알게 되고 발견한 거 같아요. 그때 노조가 아니었다면, 과연 내가 당당할 수 있을까. 그런 부분에 대해 내가 굉장히 감사하게 생각하고 있어요.

●●● 청계활동하면서 마음에 아픈 일은 뭔가요?

마음 아픈 일은 어쨌든 엄마죠. 가족들이 겪었던 고통? 그런 게 제일 마음 아프죠. 우리 오빠 같은 경우 오죽하면, "왜 내가 이사왔는데 형사들이 우리집까지 쫓아 댕겨야 하냐?"고. 그리고 집주인이 "당신 딸 간첩이라고 그러는데 우리집에서 나가라"고 하자, 엄마가 쓰러져서 결국에는 못 일어나셨는데, 그런 게 제일 가슴 아프죠. 우리 동기간들은 그래도 "너는 엄마한테 잘했다"고 그러는데 결과적으로 내가 볼 때, 나 땜에 돌아가신 거 같고.

그리고 조합원들, 그 당시에 다림사에서 아주 어린 애들, 선애나 이런 애들이 경찰서에 가서 얼마나 힘들었을까. 그래서 진짜 청계의 '청'자만 들어도 막 다리가 떨린다고 할 정도인 사람도 있어요. ○○○ 같은 경우는 결혼했는데도 계속 형사들이 집으로 찾아왔대요. 우리집도 찾아왔었는데 나는 남편이 다 아니까 문제가 안 됐는데, 남편이 모르는 집은 문제가 되더라고. 그러니까 남편이 "처녀 때 행실을 어떻게 했길래 형사가 찾아오느냐?"고 막 뭐라 하니까. 그게 나는 한편으로는 본인이 무시하고 일어서지 못한 거에 대한 아쉬움도 있지만 개인적으로는 이해 가요. 자기가 잘못한 건 아니지만 또 내세우기 불편한 것도 있을 수 있겠다고. 우리 조합원들이 그런 부분이 많아서 지금까지도 남편한테나 아이들한테도 자기가 초등학교 졸업밖에 안 한 거 얘기도 안 하고. 그런 게 안타깝기도 하고 본인이 치고 나가길 바라기도 하고.

●●● 공부를 하면서 뭔가 새로운 걸 배운 것 같아요?

청계노조에서 나로서 당당함은 있었지만, 우물 안의 개구리 식이었던 거 같고. 그래서 공부를 잘 시작했다고 생각해요. 또 다른 세계를 들여다보면서, 내가 조금 다양해진 거죠. 그러니까 내가 한쪽으로만 보았다면 이제는 여러 면을 볼 수 있어서, 그래서 내가 아마 공부를 계속하는 이유인 것 같아요.

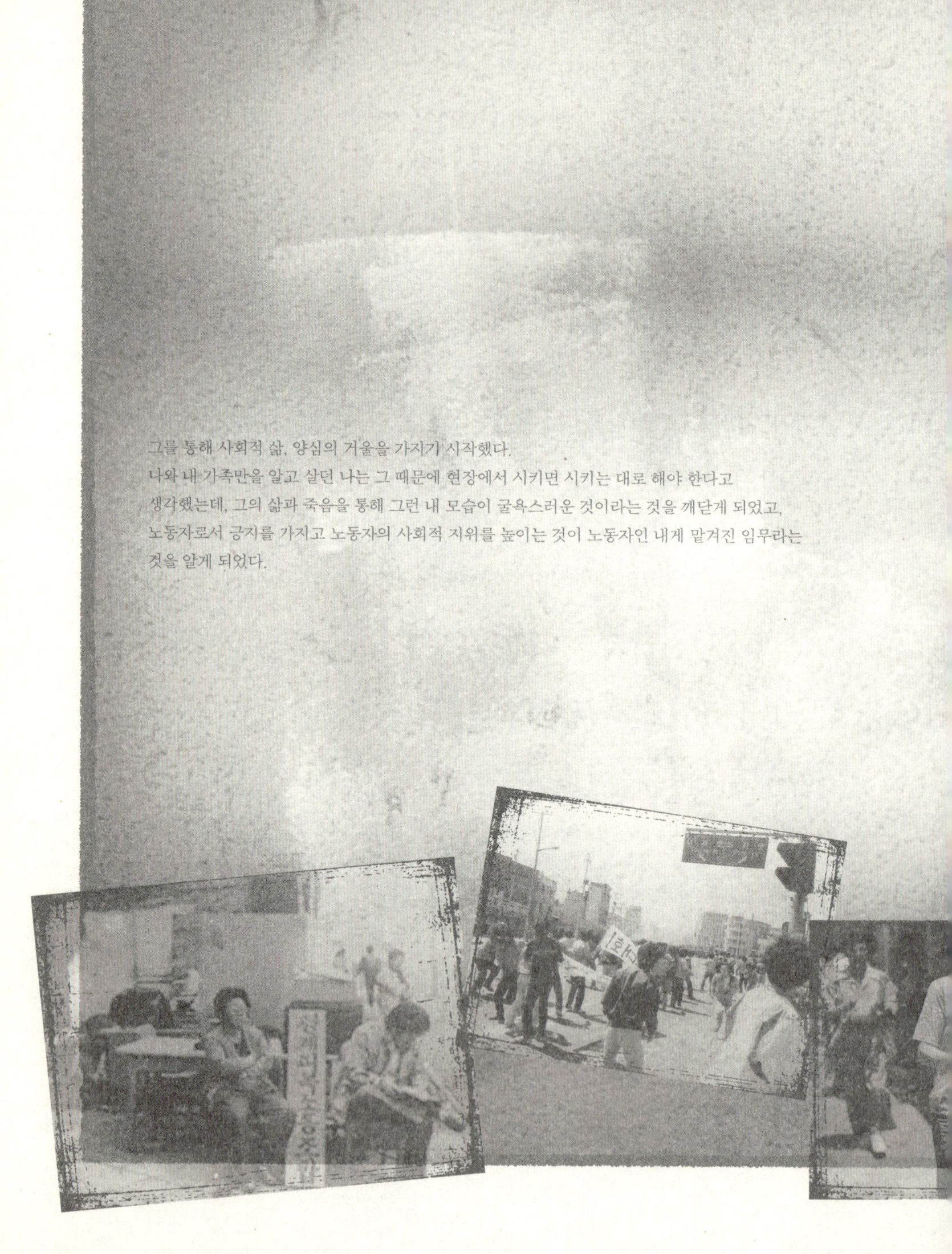

그를 통해 사회적 삶, 양심의 거울을 가지기 시작했다.
나와 내 가족만을 알고 살던 나는 그 때문에 현장에서 시키면 시키는 대로 해야 한다고
생각했는데, 그의 삶과 죽음을 통해 그런 내 모습이 굴욕스러운 것이라는 것을 깨닫게 되었고,
노동자로서 긍지를 가지고 노동자의 사회적 지위를 높이는 것이 노동자인 내게 맡겨진 임무라는
것을 알게 되었다.

우리가 싸웠던 그 자리에서
후퇴하지 않기 위하여

김한영

청계피복 노동조합 직무대행

우리가 싸웠던 그 자리에서
후퇴하지 않기 위하여

1. 어린 시절은 기억하기 싫다

어린 시절은 생각하기도 싫다. 하지만 어린 시절을 빼놓고 나를 설명하기란 어렵다. 엄마와 아버지의 만남은 사연이 많다. 뭐랄까, 계약결혼(?) 또는 현대판 '씨받이'(?)라고 해야 하나.

엄마는 키가 무려 171센티나 되었는데 당시 여자로서는 아주 큰 키였고, 얼굴도 예뻤다. 엄마는 초혼에 실패하시고 아들만을 원하는 우리 아버지를 만났다. 아버지는 시골의 부자 농사꾼이셨는데, 부인과의 사이에서 딸만 넷을 둔 분이셨다. 아버지는 첫 부인과 호적관계도 정리하지 않은 채 아들을 낳기 위해 엄마와 결혼하셨다. 그런데 어찌된 일인지 엄마가 딸만 내리 둘을 낳자, 아버지는 다시 본부인에게로 돌아가 버렸다. 혼자 남은 엄마는 우리를 아빠에게 보내지 않겠다고 결심을 하고, 시골을 떠나 서울로 올라오셔서 막막한 생활을 시작하셨다. 그러나 여자 혼자 아이를 키우며 먹고살기 힘든 데다가, 혼자 살아가기에는 너무 젊었다.

결국 엄마는 또 다른 분과 결혼을 해 남동생을 낳았다. "아들이어서 정말 기뻤다"고 엄마는 말씀하셨다. 새 아버지는 성실한 분이셨으나 나이가 많으셔서, 내가 여섯 살 때 심장에 이상이 생기면서 몸져 누우셨다. 엄마는 계란장사를 하면서 우리를 돌보는 것이 힘들자, 언니와 나를 시골의 친아버지에게 보내기로 결심을 하셨다. 엄마가 우리를 시골집에 데려다 놓고 가신 후, 얼마 안 있어 언니와 나는 몰래 아버지집을 나와 서울로 올라와 버렸다. 엄마는 너무 어이없어 하시면서 할 수 없이 우리랑 같이 살기로 했다.

필자 김한영(2011년)

그런데 내가 초등학교에 들어간 여덟 살이 되던 해, 사는 게 더 힘들어진 엄마는 언니와 나를 불러 놓고 "둘 중에서 하나는 아버지한테 가서 살아야 한다"고 단호하게 말씀하셨다. 그러자 언니는 "죽어도 가지 않겠다"고 하여 결국 내가 시골로 가야 했다. 낯설고 물선 곳으로 가게 된 나는 외롭고 슬퍼 몇 날 며칠을 울고 또 울었다. 엄마의 따뜻한 품도 없고, 내 말을 들어줄 사람도 없는 시골에서 살아야 하다니……. 지금 생각해도 가슴이 아프고 눈물이 난다.

아버지의 본부인인 큰엄마는 키가 작고 아담하며 무척 여성스러운 사람이었는데, 벌어진 상황을 묵묵히 운명처럼 받아들이셨다. 큰엄마는 나에게 관심이 없었고, 다만 가끔 한숨을 쉬시며 자신의 팔자를 한탄하시는 것 같았다. 그러나 아빠의 네 딸들은 나를 무척 미워해 구박이 심했고 모질게 대해서, 나는 「콩쥐팥쥐」의 콩쥐 꼴이었다.

큰엄마와 있었던 일 가운데 기억에서 지워지지 않는 한 장면이 있다. 언젠가 내가 학교에서 몸이 아파 쓰러졌다. 그분이 혼자 학교에 오셨고 걷지 못하는 나를 업고 15리 길을 걸어가면서 한숨을 작게 내쉬었다. 등 뒤에서 나는 그 한숨 소리를 들었고 '내가 친딸이 아니라서 큰엄마가 많이 힘들겠다'고 생각했다. 그 뒤 나는 일주일 동안 밥을 한 끼도 못 먹고 끙끙 앓았다. 그러다 시금치죽을 먹고 기운을 차렸는데, 그 이후 지금까지 나는 시금치죽을 아주 좋아한다. 그때만 생각하면 너무 가슴이 짠하다. 살아 계실 때 찾아가서 "그때 고마웠습니다" 하고 말하고 싶었지만, 내 가슴속에서만 그렇게 되뇌었지 입 밖으로 말한 적이 없다. 지금은 돌아가신 그분이 가끔 가슴에 스쳐간다…….

우리 아버지는 아들 문제만 아니면 또는 내가 아들로 태어났더라면 큰 문제 없이, 법 없이도 살 수 있는 참 좋은 사람이었다. 아버지는 술도 못 드시고 담배도 안 피우시는 분이셨고 더구나 자식들에게 손찌검을 하시거나 매를 드신 적이 없다. 우리가 무언가 잘못을 했을 때 아버지는 몇 시간이고 그냥 앉아만 있게 했다. 아주 지루하지만 그래도 뭐가 문제인지 생각하게 만드는 시간이었다. 그나마 이런 일들이 내가 아버지를 우호적으로 기억하는 것이었다. 동학을 공부하셨던 아버지는 동네 문제를 가지고 사랑방에서 동네어른들과 모여 토론하는 것을 좋아하셨다. 아버지는 동네사람들과 관계가 좋은 편이었지만 원칙적이고 예의가 발라 한편에서는 사람들이 어려워했다. 실없는 사람과는 대화도 섞지 않는 분이셨다. 사람들은 그런 아버지를 내가 많이 닮았다고 하는데, 그런 말이 나는 달갑지 않았다. 아니 싫었다.

그렇게 시골에서 살고 있었는데, 초등학교 5학년 여름방학 때 언니가 시골로 놀러왔다. 언니를 보니 반갑기도 하고 너무 부럽기도 하면서 엄마를 보고 싶은 마음이 왈칵 몰려와서 나는 "언니를 따라 엄마가 있는 곳으로 가겠다"고 울며 매달렸다. 아버지는 어쩔 수 없이 허락하면서 "도시로 나가면 지금보다 살기가 힘들 수도 있다. 가거든 남에게 폐를 끼치는 사람이 되지 말거라" 하시며 한 말씀 하셨다. 그 말씀은 지금까지 내 삶을 지배하고 있다. 아버지가 존경스러워서가 아니라 그렇게 살아야 될 것 같았기 때문이다.

나는 초등학교 5학년 때 시골을 떠나서 결혼할 때까지 아버지를 찾지 않았다. 그때까지는 아버지가 필요하지도 않았고 아버지는 내겐 없는 존재나 마찬가지였기 때문이었다. 생각하지 않는 것이 더 좋았다. 하지만 결혼은 달랐다. 부모가 필요했다. 남편에게도 한 번은 얼굴을 보여 주어야 할 것 같아서 한 번 찾아가 뵈었다. 그후로는 시골에 가지 않았다. 지금도 살아 계신 것으로 알고 있다.

2. 공장생활을 시작하다

내가 시골에서 올라왔을 때는 이미 새아버지가 돌아가셔서 엄마는 혼자 40대를 맞이하고 계셨다. 엄마는 자식들하고 먹고사는 문제부터 앞으로 혼자 어떻게 살 것인지 하는 문제까지 이리저리 고민하며 방황하고 있었다. 내가 시골에서 오자 엄마는 결심을 하신 듯 살던 곳을 정리하고 서대문구 정동 하꼬방 촌으로 이사를 하셨다. 전에 살던 곳은 이층집이었는데 팔아서 우선 무언가 해서 먹고살아야 한다는 생각을 하신 것 같다. 지금 돌이켜 보니 그때 어렵더라도 그 집을 유지했더라면 그렇게까지 고생을 하지 않았을 텐데, 라는 생각이 든다.

서대문에서 나는 고등공민학교에 다니기 시작했다. 엄마는 '돈이 없어 먹고살기도 힘든데 여자가 학교가 뭐 그리 중요하냐'라는 생각으로 나를 정규학교에 안 보내신 것 같다. 나도 학교는 안중에 없었고, 그 무엇보다도 엄마와 함께 산다는 것이 나에게는 가장 중요했다.

서대문에서도 우리는 오래 살지 못했다. MBC문화방송이 새로 건물을 지어 들어서고 나서인지, "서대문을 철거한다"는 소문이 떠돌았고 엄마는 이사비용만 받고 집값이 싸다는 마포로 다시 이사를 했다. 나중에 들은 이야기지만 그때 철거를 반대했던 주민들은 재건대 철거반들과 맞서 똥세례까지 받으며 투쟁했다고 한다. 그 결과는 잘 모르겠다.

그러나 우리가 이사 온 뒤로 마포도 술렁대고 있었다. 집값이 싼 곳은 다 철거가 예정되어 있었기 때문에 집 매매가와 전·월세가 하늘 높은 줄 모르고 오르고 있었다. 그때 우리는 가지고 있던 돈을 모두 털어 철거가 예정된 값싼 전세방으로 이사를 했다. 그리고 먹고살기 위하여 돈을 벌어야 했다.

나는 공장으로 떠밀려 가야 했다. 언니가 있었지만 언니는 밖으로 나돌았고 돈 버는 것보다는 쓰는 쪽에 관심이 많았다. 결국 나는 혼자 애쓰는 엄마가 안쓰럽고 엄마를 기쁘게 해주고 싶어서 마다하지 않고 공장으로 갔다.

13세 때 처음 들어간 공장은 마포에 있는 동화실업주식회사였다. 군복을 만드는 곳이었는데, 육군사관생도들의 옷을 맞춤식으로 만들었다.

졸병들의 군복은 라인생산시스템을 통해 만들었지만, 사관생도의 옷은 양복을 전문으로 하는 사람들이 팀을 짜서 맞춤식으로 만들고 있었다. 나는 생산라인에서 시다로 일을 하였다. 실밥 따고 가위질하고 다림질하고 심부름하며 언니들과 아주머니, 아저씨들과 웃고 떠들며 일했다. 한 달 월급은 3,000원, 아마 그때 쌀 한말에 600원 정도였던 것과 비교하면 내 한 달 월급으로는 쌀 다섯 말밖에 살 수 없었다. 공장생활에 대한 내 기억은 언니들에게 욕먹지 않으려고 열심히 일했던 것밖에 남아 있지 않다. 나는 얼마간 생산라인에서 일하다가 다시 맞춤팀으로 보내져 손바느질을 비롯해 여러 가지 기술을 배우면서 일했는데, 이때는 일이 재미있었다. 그때 복식의 기본이 되는 내용들을 다 익혔던 것 같다.

우리집은 내가 벌어서 생활을 했는데 수입이 많지 않아 밥과 김치, 우거지볶음, 국, 죽 등으로 간신히 끼니를 때워야 했다. 한 달에 한 번 먹는 돼지고기 두루치기는 정말 꿀맛이었다. 그나마 그것도 돈이 없어 못 먹을 때는 공장에서 일하는 것이 더 힘들었던 것 같다. 그런데 한동안 우리가 살던 무허가 집이 또 헐리게 되었다. 그 이유는 국회의사당을 짓고 한강을 잇는 길을 만들기 위해서 공덕에서 만리동 구간의 길을 뚫기 때문이었다. 우리는 창문도 없는 단칸 월세방으로 이사를 했다. 어둡고 답답하고 냄새가 나는 그 집이 아직도 기억에서 지워지지 않는다. 이때부터 내 소원은 커다란 창문이 있는 집에서 사는 것이었다. 그래서 나는 쉴 새 없이 일을 했다. 창문이 큰 집에서 살 날을 마음에 다지면서…….

가끔 공장에 한동안 일이 없을 때면, 나는 우리 팀과 을지로로 일을 하러 나왔다. 나는 차를 타면 멀미가 심해 많이 어지럽고 토하고 하늘이 노래졌다. 그래서 마포에서 을지로까지 오토바이로 출퇴근을 하는 팀장 아저씨가 나를 오토바이 뒤에 태우고 다녔다. 처음 간 을지로 중부시장은 좀 어둡고 냄새가 심하며 작업조건이 좋지 않은 곳이었는데, 남자들이 가을에 입는 바바리코트를 만들고 있었다. 그 시기에는 접착 '싱'이 없었기 때문에 나는 풀을 만들어 헝겊 '싱'에 붙이는 작업을 했다. 같은 팀원은 지금의 미싱사들의 처지를 예전과 비교해서 "그래도 그때는 돈도 많이 벌었고 기술자가 귀해서 대우도 더 좋았다"고 한다.

그러다 시다를 그만두고 미싱을 하기 시작하면서, 동화실업을 나와 미싱을 타게 해주고 월급을 많이 주는 회사를 찾아 친구들과 휩쓸려 여기저기 옮겨 다녔다. 그때 한참 우리나라에는 섬유 수출바람을 타고 공장들이 자고 나면 몇 개씩 생겨났다. 우리가 갈 공장은 많았다. 그후 나는 비행기 의자 커버를 만드는 공장에 객공미싱사로 갔는데, 그 공장은 수입에 의존하던 비행기 의자 커버를 우리나라에서 처음으로 만들기 시작한 곳이었다. 일은 힘들었지만 수입은 좋은 편이었다. 그 덕분에 우리집은 여전히 월세였지만 조금 더 괜찮은 집으로 이사를 할 수 있었다.

그렇게 미싱을 하면서 돈 버는 데 정신을 팔던 내게 기쁜 일이 생겼다. 내가 다니던 공장에서 나를 월급제로 채용하겠다는 것이다. 의자 커버를 만들 수 있는 기술자를 구하기가 어려웠던 시절이었기에 꽤 많은 월급을 받으면서 나는 그 공장에서 일을 계속하였다. 그곳의 사장이 나를 잘 보았고, 내가 늘 책을 가까이하는 것을 보고 "공부를 하라"고 권유하면서, 저녁 7시가 퇴근시간인데 한 시간 일찍 보내 주면서 월급도 더 많이 주셨다. 그 덕분에 나는 학원에 갈 수가 있었다. 하늘을 날 것 같은 기분이었고, 몸도 마음도 꽉 차서 터질 것 같았다. 그런데 문제가 있었다. 나는 초등학교 졸업장이 없었다. 자존심 때문에 초등학교를 졸업하지 않은 것을 들키지 않기 위해 나는 중학과정을 공부하기로 결정했다. 일도 열심히 했다. 다른 것을 바라볼 여유도 시간도 없었다.

추석을 앞둔 어느 날, 그 공장에는 모두 다섯 명이 일하고 있었는데 사람들이 "추석연휴에 사장이 하루만 쉬게 한다"며 불만을 토로했다. 결론은 "3일을 빠지자"는 것이었다. 나는 고민이 되었다. 하지만 동료들의 의견에 따라 나도 출근하지 않기로 했다. 추석 지나 3일 후 내가 공장에 출근했을 때, 사장은 노발대발하며 "나를 배신한 너에게 실망했다"며 나를 해고시켰다. 나만 해고당한 것이다. 다른 동료들은 추석 전에 사장에게 전화를 해 미리 이야기를 했고, 다들 연락하지 않고 결근할 것이라는 생각에 아무 조치도 취하지 않았던 나만 괘씸죄로 당한 것이다.

너무나 속상하고 가슴이 아팠다. 공부를 하고 검정고시를 보면 충분히 내 연배들을 따라잡을 수 있을 텐데……. 그토록 신나고 마음이 들떠 시작한 공부를 못한다는 생각을 하니 절망스러웠다. 하지만 먹고살아야 하고 남동생을 학교에 보내야 하는 일이 눈앞에 있으니, 나는 또다시 일자리를 찾아나서야 했다. 그래서 평화시장으로 왔다. 아동복을 만드는 공장에서 일자리를 구하였다. 평화시장에서 "빨리, 빨리"를 외치며 일하는 거칠고 엉성한 작업방식을 다시 배우기 시작했다. 이때부터 잔업과 철야를 많이 하였다. 타이밍, 박카스, 커피를 모두 먹고 3일 동안 철야를 한 적도 있었다. 바쁘게 일하면서도 나는 문화생활을 하고 싶어 친구들하고 철야를 마치고 극장엘 갔는데, 그날 영화내용은 전혀 기억이 안 난다. 왜냐하면 쌓인 피로와 스트레스를 풀고 마음의 공허를 채우기 위해 영화관을 갔던 건데, 밤새 일하느라 잠을 못 잔 데다가 피곤해서 몽롱한 상태로 영화를 보았기 때문이었다.

평화시장에서 너무 힘들었기 때문에 결국 나는 직장을 옮겨서 신당동에 있는 아동복 공장에 들어갔다. 그곳에서 4명의 친구를 사귀었다. 친구들과 놀러다니고 영화도 보고 디제이가 있는 음악다방에서 커피도 마시고……. 정말 노는 데는 뜻이 잘 맞는 친구들이었다. 한번은 우리가 지금의 송추 근처로 놀러 갔다가, 거기 놀러온 네 명의 남자들과 미팅을 하였다. 두 명의 친구들은 미팅에서 끝나지 않고 이후에도 계속 사귀었다. 미팅을 하러 나온 것이나 하는 행동을 보면서 당연히 그들이 총각이라고 생각했는데 나중에 알고 보니 유부남이었다. 그때 친구는 나에게 상담을 하였다. "그 남자가 이혼하겠다며 결혼을 하자고 하는데 어떻게 할까?" 하는 내용이었다. 난 결사반대했다. "결코 행복할 수 없다"고 말했다. 우리는 종일 많은 이야기를 나누었고 친구는 알았다며 돌아갔다. 내 친구는 그 남자와 헤어졌다. 그리고 다른 남자와 지금 아주 잘살고 있다. 하지만 또 한 친구는 우리의 힘으로 설득을 시키지 못했다. 그 친구는 "미싱하며 살기 싫어서 그 남자를 선택한다"고 했다. 나는 그 친구하고 절교를 선언했다. 그 뒤로 그 친구를 한 번도 보지 않았다.

3. 전태일을 알면서 노동자로 거듭나다

공부를 할 수 없게 되자 놀러만 다니던 내가 노조를 찾아가야 할 일이 생겼다. 1978년 즈음 내가 일하고 있던 공장에서 월급을 받지 못하여 어려움을 당하고 있을 때, 친구가 "노조가 있는데 거기 가서 말하면 월급도 받아 준다"고 했다. 나는 그 말을 듣고 얼른 달려갔다. 처음 만난 사람은 양승조 노조 위원장[예전 산별체계에서는 지부장]이었다. 그분은 반갑게 나를 맞이해 주시면서 내 이야기를 듣더니 "곧 밀린 월급을 받게 해주겠다"고 하였다. 나는 진정서를 쓰고 집으로 돌아왔다. 그 뒤에 친구에게 민종덕 씨를 소개받았다. 그 사람은 내가 책 보는 걸 좋아한다고 말하자 선뜻 책 한 권을 권해 주었다. 『자주고름 입에 물고 옥색치마 휘날리며』라는 백기완 선생님의 책이었다. 책을 받아들고 집에 와서 읽었는데, 그렇게 신나는 책이 있을까? 너무나 재미있고 유익했다. 나와 우리가 어떤 의미가 있는지, 글이 가지는 진정한 가치가 무엇인지 깨달을 수 있도록 인도해 주는 내용이었다. 책을 통해 새로 알게 된 지식들 또한 나의 기쁨이었다. 그동안 적지 않게 읽었던 책들이 아무 의미도 없을 정도였다. 그 뒤 문학모임에 참여하면서 시와 철학을 공부하게 되었다. 주옥같고 대쪽 같은 민족 시인들의 시를 대할 때마다 민족의 자부심과 긍지가 뜨거운 내 가슴속에서 되살아나는 듯했다. 이때 읽었던 시들이 김지하의 『오적』과 자유에 대한 시, 윤동주의 시집, 정희성의 『저문 강에 삽을 씻고』, 신동엽의 『껍데기는 가라』 같은 것들이었다.

나는 새로운 지식에 빠져들었고 쓰는 말은 어려워졌다. 현장 사람들과 관심사가 달랐다. 돈을 많이 버는 것에도 관심이 없어지고 새로운 정보와 사람을 만나는 것에 매력을 느꼈고 즐거움이 컸다. 그래서 그때는 다른 조합원들과 폭넓게 사귀지 못하였다. 대신 문학모임에서 여러 사람을 만났는데, 그 가운데 이미영이라는 친구는 지금도 보고 싶다. 모임을 하다 보니 오래도록 사귀며 자주 만나왔던 친구들과 만날 시간이 적었다. 직장도 옮겼다. 평화시장 근처에 있고 싶었지만 엄마가 "집 근처에 직장을 잡으라"고 신신당부해 원효로에 있는 공장에 월급제로 취직을 했다.

새로운 공장은 여덟 명이 일하고 있었고 남대문으로 일감이 나갔으며 주인이 직접 디자인하여 옷을 만들었다. 나는 그곳에서 일솜씨를 인정받아 월급을 가장 많이 받았다. 그러다가 다시 나는 조금 더 근로조건이 괜찮은 곳에 들어갔는데, 그 덕분에 책과 잡지를 구독할 수 있었다. 『창작과 비평』, 『신동아』, 『씨알의 소리』 등 각종 잡지를 통해 정치문제와 더불어 자유와 평등, 그리고 평화를 갈구하는 글들을 읽을 수 있었고 차별과 불평등 속에서 일하는 노동자들의 외침을 들을 수 있었다. 특히 『신동아』에 실린 새마을운동을 비판한 글은 나에게 충격을 주었다. 그동안 나는 새마을운동이 농민들을 잘살게 하기 위한 것이라고 들었는데, 그 글을 보면서 '정말 농촌을 근본적으로 잘살게 하려는 것이 아니었구나!' 하는 것을 알게 되었다. 열 명을 다 뛰게 하지만 제일 잘하는 놈에게만 상을 주고, 지붕 개량 등을 통해 농민들에게 빚을 안기면서, 실제 농산물을 오래 보관하는 데 필요한 냉동시설 등에는 투자를 하지도 않고, 판매구조를 개선하는 것에도 신경을 쓰지 않으면서 오히려 정권에 빌붙은 집단이 유통과정에서 이익을 취하도록 하는 등등……. 이런 사실을 알게 될수록 박정희 대통령에 대한 이전의 존경심은 다 무너져 버렸고, 정치인들의 모습에 환멸을 느꼈다. 그러면서 '아, 이런 책을 보면 사회를 새롭게 인식할 수 있구나' 하는 깨달음을 가지면서, 눈에 보이는 현상이 진실이 아니라 그 바탕을 이루는 본질에 대해 새롭게 생각하기 시작했다.

또 그 속에서 '전태일'을 만날 수 있었다. 평화시장에 있을 때는 전태일 동지에 대해 제대로 들을 수 없었다. 노동자로서 다른 노동자에 대한 따듯한 애정을 갖고 실천한 그의 모습을 통해, 내가 갖고 있는 동료들에 대한 냉소적인 모습을 다시 돌아보게 되었다. 그가 노동자를 위해 목숨까지 던졌던 사실이 가슴이 아팠으며 그 숭고한 정신 앞에서 할 말을 잊었다. 그를 통해 사회적 삶, 양심의 거울을 가지기 시작했다. 나와 내 가족만을 알고 살던 나는 그 때문에 현장에서 시키면 시키는 대로 해야 한다고 생각했는데, 그의 삶과 죽음을 통해 그런 내 모습이 굴욕스러운 것이라는 것을 깨닫게 되었고, 노동자로서 긍지를 가지고 노동자의 사회적 지위를 높이는 것이 노동자인 내게 맡겨진 임무라는 것을 알게 되었다.

탈춤모임과 노조교육 참여

그러다 79년 즈음 나는 탈춤을 배우기 시작했다. 우리 친구들 4~5명은 민종덕을 통해 당시 수배 중이던 유인열 씨를 만나서 마포에 있는 민속악기를 배우는 공간에서 양산탈춤, 봉산탈춤 등을 배웠다. 그 뒤 이 모임은 15명으로 늘어났고, 노조의 공식 탈춤모임이 되었다. 이때 김영대, 박계현, 김성민, 이덕곤 등이 참여했다. 일주일에 1회 모여 탈춤을 배웠고, 모임이 끝나면 꼭 뒤풀이를 하면서 술을 마시고 어울려 가며 서로에 대해 알아 가기 시작했다.

처음 수련회라는 것도 가보았는데, 탈춤모임의 첫 수련회이기도 했다. 저녁 일을 마치고 청량리에서 모여 밤기차를 타고 장흥에서 내려 밤길을 걸어가는데, 정말 낭만적이었다. 서로 얘기하고, 앞서가는 이의 발뒤꿈치를 차는 장난을 하면서 즐거워했다. 수련회의 목적은 그동안 배운 탈춤을 바탕으로 마당극을 만들어 공연을 하기 위한 것이었다. 내용은 우리의 처지와 문제를 서로 말하고, 각자의 요구와 바람을 넣어서 구성하는 것이었다. 그 과정에서 누구는 "일요일은 쉬고 싶다"고 외치기도 했고, 어떤 이는 "토요일은 반(半)공일이었으면 좋겠다"라고 말하기도 했다. 그렇게 밤을 새우며 대본을 짜고 서로의 바람에 대해 소통하면서 너무 재미있었다.

이렇게 재미있는 관계가 있다니, 내게는 처음이었다. 식사시간에는 밥에 돼지고기를 싸먹었는데 너무 맛있어서, 그 생각을 하면 지금도 입안에 침이 절로 돈다. 이렇게 준비한 마당극을 우리는 노조행사의 공연무대에 올렸고, 조합원들의 호응은 아주 좋았다.

1979년 10·26으로 박정희가 죽고 얼마 안 되어, 문학모임에 있던 나는 노조 교선교육선전부장인 이숙희의 소개로 1박 2일 노조교육에 참여했다. 교육은 안양에 있는 한국노총의 교육회관에서 진행되었는데, 미국 섬유공장 노동자들의 노동과 활동에 대한 영화 상영을 하고 장명국 씨가 교육을 했다. 장명국 씨는 교육에서 "계란으로 바위 친다는 말이 있다. 그것은 가능하지 않다. 바위를 구멍 나게 하는 것은 물방울이다"라고 말했다. 그때는 그냥 머릿속에서 맴돌았던 그 말의 뜻을 세월이 흐르면서 알게 되었다. 사회에 대한 이해는 과학적 인식이 없이는 불가능하다는 말이었던 것 같다. 교육 이후 참석자들은 조별로 나뉘어 토론을 했는데, 주제는 10·26 사태에 대한 것이었다. 토론 이후 그 내용을 촌극으로 만들어 발표를 했다. 나는 촌극에서 대통령을 접대하는 자의 역할을 했다. 우리들 대부분은 그 상황에 대해 "박정희는 나쁜 놈이라 잘 죽었어"라는 정도의 의식만 있었지, 그 사태와 정세의 본질을 제대로 인식하고 있지는 못했다.

여러 교육프로그램 중에 영화가 감명이 깊었고, 실제 박정희 죽음에 대한 인식이 분명치 못한지라 이후 정세가 어찌 흘러갈지 알지 못했다. 그래도 교육에 참가하여 이숙희, 김영대, 신광용, 김선주 등 청계노조의 많은 선배들을 만난 것은 큰 성과였다.

1980년 3월 들어 노조는 임금인상투쟁으로 바쁘게 돌아갔다. 나는 일을 하다가 라디오를 통해 "평화시장에서 노조가 임금인상투쟁을 한다"는 소식을 들었다. 왠지 가봐야 할 것 같아 평화시장 옥상에 있는 노조사무실을 찾아갔다. 싸우는 이들에게 얼굴이라도 비추는 것이 나의 의무라고 생각했다. 낮 시간이라 사람들이 별로 없었다. 안양 교육에서 만난 이선주가 나를 아는 척하며 "농성을 같이 하자. 우리 모두의 싸움이야"라고 말했다. 그러나 나는 발길을 돌려 돌아 나왔다. 머릿속에서 '우리 모두의 싸움'이라는 말이 계속 맴돌아, 육교 위를 올라가다가 다시 농성장으로 발길을 돌렸다. '아, 이건 내가 참여해야 하는 일이구나' 하는 생각이었다. 농성장에는 아는 이가 별로 없었기에 그냥 앉아서 앞에서 하는 구호를 따라 할 뿐이었다. 그곳에서 이소선 어머니를 만났다. 어머니는 내게 "대학생이냐?" 물으셨다. 외출복 차림의 내 모습이 낯설었기 때문인 듯했다. 사실 나는 그곳에서 조금은 이방인 같았다. 어머니는 낯선 나를 마치 염탐꾼인 양 거리를 두고 바라보셨다.

이 일은 나로선 큰 결단을 한 것이었다. 착실한 딸 노릇을 하던 내가 10일 동안 일도 안 나가고 집에도 안 가면서 꼬박 철야농성을 한 것이다. 그러다 월급날이어서 농성장을 잠시 나와 회사를 갔다. 사장이 나를 보더니 "왜 안 나왔냐"고 묻기에 나는 솔직하게 "평화시장에서 농성 중이다"라고 말했다. 그리고 "나와 내 동생들이 나쁜 근로조건에서 일해야 한다고 보지 않는다. 그래서 근로조건을 바꿔야 한다"고 말했더니 사장은 "근로조건이 개선되어야 일하는 사람들이 제대로 대우받고 일한다. 싸움 끝나고 다시 오라"고 하였다. 그리고 그는 나를 농성장까지 차로 태워다 주었다. 농성장으로 가는 중간에 집에 들러 엄마에게 월급봉투를 건네주고 "농성 끝나고 돌아오겠다"고 말하고 나왔다. 엄마는 어이없어 하면서도 내가 단호하니까 아무런 제지를 하지 못하셨다. 열심히 싸운 결과 임금인상투쟁은 성공적으로 타결되었다. 그러나 평화시장에서 일하지 않는 나에게 그 결과는 아무런 상관이 없었다.

그 뒤 이숙희 선배의 소개로 장명국 씨가 하는 교육모임에 참여했다. 그 모임은 대공장 노동자들이 중심이었고, 내용은 여러 노동자들의 활동 사례를 중심으로 어떻게 실천할 것인가 등을 둘러싼 실천적인 것이었다. 이 교육은 두세 번 정도밖에 진행이 안 되었지만, 광주항쟁 이후 계엄 상태였고 정세가 매우 유동적인 상황에서 여러 사업장의 사람들이 같이 모였다는 점에서 나를 고무시켰다. 이런 사람들이 현장에서 잘 활동하면 정말 노동자들에게 좋겠다는 생각을 했다. 이 모임에서 원풍모방의 신복수라는 친구가 가장 인상에 남았다. 이 친구는 의식 있는 노조활동가로서 이후에도 교육이나 집회가 있으면 내게 가자고 권하기도 했다. 지금 생각해 보면 이 친구가 덜 깨인 나를 좀더 의식화시키려 했던 것 같다.

이 시기까지의 여러 모임이나 교육, 노조참여 경험이 조금씩 나의 의식에 영향을 주고 나의 내면에 서서히 쌓이면서, 나는 점차 변화해 갔다.

1981년 노조 해산명령과 아프리 농성투쟁

1981년 1월 6일, 서울시가 청계피복노조를 해산하라는 명령을 내렸다. 분위기가 어수선했다. 탈반 사람들이 모여 이 사태를 어떻게 할 것인지 고민을 나누었다. "가만히 있으면 안 된다. 어떤 식으로든 행동해야 한다"는 데는 다들 동의하였다. 그런데 나는 그 말을 듣고 가슴이 두근거렸다. 한번도 생각해 보지 않은 일이었다. 여하튼 서로의 생각을 주고받는데, 갑자기 노조에서 몇몇 사람이 와서 "노조 해산에 항의하기 위해 아프리^{AAFLI ; 아시아·아메리카 자유노동기구} 한국사무소 농성투쟁을 하겠다"고 했다. 이즈음 레이

건 미국대통령이 방한 중이라서 이 국면을 활용한다는 것이었다. 의논 끝에 우리 중 일부는 밖에 남아서 노조의 명맥을 이어 가고 남성들은 구속을 각오하고 싸우는 것으로 정리했다. 아프리 사무실에 들어가기로 한 날에는 서로 주위에 있는 노동자들을 데려오기로 했다.

1월 30일, 나는 내 주위의 시다들을 데리고 갔는데, 막상 모인 사람들이 너무 적어서, 아프리 건물 주위에 모인 사람들은 모두 싸우러 들어가기로 했다. 나도 구경하라고 데리고 온 열네댓 살의 어린 시다들을 데리고 들어갔다. 이때 참여한 이들이 황만호, 김영대, 박계현, 신광용, 전태삼, 임현재, 김한영, 시다 두 명, 이연숙 등이었다. 우리는 대표인 민종덕을 앞세워 아프리 소장을 만났다. "불법적 노조 해산을 인정할 수 없다. 이곳에서 농성하겠다"며 우리의 입장을 밝혔고 한국 사람이 통역해서 미국 소장에게 전해 주었다. 소장은 농성을 막기 위해 오히려 우리를 설득하려고 하다가 안 되니까 돌아가려 했는데, 우리 중의 누군가가 갑자기 그 소장에게 칼을 들이밀어서 감금했다. 그렇게 아프리 점거농성투쟁이 시작되었다. 우리는 건물 3층 사무실 안에서 서둘러 플래카드를 내걸고, 준비해 간 선전물을 배포하고, '흔들리지 않게', '늙은 노동자의 노래', '상록수', '아침이슬', '금관의 예수' 등의 노래를 아주 힘차게 불렀다. 그렇게 4시간 동안 선동하고 노래를 부르는 사이 경찰들이 건물을 에워싸더니 바로 농성하는 사무실의 나무 벽을 두드리면서 위협적인 진입신호를 보내왔다. 그런데 아무도 영어를 할 줄 몰랐다. 누군가 영어를 할 줄 알았더라면……. 그때 소장이 내게 "유 스피크 잉글리시?" 하고 물었으나 나는 "노 스피크 잉글리쉬"라 답하고 "밖의 경찰들에게 가라고 소리치라"고 한국말로 말했으나, 그는 못 알아들었다. 영어를 할 줄 아는 사람이 없으니 걱정이 되었다. 밖에서는 3층까지 사다리차가 올라와 창문 밖에서 밝은 빛을 쏘고 있었다. 밖을 보니 밤늦은 시간이라 차도 끊어지고, 새까맣게 늘어선 전투경찰들의 모자만이 보였다. 그들은 나무 벽에 구멍을 뚫어 우리가 있는 사무실 안을 들여다보며 상황을 판단하고 있었다. 소화분말기를 가지고 그 구멍을 향해 쏘려 했는데 기계 작동을 잘못해 오히려 우리가 분말가루를 뒤집어쓰고 당황해하는 순간, 경찰이 미국소장을 보호하기 위해 쳐들어왔다. 들어와서 농성 중인 노동자들을 연행해 나갔는데, 미국소장을 구출한 뒤에는 농성자들을 몹시 때리면서 팔을 양쪽으로 잡아끌며 계단에서 발로 차 굴려서 닭장차에 실었다. 그때 전태삼과 신광용이 아래층으로 떨어져 허리를 크게 다쳤다. 그렇게 유치장으로 끌려간 농성자들은 일주일 동안 조사를 받았다. 나는 시다 두 명을 데리고 온 탓에 경찰에게 더 맞았다. 조사 이후 신광용과 전태삼은 병원으로 실려 가고 남성 여덟 명은 구속되고 어머니를 제외한 여성들은 풀려나왔다.

정치적 상황을 제대로 파악하지 못하는 나는 사실 왜 우리가 미국인 사무실에 들어가 농성을 해야 하는지 알지 못했다. 대충 들은 이야기로 "정부에 압력을 넣는 데 필요하다"는 정도를 이해했을 뿐이었다. 더욱이 그 싸움에 조합원들의 참여가 저조했는데, 특히 노조집행부가 중심으로 참여하여 지도하지 않은 것은 정말 이해가 안 되었다. 참여자들은 나처럼 노조를 막 이해하는 수준에 있는 사람들이라는 것이 답답했다. 그래서 이 싸움이 나에게 새로운 의식의 변화나 의지를 주지는 못했다. 나는 그냥 정부의 노조해산명령에 불복종하는 투쟁을 하였기에 내가 할 일을 했다는 생각을 가졌을 뿐이다.

싸움 이후 나는 경찰의 감시를 받기 시작했다. 무슨 일만 있으면, 특히

'근로자의 날' 같은 경우에는 더 심한 경찰들의 감시를 받았다. 이 때문에 우리 어머니의 근심걱정은 나날이 깊어져 갔다. 나는 다시 취업을 해야 했는데 잘 되지 않아 한 1년 정도 일감을 가져다가 집에서 미싱을 했다.

이때 이상훈, 이미영 등과 같이 만나면서 『노동의 철학』, 『이 세상의 절반』이나 쉬운 경제학 관련 책을 받아서 읽고 공부를 했다. 1982년 즈음 장시간 일하는 것이 너무 싫었던 나는 돈은 조금 벌더라도 일찍 끝나는 공장을 찾았는데, 친구의 소개로 충무로에 있는 한 무역회사의 샘플실에 들어갈 수 있었다. 월급도 괜찮았고 휴일도 많아서 노동조건은 좋았다.

그 시기 청계천 주변에서 진행되던 야학의 참여자들이 '청계모임'을 만들어 노조 복구를 위한 비공개 조직활동을 하고 있었다. 여기에 구속자들이 석방되어 나오면서 청계모임은 더 활발하게 움직였고, 차츰 등산모임, 추도식 등을 공개적으로 하기 시작했다. 나도 등산모임이나 추도식에는 꼭 함께했으나, 노조사람들과의 관계를 직접적으로 갖지는 않았다. 왜 그랬을까. 그때 내게는 노조활동가들이 의식이 있다는 것은 말뿐이라고 여겨졌던 것 같다. 성실한 노동을 하면서 활동을 해야 하는데, 입으로는 옳은 말을 하지만 실제 생활은 엉망으로 보였다. 그들을 마주치면 '어디에 취직시킬까' 하는 생각이 들었다. '생활이 안 되면 어떻게 활동을 길게 할수 있을까……', 참 답답해 보였던 것이다.

4. 청계노조, 합법성을 선언하다

1984년은 나에게 새로운 전환의 시기였다. 어느 날 이경숙이 "성남에서 교육이 있으니 꼭 참여하라"고 했다. 그래서 성남 '만남의 집'으로 갔다. 그

신당동 노조사무실 간판달기

곳에는 48명이나 되는 꽤 많은 노동자들이 모였는데 모임을 주도하는 이들이 노조복구의지를 밝혔다. 그때 나는 속으로 '참 대단하다. 내가 할 수 있는 것은 하자'는 생각을 했다.

이런 노력들이 모여 4월 8일, 명동성당에 청계노조복구선언대회가 열렸다. 나는 경찰들과 부딪치며 시달리는 일은 정말 싫었지만, 우리 노동자들의 선언을 하는 것과 힘을 모으는 자리가 중요하다는 판단으로 참여했다. 경찰이 못하게 막자 우리는 이리 쫓기고 저리 쫓기다가 결국 사제관에서 선언대회를 시작했다. 선언의 그 순간, 가슴이 벅차올랐다. '평화시장 노동자도 이렇게 인간선언을 할 수 있구나' 하는 감동이 물밀 듯 밀려 왔다. 그러면서도 '현실적으로 노조활동을 어떻게 할 수 있을까' 하는 생각도 스쳤다. 이때 참여한 청계조합원은 70여 명 정도였으나 우리를 지지하는 다른 사람들까지 해서 실제 숫자는 100명이 넘었다. 이때부터 우리는 밖으로 실제 숫자보다 항상 부풀려 알려졌다.

선언대회를 성공적으로 마치자 우리는 신당동에 노조사무실을 열었다. 사무실은 작았지만 동질감을 느낄 수 있는 이들이 모이는 곳이라서 내 집같이 편했다. 그때 나는 직장을 동대문으로 옮긴 상태라서 일만 끝나면 들렀다. 그러다가 경찰들이 노조사무실을 폐쇄하려고 했지만 조합간부들이 사무실을 지키기 위해 온몸을 던져 경찰들과 싸워서 지켜 냈다. 우리는 4월 8일의 청계노조복구선언 이후 5월 1일 청계노조의 합법성을 위해 사회 각계 인사들과 정부 측 사람을 한자리에 부르는 공청회를 진행하려 했다. 하지만 이날 행사는 정부 측은 빠진 채 우리끼리 합법성을 선언했다. 이날도 경찰들과 조합원들이 부딪쳤고 다행히 잡혀가지는 않았지만 많은 이들이 맞았다.

이후 우리는 현장으로 가서 조합 가입을 선전하고 유인물을 나눠 주었는데 그럴 때마다 어디에 숨어 있던 경찰들이 와서 방해를 하면서 간부들을 끌고 갔다. 결국 우리는 다시 투쟁을 준비하면서 "청계노조를 인정할 때까지 최후의 일인까지 싸우겠다"고 결심했다.

1차 투쟁에서 4차 투쟁까지

우선 1차 합법성 쟁취투쟁은 1984년 9월 19일에 청계고가 위에서 하기로 정했다. 투쟁방식을 둘러싼 논의를 마친 후, 주동은 황만호가 하기로 하고, 청계고가에 같이 올라가 투쟁을 주도할 19명을 정했는데 그 가운데 나도 참여하기로 했다. 우리는 구속을 각오하고 주동을 보필해서 투쟁을 끝까지 하기로 결의했다. 마침내 9월 19일, 누군가가 "자, 와서 모여 함께 하나가 되자~" 하고 소리 높여 노래를 부르자, 어렸을 때부터 다리가 불편해 목발을 짚어 온 내 친구 황만호가 학생들과 조합원들의 무등을 타고 당당하고 멋진 모습으로 구호를 외치며 고가 위로 올라왔다. 고가 주위에 있던 노동자, 학생들이 고가 위에서 아래를 내려다보며 신나서 구호를 외쳤다. 우리 편이 도로를 장악하고 구호를 외치며 경찰들을 몰아내고 있었다. 경찰들이 우왕좌왕하고 경찰차가 뒤집히고……. 고가 위에서는 경찰이

경찰이 노조사무실 집기를 빼낸 모습

페퍼포그로 시위자들을 밀려고 하다가 문제가 생길 듯하니 뒤로 후퇴하였다. 살기가 느껴지는 치안본부 놈들이 주위 사람들을 밀치며 몰려와 시위자들을 몰았다. 결국 시위자들은 끌려가서 조사를 받고 30일 구류를 받았다. 우리는 정식재판을 청구해서 구류 10일을 살다 나왔다. 그래도 모두 고무된 분위기였고 어깨가 으쓱했다. 우리는 각자 자기 집에 들렀다가 다시 이소선 어머니가 계신 창동에서 모였다. 그곳에서 처음으로 장기표 선생을 보았는데, 그는 우리에게 "여러분은 참말로 대단한 사람입니다"라고 말하였다.

이 시기 노조활동을 펼치면서 두 곳으로부터 큰 도움을 받았다. 한 군데는 독일의 '인간의 대지' 복지재단이었다. 인간의 대지는 노동자 복지를 위한 활동비를 지원해 주었고, 그 지원비로 노조활동을 하는 데 있어 가장 중요한 사무실을 창신동에 마련해 1985년 2월에 입주할 수 있었다. 물론 노조사무실을 구하는 비용의 일부는 노동자들의 성금이었다. 그것이 '평화의 집'이었다. 우리는 노동자의 권익활동, 노동자 건강을 위한 활동, 조합원들의 의식고양과 현장 노동자들의 노조가입율을 높이는 것을 주된 활동과제로 삼았다. 나는 노조 운영위원을 하다가 복지부장을 맡아 민종덕 위원장과 같이 상근을 하였다. 실제 의료봉사활동을 활발히 벌였다.

또 다른 지원자는 자원봉사 의료진이었다. 그때는 의료보험이 없었기 때문에 병원의 문턱이 높고 약값이 비쌌기 때문에 노동자들이 병원 가는 일이 쉽지 않았다. 이런 현장 노동자들의 건강실태와 건강문제를 주요하게 바라보던 홍학기 한의사를 비롯한 10여 명의 의료 활동가들이 참여해서 한방, 양방을 중심으로 치과진료도 시행했다. 이들은 조합활동에 많은 도움을 주거나 자신들의 전문기술로 의료지원을 할 뿐만 아니라 돈을 모아서 약값을 전부 대기도 했다. 이때 참여해 준 이들은 지금도 각 분야에서 그때의 생각을 바탕으로 활동을 하면서 많은 이들의 정신적 지주 역할을 하고 있는 것 같다. 참 고마운 분들이고 삭막한 이 사회를 정말 따뜻하게 해주는 이들이다.

그렇지만 노동자 스스로 근로조건을 개선하고 복지도 해결을 해야 했기 때문에, 우리 노조는 다시 2차 합법성 쟁취투쟁에 나서야 했다. 1차 합법성 쟁취투쟁은 우리의 투쟁 분위기를 고양시켰으며, 모두 구속을 각오했는데 구류만 살고 나오면서 우리에게 상황이 변하고 있는 것을 느끼게 해주었다. 당시 청계노조는 "합법성이 인정될 때까지 계속적으로 싸우며 물러서지 않겠다"는 선언을 한 바 있다. 그래서 2차 투쟁을 준비하였다. 조합원들도 기대하고 마음 준비를 하였다. 2차 투쟁은 1차 투쟁 때와 같은 장소이지만, 그 자리에서 한 발짝도 물러서지 않는다는 각오를 다지고, 그

3차 합법성 쟁취투쟁

자리에 모두 누워 경찰이 와서 끌고 갈 때까지 투쟁을 계속한다는 것이었다. 당일 2차 투쟁에서 김영대, 김영선, 이승숙, 이은숙 등은 경찰이 구둣발로 밟고 지나가도 물러서지 않았다. 치열한 싸움이었다.

이어 진행된 3차 투쟁도 대규모로 3개 지역을 넘어서 이어졌다. 그런데 4차 가두투쟁을 준비하면서 우리 내부에서 주동 문제를 논의하는데, 처음에는 다른 친구로 결정을 했다가 변화가 생겨 내게 주동을 하라는 제안이 나왔다. 나는 소심하고 용기가 없었다. 더욱이 나는 두려움이 많아서 가두에 나서면 잘 뛰지도 못하는데……. 그런데 하지 않으려는 변명처럼 들릴까 봐 그런 말을 차마 할 수가 없었다. 결국 내가 주동을 하기로 했다. 그때부터 걱정이 되기 시작했다. 싸움을 잘 이끌지 못하면 어떡하나. 밤에도 잠이 오지 않았다. 나의 처지나 특성을 고려해 주지 않은 결정이었으나 나는 도망가지 못했다.

마침내 시위 날이 밝아왔다. 내 목소리가 안 나오는 데다가 이날따라 마이크가 고장 나자, 옆에 있던 김영선이 "마이크가 고장났다. 내가 소리칠게" 하고 말했다. 김영선이 구호를 외치며 투쟁을 시작하자마자 경찰이 오면서 시위는 바로 끝났다. 실제 주동을 하기로 한 나는 그에 대한 책임만 지게 되어 그후 수배를 받았다. 나는 청계천에서 멀리 떨어진 곳에서 취업을 해 노조신문과 유인물을 만드는 일을 하면서 노조의 부위원장으로 활동을 하였다. 그러나 내게는 싸움을 제대로 이끌지 못한 마음의 짐이 무겁게 남아 있었다.

5. 탄압 속에서 비합법-반공개 활동을 하다

비합법시기 여성집행부의 활동

1985년 일어난 구로동맹파업은 연대투쟁의 가능성을 노동자에게 각인시켜 준 정치투쟁이었다. 단순히 각 사업장의 문제를 가지고 싸운 것이 아니라 노동조합의 탄압에 노동자조직이 어떻게 투쟁해야 하는지를 보여 준 싸움이었다. 이 투쟁에 우리 노조도 열심히 참여하여 선전물 배포나 지지방문, 일부의 노조간부들은 직접 투쟁에 결합하기도 했다. 그 뒤 결성된 서울노동운동연합^{약칭 '서노련'}은 노동자가 정치활동을 해야 할 필요성을 제기해 주었다. 그러나 활동가들이 대중과 유리되어 투쟁하면 어떻게 무너지는지를 잘 보여 주었다. 노동자가 어떤 방식으로 정치운동의 주체가 되어야 하는지 구체적인 방향 제시가 부족했다. 그때 우리는 구호로만 정치투쟁을 외쳤다. 청계노조는 서노련에 참여했지만, 나는 서노련 조직원이라는 소속감을 갖지 못했다. 무엇이 정치투쟁이고 무엇이 경제투쟁인지 분

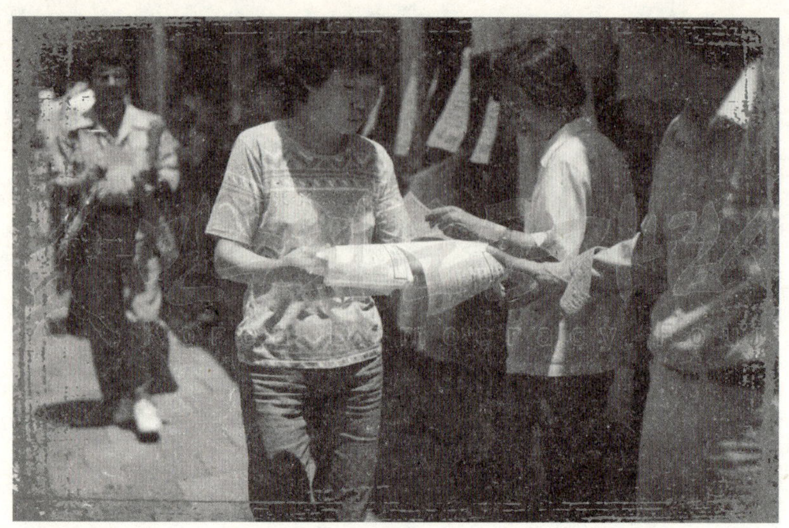
구로동맹파업을 지지하는 선전물을 배포하는 청계조합원

명한 인식이 부족한 상태였다. 그냥 무언가에 끌려다니는 느낌도 있었다.

그러던 중에 1986년 구로공단의 박영진이 분신했다는 연락이 왔다. 청계노조간부들은 그가 실려 간 병원으로 갔다. 병원에 갔을 때 박영진은 이미 죽어 있었다. 사복경찰이 의사복장을 하고 시신을 탈취하려는 조짐이 보이자, 우리는 박영진의 시신을 가지고 화장실로 갔다. 그러나 우리는 잡혀서 경찰서로 끌려갔고 시신은 빼앗겼다. 우리는 포기상태였다. 그런데 서노련은 "이 투쟁을 다시 해야 한다. 이를 위해 전태일기념관으로 모두 집결해야 한다"는 결정을 내렸다. 이런 결정을 둘러싸고 서노련과 청계노동자 간에 갈등이 생겼다. 이소선 어머니는 박영진 싸움을 전태일기념관에서 할 수 없다고 하셨고 어머니가 반대하는 투쟁을 우리가 할 수도 없는 상황이었다. 결국 어머니를 비롯한 청계노조의 간부들은 사무실을 두고 나왔다. 우리가 나오고 나서 서노련을 중심으로 한 점거농성이 기념관에서 진행됐고, 투쟁 이후 이들은 모두 처절하게 끌려갔다. 청계조합원들은 이 투쟁의 방관자가 되었다.

이 투쟁은 청계노동자들에게 혼란을 주었다. 같이 싸워야 한다는 생각을 가진 사람들도 있었지만, 투쟁을 피한 듯한 태도, 다른 한편 서노련이 주도한 점거투쟁의 무모성 등이 정리되지 않아 무엇이 올바른 것인지 혼란스러웠다. 이 투쟁 이후 노조사무실로 쓰던 '평화의 집'도 경찰에게 봉쇄당했고 출입하는 사람들은 너나없이 감시 대상이 되었다. 그러니 위축되어 찾아오는 사람도 드물었다.

나는 이미 4차 시위로 수배상태였기에 비합법 공개활동조차 하기 어려운 상태였다. 나는 도망을 다녔고, 노조사람들이 여럿 구속되었다. 민종덕 위원장이 서노련 사건으로 구속되었고, 1986년 5·3사태로 황만호, 박계현이 구속되었다. 1986년을 정점으로 구속자가 늘어나자 공개적으로 우리가 이 상황을 뚫고 나갈 길이 보이지 않았다. 할 수 있는 것이 있다면 그냥 상황이 바뀌기를 기다리는 것이었다. 결국 우리는 공개활동의 가능성이 거의 없다고 판단했다. 청계노조는 사업장 문제를 풀 수 있는 주체로 인정이 안 됐고, 나아가 개별사업장 문제를 해결하는 방식으로는 전체 탄압국면을 해결할 수 없다는 판단도 크게 작용한 것이다. 전체 상황을 어떻게 함께 뚫어 낼 것인가, 우리는 정치인식을 높이고 그를 바탕으로 정치활동을 하는 것으로 활동의 중심을 옮겼다. 그동안 직접, 간접으로 경험한 사건들과 인식을 바탕으로 이제는 한 현장을 중심으로 한 활동으로는 국면을 전환시킬 수 없다는 판단에 따른 것이었다.

이런 상황에서 청계노조는 분열되었다. 어머니를 중심으로 한 일부는 노조의 공개활동을 벌이려 한 반면, 나를 비롯한 다른 이들은 비공개로 지도부를 꾸렸다. 비공개노조는 김영선을 위원장으로 선출하고 내가 부위원장을 맡아서 비합법활동을 했다. 이 시기 집행부는 남성노동자들이 대부분 구속되어서 여성노동자 중심이었다. 우리는 핵심간부들이 어떻게 노조활동을 지원해야 하는가를 많이 논의하고 상근활동체계도 정리했다. 노조가 합법화되기 전까지 우리가 했던 활동은 『청계노보』 발행과, 각종 사안에 대한 우리의 견해를 밝히는 성명서나 선전물을 내는 일이었다. 자체 교육도 열심히 했다. 김수길 씨의 도움을 받아 『노동자의 철학』, 『노동자의 경제』 등을 학습했다. 이때 내가 보았던 책 중에 가장 인상 깊었던 것은 고리키의 『어머니』, 오스트로프스키의 『강철은 어떻게 단련되었는가』였다. 민중을 위해 열심히 투쟁을 하고 혁명을 성공시키고 그 혁명을 완수하는 과정, 끝없는 민중에 대한 헌신이 크게 마음에 다가왔다.

그 즈음 위원장인 김영선이 아무 말도 없이 사라졌다. 내가 뒤를 이어 직무대행을 맞았다. 뒤늦게 서울노동조합운동연합약칭 '서울노련'이 결성되었고, 우리는 조직으로 가입하지 않고 중견활동가를 중심으로 개인적으로 가입하였다. 서울노련은 그 시절 상담소로 제한하지 않고 모든 활동가 조직이 참여하도록 했기에 비합법 반공개 또는 전혀 공개되지 않은 조직들도 많았다. 그래서 서울노련은 현재 상황을 돌파해 나가기 위한 방향을 함께 모색해 나가야 할 필요를 느끼며 만들어진 조직이었다. 서울노련에서는 참여단체들이 동등하게 논의를 하였다.

이때 비공개와 공개활동을 모두 연계해서 싸운 첫번째 투쟁이 개헌투쟁이었다. 직선제 개헌을 확보하기 위한 투쟁을 벌여 나갔다. 이 투쟁은 1987년 박종철 사망사건 이후 직선제 투쟁의 바탕이 되었다.

박종철 군 고문치사를 둘러싼 군부독재 정권에 대한 투쟁과 직선제 개헌 투쟁과정에서 나는 우리의 투쟁과 활동이 올바르다는 것을, 대중투쟁은 이렇게 불길처럼 한순간에 번져 갈 수 있다는 것을 처음으로 느꼈다. 6월 항쟁 시기에 우리는 가두투쟁이 끝나면 돌아섰지만 남은 시민들은 밤새워 투쟁했다는 얘기를 들으면서 대중의 힘을 느꼈다. 거꾸로 시청앞 이한열의 죽음에 항의하는 투쟁에서는 준비되지 않은 대중은 아무리 많은 숫자가 모여도, 적의 공격에 순식간에 흩어지는 한계를 보았다. 이런 대중의 양면성을 보면서 활동가들의 역할은 무엇인지에 대한 고민이 생겼다.

우리는 6월 항쟁 때 직선제를 외치기보다 노동기본권을 중심으로 한 노동자의 권리, 즉 직선제를 통해 노동자가 확보하려는 과제를 인식하려 했고, 국민들에게도 민주주의의 실제 내용이 무엇인지 알려야 한다고 생각했다. "노동3권 쟁취!", "정치적 자유와 사상의 자유" 등을 알려내기 위해 그에 대한 선전을 준비했다. 그러나 6월 항쟁은 직선제를 확보하면서 정리되었다.

그나마 다행인 것은 "구속된 동지들을 투쟁으로 석방하자"는 것이 구호로 끝나는 외침인 줄 알았는데 정말로 이루어진 것이다. 구속자들이 석방되었고 우리 노조의 구속자들도 석방되어 나왔다.

그러나 석방된 이들을 보는 기쁨도 잠시, 이들이 나오면서 많은 낭설과 비판, 문제제기가 돌아다녔다. 석방된 남성간부들 중 일부가 "여성 중심의 집행부가 주체적으로 활동하지 않고 지식인들의 힘을 빌렸다"고 판단하면서 비주체성을 비판하거나, 다른 일부에서 우리를 '서노련 부류'라고 비난했던 것이다.

노조사무실 확보투쟁

이런 비난에 대해 나는 지금 다시 생각해 보아도 이해할 수 없다. 아는 것은 힘이다. 투쟁에서 승리하기 위해서는 더 올바른 교육이 이루어져야 한다. 무엇이 올바른가에 대해선 당시 주체들이 판단하고 결정할 문제다. 그리고 우리의 역량은 그때 매우 취약한 상태였다. 6월 항쟁에 참여하기에도 버거웠다. 그 과정에서 학습에 대해 외부의 도움을 받은 것이 왜 문제일까. 거기에 외부와 연관된 학습과 활동은 이전 남성집행부 때부터 진행되어 온 활동방식인데, 왜 유독 여성집행부의 활동만 문제 삼는 것인지 나로서는 도저히 이해되지 않았다.

물론 중요한 비판도 있었다. 석방된 김영대가 나와서 따끔한 비판을 했다. "상황이 변했는데 왜 노조사무실을 찾지 않냐"고. 나는 크게 한방 얻어맞은 느낌이었다. 2차, 3차 계속된 합법성 쟁취투쟁 속에서 정부는 우리 노조를 불법집단으로 몰면서 노조사무실을 어느 날 봉쇄했다. 몇 차례에

노조사무실 확보투쟁 승리의 기쁨에 환호하는 조합원들

거친 탈환투쟁도 있었지만 조합원들이 일방적으로 무차별 폭력을 당하는 것으로 끝났다. 그리고 상황이 어려워지고 조합간부들이 수배당하는 속에서 '숨어야 조직을 유지하겠구나' 하는 상황 판단으로 숨게 되었다.

더욱이 우리는 비공개에 익숙해져 있어서 공개활동의 중요성을 간과하고 있었고, 6월 항쟁 속에서 많이 지쳐 있었다. 그래서 그 비판을 수긍했다. 내가 배우고 있는 것들이 머릿속에서 지식으로 쌓이고 있었지만, 그와 함께 현실에서 찾아야 할 권리 등을 끊임없이 우리가 획득해야 할 과제로 인식하고 긴장을 놓지 말아야 했는데, 변화를 놓치고 있었던 것이다. 반성이 되었다. 그래서 계획을 세우고 영등포산업선교회 회원인 김정근의 도움을 받아서 경찰을 몰아내고 노조사무실을 탈환했다.

이후 여성집행부의 활동은 남성 노조간부들로 대체되기 시작했다. 노조 위원장 선거에서 직접 드러났다. 위원장 선거에 여성간부들은 나가지 않고 김영대와 황만호가 후보로 나서 대립했으나 김영대가 위원장으로 선출되었다. 나는 좀 쉬고 싶었지만 또 부위원장을 맡아야 했다. 어쩌면 해도 그만, 안 해도 그만인 자리였다.

직선제가 통과되면서 사람들은 모든 것을 확보한 것처럼 무장해제된 느낌이었다. 그러나 1980년 전두환 정권이 노동자 탄압정책으로 '산별을 기업별로', '유니언숍 제도는 오픈숍으로' 바꿔 버린 악법의 개정은 노태우의 6·29선언에는 들어 있지 않았다. 그 때문에 노동자들은 여전히 현장에서 확보해야 할 과제가 많았다. 청계노조는 합법성을 쟁취하는 것이 중요한 일이었다. 여러 현장에서 노동자들이 자신의 과제를 제기하고 투쟁을 시작했다. 저 멀리 울산에서부터 투쟁이 터져 나왔다. 이전까지는 서울을 중심으로 청계노조, 구로연투, 서노련, 서울노련 등이 투쟁과 활동의 중심이었으나, 이제 대규모 공장의 남성노동자들이 투쟁의 선두에 섰다. 이 1987년 노동자대투쟁은 엄청난 힘으로 전국 노동자들의 투쟁열기를 고양시켰다.

그동안 200인 이하의 지역노조는 1987년 대투쟁 이후 정치적 파급력이 현저히 줄어들었다. 투쟁 형태도 가두투쟁보다 현장을 기반으로 한 파업투쟁으로 변화되었고 청계노조의 정치적 상징성의 무게는 다소 가벼워지고 투쟁의 예봉이 대공장 노동자들에게로 넘어갔다. 적들의 약한 고리를 끊고 고였던 노동자들의 요구가 봇물처럼 쏟아져 나오면서 투쟁이 고양된 상황이 나에게는 꿈만 같았다. 뉴스에서 보이는 현대중공업 노동자들의 조직된 부대, 무장된 모습을 보면서 나도 모르게 입이 벌어졌다. 조직된 남성노동자들의 힘! 정말 우리 노동자의 힘이 느껴졌다.

6. 청계노조의 합법성 쟁취와 활동

김영대 위원장이 등장하고 1987년 6월 항쟁 이후 탄압이 수그러들자 우리는 노조활동을 공개적이고 적극적으로 펼쳐나갔다. 현장에서 저녁 8시 퇴근을 목표로 하는 노동시간 단속과 노동청에 고소고발하는 활동을 벌였다. 한꺼번에 400~500건의 고소고발건이 들어오니 노동청도 머리가 아파 결국 노조와 타협을 할 수밖에 없었다. 거기에 노조는 지역연대, 정치활동 등을 벌여 나갔다.

1987년 7·8·9월 노동자대투쟁으로 전국 곳곳의 수많은 사업장에서 민주노조를 만들기 위한 움직임이 활발해졌고, 많은 사람들이 노조를 만들기 위해 우리 노조를 찾아왔다. 전국에 민주노조가 속속 만들어졌다. 우리도 본격적으로 합법화에 매진을 할 때라는 상황인식을 하면서, 1988년 2월 23일부터 노조신고필증을 받기 위한 무기한 농성투쟁을 벌였다. 70여 명의 조합원들은 철야농성을 시작했다. 현장에도 많이 알려 나가고 지원연대도 넓어졌다. 마침내 1988년 5월 2일 노조의 설립신고필증이 나왔다. 나는 모든 일이 다 해결된 줄 알았다.

그러나 내 생각과는 달리 일이 더 많아졌고, 그 과정에서 오히려 간부들은 벌어지는 상황을 쫓아다니느라 정신이 없었고, 노조의 활동방향을 고민하는 일이나 활동의 중심을 놓치고 있는 듯했다. 내가 노조대표로 된 노조설립신고서가 나온 뒤 5일 만에 김영대 위원장으로 다시 대표자를 바꿔서 서류를 냈다. 그리고 서울지역에 민주노조가 곳곳에 만들어지자 서로 지원 연대활동을 하면서 그 경험을 바탕으로 서울노동조합협의회^{약칭} '서노협'를 만들었다. 이런 활동과정에서 청계노조간부들은 지역 활동을 통해 시각을 넓혀 갔지만, 적은 수의 활동가들이 서노협 활동까지 하느라고

합법성 쟁취를 위한 선전물

정말 정신없이 뛰어야 했다. 나는 서노협의 복지국장을 맡아 산업안전 문제와 복지를 연결시켜 활동을 해야 했다. 산업안전 쪽은 주로 산업안전에 대한 교육을 했고 복지는 사업장의 복지부장들이 할 수 있는 일을 시도하면서, 산업안전을 위한 대회를 고려대에서 열기도 했다.

단체협약과 임금인상투쟁

합법성을 쟁취한 청계노조는 노조로서의 역할을 제대로 하기 위해 바로 단체협약과 임금인상투쟁을 준비해야 했다. 청계노조의 단체협약은 근로기준법을 갱신하는 계기가 되었다. 예를 들어 퇴직금과 관련해서 법으로는 '10인 이상의 사업장 노동자들에게 지급하는 것'으로 되어 있었으나, 청계노조는 5인 이상으로 그 기준을 완화시켜서 실제 적용시킴으로써, 기존 근로기준법을 바꿀 수밖에 없었던 것이다.

단체교섭 후 조합원들에게 경과를 설명하는 모습(중앙에 서서 말하는 이가 필자)

1988년 단체협약을 준비하면서 우리는 '동일지역·동종직종'에 '동일한 근로조건'을 형성하고, 사업장에 유니언숍 제도를 정착시키면서, 지속적인 단체협약교섭을 위한 사용주협의회를 구성하게 만드는 것을 목표로 하였다. 그래서 전 지역 지도를 작성하고 사업장 실태조사를 실시하였다. 1차적으로 4개 상가를 중심으로 289개 사업장 사용주에게 공문을 보내고 단체협약을 맺었다. 이때 중요한 것은 근로조건에 대한 통일성을 갖도록 하는 것이었다. 사용주들은 '근로조건이 나아져야 한다는 것에는 동의를 하지만 우리만 했다가는 망한다'는 생각을 가지고 있었다. 우리는 단협이 끝나면 주변 사업장도 계속적으로 협약을 맺을 거라고 약속했다. 그러나 잘 진행되지 못했다. 이유는 사업장별 분쟁이 끊임없이 있었고 사용주들이 단협을 맺은 상가에서 이전을 계획하거나 본 공장을 축소하여 하청을 늘리고 핵심 조합원을 괴롭히는 일이 적지 않게 발생했기 때문이다.

서노협이 만들어지자 위원장 김영대가 서노협 사무처장으로 가서 지역활동에 힘을 쏟아야 했기에, 부위원장이던 내가 위원장 직무대행을 맡았다. 이 시기 나는 하루 24시간이 부족할 정도로 바빠 정신을 차릴 수 없었다. 우선 가장 긴급한 일은 1989년 임금인상투쟁을 준비하는 것이었다. 1989년 임금인상투쟁에서는 주로 월급제 사업장인 와이셔츠업체 28개를 묶어 차이가 많이 나는 임금을 공개하면서 통일성을 확보하기 위해 임금의 상한-하한선을 만들었다. 14일간의 파업을 통해서 기본급 7만 원 인상을 요구하였는데 모두 관철시켰다. 그 결과 우리는 노동자들이 임금문제에서도 동질성을 확보할 수 있다는 것을 알았고, 업종노조나 산별노조를 건설하기 위해서 노동시간을 중심으로 한 통일성을 가져가는 것이 필요하다는 것도 새삼 깨달을 수 있었다.

다른 한편 서울지역 미조직 노동자들이 여러 곳에서 조직을 만들거나 단체교섭을 해달라는 요청이 많아 직무대행인 나는 그곳들을 쫓아다녀야 했다. 왜냐하면 합법성 쟁취 때 '조직대상을 200인 이상의 서울지역 의류업종 노동자들로 한다'고 정했기 때문에 서울지역 의류노동자의 요청이 있을 때 청계노조는 언제나 그곳에 가서 노조로서의 역할을 해야 했다. 그 결과 대표적으로 영신교역이나 앙드레 김 사업장, ○○실업 등이 분회를 만들었다.

이처럼 여러 사업장에서 노조 결성이나 노동자투쟁을 벌이니 자본가들은 폐업으로 이에 대응하였다. 청계노조가 모든 사업장을 쫓아다니며 지원활동을 하기에는 버거웠다. 이런 상황을 극복하기 위한 대안이 필요했다. 우리 내부에서는 청계노조를 지역 차원의 조직으로 재편성해야 할 필요성이 제기되었다. 그 과정에서 서울의류제조업노동조합[약칭 '서

조합원 야유회(세번째 줄 왼쪽 끝이 필자)

의노': 본조→지부→분회라는 조직틀을 갖춘 지역노조]이라는 발상이 나오기 시작했다.

서의노 건설을 위해 노조를 만들었던, 또는 노조건설을 준비하는 사람들을 대표하는 '지역위원회'를 구성했다. 남부지역은 옷을 만드는 사람들약칭 '옷만사', 동부는 영신교역과 쁘랭땅, 청계천에서는 내가 나가서 공동건설을 목적으로 논의를 하였다. 이 지역위원회에서는 섬유의류업종 노동자들의 요구를 모아내기 위한 연구모임을 만들기도 했는데, 서노협의 유구영, 도시산업선교회의 이가정·박하순 등이 참여했다. 이 활동은 1991년 상반기까지 진행되다 정리되었는데, 그 이유는 이때 내가 노조활동을 정리하면서 다른 청계노조 대표가 이 모임을 주도하는 것이 한계가 있었고, 또 우리가 추진했던 이 사업과는 다른 조직화 방안이 나왔기 때문이다.

노조활동을 정리하다

1990년 단체협약투쟁이 진행되던 10월 즈음 청계천의 한 봉제공장에서 불이 나 두 명의 여성노동자들이 죽음을 당하는 일이 일어났다. 13세에 일을 하기 시작해서 내 나이 31세인 그때까지도 하나도 변하지 않은 노동현장……. 나는 불이 난 공장 현장을 돌아보면서 기가 막혔다. 불이 나도 도망갈 구멍 하나 없는 현장을 보면서 그동안 우리가 무엇을 했나 하는 자괴감도 들었다. 노조 입장에서 간과할 수 없는 문제라고 판단해 단협투쟁이 진행되는 상황에도 싸움을 벌였다. 산업안전과 노동자의 생명을 지킬 수 있는 노동조건을 요구하며 노동부와 자본 측에 대항해서 싸웠다. 노조가 단협투쟁으로 정신없는 상황이라 투쟁 동력을 만들기 위해 사망한 여성노동자의 가족을 부르고 조합원들과 같이 노동부로 쳐들어 갔다. 경찰이 출입문을 봉쇄하고 노동부 주위를 둘러싸고 있었다. 경찰이 우리를 구속시키겠다고 협박하자, 내가 "노동자의 이익을 보호하는 것이 아니라 노동자를 탄압하는 게 노동부냐"며 고래고래 소리지르니까 할 말을 잃은 경찰은 우리를 어찌하지 못했다. 투쟁의 결과 노동청은 "산업재해로 처리하고 사망자 보상을 하며, 노동현장에 대해 신경쓰겠다"는 약속을 했다. 뒤이어 청계천에서 노제를 지내고 화장을 해서 장례를 치렀다. 장례를 치르던 날은 우리가 흠모하고 존경하던 조영래 변호사의 장례식 날이기도 했다.

이 투쟁 과정에 전노협 쟁의국에 있던 한 남성 상근자가 파견되어 와서 우리와 같이 싸웠다. 억울한 죽음에 너무 슬퍼하면서 보상을 위해 싸우는 내 모습에 그 동지가 신뢰를 보내면서, 자신의 고민이나 문제를 상의하기도 했다. 우리는 친해졌고 평화의 집과 전노협 사무실이 가깝다 보니 자주 만나게 되었다. 눈이 큰 그 동지는 나보다 일곱 살이나 어렸는데, 만나

"임금인상투쟁 마지막 투쟁의 열기를 높이자"(오른쪽 첫번째가 필자)

임금인상투쟁 교섭 중간에 조합원들이 힘을 주는 시간(앞의 중앙에 앉은 이가 필자)

딸의 백일 날 찍은 가족사진

면 만날수록 순수한 마음을 느낄 수 있었다. 점차 우리는 친구 이상의 감정이 생기면서 어느덧 서로를 깊게 생각하는 관계가 되었다. 그 뒤 결혼을 약속했으나 둘 다 경제력이 없고 더구나 그 동지의 집안에서 나를 마음에 안 들어 해 반대가 심했다. 그럼에도 1991년 11월에 우리는 결혼을 강행했다.

결혼 직전 나는 노조 직무대행을 더 이상 하기 어려웠다. 상근비가 없던 상황이어서 빚으로 살다시피 하다 보니 버티기가 힘들었다. 결혼 뒤 나는 평화시장 주변에서 미싱을 하면서 여전히 노조 부위원장을 맡고 있었기 때문에 노조활동은 일이 끝나고 밤에 했다.

결혼 후 7개월이 지나자 남편은 인천으로 직장을 옮겼다. 나 역시 임신을 했는데 우리집은 아이를 낳아 키울 수 없을 정도로 좁은 공간이었다. 결국 노조활동을 정리하고 인천으로 이사했다.

7. 여성으로 살아가는 방법을 배우다

참여성노동복지터(참터)

인천으로 이사와 아이가 5세가 될 즈음까지 남편이 버는 걸로 생활하며 나는 아이만 키웠다. 그러나 수십 년을 일해 온 미싱사로서 봉제업종에 대한 애착은 버려지지 않았다. 아니 이후 나의 생계도 미싱에 의지해야 하기 때문에 봉제업종을 둘러싼 문제는 나의 삶에서 떼어 놓을 수 없었다. 결국 노조를 정리한 뒤 10여 년이 지나 2002년, 영국에서 돌아온 전순옥 언니가 "지역의 여성문제, 여성노동자 조직화방안 등을 중심으로 하는 토론을 하자"고 해서 참여했다. 전순옥 언니와 고 이옥지 선생님^{섬유업종 여성노동자 에게 애정이 많으셨던 여성학 교수}과 같이 토론을 시작했다. 나는 그 자리에 나의 생각을 정리해서 갔고 여러 사람이 자신들의 생각을 정리해 왔다. 서의노를 준비하던 때의 내 생각은 산별노조 건설을 위해 어떤 식이든 단초를 만들어야 한다는 것이었다. 그 이유는 전두환 정권 때 법제화된 기업별노조체계나 노동시간 관련한 문제가 노동자들의 삶을 피폐하게 만들고, 노동자들이 기업에 갇혀 있게 만든다는 생각 때문이었다.

그러므로 방법을 바꿔서 꼭 노조가 아니어도 요구를 중심으로 해서 광범위하게 노동자들을 조직화해야 한다고 생각했다. 예를 들어 평화시장 봉제노동자들의 경우, 직능별 조직체계를 통해 그들이 현재 할 수 있는 내용, 앞으로 살아남기 위한 방안 등을 새롭게 판단해야 한다고 생각했다. 특히 중국 등과 경쟁하기 위해서는 자신의 기술을 알리고 기술을 높여 나가야 하며, 임금의 통일성 확보를 위한 노력도 필요하다고 보았다.

이런 논의를 바탕으로 여성노동자들의 복지와 살길을 모색하기 위해 2004년 '참여성노동복지터'^{약칭 '참터'}를 만들었다. 참터가 만들어진 이후 제

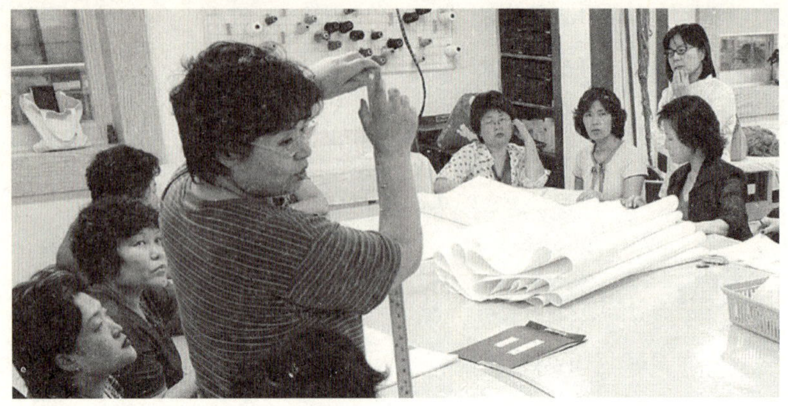

참터 회원들의 패션공부 모습(앞에 서서 설명하는 이가 필자)

일 먼저 산업의 추이, 근로 실태, 노동자 분포를 중심으로 조사를 했다. 이어 노동부 프로젝트를 통해 '수다공방'을 만들기로 했는데, 이것은 사람들이 가지고 있는 기술을 서로 소통하게 하여 기술의 질을 높이는 것과 동시에 노동자들이 연대할 수 있는 경험을 마련하기 위한 것이었다.

이를 위해 '들꽃모임'을 만들어 회원체계를 갖추고 회원들이 교육을 받기도 했다. 여기에 참터는 기술정보 제공, 지원 등을 하기로 했다. 그러나 노동자들을 모아만 놨다고 단결이 되고 주체가 되는 것이 아니다. 50년 이상 혜택 받은 것 없이 자기 자신만을 믿고 살아온 방식을 하루아침에 바꿀 수는 없었다. 누군가 자신의 처지를 무조건 좋게, 그것도 당장 바꾸어 주기 전에는 아무것도 믿지 않았다. 내 생각이 너무 낭만적이었는지 모르지만 당장에 주는 대로 받고 공전을 삭감해도 아무 말 못하는 처지에서, 참터가 지원해서 최저 공임에 가이드라인을 설정하여 그를 선전하면 도움이 되지 않을까 생각했다.

그런데 생각했던 것만큼 진행이 잘 안 되었다. 뚜렷한 방향과 목적의

수다공방 1기 졸업식 후에(왼쪽에서 세번째 뒤에 있는 이)

식이 없어서 서로가 주체적으로 나서지 않았다. 나는 이들이 주체가 되려면 수다공방 졸업생들이 수다공방의 운영위원이 되어서 스스로 공방을 운영하며 방향을 모색해야 한다고 생각했다. 그래서 그 내용을 제안했으나 첫째, 노동자의 주체성 부족으로, 둘째는 모임 또는 틀에 대한 개인의 소유문제[개인주의] 때문에, 셋째로 방향성에 대한 문제로 다툼이 많았다. 크게 본다면 내가 문제의 본질을 추상적으로 바라보았다는 것이 맞을 것이다. 참터는 본질을 해결할 수 있는 조직이 아니었고 노동자들은 준비되어 있지 않았다. 나는 이 활동을 정리했다.

여성이 만들어 가는 세상: 생활협동조합 활동

그 즈음 이옥순 언니가 암이라는 소식을 듣고 찾아갔다. 거기 온 사람들이 모임을 만들었는데 그 모임에서 옛 친구를 만났다. 내가 처음 노조활동을 시작할 때에 만났던 친구다. 청계노조활동을 할 때는 너무나 바쁘고 활동 공간이 서로 달라서 만나지 못했다. 내가 서울에서 활동할 때 그 친구는 인천에서 활동을 했고 남편이 구속되어 구속자가족협의회에서 간사로 활동했었는데, 사무실 두 곳이 서로 가까운 곳에 있었는데도 만나지 못했다. 그 친구는 1990년 이후 먹거리에 관심을 갖고 인천에서 생활협동조합^약칭 '생협' 활동을 시작했고, 나는 그 즈음 다른 친구가 운영하는 봉제공장에서 미싱을 하고 있었다. 남편이 하던 일이 잘 안 되어 경제상황이 극도로 어려워졌기 때문에, 아이를 유치원에 맡기고 돈 버는 데 온 신경을 집중하고 있었다. 나는 친구를 통해 생협에 참여하면서 또 다른 삶과 의식 전환의 기회를 갖게 되었다.

생협은 과거 노동운동을 했고 사회문제에 의식이 있는 여성들이 중심이 되어 자신들의 생활에서 필요한 일을 중심으로 만든 것이었다. 직장 다니는 기혼 여성들에게 가장 시급한 일은 안심하고 아이들을 맡길 곳을 마련하는 것이다. 그래서 스스로 필요한 사람들이 모여 공동탁아소를 만들었다. 각자의 경제 처지에 따라 돈을 부담하면서도, 상황에 따라 늦게까지 아이들을 돌보아 주어 여성들이 사회활동을 열심히 할 수 있는 여건이 마련된 것이다. 공동탁아를 통해 자연스럽게 아이들을 중심으로 엄마들이 만나다 보니 교육문제를 둘러싼 의식이 서로 정립되어 갔다. 무분별한 조기교육이나 아이들의 자율성을 해치는 학원교육 등에는 반대하고, 학교에서도 부모의 참여가 필요한 경우와 필요치 않은 것에 대한 기준을 뚜렷히 해나갔다. 이런 기준은 나에게도 아이를 학원에 보내는 문제에 대해 고민하게 했고, 아이를 인격체로 인정하며 대하기 위해 나의 말과 행동 하나하나에도 주의를 기울이면서 내 모습을 돌아보게 하였다. 보통의 학부

'농촌체험'을 가는 중에(뒷줄 왼쪽에서 세번째)

모를 만나면 대다수는 주관 없이 학원에 많이 보내는 것을 자랑스럽게 여기기도 하는데, 나는 그들과 나의 교육관을 구별하여 내 아이를 키우고 지키는 방법에 신중을 기했다.

다른 한편 '아이들의 안전한 먹거리'도 중요한 문제라는 인식을 하게 되었다. 먹거리 문제는 사회적 차원으로 보면 여성들이 농촌과 도시를 연결하면서 상생시킬 수 있는 것이다. 이런 의식을 갖고 이미 여러 생활협동조합이 활동하고 있었다. 그러나 문제는 생협의 안전한 먹거리를 가난한 노동자들은 비싸서 먹을 수 없는 상황이었다. 결국 기존 생협운동은 안전한 먹거리를 제공한다는 것에만 충실하여, 사회와 경제에서 약자인 노동자들은 엄두를 못 내고 있었다. 이런 현실을 보면서 우리는 이윤 우선의 자본주의 사회에서 가난한 노동자, 여성과 아이들이 가장 피해자라는 것을 새삼 알게 됐다. 그렇다면 어떻게 이윤 중심의 자본주의 사회를 벗어난 활동이 가능할까, 그래서 가난한 노동자들도 안전한 먹거리를 사먹을 수 있게 할 것인가 하는 문제의식 아래 '새로운 생활협동운동' 방식을 고민하고 만들어 가기 시작했다. 그 결과 한국생활협동조합연대[ICOOP]가 만들어졌다. 가게 중심의 판매에서 벗어나, 따로따로 있는 협동조합을 묶어서 물류를 대는 중심지를 하나로 묶어 내고, 회원제라는 구조를 만들어 가격을 낮추는 데 모든 방식을 집중했다.

출발은 농민들과 생산물품에 대한 계약을 안정적으로 하는 것이었다. 그러면 농민은 판로가 정해져 있기 때문에 안정적인 생산을 할 수 있고, 거꾸로 도시는 싼 가격에 물건을 공급받을 수 있었다.

다음으로 회원제로 하면서 많은 회원을 확보하여, 한 달에 들어가는 물건 공급자와 활동가의 월급을 정해 회비로 제공하고, 물건에 붙어 있는 거품가격인 이익을 제외하여 기존의 물건값보다 10%라도 낮추어 소비자에게 제공할 수 있게 했다. 또 회원제뿐만 아니라 3일 주문제가 우리의 특징인데, 재고가 없고, 물건이 싱싱하고, 바로 물건을 볼 수 있다는 여러 가지 장점은 당장 물건을 받지 못하는 문제를 상쇄하였다. 더욱이 지금은 가게가 열려 매일 물건을 직접 보고 살 수 있게 되었다.

우리 생협은 물건 가격을 낮추어 공급할 뿐만 아니라, 애초 출발인 안전한 먹거리, 먹거리의 질을 높이는 운동을 꾸준히 벌여 나간 결과, 1990년대 전반기 1~2개에서 출발해서 지금은 70여 개로 확장되어 있다. 참여하는 사람들의 땀과 희생의 결정체였다. 지금은 회비를 거둬서 일부 피해 농민을 지원하거나, 현재 종사하는 생협 종사자들의 복지를 지원하거나, 우리 씨앗을 보존하기 위해, 가령 밀가루 등이 부족할 때는 우리가 직접 밀 씨앗을 사서 농사를 짓도록 도왔다.

생협의 교육위원장으로 학생들과 같이 한 역사체험(마지막 줄 오른쪽에서 세번째)

나는 어려움을 겪었던 초반기를 지나서 회원으로서 의무와 책임을 다하려고 노력하고 있다. 현재는 회계감사를 맡고 있다. 생협에 참여하면서 마을모임을 만들고 주부들을 교육에 참여시키고 만남들을 연계하면서 즐거움을 느꼈다. 사람들을 만나는 것도 즐거웠고, 주부들이 하나둘 변화해 가는 모습을 볼 때는 흐뭇하기도 했다.

또 먹거리 운동은 내 생활에도 많은 변화를 주었다. 필요 없는 외식을 하지 않아서 좀더 알뜰한 생활을 할 수 있었고, 먹거리의 질이나 농사체험을 하고 올 때 나는 진심으로 농민들의 고마움을 느낄 수 있었다. 아이에게도 체험활동이나 환경문제, 생태교육을 많이 할 수 있는 기회가 주어지면서, 아이의 생각을 조금은 열어 주는 듯했다.

생협은 아주 구체적이고 직접적인 생활문화를 변화시키는 실천의 장이다. '나와 우리'의 건강은 크게 보아 환경을 변화시키는 것이고, 그를 위해 직접적으로 생활에서의 먹거리를 바로 변화시켜야 하는 것이다. 이런 일상적 생활과 경험을 바탕으로 우리 회원들은 2007년 광우병 소고기수입반대운동을 제일 먼저 시작했고, 쌀수입반대운동도 전국 1만 명의 회원들이 전개했다. 현재는 정신대할머니 보상문제나 무상급식문제 등 여성과 환경문제를 둘러싼 우리의 권리에 대해서도 회원들이 할 수 있는 수준에서 꾸준히 참여하고 있다.

결국 생협활동은 먹거리와 경제적 효용성의 문제만이 아니라 여러 곳의 여성들이 자신들의 권리와 사회 주변에 대한 관심, 환경에 대한 관심을 가지고 삶의 현장에서 '더불어 사는 삶'을 실현하기 위해 사회에 발언하고 실천할 수 있는 소중한 근거지가 되고 있다.

한걸음씩 세상을 바꾸는 삶

이런 활동을 유지할 수 있는 현재 나의 삶의 현장은 미싱을 밟고 있는 공장이다. 2005년 참터를 정리하고 1년 정도 쉬고 나서 나는 봉제공장을 다니다가 문을 닫는다고 해서 그 공장을 인수했다. 다른 직장 다니기가 어려운 내 조건에서는 어쩔 수 없는 선택이었다. 이윤이 제한된 속에서 일하는 이들의 노동조건에 대한 요구는 많고, 현재 나는 그들을 위해 많은 것을 해줄 수 없는 상황이다. 그 때문에 초기에 공장을 정리할 생각도 많이 했으나, 나처럼 일하는 이들도 역시 갈 데가 마땅치 않으니 그냥 손잡고 운영해 간다. 수입이 많지 않지만 서로 즐겁게 일하려고 노력하고 있다.

청계노조활동을 하면서 가졌던 나의 의식이 노동자문제에 집중되었다면, 결혼을 하고 아이를 키우면서 만난 생협활동은 아이 교육이나 사회문제, 환경문제에 대한 문제의식을 지속적으로 넓혀 생각할 수 있게 해주었다. 더 나아가 한 사람의 여성으로서 사회 곳곳에서 일어나는 여성들의 문제에도 관심을 갖기 시작했다.

나는 운동에 참여하면서 진정한 기쁨과 행복을 느꼈다. 가난해도 즐겁고 불행하지 않았다. 운동하는 과정에서 만난 순수하고 서로 도울 줄 아는 사람들, 함께하는 가치를 위하여 헌신하던 동지들, 나는 그들을 사랑한다. 계속해서 그들과 함께 만들어 갈 세상이 완벽하지는 않더라도 우리가 할 수 있는 데까지 하다 다음 세대에 물려주면 될 것이다.

체격에 비해 겁도 많고 경찰도 무서워하는 내가 지금까지 노조운동을 하면서 가진 생각을 접지 않고 살 수 있었던 건, 아마도 뒤로 물러설 길이 없었기 때문이고, 근본적으로 내 삶이 변화하지 않은 까닭일 게다. 모두에게 각자의 다들 독특하고 의미가 있겠지만 내 삶, 우리의 이야기가 세상에 나왔을 때, 후배들에게 "우리가 싸웠던 그곳에서부터 후퇴하지 말고 전진하자"는 생각을 말하고 싶어서, 부끄럽지만 이 글을 썼다.

내가 야학도 모르고 노조활동도 안 하고 평범하게 지냈다면 지금 내 모습은 어떨까?
사람 일은 모르지만 너무너무 초라한 삶을 살고 있지 않을까?
단순히 경제적 개념이 아니라 공장 다니는 내가 부끄러워 늘 나를 감추고만 싶었던
열여섯 살에 내가 머물러 있지 않았을까 하고……

청계노조,
나를 당당하게 살게 한 이름

이승숙

청계피복 노동조합 사무국장, 부위원장

청계노조, 나를 당당하게 살게 한 이름

1. 조숙한 어린 시절

●●● 몇 년도에 어디서 태어나셨어요?

1963년에 서울 원효로에서 태어났어요. 엄마는 고향이 개성인데 서울에서 태어나신 거 같애요. 아버지는 황해도에서 내려오신 실향민이시고요. 형제는 1남 2녀인데 원래 더 있었는데 중간에 돌아가셨다고 하고. 그래서 제가 언니랑 오빠랑 나이 차이가 많은데, 오빠랑은 열다섯 살 차이 나고 언니랑은 일곱 살 차이 나요.

●●● 부모님은 어떻게 만나셨어요?

가족사가 조금 복잡한데……. 그러니까 엄마가 18세에 결혼하셔서, 옛날엔 다 일찍 하시니까, 오빠랑 언니를 낳고 스물여덟 살인가 스물아홉 살에

| 이승숙 씨의 구술작업은 면담자 유경순(본문에서는 ●●●로 표시)이 1차 2010년 7월 14일, 2차 8월 10일에 용산에서 진행했다. 녹취록을 정리한 이 글은 구술자가 보충하거나 확인하였다.

청계노조 경험을 증언하고 있는 이승숙(2010년)

그 남편이 돌아가셨어요. 한마디로 완전히 청상과부지. 그러다가 저희 아버지를 만난 거예요. 아버지는 전쟁 때 북에서 넘어오셔서서 친척이 많지 않으신 거예요. 나도 아버지에 대해선 잘 몰랐는데, 큰엄마랑 언니들이 세 명 있어요. (큰엄마라고요?) 그러니까 아버지 원래 부인이죠. 그 아버지가 딸이 셋인데 아들을 낳고 싶어서, 어떡하다가 청상과부인 우리 엄마를 알게 되었는데, 주변 사람들 말로는 엄마한테 반했대요. 하하. 그래서 어떻게 하다가 내가 태어난 거죠. 아들을 원했는데 딸이 태어나니까 엄마가 나를 데리고 와서 엄마 호적에 올리고, 아버지는 딸이지만 그래도 아버지 호적에 올리고, 그래서 제가 호적이 둘이에요. 그러다가 아버지는 제가 돌 지나 돌아가신 거 같아요.

그런데 나는 그 사실을 몰랐어요. 초등학교 때 큰엄마가 용산역 바로

돌 지난 무렵의 모습(왼쪽)

앞에서 여관을 하셨어요. 우리 엄마가 한 달에 한 번, 명절 때, 뭐 아버지 제사 때마다 거기를 가라고 그러는 거예요. 난 그냥 큰집인 줄 알고 다녔어요. 큰엄마가 사람이 좋으세요. 그래서 가면 항상 "막내딸 왔냐"고 막내딸이라 그랬는데, 6학년 즈음 엄마랑 이모가 얘기하는 걸 들었어요. 그래서 '아, 언니랑 오빠랑 내가 아버지가 다르구나' 하는 걸 알고 나도 놀라기는 했는데, '내가 이 얘기를 아는 척하면 엄마가 얼마나 마음이 아플까?' 그 생각이 먼저 났어요. 그래서 한동안 아는 표시를 안 냈어요.

●●● 어머니는 생활을 어떻게 꾸리셨어요?

어머니는 여러 가지 일을 많이 하셨어요. 워낙 엄마가 음식 솜씨가 좋아서, 잔칫집 같은 데 음식 해주러 다니시고 그래서 어렸을 때 잘 먹었던 거 같아요. 엄마가 일 다니시고 나는 이모가 키우시고. 내가 6학년 때인가? 우리가 홍제동에 마당 넓은 데서 살았는데, 그 집이 재개발 때문에 헐렸어요. 그래서 천막 짓고, 몇 번 그렇게 하다가 쫓겨났죠. 내가 안산초등학교를 다니다가 6학년 때 고은초등학교로 전학을 왔어요. 그리고 그 고개 넘으면 연희동 가까운 홍제동 쪽인데 거기로 이사를 갔어요. 거기도 판잣집들이 많은 곳이었는데, 또 헐려 갖고 쫓겨나게 됐어요. 그래 이사를 많이

다섯 살 때 모습

다녔어요. 세검정에서도 살고 쌍용동에서도 살고…….

그런데 오빠가 워낙 나보다 나이가 많잖아요? 오빠가 직장 다니다가 여자를 일찍 만났는데, 내가 3학년 때인가? 새언니라고 데리고 와 인사하고 그랬어요. 그 올케가 열아홉 살이었나? 여하튼 어렸어요. 오빠는 한 스물다섯 살 정도 됐고. 그래 아들과 딸 연년생을 낳았어요. 이 올케가 시골에서는 좀 부유한 집에서 고생을 모르고 살다가 무조건 서울에 와서 갈 데 없으니까 오빠가 일하는 공장에 오게 돼서 그냥 같이 살게 된 거죠. 그러다가 애 둘 낳고 너무 고생스러운데, 우리는 뭐 아무것도 없고 오빠도 젊으니까 멋모르고 잘 못해 주고, 그러니까 애들을 놔두고 도망을 갔어요. 그래서 오빠가 "애[조카]들을 입양 보내겠다"고 했는데 내가 결사반대했어요. 그때 생활도 어려우니까 1년 정도는 내가 학교를 쉬면서 애들을 보겠다고. (와, 조숙했네요.) 그래서 애들을 제가 키웠어요. 그때 큰 조카가 두 돌 막 지나고 작은 애는 한 돌 지났을 때인데, 나도 애였지만. 그렇게 애들 보

1976년 초등학교 졸업식 뒤에 엄마와 같이   15세 무렵 조카들을 돌보며

면서 나는 다음해 학교에 가려고 영어 같은 기본 과목들 책을 사다가 안 잊어버리려고 독학을 했어요.

●●● 오빠는 당시에 어떤 공장을 다녔어요?

오빠가 지금까지 같은 일을 하는데 비닐가공, 그 기술자예요. 오빠도 어렸을 때 아버지를 잃은 거잖아요? (그렇죠.) 엄마가 오빠는 공부를 시키려 했는데 오빠가 방황을 하고. 또 오빠가 애 낳고 살면서도 술 먹고 오면 올케한테 손도 좀 대고 이랬던 거 같아요. 외아들이다 보니까 엄마가 오빠 말이면 다 들어주는 경향이 있고, 그래서 오빠가 책임감이 좀 없는 거 같아요. 돈 벌어도 자기가 다 쓰고 다니고. 진짜 오빠 때문에 많이 고생했어요. 지금은 많이 달라졌지만, 어쨌든 우리 언니랑 내가 농담으로 하는 얘기는 "엄마가 오빠한테 신경 쓴 만큼 우리한테 신경 썼으면, 엄마는 지금 비행기 타고 다녔다"고, 하하.

 초등학교 다니면서 기억에 남았던 일은 있나요?

5학년 때까지는 안산초등학교 다녔는데 학교가 멀었어요. 학교 가려면 40분씩 걸어 다니고 이랬거든요. 근데 내가 1학년 때 너무너무 이상한 선생님을 만났어요. 1학년이니까 마음이 부풀어서 학교를 갔거든요? 그때 엄마가 일하시느라고 입학식 때 한두 번 학교 오고는 못 와서 나 혼자 다녔

친구들과 함께(왼쪽 끝)

는데, 그런데 선생님들이 학생 차별하는 거 있잖아요? 특히 부잣집 애들. 그게 되게 기억에 박혔어요. 부잣집 애랑 나랑 싸우면 선생님이 걔 편을 들고. 그리고 내가 키가 작잖아요? 그런데도 뒤에 앉히고 뭐 이런 식으로. 그 선생님이 노골적으로 그랬던 분이에요. 왜 그땐 기성회비를 냈잖아요? (아, 맞아요.) 우리 엄마는 돈이 있어도 일부러 안 내요, 낼 필요 없다고. 그래서 내가 선생님한테 많이 혼났어요. 거기에다 학교 들어가기 전에 내가 한글을 배우고 들어갔으니 더 재미가 없었어요. 그리고 6학년 때 고은초등학교로 전학 갔는데 선생님이 체조를 해보라고 해서 체조부를 했어요. 근데 가난해서 대표로는 못 나갔어요. 무슨 대회가 있는데 내가 안 뽑혔어요. 체조부에 있는 애들이 다 있는 집 애들이거든, 그래서 아쉽게 특기활동 하는 정도로 그쳤어요.

 성격은 어땠어요?

저는 지금도 마음이 약해요. 어렸을 땐 더했는데, 그냥 지나가는 할머니만 봐도 눈물이 나올 정도로. 그리고 항상 엄마가 혼자서 고생한다는 생각이 있어서 엄마를 좀 편하게 해주고 싶어 하는 그런 마음이 강했었어요. 막내라서 더 그런 거 같고.

●●● 그때 꿈은 뭐였어요?

저는 애들을 좋아했어요. 막내고 동생도 없고, 또 언니나 오빠하고 나이 차이가 많으니까 늘 혼자 있었거든요. 그래서 주변 애들을 많이 봐주고. 그래서 저는 어렸을 때부터 선생님 되거나 아니면 고아원에서 일하고 싶다는 생각도 많이 했었어요.

2. 청계천 노동자가 되다

돈을 벌기 위해 공장을 가다

●●● 그렇게 조카들을 1년 돌본 다음에는 어떻게 됐어요?

혼자 공부를 하는데 애들 때문에 학교를 못 갈 거 같더라고요. 그래서 방향을 바꿨죠. '돈을 벌어서 애들 공부를 내가 시켜야 되겠다'고. 열다섯 살 때인데, 외할머니가 와 계시니 엄마한테 일을 하겠다고 하고 장희동 쪽에 갔었는데, 그때는 키도 작았지만 또 삐삐해 갖고 정말 애기 같으니까. 한 3일 정도 일하고 있는데 공장장이 부르더니 "안 되겠다. 넌 너무 어려서 노동부에서 나오면 우리가 안 좋을 거 같다"고 그래요. 그렇게 너무 어린 표시가 나니까 쫓겨나 그냥 집에 왔어요. 오면서 진짜 많이 울었어요. 돈 벌고 싶었는데 안 되니까. 그리고 나서 세검정에서 살 때인데, 엄마하고 잘 알던 사람의 딸이 청계천 유창사를 다녔는데, 그쪽에서 시다를 구한다고 그랬던 거 같애요. 그래서 그 사람 소개로 유창사를 다니게 됐어요.

●●● 공장에 처음 갔을 때 느낌이 어땠어요?

좀 무서웠죠. 두려웠지. 거기는 "기숙사 생활을 해야 된다"고 그랬어요. 그래 한 3일 있었는데 분위기에 주눅들었던 거 같애요. 일하는 사람들의 분위기도 무섭고. 아마 집을 떠나 있는 거라 더 그럴 수도 있어요.

●●● 세검정에 있는 유창사? 엄마 친구 딸의 소개로 거기 시다로 간 거예요?

청계천, 지금 동신상가에 있는 유창사에 열다섯 살인 77년도 7월 여름에 들어갔어요. 거기 동신상가라는 곳이 아래층은 잠옷가게가 많고 상가 위층에 공장들이 있었어요. 그 집이 꽤 잘된 곳이었어요. (몇 명 정도 있었어요?) 그때 한 20명 정도 있었는데. 그러니까 평화시장에서 잠옷집하고 와이[와이셔츠]집은 일하는 시간이 다른 데에 비해서는 괜찮았어요. 왜냐면 와이하고 이 잠옷은 라인작업을 했어요, 그러니까 완제품이 아니라 부분적으로 하는 작업을 했어요. 한 가지만 하다 보니까 다른 남자 옷, 대인복이나 숙녀복처럼 늦게까지 일하진 않았어요. 그래서 6시에 끝나거나 7시에 끝나고 이랬어요. 그 대신 월급은 되게 약했죠. 쉬는 거는 한 달에 두 번 쉬었고.

처음 가서 시다하고. 거기가 오바사가 또 중요한 역할을 했어요. 오바작업이 많았거든요. (오바로크?) 예, 오바로크. 린터 같은 거 미싱하고 오바하고 같이 맡는 게 비중이 있었어요. 왜냐면 와이나 이런 쪽은 다 그걸로 했거든요. 오바를 제가 빨리 배웠어요. 점심시간마다 해서 한 8개월 만에

첫 공장에서 친구들과 함께(맨앞)

배웠나? 오바사로 일하지는 않았지만 시다하면서 오바도 하고 왔다갔다 그랬어요. 그때 나를 통해서 정경숙이가 거기에 들어왔죠. 거기는 상가 쪽이라서 8개 상가가 유니언숍이었어요. 동아시장 뭐 어디어디 해 갖고 나 일하는 곳까지 포함이 됐어요. 조합비도 자동으로 제외하고 월급을 주는 거죠.

●●● 그럼 노동조합 있는 걸 알았겠네요?

몰랐어요. (돈 빠지는 거는?) 그냥 주는 대로 받은 거고 회사에서 얘기하는 게 "노동조합에서 오면 그 사람들하고 너네들이 엮이면 큰일 난다. 신세 조진다"고 공장장이 그랬어요. 거기다가 11월 달 추도식 때 전태일 선배님에 대해서 처음 공장장이 "영웅심리 때문에 죽었다. 그런 걸 갖고 저렇게 노동조합에서 그런다. 빨갱이들이다" 뭐 이런 얘길 한 거예요. 그래서 그 선입견이 딱 박혀 있었어요. 그래서 가끔 노동부에서도 오고 노동조합에서도 나왔는데, 그게 다 똑같은 건 줄 알았어요. 하하. 노조에서는 그때 민종덕 선배하고 다른 한 사람이 우리 지역 담당이었어요. 그 두 분이서 와 갖고 얘기도 가끔 하고 이랬는데, 올 때마다 나는 도망 다녔어요. 하하. 공장장한테 들은 말이 있으니까. 그래서 "어디서 나왔다" 그러면 그냥 옥상 위에 올라가 있으면서 마주치지 않았죠.

●●● 그 시기에 청계천 주위에는 야학이 있었지요?

예. 한번은 노조 사람이 와 가지고 야학을 소개하더라고요. "야학이란 곳이 있는데, 뭐 검정고시도 할 수 있고……" 그런 얘기를 했어요. 그런데 그 사람들 따라가기는 좀 그렇고, 하하. (하하.) 그냥 듣고만 있다가 혼자 찾아갔죠. 겨울인데 제일교회를 혼자 찾아갔어요.

●●● 대단하다! 배우고 싶은 욕구가 강했구나.

그렇죠. 왜냐면 제가 조카들 맡을 때도 '1년만 있다가 학교 들어가야지' 이런 생각을 갖고 있었거든요. 뭐 배울 기회가 주어진다니까. 그리고 나 같은 경우 일찍 끝나고 하니까. 우리 회사에서 제일교회가 제일 가까웠던 거 같아요. 교회가 오장동, 건어물 시장 있는 곳인데. 그때 사람들이 지하실에서 기타도 치고 있고, 뭐 탁구도 치고 있고 그러더라고요, 그런데 내가 쑥 들어갔어요. 그때 오빠들 표현으로 웬 꼬마가, 쬐그매 갖고 털 잠바 입고 들어오더래요, 그래 오빠들이 "누구세요?" 그러니까 내가 "공부하러 왔는데요" 하하, 그래서 다들 황당했대요.

●●● 가서 뭘 배웠어요?

그때는 야학은 시작이 안 됐고, 제일교회 같은 경우는 박형규 목사님이 계실 때인데, 청년회 활동이 활발했어요. 우리 쪽뿐만 아니라 을지로 6가가 인쇄나 비닐 하시는 분들이 많았거든요. 그래서 그 분들이 '형제의 집'이라고, 노동자들 모임 비슷하게 운영을 하고 있었어요. 몇 개월은 그냥 거기 왔다갔다 하면서 오빠들이나 언니들이 이뻐해 주고 탁구도 가르쳐 주고 기타도 가르쳐 주고. 친목도 하고 사회적인 얘기도 하고. 처음에는 그냥 청년부에서 시작을 했어요. 그러다가 제가 들어갈 때 본격적으로 야학을 다시 시작하는 시점이었던 거 같아요.

●●● 아, 그 시기에 야학이 만들어지는군요.

예, 야학이 78년경 만들어져서 공부를 시작했는데 저는 열심히 했죠. 너무너무 재밌고. 처음에 갔을 때 '검정고시를 해야 되겠다' 하고 간 거였는데 재밌긴 재밌는데 내용이 좀 이상한 거예요. 노동법에 대해서 많이 하고. 그래서 얘기를 했죠. "나는 검정고시를 위한 공부를 하고 싶다"고, 배우는 게 재미없거나 이러진 않았는데 좀 처음 생각했던 거랑 달라서 얘기하고 항의 표시로 한 일주일 안 나갔어요. 그냥 '아이, 안 나가야지' 하는데, 안 나간 일주일 동안 너무너무 심심하고 언니, 오빠들도 뭐하나 궁금하고 보고 싶고. 그래서 다시 제 발로 갔죠. 하하. (하하.)

●●● 야학에 몇 명 있었어요?

꽤 있었어요. 그때 처음 했던 사람들은 잘 모르겠고, 1기를 다시 한 게 이경숙이가 들어왔을 때. 그때 강학이 안중민 씨랑 들어오고 본격적으로 노동야학을 시작했어요. 배영미 선배는 3기 강학이었어요. 그때 김영미 언니도 우리랑 같이 하고.

●●● 야학 내용은 어떤 거였나요?

과목은 다 있었어요. 노동, 한문, 국어 뭐 이런 게 다 있는데, 그때 한문을 배운다고 하면서 근로기준법, 노동조합 이런 거에 대해서 얘기하더라고

야학 야유회(앞줄 왼쪽 끝이 이승숙)

요. 또 국어시간에 자기 얘기해서 글쓰기 하고, 돌아가며 발표하면서 듣고
서 토론하고, 이런 식의 교육을 했었죠. 근데 진짜 너무너무 재밌었어요.
제가 일이 일찍 끝나잖아요? 그때 제가 도시락을 항상 싸 갖고 다니는데,
일찍 끝나니까 저녁 끝날 때쯤엔 항상 교복 입은 애들하고 마주쳐요. 6시
에 끝나서 집에 가려고 차를 타면 학생들이 와서 함께 타고 가기도 하는
거예요. 그러면 도시락 소리가 날까 봐 신경 쓰이고, 옷에 실밥이 붙어 있
나 신경 쓰이고. 약간 스스로 주눅들어 있었죠. 그리고 공장 다니면서는 하
루 종일 일하고 그냥 집에 오고 하다 보니까 내가 뭘 좋아하고 뭘 잘하고
또 내 성격은 어떤지 잘 모르고 그냥 살았던 거죠. 쭉 그러고 살았는데, 나
는 내가 내성적이라고 생각을 했었거든요. 근데 야학 다니면서 보니까 열
정도 있고 적극적이고 한 다른 내 모습을 보게 되면서, 하여튼 행복하고
즐겁고 그랬어요. 그래서 학생들을 마주쳐도 위축감도 별로 안 생기고, 그

런 것 때문에 되게 좋았어요.

●●● 어떤 때 자기가 '열정적이거나 적극적이다' 이렇게 느꼈나요?

예를 들면 무슨 발표를 하고 이럴 때, 내가 열심히 잘하는 거예요. 그리고 연말이 되면 연극 같은 거 하면서도 그랬죠. 그때 '대지의 꿈'이란 연극을 했어요. 거기서 엄마 역할을 맡았는데 그때 사람들이 "너무너무 잘했다" 고 얘기하면서 '아, 내 안에 이런 모습도 있구나' 했죠.

●●● 야학은 보통 몇 시에 시작해서 몇 시까지 했어요?

시작은 8시에 했어요. 끝나는 시간은 10시여서 두 시간에 두 과목 정도 했죠. 그때 야학 선배들이 15명인데 주로 청계사람들이 많았고 다른 사업장도 섞여 있었어요. 그래도 봉제가 많았죠. 그때 이경숙이가 들어오고 정경숙이도 나중에 다녔어요. 강학은 과목별로 있어서 6~7명 정도 있었고요.

●●● 유창사 때 노동자들 나이대나 일하는 분위기는 어땠어요?

우리 오야 언니는 나이가 되게 많아 서른 살 된 노처녀였어요. 미싱사 언니들이 대체로 20대 중후반이었고 내가 열다섯 살로 제일 어렸어요. 거기는 라인 작업이다 보니까 미싱사 언니들이 쭉 있고 그리고 시다들 있고. (월급이 얼마였는지 기억나요?) 제가 처음 받은 게 1만 2천 원인가? 3년 있다가 나올 때쯤 1만 8천 원인가를 받았을 거예요.

그때는 어려서 야학 갔다 오면 야학에서 배운 걸 막 애들에게 떠들고 다녔어요. 그러니까 내 또래들이 15, 16세인데 점심시간에 밥 먹고 공기놀이도 하고 그랬어요. 그런데 내가 야학에서 배운 레크리에이션도 가르쳐 주고, 이런 것도 있고 저런 것도 있다고 하더라 얘기해 주고. 하하. (하하.)

그러다가 생리수당을 받으러 노동조합을 처음 찾아갔는데, 그때가 몇 년도인지는 정확히 기억이 안 나요. 내가 한 열여섯 살이었나? 열일곱 살이었나? 고 즈음이었는데, 하여튼 노조에서 "노동조합으로 와서 생리수당 그동안 밀린 거를 받아가라"고 그래서 평화시장 옥상에 있는 노동조합을 처음 가 봤어요. 그땐 야학을 다니고 있었으니까 노조를 무서워하진 않았는데, 가서는 무척 어색했어요. 뭐라 그럴까? 처음 갔을 때 친근한 느낌 같은 건 없었죠. 그래도 생리수당을 받았어요. 그러면서 '우와, 노동조합이라는 게 힘이 센가 보다' 하고 느낀 거고, '우리들한테 힘이 있나 보다' 그런 느낌을 받았고. 그러면서 시간이 가니까 야학에선 제가 선배가 됐죠. 강학하고 같이 모집도 하러 다니고.

그러다가 유창사에서 내가 한 3년 있다 나오면서 '배운 걸 좀 써먹어 봐야 되겠다' 싶어서 퇴직금을 요구했어요. 거기 퇴직금이 없었거든요. 뭐 줄 생각도 없었고. 근데 "퇴직금 줘요" 하니까 안 줬죠. 그래서 "안 주면 노동조합에 가겠다" 그랬지. 하하. (하하, 협박했군요.) 예, 그랬더니 "언제 오라"고 그러더니 제가 3년 일했는데 2년 6개월치만 주더라고요. 그때는 이것도 어디냐 하면서 그냥 받아 갖고 나온 거죠. 그러고 나서 거기에 퇴직금이 생겼다고 하더라고요.

●●● 3년 정도 일했는데, 그 공장을 왜 나왔어요?
아, 기술을 배우고 싶었어요. 거기에서는 오바로크를 배웠죠. 근데 월급도 적고 안 알아주는 거야, 평화시장 내에서. 오바사를 특히 안 알아주기도 하고. 잠옷 기술은 기술이 아닌 거예요. 그야말로 잠옷은 진짜 할 게 없거든요. 그러니까 어딜 가서 미싱을 할 수 있는 상황이 안 되는 거고. 또 한 가지는 야학에 오는 친구들 얘길 들어 보면 너무 고생을 하는 거예요. 실제로 야학에서 그런 얘길 할 거 아니에요. "뭐 노동자들 삶이 어떻고 저떻고……" 이런 얘길 하는데 나는 사실 그걸 못 느끼고 일을 하니까. 그래서 다른 데는 진짜 그런가? 궁금하기도 했고. 여러 군데에서 오니까 개네들은 얼마를 받고 그런 걸 들으니까 '아, 늦기 전에 기술을 제대로 배워야 되겠다' 생각하고 나와서 고생을 진짜 제대로 했죠. (어디로 갔는데요?) 여기저기 많이 다니면서 진짜 눈물 쏙 빠지게 고생했어요.

3. 나의 삶의 지표가 된 전태일 선배님

1980년 임금인상투쟁

●●● 야학 다니다가 노조 참여는 어떻게 한 거죠?

그때[1980년] 4월 달에 파업투쟁을 했어요, 임현재 선배님이 지부장이었을 때. 그때까지 조합활동을 한다든지 이러지 않고 그냥 야학만 열심히 다녔어요. 그 야학에서 지원투쟁이라고 지원방문을 간 거죠. 거기서 노조가 10일 넘게 농성을 하고 있었는데, 우리가 갔을 때가 막바지였어요. 별로 크지도 않은 곳에서 사람들이 한 200명 정도 들어차 있었어요. 꽉~ 차 있었고, 토론을 하고 있었던 같애요. 그때 많이 놀랐어요. 그러니까 나랑 같은 처지에 있는 사람들인데, 토론하는 거나 이런 게 굉장히 열띠고 자기주장이나 이런 거를 거침없이 얘기하고. 이런 거에 한마디로 좀 반한 거죠. 학생이나 이런 사람들이 아니고 나랑 같은 노동자들이 그러니 '이런 세계가 있구나' 하고. 그래서 나는 집에 안 가고 거기에 있었어요. 내가 전태일 선배님에 대해서 예전에 공장장한테 들은 게 있어서 선입관이 있었는데, 3일 동안 농성장에 있으면서 노동조합이나 전태일 선배님에 대해서 나름대로 삶의 지표로 삼을 수 있었던 계기였어요. 어떤 행사를 했냐면 '모의 장례식'을 하면서 나가서 가두행진을 하려고 했던 거 같아요. 이소선 어머님이 1시간을 넘게 기도하듯이 얘기를 하시는데, 전태일 선배님의 삶 자체를 쭉 얘기했던 거 같아요. 그거를 들으면서 진짜 굉장히 큰 충격을 받았어요. 진짜 망치로 머리를 한 대 맞은 거 같은. '내가 되게 잘못 알고 있었고, 정말 이런 분이 있었구나……' 하고.

••• 그때 전태일 열사에 대해 어떤 분이라고 들었는데요?

그러니까 자기희생을 하면서, 단순히 그날 불을 지른 게 아니라 쭉 어떤 실천을 했는지 그런 걸 들었어요. 그러니까 '대단하다'라는 생각을 한 거예요. 더 알고 싶은 생각도 들고. 그렇게 3일 있다가 오빠가 엄마랑 농성장 찾아와서 나는 집에 끌려갔어요. 다른 애들도 회사가 집에 연락을 해서 데려가기도 하고 회사에서 잘린 사람도 많고. 나는 집에 와서 오빠한테 엄청나게 매 맞았어요.

하여튼 오빠랑 지금도 썩 사이는 좋지 않은데, 야학 끝나고 돌아가면 항상 무릎 꿇고 한두 시간씩 있었어요. 오빠는 "왜 다니냐?" 이러고 무릎 꿇리고 나는 아무 말도 안 하고, 오빠가 "갈 거야? 안 갈 거야?" 그러면 나는 아무 말도 안 하고 있다가 오빠가 지쳐서 자라고 베개 던져 주면 자고, 하하. 그러다 결정적으로 오빠한테 내가 마음의 문을 닫은 일이 있었어요. 언젠가 오빠가 "그렇게 속 썩일 거면 니네 집으로 가라" 딱 그러더라고요. 그때 충격을 많이 받았어요. 나는 사실 엄마 생각하면서 그런 내색 안 하고 살았는데, 그런 말을 하니까 오빠한테 진짜 마음 문이 딱 닫히더라고요.

여하튼 오빠한테 매 맞고 나자 언니가 약을 발라 주고 있는데 저녁 9시 뉴스에 "청계노조가 이겼다"고 나오더라고. 참, 내가 주체적으로 참여했거나 주도하지 않았지만 그게 되게 뿌듯한 느낌이 들었어요. 우리 힘도 느끼고요.

●●● 그 뒤 노조에 참여했어요?

그때 81년 1월 달에 아프리AAFLI ; 아시아·아메리카 자유노동기구 사건 났죠? (예.) 근데 그건 참여를 못했어요. 몰랐기도 하고 그때 한참 동안 교회 내부 싸움도 일어나기 시작했어요. 그러니까 보수 쪽에서 박형규 목사님을 몰아내려고 해서 우리는 목사님 지키려고 싸움을 계속했었어요. 박형규 목사님이 예배를 주도하시면 보수 쪽이 예배를 방해하는 거예요. 그러면 같이 맞받아서 하고. 급기야는 보수 쪽에서 동원한 깡패들한테 폭행당한 경우도 있고. 하여튼 되게 열심히 격렬하게 싸웠는데 결국 밀려난 거죠. 왜냐면 정부에서도 그때 노동야학을 다 깨려고 했으니깐.

그리고 집에서는 오빠하고 조카가 오토바이 사고가 났어요. 오빠가 뇌수술하고 죽다 살아났고 조카는 다리까지 다 깁스를 해 갖고 내가 1년 동안 똥오줌 다 받아내면서 직장을 못 다녔어요. 그때는 오빠가 집에서 가내수공업을 하고 있어서, 나는 오빠 일을 도와주면서 애 보고 하는 거죠. 그래서 1년 넘어 틈이 있었어요. 그래도 간간히 사람들은 만났어요.

그러다가 제가 다시 공장을 간 게, 대우어패럴에를 들어간 거예요. 그냥 구로공단 안으로 들어가 본 거죠. (아, 큰 데를 찾아 본 거구나!) 그래서 어떻게 하다 보니까 들어간 데가 세계물산[대우어패럴]이었어요. 거기에 내 친구랑 같이 들어갔었는데, 3개월 일하다가 방광염 걸려 갖고 나왔어요. 거기는 화장실을 못 가게 하는 거예요. 초시계를 옆에서 들고 있으니까 쉴 수가 없잖아요? '진짜 이렇게 일하는구나' 정말 큰 공장에서 어떻게 일을 시키는가를 그때 완전히 알게 된 거죠. 한 3개월 일하다가 열이 나고 아파 며칠 못 나가서 잘렸죠.

그래 다시 청계천 쪽에서 일을 하면서 진짜 악명 높은 중부시장을 가서 아동복 집에서 일했는데 고생 엄청 했어요. 거기는 15일 동안 진짜 잠 2시간씩 자고 철야도 해보고. 명절 앞두고는 항상 그렇게 했고, 보통은 12시간 이상 일하죠. 뭐 8시 반에 출근하면 9시나 10시까지 한다거나. 8시에 끝나면 빨리 끝난 거예요.

●●● 유창사하고 아동복 집을 비교하면 규모나 분위기는 어땠어요?

유창사는 규모가 큰 편인데 중부시장 쪽은 한 10명 안팎의 소규모예요. 지방에서 온 애들은 기숙사가 없으니까 다락을 만들어서 거기서 재웠어요. 화장실도 공동화장실을 쓰고. 거기가 진짜~ 악명이 높았어요. 여자들 막 성폭행 당하고 이러는데. (공장에서?) 예, 그러니까 일 끝나고 재단사나 남자들이 거기서 자는 애들을 건드려서 열아홉 스무 살 된 내 또래가 임신하고 그랬어요. 그런 걸 내 눈으로 보기도 했고요. 한번은 애가 너무 조는 거예요. 가위질 하다가도 졸고 뭐 하다가도 졸고 이러니까 거기 있는 언니가 "아무래도 쟤가 이상하다. 임신한 거 같다"고 했는데, 보니까 그렇더라고. 그런 일이 비일비재 했어요. 다락방에서 그냥 재우니까 재단사는 늦게 일하다가 자기도 옆에 누워 잔다고 하면서 애들 건드리고 이랬던 거죠.

●●● 여기 노동하는 방식은 유창사하고 어떻게 달랐어요?

유창사 같은 경우에는 사장은 가게에 있고 공장장, 재단사 딱딱 나눠서 역할이 분화가 돼 있어요. 근데 중부시장은 규모가 워낙 작고 다른 동화시장이나 이런 데에 비해서 되게 영세한 곳이라 사장이 재단도 하고, 인원도 적지만 전체적으로 가게를 갖고 있지 않고 그냥 하청을 한다든가 이런 곳들이 많았던 거 같고요.

●●● 식사는 어떻게 해결해요?

월급제인데 식사는 줬어요. 왜냐면 거기서 같이 해먹으니까. 근데 진짜 하루 생활을 공장 안에서 다 한다고 상상을 해보세요. 일요일도 뭐 한 달에 두 번 정도밖에 못 쉬고 하니까. 중부시장 쪽은 아마 노조 영향이 없는 사각시대였던 거 같아요.

●●● 아휴. 여기는 언제까지 있었어요?

그렇게 오래 있지 못했어요, 잠깐 잠깐. 왜냐면 일이 너무 힘들고, 명절 때 들어가면 월급도 못 받고 나온 적도 있고. 그렇게 하다가 김혜경 언니라고, 70년대 노조 잠깐 했던 언니인데, 그 언니 보조로 들어가면서 제가 대인복을 배우게 됐죠. 대인복은 '오야' 하려면 시간이 오래 걸리고 보조로 한참 일을 해야 돼요. (오야라는 건 뭐죠?) 그러니까 대인복은 개수제, 도급제니까 보조월급을 미싱사가 주는 거죠. 시다 월급은 사장이 주지만. 객공을 하려면 오야가 돼서 미싱사 하나를 두든 시다를 두든 이렇게 두고 완제품을 만들어 돈 받아서 이거를 나눠 준다는 거죠.

●●● 이 시기에 청계모임이 만들어졌지요?

그러다 내가 서재덕 씨하고 김선주 언니하고 연결이 됐어요. 아프리 사건 나서 다 구속되고 구속 안 된 언니들 중심으로, 그리고 신광용 오빠가 그때 다쳐서 불구속되어서 그분도 같이 사람을 모으기 시작한 거죠. 모아서 '청계모임'을 만들었는데, 처음엔 그냥 회원으로 들어갔어요. 초기에는 비공개니까 자취방 같은 데 모여서 근로기준법을 다시 공부를 한다든지 노동조합의 역사를 공부하고 주로 학습을 했었어요. 우리가 나이도 어리고 또 야학에만 있다가 활동을 처음 하는 거니까. 그때 제일교회에서 처음 들어간 게 저하고 이경숙이에요. 나중에 다른 친구들도 같이 하게 된 거죠.

●●● 그럼 야학모임은 그만두고요?

그쪽의 비중이 적어진 거죠. 노조활동을 하다 보니까. 그리고 아까 말한 것처럼 교회에서 분쟁도 생기고 막 이러면서 구성이 조금 약해진 거죠. 우리가 나옴으로 해서 더 그렇고.

●●● 청계모임은 몇 명 정도 됐어요?

회의 구조로 모이는 거는 20, 30명 정도. 초기에는 학습하다가, 좀더 사람들이 모여지니까 기존의 조합에서 했던 활동을 살리는 틀을 잡아 가는 거죠. 조직적으로는 뭐 운영위원도 만들고, 회계감사도 세우고 이렇게 조직적인 체계를 좀 만들어 가고. 그 다음에 기존에 했던 행사들, [전태일 열사] 추도식이라든가 야유회라든가, 이런 걸 통해서 사람들을 조금씩 더 모아 가는 걸 했죠.

●●● 이때 추도식은 어떻게 진행했어요?

추도식은 그때 처음 참여한 것 같아요. 그러니까 82년도예요. 처음 참석해서 지금까지 한 번도 안 빠지고 갔어요. 그때는 되게 엄혹한 시기여서 대대적으로 못했죠. 관광차 빌리면 경찰들이 와 갖고 둘러싸 있고, 그래도 싸워서 모란공원 갔다 오고 그랬어요.

●●● 처음 갔을 때의 느낌은 어땠어요?

추도사를 할 때 많이 울었던 기억이 나고. 그 당시에는 분위기가 무척 엄숙했죠. 처음 참석했던 기억은 그 정도이고, 제일 기억에 남은 거는 84년도 합법성 쟁취투쟁 앞두고 결의를 하기 위한 차원에서 열사 묘소에 갔을 때예요. 결의를 다지려고. 한 50명 정도 갔었어요. 거기서 전술 논의도 했고 마지막으로 선배님 묘 앞에서 "이렇게 하겠다"는 각오로 결의를 다지고 왔어요.

●●● 이 시기에 아프리 때 구속된 분들이 석방되죠?

예. 구속됐던 선배들이 나오면서, 그때 민종덕 선배, 김영대 선배 뭐 다 나오면서 다시 전열을 가다듬고 합법적이진 않지만 신당동 쪽에 작은 사무실을 얻었어요. 그때도 경찰들이 집기 다 꺼내 갖고 사무실 문에 못 박고. 합법성 쟁취투쟁 하기 전이었어요. 시기적으로 유화국면기여서 공청회도 하고. 선배들이 그런 상황 판단은 잘했던 거 같애요. 특히 민종덕 선배 같은 경우가. 제가 그때 운영위원이었는데, 야유회 간다든지 할 때는 오락부장도 좀 했고. 하여튼 선배들이, 특히 남자선배들이 주도적으로 했는데, 그러니까 그 선배들 나오면서 여자선배들이 자연스럽게 없어졌어요. 김선

청계모임 수련회에서

주 언니는 신광용 선배랑 결혼을 하고 서재덕 언니는 어느 순간에 안 보이
는 거야. 그래서 주도적으로 했던 여자선배들이 없어지고, 우리보다 나이
많은 사람이 김한영 선배하고 김영선 언니, 종숙 언니인데, 이 사람들은 다
우리랑 똑같이 시작했던 거죠.

●●● 남성들하고 서재덕 같은 여성분들하고 활동방식이나 이런 데서 차이가 있
었나요?

처음에 저는 재덕이 언니 만나서 제안을 듣고 언니들에 대한 기대가 컸었
어요. 사실 그렇게 '활동으로 뭔가를 한다' 이런 거는 없었지만 언니들이
사람들을 추스른 거죠. 뭔가를 계획해서 치고 나가고 이럴 상황은 안 됐으
니까. 그런 상황에서 남자선배들이 나오고 또 다 쟁쟁한 사람들이고. 청계
모임 초기에는 어머니랑 많이 연계가 안 됐다가 어머니도 같이 하고, 우리

가 교육의 일환으로 창동에 가서 어머니한테 전태일 선배님에 대한 얘기 듣는 거는 했었어요. 그때는 잘 몰랐는데 나중에 생각해 보니까 이 언니들이 남자선배들이 나오면서 좀 밀리고 자기들이 청계모임 주도한 것도 제대로 평가 안 해주고 그러면서 서운한 것도 있어서 정리한 거 같아요. 그런데 그 언니들이 청계모임으로 사람들을 추스르지 않았으면, 나중에 공개싸움을 어떻게 했겠어요? 다 바탕이 된 거죠.

청계노조 합법성 쟁취투쟁

●●● 사무실 얻고 난 뒤에 한 공청회는 어떻게 진행이 돼요?

그때 84년 4월 8일 날 공청회 열면서 우리가 선언을 한 거죠. "우리는 노조 해산이 불법이기 때문에 인정하지 않고 우리 식으로 활동을 하고 또 우리 힘으로 찾겠다"고, 그 공청회가 바로 합법성을 선언한 거죠. 그러면서 한 마디로 공개활동을 한 거예요. 그 전에는 비공개활동을 했는데, 공개적으로 노조를 내세운 거죠. 그래서 로고도 만들어 뿌리러 다니고, 뭐 시간 단속도 하러 다니고 했어요. 그러다 보니까 경찰이 사무실을 폐쇄한 거죠. 그래서 또 사무실 찾기 위해 대단하게 싸웠죠. 그때 경숙이 집이 신당동에 있었는데, 제가 잠깐 걔네 집에서 같이 직장 다녔거든요. 그래서 둘이 아침에 출근하다 우리 사무실 지나가는데, 어디서 많이 본 살림들이 다 나와 있는 거예요. 어휴, 그래 봤더니 노조 현판이 딱 나와 있더라고. 그래 갖고 막 전화하고 어머님 오시고 다들 모여서 우리도 출근 못하고 거기서 바로 싸운 거죠. 우리는 "다시 올려다 놓는다" 하고 걔네는 "못 올린다" 하면서. 막 전경차 밑으로 우리가 들어가고 결국은 사무실로 올렸죠. 근데 걔네들이 계속 봉쇄해서 그 사무실에서 오래 있지는 못했어요.

●●● 합법성 싸움 준비는 어떻게 했어요?

그러니까 싸움 준비는, 전술이나 이런 거는 회의를 통해서 먼저 상황인식을 서로 했죠. "지금이 이러이러한 상황이니까 딱 이때다. 그리고 몇 명 구속될 각오를 일단 하고 하자" 그렇게 하고서는. 그때 나는 운영위원이었고 이경숙이 회계감사인가 그랬어요. 우리는 상집회의는 안 들어간 거죠. 상집들은 부장들하고 상근자들이 하니까. 남자선배들이 대체로 상집에 있었는데 거기서 중요한 얘기들은 하고 나서 전체적으로 공유하는데, 첫번째는 "9월 19일에 하면서 학생들과 연계하는 노학^{노동자-학생}연대를 해야 된다"고 결정했어요.

●●● 노학연대 발상은 청계에서 처음 한 거죠?

그때 학생들도 억눌려 있는 데다가 우리하고 연결이 되는 사람이 있었던 거 같아요. 그러니까 야학 강학들 통해서 한 거죠. 그런 거를 주도적으로 가서 섭외하고 정치적 판단을 하고 이러는 거가 김영대 선배가 상당히 빨라요. 민종덕 씨도 그렇고. 그러니까 고런 상황들을 만들어 간 거죠. 그래서 세부적인 계획은 그 안에서 나오고 우리 조합원들은 공유를 한 거고 구체적으로 "어떻게 하겠다"라고 하는 거는 전태일 선배님 묘소 가서 딱 역할 분담을 한 거죠.

●●● 예를 들어 역할이 어떻게 나눠진 거죠?

그러니까 우리가 첫번째 간 게 고가도로 싸움이잖아요? (예.) 고가 올라갈 팀, 그 다음에 계속 농성을 하면서 싸움을 이어 가야 되니까 2차 싸움 준비할 팀, 이렇게 나눠졌어요. 그래서 저는 2차팀으로 빠지고 경숙이나 몇 명은 고가팀 하는 걸로 나눠지고, 저희는 고가싸움 할 때 기독교 방송국을 들어가는 걸로 했어요. 그때 우리가 선전물을 만들어 "우리는 오늘부터 합법성 쟁취할 때까지 투쟁을 하겠다"고 써 가지고 다 나눠 갖고. 옥상에서도 뿌리고 길거리 가다가도 막~ 뿌리고, 진짜 무슨 첩보 작전을 했어요. 전체 시장을 다 휘저어 놨어요.

9월 19일 아침에 고가 주위를 돌아보니까 진짜, 물 샐 틈 없이 수십 대의 전경차가 청계상가에 깔려 있고, 그 주변으로 전경들이 에워싸고 있고, 꽉꽉~ 차 있었던 거예요.

우리는 시위하기로 한 시간에 갔어요. 그런데 저도 놀랐어요, 너무~ 너무~! 이거는 그렇게 상상을 못한 거예요. 그러니까 나는 고가 반대편 동대문운동장에서 보고 있었어요. 그런데 다 보이잖아요! 거기에서도. 진짜 막~ 가슴이 떨리지, '과연 성공을 할까', 우리가 약속한 장소, 그 장소가 전태일 선배님 분신하신 자리잖아요? 그리고 1시가 딱 되자 고가에서 플래카드가 "탁~!" 내려오니까, 얼마나 황당했겠어요, 걔네들이. 그리고 동대문운동장 쪽에서 막 대규모로 사람들이 몰려오지, 이대병원 쪽에서 몰려오지, 저도 놀랐어요, '아니 이런 일을 할 수가 있다니!' 그때 가두투쟁이 처음이었거든요. 당시에는 정말, 정말, 막~ 떨리고, 그냥 서 있어도 진짜 떨렸어요, 긴장되고. 근데 딱! 성공하자마자 우리는 그거 더 보고 싶고, 거기서 더 동참을 하고 싶은데, 이제 가야 되잖아요? 농성장으로. 어떻게 될지 걱정도 되고, 저렇게 많은 경찰들이 몰려오면서 막 최루탄을 쏘는데, 그런데 이 최루탄이 건너편에 있는 경찰 쪽으로 날아가는 거예요, 얼마나 고소하든지. 허허.

●●● 그래서 기독교 방송국은 들어갔어요?

그럼요. 기독교 방송국 들어가서 그때 남자선배 중에서 김영대 선배는 2차 주동자로 저랑 준비하려고 그쪽에 들어갔고. 거기에 20여 명 들어갔나? 9일간 농성하면서 조합원들도 왔다갔다 하고. 그러고 나와서 또 싸움 준비를 한 거죠.

●●● 기독교 방송국에서 나왔을 때 별 일 없었어요?

그땐 나올 때는 별 일 없었어요. 어떻게 얘기가 잘 돼 갖고 그냥 나왔고. 나와서 10월 12일 2차를 한 거죠. 장소는 그대로 "선배님 돌아가신 분신장소로 하겠다" 발표를 하고. 그때 주도할 사람이 저하고 김영대 위원장님하고, 영선 언니하고, 그 다음에 이은숙, 한경렬, 이재환 이렇게 여섯 명이었거든요. 그때 경찰들이 주도적인 사람들을 찾고 다녀서 간부들하고 구로동에 잠깐 방을 얻어서 다 숨어 있었어요. 지금은 웃으면서 얘기하는데, 그때는 얼마나 긴장했는지. 그때 김영대 위원장이 홍익이라는 학생하고 둘이 동을 뜨고 영선이 언니랑 내가 플래카드를 들고 핵심적인 사람들이랑 같이 "죽어도 일어나서 도망가지 말자", "죽더라도 거기서 죽자"고 결의를 한 거예요. 다른 사람들은 뒤에 계속 싸우기도 하고 우린 거기서 주저앉기로 하고. 그래서 12일이 됐는데, 김영대 위원장님이 호루라기를 "휙~" 불면서 주동을 하고 우리가 플래카드를 펴야 하는데, 영선 언니랑 내가 키가 작잖아요? 이 플래카드가 거의 우리 키만 한 거여, 그래 이게 안 펴져 갖고 막 당황스러워서 질질거리고, 또 길기는 왜 그렇게 긴지. 간신히 그걸 폈어요. 그런데 김영대 위원장이 진짜 직격포를 맞았는데, 마이크가 날아갈 정도로 맞았거든요. 시작한 지 10분도 안 된 사이에 "탁~!" 하고. 그러고는 앞이 안 보이는 거예요. 너무 긴장해서 뒤에 전경 몇천 명이 있고, 우리 참여자도 몇천 명이 있고. 우리는 경찰이 오는 거 보고 그냥 앉았어요. 노래 부르고, 구호 외치고. 어느 순간에 덮친 거니까 몰라요. 기억이 안 나요. 막 터지고……. 그때 어떻게 알았는지 외국기자들이 왔는데, 그 순간에 '저 사진기에 찍혀야 되겠다'는 생각이 들더라고요, 머리채 잡혀 갖고 가는데, 피는 막 범벅되어 있으면서도. 그래서 그 앞으로 몸 들이밀고. 결국 경찰들이 우리를 다 실어다 놓고 열 받아 가지고 패는 거야 "이 년놈들이 공부는 안 하고 데모나 하냐", 그래서 "우리는 학생이 아니다" 소리쳤는데, 또 김영대 위원장을 학생으로 오인을 하고 막 난리가 나도록 패려고 하더라고요. 그래서 나하고 윤숙이하고 몸으로 막고. 그러면서 "우리는 학생이 아니고 평화시장 노동자들이다"라고 소리치고. 거기서 잡혀간 사람들은 구류 살고, 저도 이때 구류를 살았죠.

●●● 경찰서는 처음 들어간 거였나요?

처음 경찰서 간 거는 84년에 박종만 열사 때인가, 그때 구류 살았어요. 나만 서부로 갔나 봐요. 딱 잡혀 들어갔는데 유치장 쪽 가리키며 가라고 알려주잖아요. 그래 갔더니 경찰이 쓱 보더니 "어떻게 왔어?" 해서 "구류 살러 왔는데요" 했죠. 하하. 그때 얘기 안 하고 그냥 나가도 얘네들은 모를 판이었어요. 하하. 왜냐면 혼자 갔으니까. 가서 이틀 단식 했죠. (왜요?) 예전에 들어간 애들이 "싸워 갖고 일단은 기선을 제압해야 된다" 그래서 들어가자마자 딱 이틀 밥을 안 먹었어요. 그랬더니 수사과장이랑 와 갖고 사식 넣어 주면서 "어서 먹으라. 그냥 편안하게 있다 가라"고. 그 경찰서는 전혀 우리 같은 사람들 경험이 없는 곳이에요. 그러니까 얘네들도 황당하고 나도 황당해서 구류 산 거죠. 그렇게 그냥 편안하게 살다 나오고 2차 합법성 투쟁 하고 두번째 구류 살 때는 남대문으로 갔는데 거기는 여러 명이 있었으니까 더 편했어요.

●●● 집에서는 반응이 어땠어요?

첫번째 갔을 때 엄마가 오셨죠. 우리 엄마는 나한테 "미친년!" 한마디 하고 그냥 갔어요. 엄마는 기본적으로 나에 대한 믿음은 있으셨어요. 그래서 특별히 내가 운동하는 거에 대해서 그렇게 반대도 안 하셨고. 그런데 내가 2차 준비할 시기 전후로 잠깐 수배가 됐어요. 한번은 집에 갔는데 오빠가 북부경찰서에 신고를 했어요. 그때 진짜 오빠한테 제가 할 말 못할 말 막 했어요. "진짜 오빠도 아니야!" 뭐 그러면서. 그러니까 엄마도 놀라고 오빠도 되게 충격을 받았어요. 내가 그렇게까지 화낼 줄 몰랐으니까. 하여튼 두번 구류 살았는데 엄마는 저한테 크게 뭐라 말씀하신 적은 없어요.

●●● 그 다음에 3, 4차는 어떻게 되었나요?

그 와중에 청계천 사무실이 생긴 거죠. 원래는 노조사무실을 창신동으로 하고 기념사업회를 청계천으로 했는데, 나중에 사무실을 바꿔 썼어요. "청계천이 더 노조사무실에 맞다" 해서 옮기고. 그러다가 또 85년도에 강제 폐쇄가 된 거죠. 경찰들이 아예 철문을 막아 놓고 지키고 있었죠. 그 기간에 합법성 쟁취투쟁을 한 거고요. 그 사이에 간간히 노보를 만들어서 배포하고 그 다음에 조합에서 했던 기본행사들, 뭐 야유회를 간다든지 추도식 이라든지 대중들을 좀 모이게끔 하는 거를 했어요. 85년도는 추도식을 되게 크게 했죠. 마석에서부터 모란까지 한 600명 정도 모여서 시위하면서

1985년 3차 합법성쟁취 투쟁 중 가두시위

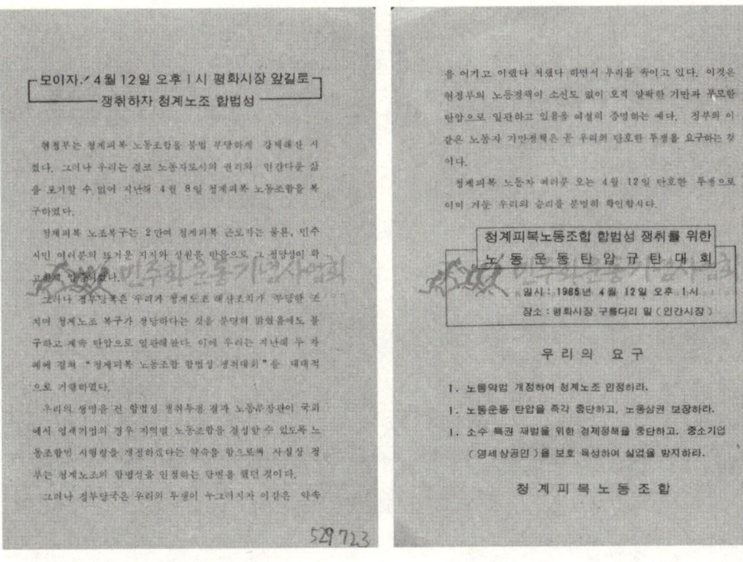

3차 합법성 쟁취투쟁을 알리는 선전물

가고. 그러다가 85년도에 3차, 4차를 하고 87년 5차를 제기동에서 했는데, 그때 구속이 많이 됐어요.

법외 노조활동과 여성 중심의 비합법활동

●●● 85년도면 구로동맹파업 소식도 들었어요?

들었죠. 우리 창신동 사무실로 사람들도 계속 찾아왔었죠. 그 싸움하고 사람들이 사무실에 왔을 때 우리가 같이 있었죠. 왜냐면 노조사무실이 폐쇄가 돼 갖고 우리가 기념사업회에 있었거든요. 그래서 상황은 다 듣고. 그러다가 우리가 그때 갈라진 거죠. 그러니까 연대투쟁하는 문제를 놓고 "참여해야 된다, 말아야 된다" 하고. 그거에 대해서 어머님이 반대하셨지. 왜냐면 그때 탄압상황이었잖아요? 동맹파업 끝나고 86년도 구로에 박영진 열

노조사무실 강제폐쇄 항의

사 죽고 그리고 기념관을 점거해서 싸우겠다는 문제하고 이어지는 얘기예요. 그때 계속 연대투쟁에 대해서 문제제기를 하고 그랬거든. 또 우리 내부적으로는 위원장 때문에 갈등도 있었고요. (어떤 갈등이었나요?) 그러니까 어머님은 박계현 선배를 밀었고, 우리는 황만호 선배를 밀었고. 황만호 선배가 적극적으로 연대활동이나 이런 부분에 의식을 갖고 있었던 거예요. 그때 김문수 씨랑 연계돼서 서노련 쪽으로……. 하튼 그 당시에 박계현 선배는 조합활동을 정리하려 그랬어요. 결혼하고 어려워서 초기에 기념사업회에서 살았거든요. 만호 오빠는 그 당시에 열심히 했던 상황이었고. 그래서 내부적으로도 문제가 좀 있었죠. 민종덕 선배는 85년 서노련 만들자마자 구속된 상황이고. 결과적으로는 황만호 오빠가 위원장이 됐죠. 그러면서 연대활동을 중심으로 그리고 서노련에 참여했던 거죠.

••• 이승숙 씨는 그때 어떤 판단을 했어요?.

서노련 처음 할 때는 사실 민종덕 선배가 중심적으로 했던 거고. 그때는 제가 상근을 했을 때가 아니니까 그냥 상집회의나 전체회의 때 들었기 때문에 당연히 연대활동은 하는 거고, 내부적으로는 그렇게 다 토론이 됐어요. 근데 결정적으로 어머님이랑 갈등이 있었던 거는 기념관 농성하는 거 때문인데. 그리고 그 시점에서 황만호 위원장이 수배 비슷하게 때려졌어요. 그래 어쩔 수 없이 우리가 기념사업회에서 나온 거죠. 왜냐면 위원장은 밖에 나와 있는데 우리가 계속 거기 있다가 위원장 만나러 가고 이러면 기념관이 주시를 당하잖아요? 그러니까 노조에서 중심적인 사람들이 나와 버린 거죠. 그리고 '지금 시기는 공개활동을 못한다'는 판단을 한 거죠.

••• 공개활동을 할 수 없다는 건, 당시의 노조간부들이 모두 다 그렇게 판단한 거였나요?

그러니까 운영위원이나 노조에서 중심적 사람들은 다 그렇게 판단을 했죠. (박계현 씨나 이런 쪽은?) 안 했죠. 반대했었고. 그래서 나중에 갈라질 때 반대한 쪽이 남고 우리가 나온 거지. 결과적으로 상황에 대한 판단 차이가 분명히 있었고 연대활동에 대한 판단 차이도 있었던 거죠.

••• 그때 서노련에 참여한 사람들은 어떤 반응이었어요?

기억나는 게 그렇게 많진 않아요. 왜냐면 그렇게 많은 부분을 공유하지 않았어요. (서노련하고?) 예. 왜냐면 장옥자 같은 경우에는 서노련 교선^{교육선전}부에 잠깐 참여를 했고 문혜경이랑 가정우가 중심적인 회의에 갔었고. 그러면서 그쪽에서 좀 삐거덕거렸던 것 같아요. 자세하게는 모르는데. 그 과정에서 또 우리가 기념관을 나오게 된 거잖아요? 그래서 잘 몰라요. 얘기 들은 게 많지 않아요.

그 다음에 비공개활동과 공개활동으로 갈라지는데, 더 결정적으로 만든 게 86년 4월 달에 서노련이 기념관에 몰려와 가지고, 어머니가 "쓰지 말라" 그랬는데 들어와서 마치 타격 대상이 기념관인 것처럼 그래 가지고 "엄청 난리가 났었다" 이런 얘기가 있더라고요. 기념관에서 공개활동하는 박계현 선배 쪽이랑 서노련이랑 부닥치게 된 거죠. 우리는 그 안에 없었고, 지나가다가 보긴 했는데.

●●● 황만호 위원장은 왜 수배된 거죠?

황만호 선배는 86년 5·3항쟁 이후 수배되었다가 구속돼요. 그때 우리가 비밀회의를 정경숙네 집에서 하기로 했는데, 갈 때부터 좀 이상하다는 느낌이 있었어요. 그때 우리가 표면적으로는 생일파티, 누구 생일인데 거기서 같이 모이는 걸로 입을 맞추고 연락도 그렇게 해서 한 15~20명 정도가 모였어요. 그래 얘기하고 밥 먹고 있는 도중에 개네들[경찰]이 닥친 거죠. 처음 타깃은 만호 오빠여서 오빠를 잡았어요. 그러니까 만호 오빠가 "내가 순순히 갈 테니까 다른 사람들은 보내라" 그러고 잡혀갔는데, 애네들이 다시 김영선을 잡으러 온 거지. 근데 그때 우리가 "6시에 만나자" 이 말 해놓고 영선 언니부터 빨리 택시 태워 보낸 거예요. 어영부영 가다가 나랑 네 명이 잡혀서 보안사로 끌려갔어요. (끌고 간 명목은?) 그날 모인 거며 내용을 알려고 하는 거지. 가면서 좀 맞고. 우리를 딱 차에 태워 놓고 또 다른 사람들을 잡으러 간 거예요. 그래서 그때 잽싸게 입을 맞췄어요. "누구 생일이라 모였고 그 다음은 모른다. 그것만 우리는 얘기하자" 이렇게 얼른 내

비합법시기 조합원 야유회에서(앞줄 왼쪽)

가 얘기했어요. 그리고 몇 가지들 입을 맞추고. 우리가 다 알려진 게 아니니까. 거기서 한 12시까지 조사받다 나왔어요. 나는 진짜 너무 놀랐어요. (분위기는 어땠어요?) 들어가니까 그야말로 하얀 방에 침대 같은 게 있었는데 침대를 올리니까 욕조가 나오더라고요. 그때 앞서 잡혀간 사람들이 옆 방에서 비명소리를 내고, 여자들 비명소리 나고. 다 따로따로 나눠 놓고, 한참 동안은 조사도 안 하고 그냥 놔두더라고요. 근데 우리가 6시에 만나기로 했으니 속으로 '6시까지만 버티자. 뭐 한 10분 늦으면 다 가겠지.' 왜냐면 그동안 비공개로 활동하면서 보안에 대해서 얘기를 많이 했으니까요. 근데 계속 같은 질문 하고 그러더라고요. 우리가 요주의 인물들이 아니니까. 개네들이 보기에 나도 그때는 중심적으로 드러나 있지 않았고. 얘기하다가 마지막에 할아버지 같은 사람들이 오더니 "이승숙, 너는 아직 순진해" 이래 가면서 "다른 애들이 어떻게 얘기했다" 이런 식으로 얘기하면 나는 "모르겠다. 그냥 누구 생일이라 온 거다" 그렇게만 얘기하다가 결국 12시에 보내주더라고. 근데 더 기가 막힌 거는 다른 사람들이 6시에 만나 갖고 우리 네 명이 나타나지 않았는데, 할 얘기 다 하고 헤어졌다는 거야. 네 명이 나타나질 않았는데 찢어지지 않고, 어휴. 기가 막혀 갖고, 도대체 보안 교육은 왜 한 거야.

●●● 그러면 황만호 씨도 구속되면서 여성 중심으로 활동이 이루어졌겠네요?

그렇죠. 그때부터 본격적으로 영선 언니, 한영 언니, 나, 경숙이 이렇게 넷이 모임을 꾸려서 모임별로 책임을 나눠서 운영을 했죠. (모임별로라는 것은?) 그러니까 그때 투쟁을 같이하는 조합원들이 한 50명 정도 돼서 그 사람들을 다 소모임으로 묶어서 학습도 하고, 그 사람들 대표를 모아서 중요 사항 얘기하고 실천하는 활동을 했어요. 대체로 학습하면서 조직활동도 하고. 그러니까 우리는 노조신문은 계속 냈는데, 뭐 매달 내진 못했지만, 하여튼 꾸준히 내면서 지역 정해서 배포하고. 그 다음에 당시에 한창 민주화투쟁이 일어나기 시작해서 공동투쟁약칭 공투에 같이 참여하면서, 그 공투라는 게 노동조합조직이 아니고 몇 군데 조직들이 모여서 만들어요. 그래서 공동으로 유인물도 내고, 정치투쟁 하고, 정부를 대상으로 일시적인 투쟁을 하는 거죠. 그때 우리는 합법성 문제도 있었고, 뭐 86년 때니까 개헌이었나? 그런 사회적 이슈도 있었고.

그 다음에 현장에서는 우리가 지속적으로 해야 될 것들이 좀 있잖아요? (그렇죠.) 그러니까 대중들을 모아 내는 것도 하고. 일정 정도 현장투쟁 부분에서도 그룹별로 논의하면서 몇 군데에서 투쟁도 하고. 그렇게 조직 운동을 했어요.

●●● 87년으로 가면 국면이 열리잖아요?

그렇죠. 그때는 진짜 계속 거리에서 살았어요. 우리 조합원들도 그렇고. 그
러니까 86년 후반 즈음인가부터는 제가 상근을 했어요. 역할 분담을 해서
상근하고 상근비는 전혀 없었죠. 그때 상근비가 어디 있어? 조합비 개념
이 그때는 없었죠. 대신에 조합원 한 명이 같이 살면서 나를 먹여 살리는
거죠. 내가 정란이네 얹혀살았고, 그렇게 저랑 몇 명을 조합원들이 책임지
면서 먹여 살리는 거고……. 그러면서 진짜 거의 거리에서 살다시피 했죠.
돌도 깨고…….

　　그때는 황만호 위원장 대신 김영선 언니가 위원장 대리격이었는데,
갑자기 연락을 끊고 안 나타나서 김한영 선배가 바로 이어서 직무대행하
면서 공동으로 했어요.

●●● 이때 학습은 따로 했어요?

노동조합 이런 거가 아니고 사회주의에 대해서 했죠. 그러니까 김수길 씨
랑 『공산당 선언』을 프린트해서 하고, 그 다음에 『자본론』인데 발췌해서
부분 부분으로 했어요. 근데 학습은 그렇게 꾸준하게 계속하지는 못했어
요. 왜냐면 일하면서 하다 보니까. 그렇게 한 1년 정도 했어요. 그때 개인적
으로는 의식변화가 된 거죠. 그러니까 어떤 정치적 신념이나 이런 것들이
조금씩 생기고 생각이 바뀌어 갔던 때죠.

●●● 그럼 야학할 때의 의식은 어땠어요?

그냥 조금씩 더 알아 가는 거. 그 다음에 '아, 우리한테 이런 권리도 있구
나' 라는 권리의식 정도였고, (청계모임 하면서는?) 청계모임 하면서는 노

비합법시기 빛모임 친구들과 함께(뒷줄 맨 왼쪽)

동조합이 왜 필요하고 왜 해야 되는지. 이게 '노동자가 힘이 없으니까 노동조합해서 노동자들이 사회적으로 위치를 가져야 되겠다'라는 의식이 강하게 든 거고, 노조운동에 당위성이 생긴 거예요. 내가 운동을 왜 해야 되는지. 그리고 전두환 정권이 한 행위가 정말 부당하구나 하는 걸 안 거죠. 그러고 그 다음에 의식이 확 변하는 게, 이 시기였죠.

그 전에 우리가 기념관 있을 때 '빛모임'이라고 우리 또래들인 지수희, 나, 경숙이 뭐 이렇게 한 일곱 명 정도가 『소외된 삶의 뿌리를 찾아서』 갖고 노동에 대한 학습을 했었어요. 그냥 우리끼리 자체적으로. 잘 되진 않았는데, 그런 거 하면서 근본적으로 사회문제에 대해서 생각하게 된 계기가 된 거죠.

●●● 그렇게 의식이 변하는구나. 사회문제 속에 노조를 보기 시작했다가, 『공산당 선언』하고 이러면서, 대안사회를 어떻게 그렸어요?

『공산당 선언』 같은 거 하면서 사회를 바꿔야 한다는 이념 같은 게 생겼고, 87년 이후에는 진짜 그렇게 될 거라고 믿었죠. 될 수 있을 거 같다고. 근데 사회주의 사회에 대한 아주 구체적인 모습은 생각 못했던 거 같아요. 막연한? 뭐 소극적이라 그래야 되나? 진짜 노동하는 데 즐거워야 되고, 응! 노동하면서 착취받지 않고 자기 계발적인 노동을 해야 되고, 평등해야 되고……. 좀 추상적인 거 같아요. 그때 나뿐만 아니라 다들 혼란스러운 게 '독재타도'를 하고 사회주의를 연결하는 그런 토론을 하면서, 실제 실천적으로 다가갈 때는 전두환을 빨리 타도하면 사회주의가 바로 올 것처럼 생각하고.

사무실을 되찾고 동료들과 함께(앞줄 오른쪽 끝)

노조신고필증 쟁취투쟁

●●● 합법성 쟁취는 어떻게 한 거예요?

그때 김영대 선배랑 구속됐던 몇 분이 나왔는데, 같이 고민해서 먼저 한 게 사무실 탈환 투쟁이에요. 김영대 선배가 위원장 하면서 내가 사무장 하고……. 그때가 박종철 군이 사망하고, 6월 항쟁이 일어났잖아요? 그러면서 '직선제, 호헌철폐' 주장하고. 그래 "아, 이때 사무실 찾아야 한다"며 모의를 했죠. 우리 사무실이 신발상가 있는 곳인데, 거기는 새벽시장이라 항상 새벽에도 사람이 많고 장사 끝나고 오후 3시면 완전히 문을 닫아요. 그래서 미리 사전 답사를 해서 "6시쯤 사람이 제일 많으니까 모였다가 5분 전에, 5시 55분에 딱! 튀어 올라가자"고 했어요. 7월 15일 날, 거기 다 모여서 기다렸죠. 거기는 항상 걔네들이 처음에는 많이 지키고 있다가 나중에 두 명이 지키고, 6시쯤에는 교대를 하는 식이었어요. 기다리는데 5시 55분이 되자, 진짜 숨도 안 쉬고 사무실로 올라갔어요. 앞에서 남자들이 치고박고 해서 들어가서 문 걸어 잠그고 그때부터 플래카드 내걸고 농성한 거예요. 진짜 조합원들이 일사분란하게 했죠. 그날 우리가 사무실을 탈환했고, 연말에는 노동법이 개정되고 우리가 지역노조로 신고해서 신고필증을 기다리는데 안 나오는 거예요. 그래서 선전물 뿌리고 노조 인정하라고 투쟁하다가 결국 70일 농성을 해요.

●●● 이때 70일 농성 상황은?

'합법성 쟁취'를 위한 농성이 70일이면, 이게 짧은 시간이 아니거든요. 두 달 보름 정도 되는데, 그 기간에 농성하다가 조합원들이 해고되고 정말 방 빼는 조합원도 있었고요. 농성하면서 프로그램을 짠 게, 낮에는 역할분담을 해서 학교며 어디 노조며 돌아다녀서 우리 사정 얘기하고 모금하는 거였어요. 그리고 밤이면 다 모여 갖고 다른 회사에서 연대하러 오면 투쟁사를 듣고, 같이 놀고, 노래하고 뭐 노가바^{노래가사 바꿔 부르기}도 하고. 막 연극도 해보고, 매일매일 너무 신기했어요. 하루도 안 쉬고 그렇게 70일간을 매일 저녁마다 한 거지.

그때 제일 감명 깊었던 게, 지하철하고 현대중공업 노동자들이에요. 처음에는 지하철 분들이 지원을 왔어요, 조합원들이 다들 놀라고 감동받고. 제가 생각했을 때는, 아마 그 시기가 아니었으면 성공 못했을지도 몰라요. 그때 다른 사업장에서 같이 안 일어나고 지원을 오지 않았으면, 우리가 한 달도 못 가서 지쳐서 쓰러지지 않았을까? 그 전에 우리는 맨날 우리식으로 싸웠잖아요? 기껏해야 학생들하고 연대하고. 그런데 어느 날 보니깐 머리 희끗희끗 하고 나이 먹은 아저씨들이 다 똑같은 작업복을 입고 와 갖고 인사하고 "청계노조 때문에 우리가 힘을 얻었다" 막 이러니까 조합원들이 지치다가도 힘이 나는 거예요. 지하철 아저씨들 처음 왔을 때, 진짜, 조합원들이 뿅 갔잖아요, "우아, 멋있다. 대사업장이 이렇구나" 막 이러면

노조신고필증 확보투쟁

서. 또 자부심도 갖고 "야, 우리 청계투쟁이 중요하구나" 으쓱으쓱하면서.
그리고 두번째 현대중공업에서 상경투쟁 와서 같이 하기도 하고 우리 조
합원들이 현대중공업 가서 연극도 해주고 지원도 나가고. 그때 우리가 만
든 연극이, 우리 실제 생활하고 투쟁하는 노동자들 이야기를 가지고 만든
거였는데, 그걸 바탕으로 87년도 전태일 선배님 추도식에서 1차 문화제를
했거든요. 그러고 나서 88년도에 전국노동자대회를 처음했고. 여하튼 70
일 농성할 때 나중에는 지칠 대로 지쳐요. 구청에 항의방문 가면 차에 실
려서 저 먼 데다가 버려지기도 하고. 그러다 마지막으로 5월에 합법성 투
쟁을 내걸었어요. 찌라시도 다 뿌리고 "우리 이제 여기서 죽겠다, 마지막
이다. 더 이상 내놓을 것도 없고 잃을 것도 없고 다 죽겠다. 전태일 선배님
의 그 자리에서 다 분신하겠다", 막 격하게 그러니까 "신고필증을 내주겠
다"고 몇 번 약속이 있었는데, 그게 계속 미뤄진 거예요. 거기다가 그 시점

에 다른 투쟁들도 마무리돼 가니까, 조합원들도 진짜 지쳐 가는 거예요. 그래 갖고 "안 된다. 다 구속되든가, 몇 명 죽든가 각오를 하고 다 끝내자" 이렇게까지 분위기가 몰아지면서, 그런 결의를 공개한 거죠. 5월 3일인가? 그렇게 하겠다고 하니까 결국 2일 날 신고필증이 나왔어요. 진짜 우리는 죽을 준비를 했는데……. 내가 생각해도 방법이 없고, 막 힘든 상황인데 전화가 온 거예요. 2일 아침인가 "신고필증 찾으러 오세요" 하고. 너무 황당한 거예요. 아무 생각이 안 났어요. 다들 멍해 갖고, 이거는 기뻐서 "이겼다!" 해야 하는데, 그게 아니고. 위원장하고 저하고 종로구청을 가서 그걸 받아 갖고 왔는데, 정말, 그렇게 속상할 수가 없더라고요. 너무너무……. 이건 기쁜 게 아니라 속상하고 화가 나는 거예요. '그 종이 쪼가리 하나' 때문에 고생한 거 생각하니까 막 열이 나는 거야. 그날 조합원들 분위기가 다 그랬어요. 왜 침울한 분위기 있잖아요? 축~ 처져 갖고. 그러다가 "야, 그래도 우리가 쟁취보고대회를 해야 한다" 해서 보고대회하고. 그때부터 합법활동을 시작한 거죠. 정확하게, 합법성을 7년 만에 찾은 거예요.

합법노조의 활동

●●● 합법노조 활동은 어떻게 전개되나요?

우리가 88년도에 합법성 쟁취하고 나서 초기 활동 때에 간부들이 정말 힘들었거든요, 진짜 한 6개월간은 현장을 돌면, 맨날 끌려 내려왔어요. 공장장들한테 막 쫓겨나고 사장이 못 들어오게 하고. 그리고 합법성 쟁취를 하고 점점 세대가 바뀌는 거예요. 왜냐면 새로운 조합원들이 생겼으니까. 그 뒤로 자리 잡고 한 4년 동안은 정말 합법성 활동을 원없이 한 거예요. 뭐 노동시간단축투쟁도 하고, 시간단속반도 만들고. 그러니까 와이셔츠 사업장 돌아다니면서 공장상황도 다 조사해서 정리하고, 합법적으로 할 수 있는 건, 진짜 다 한 거예요. 단체협약을 통해서 교육시간도 확보해서 직장교육도 실시해 보고, 그런 경험이 정말 소중했어요.

●●● 조합원 확보는 어떻게 해요?

정말 간부들이 고민도 많이 하고 열심히 활동했어요. 우선 간부들이 다 상가별로 맡아 갖고 매일 소식지를 돌리고 별의별 아이디어를 다 내놔요. "화장실에다 예쁜 시를 써 놓자", "점심시간에는 매점에 가서 살자" 등 실질적인 조직화에 대한 논의들을 많이 했죠. 그리고 업종별 모임도 만들어서 진행하고 그러면서 새로운 조합원이 특히 와이셔츠에서 많이 생겼어요. 와이셔츠업종은 직접적으로 공동이해가 결부되어서, 단체협약 덕분에 임금이나 수당, 근로시간 같은 근로조건도 개선되고 또 4대절은 쉬고 하니까. 문제는 객공들이 놀면 노는 만큼 손해가 나잖아요? 그래서 노조 참여를 거의 안 했는데, 시다들은 월급제니까 시다를 대상으로 조직을 한 거죠. 그래서 우리 신랑도 그때 노조에 가입하면서 조합원이 되었어요.

지금 말은 쉽게 하는데, 그 과정이 정말 어려웠어요. 나 같은 경우, 처음 합법적인 활동을 시작할 때 기대도 많았지만 조금 두렵기도 했어요. 왜냐하면 합법노조 경험이 전혀 없었기 때문에, 경찰하고 싸우는 것은 분명한 이유가 있고 설득이 아닌 투쟁을 하면 되잖아요? 그런데 현장 동료들은 투쟁의 대상이 아니잖아요? 그 당시 현장에는 노조에 대한 악선전이 끊임없이 벌어졌기 때문에, 그들을 어떻게 만나서 어떻게 함께해야 할지 정말 두려웠어요. 매일매일 현장을 돌았는데, 주로 점심시간을 전후 해서 나갔어요. 처음 얼마 동안은 현장에 나가려고 하면 가슴이 콩닥콩닥 뛰는

1989년 여름 수련회에서 사회 보는 모습

거예요. 가두투쟁 나갈 때와는 또 다른 두려움 같은 게 있었어요. 경비들이나 현장 관리자들에게 쫓겨나고 싸우는 것은 아무것도 아니었어요. 거기에 현장 동료들의 마음을 움직이는 건 정말 힘들었던 것 같아요. 예전 내 모습처럼 노조에서 왔다고 하면 피하고, 그럼에도 매일매일 현장 동료들을 만나다 보니 노동자들이 가지고 있는 요구나 속마음이 같다는 걸 알게 되면서, 믿음도 생기고 '더 열심히 해야겠다'는 다짐도 하게 되었어요. 예를 들면 처음에 그렇게 피하고 눈길도 안 주던 친구들이 관리자가 없을 때 살짝 다가와 커피 한 잔 내밀고, 박카스 하나 건네며, "수고한다"고 어렵게 다가올 때, 그 순간 정말 코끝이 찡해지더라고요. 그리고 차츰 궁금한 것도 물어보기도 하고, 어려운 일이 있으면 도움도 청하고……

●●● 단체협약은 어떻게 체결하죠?

1989년 등반대회에서 단결력을 높이는 탑쌓기(밑에서 두번째 줄 가운데)

처음에 단체협약을 만들 때는 사용자협의회를 만들라고 요구해서 회사 사장들을 협상에 끌어냈는데, 우리가 예전의 노조 명성을 갖고 밀어붙인 거예요. 그러니까 한동안 "애들을 건들면 골치 아프다" 이런 식으로 나올 정도로, 우리가 싸움을 많이 했죠. 거기에 법을 위반한 거 조사해서 고발해서 법적으로 대응하기도 하고, 그렇게 단협을 만들었어요. 나중에는 객공들도 사실 일하는 게 힘드니까, 많이 호응해 주고. 그래서 교육시간도 1시간 따냈어요.

●●● 단협에서 따낸 시간에 한 교육은 어땠어요?

초기에는 공장마다 돌아가면서 교육을 하려고 했어요, 그런데 너무 힘들 잖아요? 그리고 교안도 다 교육 맡은 사람이 짜야 되고. 그래서 그거를 상가별로 하기로 해서, 상가별로 이삼십 명 모아 놓고 했어요. 예를 들어 내가 을지상가 담당이었는데, 조합원이 500명이 넘어요. 그때까지만 해도 노동자들이 많았어요. 연세상가, 을지상가, 다 많았거든요. 조합원들 모아서 교육하면서 노동자의식을 갖도록 하니까 노조활동에 참여도 더 적극적으로 하더라고요.

현장교육에서 제일 기억나는 건, 아마 걸프전이 한창일 때인데, 현장교육을 제가 준비했는데 걸프전에 대해서 교안도 짜고 강의도 직접 했죠. 그때 교육에 정말 많이 참석한 거예요. 약 300명 이상 을지상가 옥상에서 모여 앉아서, 노조교육으로는 처음 정치적인 교육을 한 거죠. 동료들 반응도 좋았고 무엇보다도 간부들이 조합원 교육에 대한 내용이나 방식에서 자신감을 얻었죠. 저 역시도 조합원들이 기회가 없었을 뿐이지 다양한 정치적인 문제나 사회문제에 대해 알고 싶어 하고 관심이 있다는 걸 다시 깨달은 계기가 되었고, 노동자들이 스스로의 힘을 갖기 위해서는 단결력뿐만 아니라 정치적인 의식 역시 채워 가야 한다고, 그리고 충분히 그럴 힘들이 있다고 확신을 갖게 되었죠.

●●● 이 시기 임금인상투쟁은 어떤 식으로 하죠?

예로 1990년에 와이셔츠업체 노동자들이 임금인상과 단협체결을 위한 파업을 했어요. 14일간 14개 사업장 200명이 넘는 노동자들이 동시파업을 했는데, 청계노조 역사상 처음하는 동시파업이었어요. 주변에서는 청계가 상징적인 투쟁만 한다며 곱지 않은 시선을 보내는 이도 있었죠. 아마 현장성이 없다는 말이겠죠. 우리가 원한 바도 아니었고, 사실 우리 역시 제대로 된 노조활동을 갈망했었는데, 어찌됐든 나는 그 점에서 약간의 열등감도 있었거든요. 그런데 90년 파업은 그 작은 열등감을 날려 보낸 파업이

1990년 임금인상투쟁을 앞두고 전태일 열사 묘소를 참배한 모습

1990년 임금인상투쟁 교섭과정(왼쪽에서 두번째)

었어요. 정말로, 어느 노조에서 하는 파업 못지않은 대단한 파업이었어요.

우선 파업자위대를 만들어서 24시간 공장에 다 있고, 나머지 조합원들은 아줌마들이 많으니까 아침에 왔다 저녁에는 가고. 파업자위대들이 밤새우고 있으면 조합원들이 먹을 거 다 싸오고. 그리고 동화시장 옥상에서 교섭을 했는데 간부들이 교섭장에 들어가면 200여 조합원들이 밖에 모여 구호외치고 노래하면서 단결력을 과시하고, 교섭이 끝나면 바로 보고대회 하면서 춤추고 노래하고, 엄청 신났어요. 교섭 진행이 잘 안 되면 모두 매장마다 돌아다니며 항의집회하고, 연대집회 다니고. '아, 합법적인 활동에서 파업투쟁이 이렇게 재미있구나' 하는 걸 알았죠. 굉장히 재미있게 파업을 했어요. 그때 현대중공업에서 파업하면서 서울에 항의방문 왔다 잘 데가 없어서 우리 사무실에서 2박 3일간 있었거든요. 그러면서 조합원들이 새로운 대공장 분위기도 느꼈고, 또 그 사람들이 돌아가면서 대자보 하나 딱! "동지들 고맙다……" 써 놓고 갔는데 조합원들이 감동받아 다 울었어요. 지금 생각해도 가슴이 벅찬 나날이었죠. 저는 그때 파업하면서 노동자들의 진짜 힘은 파업, 특히 정치파업이라는 확고한 믿음이 생겼고, 그래서 기업별 노조가 아니라 산업별 노조를 만들어야 한다고 생각했어요.

••• 1988년에 전태일 열사 정신계승을 위한 전국노동자대회가 처음으로 열리잖아요?

그게 왜 그랬냐면 그해 하반기에 노동법개정투쟁을 시작했잖아요? 그러면서 11월 13일 그 전후예요, 이제 정확한 날짜는 모르겠지만. 전태일 추모식을 해야 하는데, 당시만 해도 노동운동을 청계노조가 주도했고, 그래서 추도식하고 맞물려서 노동법개정투쟁을 전국적으로 끌어올리는 대회를 열어, '전태일 열사 정신계승'이란 게 민주노조운동의 상징이 된 거죠. 그걸 누가 제안해서 한 건지는 지금 기억이 안 나는데……. 그때 마창노련_{마산·창원노동조합총연합}이나 울산이 아무리 세다 하더라도 중앙행사는 중앙에서 조직하는 거고, 그런 측면에서 보면 서노협_{서울지역노동조합협의회}이 주도했

노동법개정투쟁 등반대회에서 구호를 외치는 모습

고 또 서노협에서 청계노조가 많이 뛰고 동원하고 뭐 연대투쟁을 하다 보
니까 주도성을 갖고 있었고……. 그런 것 때문에 전국노동자대회에서 사
회를 제가 보게 된 거 같아요.

●●● 89년 이후 논쟁이나 이념 문제가 크게 나타나잖아요? 그때 제일 고민됐던
내용이 뭐였어요?

그때 고민됐던 건 '내가 공부하고 있는 것들이 과연 어떻게 나타나고 있는
가, 또 어떤 과정으로 만들어 가야 하는가?'였고, 또 예를 들어 사회구조가
결국에는 바뀌고 새 사회가 온다는 생각을 갖고 하는데 그 과정에서 합법
정당이 생기면서, 뭐라 그래야 되나? '이게 실제로 노동자들의 것이 되지
못하는구나.' 이론이나 이런 게. 나는 그걸 되게 바랐는데 '아직까지 현실
적으로는 노동자 스스로도 그렇고 그것을 같이 하는 학출들도 그렇고, 정

전국노동자대회에서 사회 보는 모습

말 노동자 것이 되지 못한다'라는 생각을 하면서…….

●●● 87년 이후 사업장에서는 정파 문제에 부닥쳤는데 청계는 오히려 안 그랬죠?

청계는 그렇게 심하지 않았어요. 있긴 있었는데 드러나지 않았죠. 예를 들어 사노맹남한사회주의노동자동맹 사람이 있었어요. 내가 그만둘 때 즈음. 근데 그 친구들은 활동이 흐지부지 됐어요. 그리고 NL도 있었는데 이게 드러나기 전에 다 그만두고. 노조에 중심적인 부분들에 영향력을 미치진 못했어요. 나중에 조합원들이 끼리끼리 그러는 것들이 조금 형성이 되다 말았죠.

●●● '소련이나 동유럽 쪽의 사회주의가 무너졌다' 이런 상황을 들었을 때는 어땠어요?

91년도에 동구권 무너진 거는 사실 나한테 그렇게 심각하게 영향을 끼치진 않았어요. 내가 어차피 그 부분에서 충분하게 어떤 상을 그리고 있지 않았기 때문에, 그렇게 크게 영향을 주지 않았죠. 다만 내가 그동안 전위정당을 건설하는 데 대해 그때 쭉 학습해 오면서 얘기했던 거랑 다르게 갑자기 합법정당으로 나간 거에 대해서 충분하게 토론을 한다든지 그런 과정도 없었고. 뭐 이런 과정이 없으니까 우리 주변에서도 소화가 안 된 거고. 정말 나는 납득이 안 되었죠.

4. 결혼생활에서 여성의 위치

●●● 왜 92년도에 노조활동을 정리하신 거죠?

내가 사무국장을 두 번 연임하고 그 다음에 부위원장을 했어요. 같이하던 내 또래 친구들은 다 결혼을 해서 그만뒀고. (결혼하는 게 여성활동가들이 정리하는 계기가 된 건가요?) 그게 꼭 그건 아닌데, 여러 가지가 맞물려서 결혼생활도 너무 힘드니까, 하하. 나 같은 경우도 힘들어서 결혼한 건 아니고, 그때 부위원장 되면서 상근을 그만하려고 했어요. 너무 오랫동안 했고. 부위원장되고 결혼하면서 상근을 안 한 거죠. 직장을 다니다가 93년도에 애가 생긴 거죠. 93년도에. (다닌 직장은?) 연세상가. 신랑하고 같이 다녔죠. 신랑이 미싱하고 내가 시다해 주고. 하하. (하하.) 객공성과급으로만 임금을 받는 미싱 사이었으니까. 거기다가 남편이 내가 애 낳을 쯤에 위원장이 된 거죠. 그래서 자연스럽게 그냥 역할 분담이 된 거예요. "내가 돈을 벌고 당신이 활동하고." (위원장은 상근비 안 나왔어요?) 7~8년 동안 안 나왔죠.

●●● 결혼하기 전엔 언제부터 사귀었어요?

91년부터니까, 1년 정도 됐나 봐요. 그러니까 김정호 씨가 88년도인가 조합에 가입했을 거예요. 본인이 군대생활 하면서 만났던 사람들이 있는데, 그 사람들하고 학습을 좀 했었던 거 같아요. 원래 미싱을 하고 있었는데 어떻게 연결해 갖고 "청계노조라는 데가 있으니까 거기 가서 하고 싶은 일이 있으면 해라" 뭐 그렇게 얘기돼서 우리 조합원으로 가입하면서 열심히 하다 보니까, 처음에는 쟁의부장을 하게 된 거죠. 그래서 파업 같이하고 선봉대 일하고. 그 당시에는 그 뭐지? 과격하게 찍혔어요. 하하. 그러니까 조합 내부에서도 과격한 사람으로 찍혀 있고. 그런데 90년도 파업 끝나고 수련회 갔는데 "이승숙이를 좋아한다"고 얘기를 해서, 그 뒤에 쫙~ 소문이 퍼졌어요. "쟁의부장이 사무장 좋아한다" 그런 식으로. 그러다가 그 사람이 전교조 투쟁 때 파출소에 화염병 던지고 구속돼서 자연스럽게 제가 뒷바라지 하고. 그때 내 나이가 서른 살이라 나이도 있고. 당시에 우리 남자 또래들, 같이 활동하던 애들이 공부하는 걸 싫어하는 거예요. 그게 사실 마음에 안 들었어요. 그런 모습을 싫어하기도 했고 무시하기도 했고. 하도 여자애들이 드세니까 남자애들이 기도 못 편 것도 있었어요. 여하튼 남자들이 활동력도 있고 투쟁력도 있는데, 의식을 갖추는 학습을 안 하는 거가 있었는데, 정호 씨 같은 경우에는 물론 현장경험이나 활동경험은 없었어도 끊임없이 학습하고 의식을 갖추려는 노력을 하는 사람이었어요. 활동에 대해서도 열정이 대단했고. 그리고 무엇보다도 같은 노동자이고.

●●● 왜 수련회 때 "좋아한다"는 얘기 듣고 본인이 어떻게 반응했는지 얘기 안 하고 넘어가요? 하하.

하하. 그땐 정말 생각 안 했던 거라서 "좀 생각해 보겠다"고 그랬고. 그러고 나서 자연스럽게 가까워졌어요. 1년 정도 산에도 같이 다니고. 근데 단둘이 간 적은 한 번도 없어요. 전부 조합에서 가봤고. 가끔 저녁에 회의 끝나고 창신동 꼭대기 가서 얘기하고 그게 데이트였어요. 그러다가 감옥 갔고 바라지하고 석방돼서 얼마 안 있다 결혼했죠. 그러니까 본격적으로 사귄 기간은 짧았죠. 어쨌든 둘이 생각한 거는 정치적인 방향이나 생각이 비슷한 데다 워낙 원칙적이고 열정적이어서 문제가 안 될 거라고 생각했어요. 나는 결혼해서 활동을 그만둘 거라곤 생각하지 않았어요. 근데 결혼해서 애를 낳고 하다 보니까, 그냥 암묵적으로, 자연스럽게 역할이 나눠졌는데, 그러면서 그게 굳어진 거죠. 내가 주체적이지 않게 돼 버린 거야. 상황에 따라서 그냥 움직여지는 비주체적인 사람으로. 이렇게 한 18년 지나오더라고요. (왜 그런 거 같아요?) 뭐라 그래야 돼요? 그건 뭐 내가 더 문제지 않을까 싶어요. '그 상황이 이러니까' 하고, 그냥 그렇게 왔던 거죠.

●●● 애 키우고 먹고살아야 하는 이유 말고도, 내 활동의 조건에서 손을 놓아서 그런 건 아니고요?

그럴 수도 있죠. 그러니까 계속 청계에서만 해왔잖아요? 그리고 내가 미싱 일을 배우기 시작할 때부터 노조에서 상근을 했어요. 거기다가 구류 살다가 중단됐지, 또 조금 배우다가 뭔 일 있으면 사업장을 나오지 그러니 제대로 기술을 완벽하게 배우지 못한 상태라서, 어디 현장 들어갈 때 자신 있게 못 들어가겠는 거예요. 그리고 현장에서 뿌리를 내려 본 적이 없잖아요? 그런 게 나한테 콤플렉스로 있어요. 내가 먹고사는 일을 선택할 때도 현장을 선택 못하는, 그런 상황이 생기는 거죠.

가족사진

●●● 애기 낳고는 어떤 일을 했어요?

그 전에는 활동비가 없었고 나는 애 낳고 몇 개월 안 돼서 그냥 애 맡기고 일을 했고……. 그러다가 "재정사업부 좀 맡아 달라" 그래서 96년 그때부터 또 4년 동안 노조에서 일했죠. 사실 재정사업하면서 힘들었어요. 재정사업부라는 데서 하는 게 돈 버는 일이잖아요? 내 나름대로 속으로 정리한 건 '보급투쟁'이라고 했지만. 어디 가서 내가 받는 취급은 그냥 보따리 장수, 장사하는 사람, 뭐 그랬어요. (무슨 사업을 했어요?) 단체티, 투쟁조끼 뭐 이런 거였어요. 직접 미싱 놓고 만들어다 준 적도 있었고, 대체로 만들어진 물건 받아와서 인쇄해서 갖다 주기도 하고.

노조는 7명인가 8명이 상근했는데 그때 서의노서울의류제조업노조로 96년 전환되면서 지부 형태로 돼 있어 갖고, 한 4년 동안은 70만 원, 80만 원씩 급여를 지급했어요. 그런데 문제는 김정호 씨가 계속 위원장을 해요, 사람들이 재생산이 안 되니까. 지금은 사람들이 노조활동을 더 안 해, 진짜 미칠 것 같아요.

●●● 재정사업 그만둔 뒤에는?

그때 잠깐 보험회사를 다녔어요. 진짜 보험 그거 하기 싫었거든요. 그러니까 내가 안 맞는 거 같아서 제대로 안 했어요. 그리고 그냥 어영부영하다가 재정사업부 일을 4년 동안 하고 나와서는 다시 보험회사를 다니면서 '이거는 돈을 버는 거다' 생각을 하고 달려들었죠. 재정사업을 그만둔 건 지쳐서예요. 너무 지치더라고요. 그리고 애도 어렸고……. 초기 재정사업부 할 때도 애를 제대로 못 돌봤어요. 지금도 우리 딸이 엄마에 대한 집착이 있어요. 하여튼 결혼해서 제일 힘든 게, 애 때문에 내가 동동거렸던 거예요. 막~ 시간에 쫓기면서 애한테 가야 되고, 이런 거 있잖아요? (음.) 그러니까 내가 하던 대로 활동이나 뭐가 안 되고 항상 애 때문에 늦게 들어가면 아주 불안해서 미칠 거 같고. 다행히 시어머니가 옆에서 사셔서 좀 봐주시긴 했는데……. 그런 게 제일 힘들었고 그 과정 지나면서 내가 제일 속이 상한 거는 활동 면에서도 결혼한 뒤에 내가 무언가를 마련해 놓지 않았고, 거기에 경제적으로나 생활에서 아무것도 해놓은 게 없더라고요.

또 필요하면 노조 가서 일을 하는데 그만큼 급여나 이런 게, 예를 들어 그 당시에 내가 60만 원 받고 뭐 위원장이 80만 원 받았다고 하면 140만원 갖고 생활해야 되는데, 그것도 얼마 안 있다가 지급 안 되고. 지금도 마찬가지예요. 지금도 내가 노조일을 일정 정도 봐주면서 필요한 부분에서 일하지만 급여를 제대로 못 받고 있거든요? 위원장도 그렇고. 그런 게 나는 너무 싫은 거야. 그러니까 내가 제대로 활동도 한 것도 아니고 그렇다고 돈벌이를 제대로 하는 것도 아니고……. 이런 상태가 너무너무 싫어서, 사실은 내 스스로가 이런 얘기[구술작업] 하는 것도 싫고, 막 그렇더라고요.

내가 기술이나 빵빵하게 있으면, 차라리 그냥 아무 생각 안 하고 현장에서 뭐를 해보든지 하는데 그것도 아니고. 거기다가 나이가 젊었을 때는 문제가 안 된 학력이라든가 이런 것도 어디 가면 고졸 이상이어야 되니 또 걸리죠. 지금은 나이가 걸리고. 그러니까 그런 것 때문에 진짜 힘들고 스트레스를 받아요.

●●● 보험하면서 생활은 좀 나아졌나요?

뭐, 많이 벌진 못했어도 생활은 했죠. 보험이 한계는 있어요. 결국은 설계사들을 힘들게 하는데, 대부분 계약을 계속 해야 하니까 많든 적든 빚을 져요. 계약이 안 되면 월급이 안 나오잖아요? 그런 경우도 있고 제일 문제는 가입했던 사람들을 유지시키는 거예요. 만약에 이 달에 가입했는데 두세 달 있다가 계약자가 계약을 파기해요. 그럼 그걸 다 설계사가 토해내야 돼요. 그것도 두 배로. 거기서 설계사들이 완전히 죽어 나가는 거예요. 그거 때문에 사실은 빚을 안 질 수가 없어요. 예를 들어 지금 24개월로 보험을 들었는데, 하다 보면 계약자가 마음에 안 들어서 파기할 수도 있고, 그렇잖아요? 지금도 설계사들을 제일 힘들 게 하는 게, 그걸 유지하는 거예요. 열심히 나름대로 정상적으로 영업을 하면 부담이 조금은 줄어들죠. 근데 너무 안 되다 보면 부실계약을 하는 거고, 하고 나서는 자기가 내야 되고. 이런 것 때문에 나도 많이 힘든 적이 있어요. 구조적으로 그럴 수밖에 없어요.

노조의 기술교육센터 졸업작품 전시회에서

●●● 노조에서 하는 기술학교는 어떻게 만들게 된 거예요?

우리가 예전부터 사무실에서 자체적으로 '패턴교실'을 했었어요. 그러다
가 재취업을 위해 재교육 시키는 프로젝트를 정부에 낸 거죠. 왜냐면 조합
원들이 노화돼 갖고 재생산이 전혀 안 돼요. 그러니까 지금 우리 조합원들
은 새로 가입한 사람들인데도 다 나이가 내 또래예요.

그러니까 고여 있고 또 웬만한 거 갖고는 사람들이 움직이지도 않고,
자기들 필요할 때, 뭐 예를 들면 진정서를 내야 된다든지 이럴 때나 오고.
그 외에는 조합활동이 전혀 안 되니 더더욱 어려워진 거죠. 그래서 뭔가
분위기도 바꾸고 또 지원받아서 하니까 재정적으로도 약간 도움이 되고.
어쨌든 그런 걸 통해서 사람들이 다 조합원이 될 순 없지만 조합에 대해
관심 가질 수 있도록, 뭔가 대중들을 향해서 할 수 있는 그런 기회를 좀 마
련하려고 한 거죠. 또 현장에서 필요한 일이기도 하고. 그런데 그것도 실무
적으로 맡을 사람이 없어서, 또 내가 하게 된 거죠. 진짜 내가 하고 싶은 일

도 아니고, 썩 내가 잘할 수 있는 일도 아니고. 하여튼 그냥 상황에 밀려서 하는 거예요.

●●● 애를 키우면서는 어땠어요?

내가 그러고 다녀도 친정에 손을 벌려 본 적도 없고, 또 친정도 나를 도와 준 적도 없고. 우리 시부모님은 지금 같이 산 지 몇 년 됐어요. 남편이 3남 2 녀인데 아들로는 막내예요. 좀 가정사가 복잡해서 큰아들이 역할을 못하 고 어머님은 소득원이 없고. 그러니까 우리가 그냥 어머니랑 같이 살면서 생활비를 내서 먹고사는 거죠.

5. 40대 후반, 나는 누구인가

●●● 청계노조가 70년대부터 지금까지 남아 있는 유일한 민주노조잖아요? 청계 노조의 의미를 어떻게 보죠?

청계노조^{현 서의노}는 70~80년대에 우리나라 노조운동 역사에서 정말 자신 의 역할을 다했다고 생각해요. 전태일 선배님의 분신항거로 사회적 각성 을 끌어냈고 그 때문에 많은 지식인과 노동자들이 현실을 직시하게 되고. 그래서 한동안 단절되었던 민주노조운동이나 사회변혁운동에 불을 지피 는 계기가 되었죠. 또한 노조합법성쟁취를 위한 투쟁시기에는 전두환 정 권의 노조말살 같은 잔혹한 정세 속에서도 노학연대라는 새로운 투쟁을 전개하면서 연대투쟁의 발판을 마련하는 계기를 만들기도 하고. 그 연대 의 정신이 6·10항쟁에 이어 87년 노동자대투쟁으로 이어져 서노협, 전노 협을 거쳐 지금의 민주노총에 이르기까지, 청계노조는 역사 속에서 맞닥

뜨리는 상황마다 피하지 않고 투쟁을 해왔어요. 그건 우리가 일부러 계획하지 않았어도 선도투쟁을 하면서 민주노조운동의 중심이 된 거죠. 그러나 87년 이후 많은 산업에서 노동자들이 조직되고 힘이 생겼고 산별노조로 발전을 지향하고 있는데…….

지금 의류노동자들은 노화되었고 재생산도 안 되고, 산업적으로 사양화된 지 오래됐거든요? 비정규직도 많고 근로조건은 더욱 후퇴했죠. 그래서 산별 노동조합이 더욱 절실한데, 문제는 조직화가 더 어렵다는 거예요. 지금 서울의류제조업노동조합의 고민은 어떻게 하면 노조활동을 활발하게 정상화하는가인데……. 산업의 비중은 작아졌지만 그래도 의류업에 종사하는 노동자들이 서울에만 30만 가까이 돼요. 지금도 끊임없이 부당노동행위에 대한 상담이 오고. 그래서 의류노동자들이 존재하는 한 노동조합도 존재하는 거고, 적극적으로 산별노조를 고민하고 있다고 해요. 그 속에서 민주노조로서 자긍심을 잃지 않고, 조합주의에 머무르지 않는 노조가 되는 게, 제 개인적인 바람이죠.

●●● 청계노조 활동이 본인의 삶에는 어떤 의미가 있다고 보나요?
어쨌든 청계에 몸담은 지 30년 가까이 되네요. 그동안 많은 친구들이 함께했고 떠났어요. 안타까운 것은 짧든 길든 그 순간 자신의 모든 것을 걸고 활동하고 참여했던 친구들이 가슴에 상처들을 하나씩 갖고 있고, 그 순간이 뿌듯하기도 하지만 감추고 싶기도 한 시간으로 기억하는 것이 너무 마음이 아프고요. 저 개인적으로는 20대를 가장 빛나게 살게 해준 시간이라고 생각하고, 그래서 늘 자신 있고 당당하게 살 수 있었죠. 나를 볼 수 있게 됐고 가치관을 갖게 됐고 그래서 부끄럽지 않았고, 지금도 가끔 생각해 보

1991년 전태일 열사 추도식에서(오른쪽 맨앞 안경 낀 이)

는데, 내가 야학도 모르고 노조활동도 안 하고 평범하게 지냈다면 지금 내 모습은 어떨까? 사람 일은 모르지만 너무너무 초라한 삶을 살고 있지 않을까? 단순히 경제적 개념이 아니라 공장 다니는 내가 부끄러워 늘 나를 감추고만 싶었던 열여섯 살에 내가 머물러 있지 않았을까 하고…….

●●● 활동하면서 제일 힘들었던 일은 뭐였죠?

저는 활동할 때는 '힘들어 나 못하겠어' 한 적이 없어요. 그러니까 결혼 전까지는 내 의지와 힘으로 살아온 거라 큰 갈등이 없었어요. 다만 내가 아까 얘기한 현장에서 뿌리 내리고 해보지 않은 거가 제일 콤플렉스고……. 그것도 어차피 상황적으로 그렇게 된 것도 많았고. 그래서 특별히 내가 그 당시에 막 도망가고 싶거나 이런 적도 없었고, 보안사 갔다 오고 나서도 크게 부작용은 없었고. 근데 무서웠던 게 청계모임 초기였어요. 초기에 신광용 선배랑 일하다가 느닷없이 경찰서에 끌려간 적이 있어요. 처음이지. 그때 내가 수첩에 회의 같은 거 적어 놓고 이랬던 게 있어서. 그때 엄혹했 잖아요? 계엄령 때리고, 누가 뒤쫓아 올까 봐 노이로제 걸릴 정도로 숨 막 히고. 잠깐 그런 시기가 있었어요. 그 뒤로 집회 가고 이럴 때, 가기 전엔 무 섭지, 솔직히 사람이니까. 앞에 서고 하는 거에 항상 두려움이 있었는데 그 두려움이 나한테 영향을 끼치진 않았던 거 같애. 하다 보면 잊어먹고. 순간 순간 두려움은 항상 있고 겪고 나면 또 넘어가고 그랬던 거 같애요. 그 시 기에는 진짜 최선을 다해서 살았던 거 같고. 결혼하고 나서는 많은 고민이 생겼던 거 같고요.

●●● 자라면서, 또 활동하면서 여성이기 때문에 불이익을 당하거나 불편함을 느 낀 일이 있었어요?

활동하면서 느낀 건 별로 없었고 결혼하고 나선 어쩔 수 없이 김정호 씨 도 그렇잖아요? 현실이잖아요, 결혼생활이라는 게. 그러니까 결혼 전에 얘 기했던 거하고 실제는 다르게 나타나는 거고. 그리고 나도 내가 먼저 접 고 들어가는 거죠. 그런 모습이 '정말 이건 아니다' 그러면 그걸 내쳐야 되 는데 내가 그냥 수용을 해버리는 거죠. 그러니까 상황이 계속 그렇게 되어 오는 거지. 예를 들어 위원장을 해야 하니까 그때는 열정적으로 순수하게 하는 사람이었기 때문에, 내가 많이 지쳐 있기도 했고 애도 낳고 했으니까, '이 사람이 일하는 게 맞다'고 생각한 거지. 오히려 나보다 더 잘할 수 있 는 사람이라고 생각했죠. 근데 그게 계속 굳어져 가고. 또 시어머니 모시고 사니까 대소사를 내가 다 챙기고. 정호 씨 같은 경우에는 활동에 매진하다 보니까 집안 일은 거의 안 하죠, 지금은 조금 나아졌지만. 예를 들어 99%

서울의류제조업노동조합(서의노) 체육대회에 참여한 가족(앞줄 오른쪽에서 두번째부터 남편, 아이, 이승숙)

를 내가 다 해오면서도 돈 못 벌어 와도 그런 걸로 뭐라고 말을 안 하고. 거의 내가 그냥 알아서 책임지는 상황으로 오다 보니까 지금 40대 후반 들어서, 그런 것들이 '아, 잘못했구나.' 하하. '나를 위해서 내가 잘못했다', 다른 사람 때문이 아니라 내가 나한테 너무 잘못했다는 생각이 드는 거죠. 지금에 와서 '그럼 내가 진짜 잘할 수 있고 내가 하고 싶은 게 뭐지?' 하고 나한테 물었을 때, 대답을 못하겠는 거예요……. 예전에는 내가 굉장히 적극적이고 밝고 뭐 이런 사람이었는데……. 근데 어느 순간 그런 모습들이 없어지고, 지금 진짜 되는 대로 사는 거 같고 주어진 일만 의무적으로 하는 사람이 되는 거 같고 그래요. 그런 게 사실 마음에 안 들고 힘들기도 하고요. 그래서 이것도[구술] 안 하고 싶었어요. 내가 스스로 그런 거에 당당하지 못해서…….

●●● 많은 여성들이 결혼하고 그런 거 같아요. 근데 지금 생각하면 어떻게 했어야 한다고 느끼세요?

그러니까 뭐라 그래야 되죠? 내가 좀 나한테 배려를 했어야 된다고 할까. 예를 들면 내가 진짜 하기 싫은 건 안 하고, 내가 꼭 해야 하는 거나 하고 싶은 거는 주변 상황 보지 않고 하고 그랬어야 되는데, 난 '어쩔 수 없지, 이건 내가 해야 되고. 지금은 이렇게 해야 되고' 그러면 또 그 다음에 다른 상황이 또 만들어지면 '아, 그럼 이거는 이렇게 맞춰야 하네' 하다 보니까……. 실제로 나를 잃어버리고 나는 누군가? 뭘 해야 되는가? 나한테 맞는 게 뭔가? 지금 이 나이에 내가 또 그러면 다시 할 수 있는 게 있나? 뭐 여러 가지 의문이 드는 거죠.

●●● 그런 의문을 앞으로 어떻게 해결해 가려고 생각하시나요?

글쎄요. 아직 명쾌한 답은 없네요. 하하. 현실은 그대로이고 시간은 자꾸 가고, 하지만 조금씩 바꿔 보려고요. 우선 나이 먹는 것에 초초해하지 않으려고요. 하나, 둘, 셋 하고 한꺼번에 확 달라질 수 없잖아요? 그래서 조금씩 나를 배려하고 계속해서 내가 바라고 우리가 꿈꿨던 세상에 대한 열망을 잊지 않고 작은 실천이라도 하면서 잘할 수 있는 일을 찾아봐야죠. 사실 흔들릴 때 많아요. '이 일이 정말 될까' 하는 생각이 들 때도 있거든요. 그런데 우리 딸아이의 미래를 생각하면, 현실이 정말 막막해지고, '우리가 제대로 못 싸워서 아이에게 참, 힘든 세상을 살게 하는구나' 싶은 생각도 들고. 그래서 포기하면 안 될 것 같아요.

내 인생에서 노동조합을 알지 못했다면, 그저 평범한 주부로 부동산 경기에 관심을
가지면서 살지 않았을까 싶다. 아마도 가만 있지 못하는 성격에 복부인이 되지 않았을까?
노동조합이 나에게 인간답게 사는 법을 가르쳤고 인간을 어떻게 사랑해야 하는가를
가르쳐 준 것이다.

민주노조간부에서
여성활동가로 거듭나다

유옥순

콘트롤데이타 노동조합 부위원장

민주노조간부에서 여성활동가로 거듭나다

1. 맏딸로 태어나 사랑받다

한국전쟁이 한창이던 1950년 12월 16일 겨울 새벽에 피난 간 곳에서 나는 태어났다. 강원도 강릉에서 사시던 부모님이 겨우 피난을 간 곳은 삼척 외갓집인데 그곳은 깊은 산골이었다. 엄마가 태어난 지 일주일 지난 신생아인 나를 업고 온 식구가 다시 강릉으로 돌아왔다고 한다. 엄마는 산후조리도 못한 채 얼어 있던 냇물을 건너서 그후 정맥류가 생겨 평생을 무릎 밑 종아리까지 오는 짧은 치마를 입을 수 없었고, 그 때문에 속상해했다. 그때 아버지는 방위로 차출되어 집에 계시지 않았다고 한다. 전쟁이 끝나고 아버지가 집으로 돌아오신 후에는 큰일 없이 평온하게 살았다. 제재소 공장장인 아버지, 전업주부인 엄마, 할아버지, 할머니, 삼촌 한 분, 고모 한 분 이렇게 대가족이 사는 집에서 나는 4남 2녀인 6남매의 장녀였다. 내 위로 언니 둘이 있었는데 모두 태어나서 1년을 못 넘기고 죽었다고 한다. 할머니는 우리집이 손이 귀한 집이라 매우 걱정을 하셨다고 한다. 아버지는

구로여성인력개발센터에서의 필자

4남매였는데 당시로 보면 형제가 적은 편이었다. 그런 상황에서 태어난 나는 온 식구의 사랑을 받고 자랐다고 한다. 이때는 전쟁 직후라 모든 물자가 귀하였는데, 고모는 교회에서 배급받은 옷을 새롭게 만들어 나에게 입혀서 데리고 다니는 걸 좋아했다. 아버지가 월급쟁이였기 때문에 생활은 그리 궁색하지 않았던 것 같다. 나와는 12년 차이인 삼촌은 전쟁 때 중학교를 중퇴하고 아버지에게 기술을 배워 제재소에서 일을 하였고, 고모는 집에서 살림을 배웠으며, 할아버지는 철도 부지의 땅을 얻어 농사를 조금 지으셨다.

내 이름에 얽힌 재미있는 이야기가 있다. 전쟁 중이라 식구 수대로 배급을 받았다고 한다. 급한 김에 엄마는 배급을 더 받을 요량으로 내 이름을 생각나는 대로 '옥순'이라고 했다고 한다. 죽은 언니 이름이 옥란이라서 그랬단다. 아버지가 돌아와서 보니까 이미 이름이 있어서 그냥 부르기

중학교 1학년 때 소풍(왼쪽에서 다섯번째가 필자)

로 했다는 것이다. 아버지는 태몽을 꿨는데 남자아이인 것 같아 이름을 승연이라고 지었단다. '그때 아버지가 지은 이름으로 했으면 이렇게 촌(?)스러운 이름은 아닐 텐데' 하면서 늘 속상해했었다. 나는 이름을 지을 때부터 가족 부양을 해야 하는 운명이었던 것 같다. 아버지가 지은 이름으로 살았으면 내 인생이 달라졌을까? 가끔 생각해 본다.

나는 맏딸이어서 딸이라고 차별대우를 받은 적은 없었던 것 같다. 중학교를 졸업하고 고등학교를 진학해야 할 때 아버지는 "간호고등학교를 가라"고 하셨지만, 나는 간호원들이 하는 일이 무서워 고등학교 진학을 안 하였다. 그 당시 간호학교는 국비 지원이라 무상으로 공부할 수 있었다. 그때부터 우리 집안이 어렵다는 걸 알게 되었다. 동생들이 자라고 집안에 돈을 버는 사람보다 쓰는 사람이 많아졌고, 월급이 인상되는 것보다 물가가 빠르게 올랐기 때문이었다. 나는 진학을 포기하고 집안 일을 돕다가 근처

의 공장이 바쁠 때 아르바이트 형식
으로 잠시 다니면서 검정고시를 볼
생각으로 통신강의록을 가지고 혼
자 공부를 하였다.

그러다 1968년, 친구가 아는 분
의 소개로 친구와 함께 섬유회사에
들어가기로 하고 서울로 올라왔다.
그 회사는 동광모방이라는 스웨터
수출회사였다.

중학교 졸업사진(오른쪽 두번째)

2. 콘트롤데이타에 민주노조를 세우다

콘트롤데이타 입사와 가장의 역할

동광모방 섬유공장에서는 중학교 졸업도 학력이 높은 편에 속하는 데다
아는 아저씨 덕분에 검사과에서 일하기 시작하였다. 물론 내가 기술을 배
우기 원하면 다른 과로 옮겨 주겠다고 했다. 원래는 회사가 구로공단으로
이전해 기숙사도 운영할 계획이라고 하여 오래 다닐 생각으로 입사했지
만, 막상 일을 하면서 나는 계속 다닐 생각이 없어졌다. 같이 서울 온 친구
가 언니 소개로 콘트롤데이타에 다닐 계획이었고 나도 같이 갈 수 있지 않
을까 하는 생각을 했다.

거기는 근로기준법도 지켜지지 않는 공장이었다. 밤 10시까지 일하
면 야근이라고 해서 삼립크림빵과 우유를 주고, 철야를 하면 저녁밥을 주
었다. 야근과 철야의 수당 계산 방법도 틀리고 법대로 계산하는 것도 아니

었다. 그런데도 출퇴근시간은 엄격하게 카드를 찍고 다녔다. 물론 외출도 어려웠다. 기숙사는 없었으며 용산에 있는 친척집에서 전차를 타고 동대문까지 다녔다. 거리가 멀어 출퇴근 시간이 많이 걸려서 차라리 철야를 하는 게 나았다.

나는 그때도 법이나 제도에 관한 관심이 많았던 것 같다. 이리저리 들은 이야기 중에 "8시간 노동 이외에는 야간수당을 받아야 한다"는 등 근로기준법에 대한 단편적인 정보를 내가 꽤 갖고 있었던 것 같다. 법에는 8시간을 노동하라고 하는데 왜 본인의 동의 없이 밤을 새워 일하라고 하면 일해야 하는지, 그리고 왜 월급은 별로 많이 주는 것 같지도 않은지…… 등 불만이 꽤 많았다.

그러다 1년이 되어 월급을 차등 인상한 것을 알고 항의했다가 소개해 준 아는 아저씨한테 혼나고 나니, 더욱 빨리 그만둬야겠다는 생각을 굳혔다. 그래도 함께 일하던 친구들과는 잘 지내어서 지금도 만나고 있다.

그렇게 1년을 다니고 친구 소개로 1969년 6월 콘트롤데이타에 입사하였다. 친구 언니가 부장을 알고 있어 간단한 시험만을 거쳤다. 콘트롤데이타에 입사하면서 김포가도 근처 목동으로 이사하여 친구랑 자취생활을 하였다. 월세방인데 보증금 2만 원에 월 2천 원 정도였고, 연탄아궁이를 쓰는 방 하나와 부엌 하나가 있었다. 화장실은 바깥마당 옆에 있어 공동으로 사용하였고 세면실은 주인집에도 없어 씻기가 어려웠다. 구멍 뚫린 벽돌로 쌓은 집이었다. 그래서 겨울은 춥고 웃풍이 세어서 방안의 물이 얼 정도였고 여름은 너무나 더웠다. 매년 겨울마다 두 번 정도 연탄가스 중독으로 출근을 못하기도 했다.

그 당시는 중학교 졸업 이상이면 콘트롤데이타에 입사할 수 있었는데, 1년 정도 지나자 고졸 이상만 입사할 수 있었다. 중졸인 경우 반장이 되거나 검사과로 갈 수 없었다. 내가 입사할 때만 해도 근로조건이 좋고 월급도 많은 편이었다.

콘트롤데이타는 미국에 본사가 있고, 1977년 기준으로 세계 43개국에 지사가 있으며 연간 매상고가 20억 달러나 되는 기업이었다. 1958년부터 한국에 하청을 주다가 1967년에 컴퓨터 기억장치 조립 생산업체인 한국 콘트롤데이타사를 설립하였다. 처음에는 노동자 수가 40명이었으나 1969년에 400명으로 늘어났고, 1974년에는 1,000명이 넘었으며, 1976년에 이르러서는 1,300명이나 되었다. 노동자의 95%가 여성이었다.

회사는 김포가도 염창동에 있었는데 옆에 시그네틱스라는 회사도 같이 있었다. 두 회사가 모두 외자 기업이었는데 시그네틱스에는 노동조합이 있었다. 두 회사 노동자들 사이에는 묘한 경쟁의식이 있어서 서로 자기네 회사가 더 좋다고 생각하고 있었다. 시그네틱스는 전자제품의 부품을 생산하는 곳이고 우리 회사는 컴퓨터 메모리장치를 조립하는 곳이었다. 콘트롤데이타 컴퓨터는 국방용으로 많이 쓰이고 규모도 어마어마하여 홍릉에 있던 과학기술연구소에도 1대(CDC3300)가 있었다. 그 뒤 중학교 평준화가 되면서 중학교 입학 추첨도 이 컴퓨터로 하였다고 한다. 당시는 컴퓨터가 아주 귀하여 일반 국민들은 알지도 못하던 시기라 우리는 자부심이 대단했다. 그래서 시그네틱스를 좀 낮춰 보는 경향도 있었다. 나는 내 바로 밑의 동생을 시그네틱스에 입사시켰다. 이 동생은 2년 정도 다니다가 회사가 구조조정을 할 때 그만두고 시골집에 갔다가 공군 하사와 사랑에 빠져 동거를 시작하였다. 우리 회사도 그 당시 두 번 정도 구조조정을 했던 것 같다.

회사는 근로기준법을 잘 지켰고, 당시 전기 사정이 좋지 않아 월요일에 전기가 중단되었기 때문에 일요일에 일하고 월요일에 쉬기도 하였다. 연장근무를 하면 근로기준법대로 지급하고 생리휴가도 유급으로 쉴 수 있었다. 그런데 언제부터인가 노동자 수가 늘어나면서 생리휴가가 점차 없어져 갔다. 회사는 매월 생리휴가로 쉬던 것을 2~3개월에 한 번 쉴 수 있게 하기도 하고 양호실에서 확인하는 등 이상한 짓을 하기 시작했다. 그 때문에 다들 불만은 많았지만 어쩌지 못하고 회사가 하는 대로 따라하면서 항의 없이 지내야 했다.

우리 작업은 현미경을 온종일 봐야 하는 일이라 눈에 이상이 생긴다. 입사할 때 시력이 1.0 이상이어야 하는데, 나는 1.2였다. 종일 일하고 나면 퇴근 때는 4차선 길 건너에 있는 사람이 아른거려 알아볼 수 없었다. 그러다 퇴사할 당시에는 0.8로 시력이 나빠졌다. 진급도 여자는 반장 정도였고 고졸인 남자들은 감독이나 나중에는 과장까지 진급하기도 했다. 노동조합이 생긴 이후 여자도 감독까지 가긴 했지만 개인의 역량문제와 조합원들과의 소통 부재로 그만두게 되어 더 진척되지 못했다.

그렇게 열심히 살던 스물두 살 겨울, 아버지가 고혈압으로 쓰러져 돌아가셨다. 내가 엄마와 동생 다섯, 병든 삼촌, 할머니까지 여덟 식구를 부양해야 하는 생활이 시작된 것이다. 아버지의 월급에 의지해서 살아온 엄마는 정말 세상물정을 몰랐고, 그나마 노동이 가능한 삼촌은 원인을 알 수 없는 병에 걸려 몇 년 후 사망하였다. 결국 내 아래 여동생은 동사무소에서 사환으로 일하게 되었다. 큰 남동생은 그때 중학교 3학년이었다. 이때부터 엄마는 남의 집 일과 막노동판, 생선장사, 야채장사 등의 일을 가리지 않고 했지만 입에 풀칠을 하는 정도였고 나와 시그네틱스에 입사한 여동생의 수입으로 동생들의 학비를 충당했다. 여동생이 일찍 결혼하는 바람에 나중에는 나 혼자 동생들의 학비를 책임져야 했다.

큰 남동생은 고등학교에 진학하자 집안의 어른 노릇을 하려 들면서 폭군으로 변했다. 아마도 한 집안의 가장은 남자라고 생각했고 그것이 맏아들의 큰 권한이라고 생각했던 것 같다. 학생이면서 학업보다는 친구들과 어울려 돌아다녔고, 술과 담배를 좋아하며 망가져 가고 있었다. 그래도 가끔 내가 집에 내려가면 얌전한 척해서 식구들이 신기해하였다. 남동생은 모든 식구들의 희망이었지만 그렇게 살지를 못하고 알코올 중독자가 되어 엄마가 세상을 뜨신 지 1년 후인 1992년에 세상을 떴다.

식구들은 내가 큰돈이나 버는 줄 알고 나만 보면 돈타령이었다. 그때는 식구들이 모두 나를 하느님처럼 생각하는 것 같았다. 돈도 만들어 내고 어려운 일도 척척 해결하는 해결사로 나를 알고 있는 것 같았다. 막내동생이 자전거 사고로 입원했을 때도 내가 내려가 합의를 보고 해결해야 했다. 당시 회사가 일은 많고 공간은 좁아서 사람을 더 쓸 수가 없자 야간근무조를 만들었다. 나는 즉시 야간근무조를 선택해 3년간 야간만 하였다. 그래야 동생들 학비도 대고 나도 먹고살 수 있었다. 월세방에서 벗어나고 싶었지만 도저히 벗어날 수 없었다. 결혼하기 전까지 나는 월세방을 전전했다.

1년에 4회 상여금이 나오는데 상여금과 월급의 일부가 두세 명의 동생들 학비로 들어가고 나머지 월급의 일부는 방세 내고 먹고살고 나름의 콘트롤데이타 사원다운 품위를 유지하는 데 쓰였다. 당시 회사 동료들은 명동양장점에서 옷을 맞춰 입었고 신발도 금강제화, 에스콰이어, 엘칸토 등 메이커 구두를 신었으며 화장품도 메이커만 썼다. 회사 안에는 그런 메이커의 할부 티켓이 자주 나돌았는데, 할부 티켓만 취급하여 부수입을 올리는 동료들도 많이 있었다. 나의 상황은 다른 친구들에 비해 좋지 못했다. 한 예로 회사에서 어느 날 중학교 동창을 만나게 되었는데, 그 친구는 고등학교를 졸업하고 회사에 입사한 친구였다. 반갑기도 하고 또 내가 중졸인 게 밝혀질까 봐 은근히 걱정되기도 했으나 그 친구는 얼마 다니다 회사를 그만두었다. 추운 겨울 내가 '레자'인조 가죽로 된 코트를 입고 다니는 걸 보고 그 친구가 "돈 벌어 뭐하냐? 옷 좀 사 입으라"고 하는 것이었다. 나는 그 옷이 솜이 들어 있어 춥지 않은데 친구가 보기에 추워 보였나 보다.

엄마는 당시 대부분의 여성들이 생각하는 것처럼 '큰아들이 졸업하여 돈 벌면 되니까 그때까지만 고생하자' 하면서 장래성 있는 일을 찾지 않으시고 임시로 하는 일만 하셨다. 나는 그런 엄마를 보면서 엄마처럼 살지 말아야겠다고 생각하게 되었다. 여성도 자기 일이 있어야 하고 어떤 한 분야에 전문가가 되어야 한다는 생각이 들었다. 당시에는 모두들 옷을 맞춰 입는 시대라 양재가 배우고 싶었지만 돈이 없어 배우지 못했다.

당시 동료들 중에는 야간고등학교를 다니는 사람이 늘어나 숫자가 꽤 되었고, 또 전문대학에 진학하는 사람도 많았다. 회사는 회사의 프라이드를 세우기 위해 학교 다니는 친구들은 연장근무나 야간근무에서 빼주는 편이었다. 하지만 나는 형편이 어려워 꿈도 꿀 수 없었고, 또 왜 그런지 몰라도 특별히 억척스럽게 공부해야겠다는 생각도 없었다. 내 성격은 상당히 낙천적인 것 같았다.

노동조합 결성과 일상활동

우리는 영등포산업선교회에 다니고 있었다. 그때 영등포산업선교회는 당산동 기지창 근처에 2층으로 된 작은 벽돌집이었다. 누가 처음 가게 되었는지는 모르겠으나 산업선교회에서 함께 뜨개질을 배우거나 소그룹을 만들어 취미활동이나 독서클럽을 하고 있었다. 그러다가 나를 포함한 8명이 '파워'POWER 그룹을 만들어 매주 만나 독서토론을 하면서 노동조합과 노동자의 처지 등에 대해 배우고 있었다. 조지송 목사님은 우리들을 보고 "너희들은 고등 병신이다"라고 놀리셨다. 고등학교만 나왔지 의식이 없다는 것을 그렇게 표현하신 것이다. 우리는 산업선교회에서 하는 신용협동조합약칭 '신협'에 가입했고 몇 년 동안 신협 회계보조로 입금을 맡기도 했다.

그러던 1973년, 회사가 임금을 인상했는데 생산직에서는 남성과 여성을 다르게 올리고, 관리직과 생산직 간에도 차등을 두었다. 물론 임금인상의 구체적인 내용은 비밀이었지만 어떤 반장이 자랑스럽게 자신의 임금이 인상된 것을 얘기하면서 우리가 알게 된 것이다.

임금인상 문제가 불거지자 동료 몇몇이 산업선교회를 찾아갔는데 "이 문제는 노동조합만이 해결할 수 있다"는 얘기를 듣고 노동조합을 결성하기로 했다. 처음에 모인 사람들이 너무 적어 다음날 더 모아서 오기로 했는데도 여덟 명만이 모였다. 나는 야간근무라 자다가 시간을 놓쳐 함께 하지 못했다. 마침내 1973년 12월 20일, 여덟 명이 노조창립총회를 하여 금속노조 영등포지역 지부 콘트롤데이타 분회를 창립하였다. 같이 자취를 하던 친구가 조직부장이 되어 가입원서를 잔뜩 가지고 와서 "야간에서 받아 줘. 그런데 회사 모르게 받아"라고 하여 참여하지 못한 미안함에 열심히 하였다. 나는 가입서를 양말 속에 잔뜩 숨겨 들어가서 전달하곤 하였다. 눈치 보면서 가입하지 않는 옆 친구들이 그렇게 원망스러울 수가 없었으며 또한 들킬까 봐 걱정도 되었다. 2~3일 사이에 가입 조합원이 600여 명으로 늘어났다. 마침내 노조설립 허가서가 나오자 너무나 기뻤다. 야간

근무가 끝나면 태권도 도장을 빌려 조합원교육을 하고 어떤 때는 영등포 지부로 나가 교육을 받기도 하였다. 그때 호빵이 나오기 시작했는데 교육 후 먹는 호빵이 그렇게 맛있을 수가 없었다. 지금도 호빵을 보면 그때 생각이 나 정겹다.

나는 대의원에 뽑혔는데 기질적으로 잘못된 부분을 보면 가만히 있지를 못해서 자꾸 문제제기를 하였다. 그런 내 모습이 활동적으로 보였는지, 다음해 나는 회계감사를 했고 부녀부장, 교육선전부장, 부지부장을 맡았다. 나는 스폰지처럼 노동조합을 받아들이면서 활동하는 것이 너무 신났다. 회사에 공간이 없어 바깥에 있는 총무과에서 노조 분회장과 총무가 상근을 하게 되었는데 우리는 이들을 보호하면서 한편에서는 회사에 넘어가지 않도록 감시도 해야 하고, 회사가 보란 듯이 우리의 조직력을 과시해야 했다. 그래서 노조에서 의논한 대로 나는 매일 퇴근하면 열심히 3~4명의 조합원을 데리고 노조사무실을 들르곤 했다. 그러면 총무랑 분회장이 좋아하고 또 열심히 활동하는 그들이 자랑스러웠다. 회사에 찍히는 건 두렵지 않았다. 내가 찍혀 해고당하면 노조가 구제해 줄 것이란 믿음이 있었다. 집에는 내 얼굴만 쳐다보는 동생들과 엄마, 식구들이 있는데 겁도 없이…….

그러다 1974년 7월, 회사가 구로3공단으로 이전하게 됐다. 우리는 공단으로 가면 '공순이'가 된다는 생각에 가기 싫어했지만 내색은 못하고 어떻게 우리가 원하는 것을 확보하면서 갈 것인가를 문제로 삼았다. 물론 노조는 끊임없이 노동자의식을 심어 주기 위한 교육을 했지만 조합원들의 감정은 '공순이'에 꽂혀 있었다. 노조도 이제 막 걸음마를 하는 상태였기 때문에 조합원들이 모두 가지 않겠다고 하면 노조가 와해될 우려가 있었

상집간부들과 함께(오른쪽에서 두번째)

다. 어떻게 하면 조합원들의 자존감을 손상시키지 않으면서 이전할 수 있을까? 고민이 되었다.

일단 공단은 교통이 너무 불편하다. 대규모 공장이 입주해 있어도 109 번 버스 2코스가 대중교통의 유일한 수단이었다. A코스는 우리 회사 앞으로 B코스는 우리 회사 정반대 노동부 쪽으로 돈다. 당시 회사가 서울에 있는 고등학교 졸업반에서 사람들을 모집해 오기 시작했기 때문에 서울 전역에서 노동자들이 출퇴근을 하며 다니고 있었다. 그래서 노조는 통근버스를 요구했다. "지금 같이 일반버스를 타고 출근하면 출근하면서 힘이 다 빠져 회사가 원하는 생산성을 기대할 수 없다"고 으름장을 놓았다. 이것이 관철되어 통근버스를 만들기로 결정하여 여러 회사의 견적을 비교하고 보험이 잘되어 있는지, 차량이 노후하지 않았는지, 기사가 일정한 학력이 있어 교양이 있을지 등을 비교하여 동양고속관광을 선택하였다. 그래서 우리는 통근버스를 타고 고개를 세우고 많은 공장의 '공순이와 공돌이'

영흥에서 열린 제1회 지도자 훈련(오른쪽 체크무늬 바지를 입은 이)

를 눈 아래로 보면서 당당하게 '우리는 공순이가 아니다'라는 생각을 하면서 구로공단에 있는 공장을 다니기 시작했다.

　우리 노조의 일상활동 중에 중요한 것은 매년 두 번씩 하는 전체 조합원의 숙박교육이었다. 돈보스코 회관을 빌려서 할 때가 많았다. 울타리에 장미꽃이 흐드러지게 피어 있어 그 꽃 앞에서 찍은 사진은 지금도 보면 아름답다. 그때 이화여대 법학과 교수인 백재봉 교수님 강의가 너무나 인상 깊었다. 기억나는 것은 "길을 가는데 길 가운데 돌이 있으면 발끝으로 한쪽 옆으로라도 밀어 놓고 가야 다음 오는 사람이 돌부리에 채이지 않게 된다. 우리는 적어도 그런 사람이 되어야 한다. 또 버스 차장이나 고속버스 안내원이나 비행기 승무원이나 어찌 보면 다 차장이고 서로 입사조건만 다를 뿐인데 자기들은 차장이 아니라고 여기며 고속버스 안내원은 버스 차장을, 비행기 승무원은 고속버스나 버스 차장을 무시한다"는 것이다. 교수님은 이런 사례를 가지고 우리를 각성하게 하셨다. 우리가 아무리 공순

영흥에서 제1회 교육생들(둘째줄 왼쪽에서 여섯번째)

이가 아니라고 해도 결국은 공순이라는 것이다. 어려운 시기에 적은 강의료를 받아가며 혹은 무료로 강의를 해주시기도 한 교수님들이 지금도 너무 감사하다.

그 밖의 교육으로는 분기별로 점심시간을 이용한 라인교육, 대의원교육, 하기수련회 등이 있었고, 설문조사나 간담회를 통해서 교육방향을 잡아 진행하기도 했다. 교육내용 중에는 여성학 강의도 있었는데, "여성들이 당당해져야 되고 자주적으로 살아야 한다"는 내용은 조합원들에게 많은 자극을 주었다. 여성이 어떻게 살아야 되느냐, 단순히 주부로 살 것인가, 경제활동만이 아니라 어떻게 자기계발을 해야 하는가가 중심 내용이었다. 거기에 한국노총에 대한 교육을 통해, 조합원들이 정권과 자본가 편에 서 있는 한국노총의 실체를 이해하는 데 도움을 주었다.

우리 노조는 처음 간부가 되는 이들을 서강대 산업문제연구소나 고려대 노동문제연구소에서 3개월 과정 간부교육을 받게 하고, 이후 숙박으

돈보스코에서 조합원 교육 중인 모습(뒷줄 오른쪽에서 두번째)

로 진행되는 크리스천 아카데미에서 중간집단교육을 받게 했다. 특히 크리스천 아카데미 교육은 노동운동을 넓게 보는 데 많은 영향을 주었다. 이 교육은 1차교육과 2차교육이 있는데, 나는 2차까지 이수하여 수료증을 받기도 했다. 그리고 매년 6월 초에 1박 2일로 동문회를 개최하여 단합대회를 하기도 했다. 가장 기억에 남는 건 동문회를 마치고 돌아오는 길에 수원 딸기밭에 들러 모두 생전 처음 배가 부르도록 딸기를 먹고 온 일이다.

노동조건 개선을 위한 중요한 투쟁은 아무래도 임금인상투쟁과 노동시간단축운동이었다. 우리는 초임 기본급이 1973년에 1,750원이었으나 노조가 설립된 다음해인 1974년에는 14,100원으로, 1977년에는 30,600원, 1980년에는 65,400원에 이르렀다. 임금인상을 위한 노조의 투쟁은 성공적이어서 임금 수준은 노조결성 이후 매년 개선되었다. 노동시간의 경우 1970년대 중반에는 주 44시간을 달성했고, 1970년대 말에는 주 42시간을 쟁취해, 다른 사업장들이 장시간 노동을 하던 상황에 비추어 보면 아

1974년 노량진 J.O.C.에서 열린 대의원 교육에서(왼쪽에서 네번째)

주 파격적이고 선도적인 조건을 확보한 것이었다. 주 44시간이나 주 42시간 노동으로 인력을 약 10% 정도 더 고용하는 효과가 있었으며 우리는 그 대가로 생산성을 더 올려 주었다.

거기에 회사가 노동강도를 높이기 위해 현장에 붙여 놓았던 현황판에 대해서도 "그런 것을 붙이려면 일 잘해서 생긴 수익, 수출액, 순수익, 부가가치액까지 다 써서 붙여라"고 요구하여 2시간 만에 현황판을 떼어 버리는 일도 있었다. 또한 연장작업은 노동자들이 원하지 않으면 거부할 수 있었고, 정말 바쁘면 상급자가 사정을 해야 했다. 노조가 생기면서 작업장 분위기가 달라지고 일하기가 아주 편해졌다.

근로조건 개선을 위해 노조는 투쟁을 할 때마다 다양한 투쟁방식을 개발했는데, 쉬는 시간에 무조건 밖에 나가기, 종이 울리고 나서 들어가기 등의 태업을 하기도 했고, 근무시간 철저하게 지키기, 연장근무 거부하기 같은 방법을 사용하기도 했다.

한편 노동조합이 3년이 지나 분회에서 지부로 승격하려 했을 때, 지역
지부가 놓아 주지 않아 우리가 더 많은 사업장을 조직하겠다고 약속하고
지부로 승격하였다. 공단 주변에는 많은 사업장들이 있었고 특히 3공단은
전자회사가 많이 있었다. 그러나 조직률은 너무 낮았다. 그래서 노동조합
을 조직하기 위해 점심시간과 퇴근 후 헌팅을 다니기도 했다. 똘망똘망한
눈빛이 살아 있는 여성노동자를 찾는 일이었다. 그때 만난 노동자들은 크
라운전자, 남성전기, 롬코리아[당시 아롬(주)]에서 일하던 이들이다. 남성
전기는 불만이 쌓여 반장들이 노조를 만들기 위해 우리 노동조합을 찾아
왔었지만, 결성 후 와해되면서 유령노조로 변했다. 롬코리아는 일본인 회
사였는데 그야말로 헌팅에서 성공한 조직이다. 우리가 직접 사람을 찾고
금속노조에 가서 창립총회를 해주고, 이후 지속적으로 사후관리(?)를 한
조직이다. 기분 좋은 추억을 갖게 한 조직이다. 여성으로만 이루어진 조합
이었으며 회사의 방해 공작에도 꿋꿋하게 버텨 줬다. 처음 조직할 때는 퇴
근시간에 맞춰 길거리로 나가 퇴근하는 사람들을 붙잡고 대신 가입원서
도 받아 주었다. 비오는 날 우산을 쓰고 롬코리아 회사에서 가리봉역[지금
가산디지털역]으로 가는 길목에서 가입원서를 받기도 했다. 이후 우리는
자매처럼 왕래를 했고 어려운 일이 있으면 서로 상담했다. 우리가 회사에
서 해고투쟁 할 때도 롬코리아 조합원들이 가장 먼저 달려와 주었다.

　나는 간부활동을 하면서 대의원들을 데리고 열심히 도시산업선교 활
동도 했다. 활동이라 해봐야 신협활동이지만 가끔 직접 방문하기도 하고
대의원교육이 필요하다고 느끼면 데리고 가 목사님들께 노동자의식에 대
한 교육을 받게 하였다. 또 자비를 들여 2박 3일의 인간관계 훈련을 받기
도 하였다. 이때 함께했던 동지들 중에 나중에 상집간부가 여럿 나왔다.

3년이 지나 지부가 되면서 임원들이 그동안 잘못한 것들이 많이 드러났는데, 구로공단으로 이전한 뒤 임원들이 작업복을 입지 않고 회사 사무직처럼 사복을 입는 것에 대해 여러 차례 시정을 요구했지만 듣지 않은 일이나, 회사와 단체협약 교섭 중 사전에 간부회의에서 결정한 것을 번복하여 우리들을 난처하게 했던 일 등이었다. 예를 들어 임금 30% 인상을 끝까지 고수하기로 했는데 25%로 제시한다든지 하는. 그래서 지부 집행부를 교체할 예정이었는데 같이 활동하던 친구들이 나를 지부장으로 추대할 움직임을 보였다. 그때나 지금이나 나는 앞장서서 하는 걸 좋아하지 않았다. 참모 기질이 강했던 나는 그냥 참모 같은 활동이 좋았다. 그래서 친구들을 만류하여 부분회장이던 이영순을 추대하기로 마음먹었다. 근데 총회에서 분회장이던 박명자가 "둘째를 임신하여 출산이 가까워졌는데 자연스럽게 출산하고 사표를 내게 해 달라"고 했다. 그래서 그렇게 하기로 결정하였는데, 박명자가 약속을 지키지 않고 여러 달 동안 계속 출근을 하는 바람에 나와 이영순 부지부장은 마음고생을 꽤나 해야 했다. 그후 새 집행부가 꾸려지고 겉으로는 평화로운 시간이 흘러갔다.

우리는 주 44시간을 일하면서 격주 토요일은 쉬었기 때문에 조합원들은 쉬는 시간이 많은 편이었고, 그래서 한 달에 한 번 산이나 경관 좋은 곳을 찾아가 약간의 교육을 하고 놀다 오기도 했다. 지금으로 말하면 문화체험이나 숲체험 같은 것이 아닐까 싶다. 나는 오대산 가는 차 안에서 신협교육을 했고 그 교육을 받은 조합원들을 신협에 가입시키기도 했다.

또 문화활동도 다양하게 전개했다. 예를 들어 반도체회사 페어차일드의 부녀부장이 꽃꽂이 강사였는데 꽃꽂이 사무실로 조합원들을 한 반에

전시회 이후 꽃꽂이 모임원들

10명씩 5~6개 반 정도를 보냈다. 이후 우리 회사에서도 꽃꽂이 강사 자격증을 취득한 사람들이 있었다. 각 반마다 꼭 대의원이나 상집간부가 들어가도록 하고 나도 한 반을 운영하였는데 거의 참여를 못하고 꽃만 받아오는 식이었다. 서예반도 있었는데 이런 문화활동은 노동조합이 투쟁만 하는 것이 아니라 교양도 채워 준다는 것을 알리기 위한 양면작전이었다.

　조직력 강화에 가장 크게 기여한 것은 탈춤반이었다. 처음에 탈춤반 회원을 모집하니까 60여 명 가까이 모였으나 시간이 지나면서 10여 명으로 줄었다. 나도 열심히 탈춤반 활동을 하였다. 나는 춤보다는 장구를 맡기로 하고 열심히 탈춤 장단만 배웠다. 지금 생각해 보면 요즘처럼 체계적으로 장구를 배웠어야 하는데 우리는 강사가 없으면 연습을 할 수가 없어 장단을 녹음해서 연습하거나 내가 탈춤 장단만 배워 연습하는 것을 돕는 식이었다. 그때 탈춤 강사는 김정남 씨가 소개해 준 채희완 선생님과 애제자

1979년 아유회에서 탈춤반 공연

들인 류인열, 이민우 같은 서울대 대학생들이었다. 이후 탈춤반은 노조행사 때마다 큰 역할을 했다.

그러던 1979년, 사무장이 결혼하여 미국으로 이민을 가자, 나는 상임부지부장이었는데 사무장을 겸직하면서 상근을 하였다. 상근하면서 내 어깨가 더욱 무거워졌다. 회사와 협의하고 결정해야 하는 것이 많아졌으며 현장도 챙겨야 했다. 1979년부터 우리는 직접 물가조사를 하여 임금인상 지침을 만들었다. 나는 몇몇 상집상임집행위간부들과 함께 구로시장, 영등포시장 등을 다니며 일일이 생선값, 야채값을 조사하고, 조합원들의 부양가족, 건강 상태, 자취하는 사람들의 생활비 등을 조사하여 기초생활비의 자료로 썼다. 그리고 상집간부와 함께 무역협회에 가서 회사 사무원인 것처럼 행세하면서 매월 수출실적 보고서 자료를 가져오기도 했다. 우리를 노동조합에서 왔다고 의심하는 사람은 아무도 없었다. 생산성 향상 실적은 밤에 생산부장 방에 몰래 들어가서 훔쳐 오는 등, 회사 측에서 우리 보고 "007첩보원이냐"고 농담을 할 정도로 007 같은 행동을 하였다. 회사가 꼼짝할 수 없는 근거 자료를 제시하였지만 "동종업체 임금과 수준을 맞춰야 한다"는 회사의 주장이 늘 큰 벽으로 다가왔다. 그나마 다행인 것은 미국 회사이지만 한국 회사 책임자는 한국인이어서 이들이 약간은 민족적 자존심을 가지고 있었다는 것이다. 거기에 노조에서 임금을 인상하면 다른 관리자들도 그에 따라 인상되기 때문에 임금인상 때만은 관리자들과 약간의 동질감을 가질 수 있었다.

한편 이영순 집행부의 활동이 3년 지나, 총회 때 일이 벌어졌다. 그동안 겉으로는 조용히 있던 전 분회장 일당들이 그 사이에 몰래 반대조직을 만들어 총회에서 대응해 들어왔다. 우리 집행부 간부들이 임금인상에 신경 쓰느라 현장을 챙기지 못한 상태에서 뒤통수를 맞게 된 것이다. 총회 때 전 분회장 일당들은 '이영순 지부장 불신임'을 들고 나왔는데 대의원 과반수를 확보하지 못하자, 이들은 소리를 지르면서 자기 측 대의원들을 대회장 바깥으로 모두 몰고 나갔다. 결국 총회는 무산되었다. 우리는 서둘러 임금인상을 체결하고 조직을 수습하기 시작해 반대편 3명을 상집으로 끌어안고 가야 했다. 그렇게라도 조직이 수습된 데는 조합원들의 힘이 컸다. 조합원들이 임금인상투쟁 중에 그들의 행동에 대해 가차없이 질타를 했기 때문이다. 이후 나의 일은 하나 더 늘었다. 반대파 중에서 상근하기 시작한 지도위원과 전직 간부들의 동향을 파악하는 것이 큰 업무가 되었다. 우리는 매번 상집회의를 하기 전에 우리끼리 한 번 회의를 하고 반대파 상집들과 같이 모여 또 한 번 회의를 해야 했다. 지금 생각해도 정말 힘든 나날들이었다.

왜 똑같은 회사에서 일하면서 같은 노동자들끼리 이렇게 살아야 하는가. 참으로 기가 막힌 일이었다. 그들은 회사와 관계가 가까워서 잠시도 감시의 눈을 돌릴 수 없었다. 반대파들은 우리보고 "지나치게 투쟁적이다", "전체 조합원들의 수준에 맞지 않는 행동을 한다"는 등 온갖 소리를 하면서 방해를 해왔다. 이들은 우리들이 원풍모방이나 청계피복, 동일방직, 반도상사 등의 민주노조들과 친한 것도 못마땅해했다. 이른바 "공순이들과 논다"는 것이었다. 그리고 자기들 눈에 "과격해 보이는 그들과 친해서 우리 조직에 이로울 게 없다"는 것이었다.

성차별 철폐 노력과 여성 특수문제의 실천

이러한 갈등과 견제 속에서 우리 노조는 성차별 철폐와 여성 사안을 관철해 냈다. 이것이 우리 노조활동의 가장 중요한 특징이었다.

우선 1977년 5월, 통근버스에서 한 남성 관리자가 여성노동자에게 "싸가지 없이……"라는 막말을 하자 이 여성노동자와 노조가 이것을 문제삼아 남성 관리자에게 사과와 징계를 요구하는 투쟁을 벌였다. 이 사건을 놓고 70여 명의 남성 관리자들이 단결하여, 남녀간의 성 대결이 벌어졌다. 이때는 유신정권 시기라서 노동쟁의조정법이 시퍼렇게 살아 있었기에 파업이나 태업이나 단체행동이 허용되지 않았는데도 7~10일간 50% 태업을 강행하였다. 결국 회사가 굴복하여 그 남성 관리자에게 1개월 정직처분을 내렸다. 이후 남성 관리자들은 여성들에게 함부로 반말을 하지 못하였다. 특히 여성노동자들에게 반말이나 욕을 못하게 하고 경어를 사용할 것을 회사 방침으로 정하게 하였다. 그리고 이를 어긴 사람을 처벌하고 공개사과하게 하여 여성노동자들의 기를 살리고 '목에 힘주고' 일하는 직장 분위기를 만들었다.

또 여성노동자들이 미혼이라는 이유로 회사에서 가족수당을 주지 않는 관행이 있었는데, 노조에서 여성조합원들이 실제 부양하는 가족 수를 조사해 보니 평균 2.6명이었다. 이 근거를 가지고 회사 측에 가족수당지급을 요구했다. 거기에 1979년까지 회사는 노동자들에게 주는 자녀 출산 시 축의금을 직종별로, 또 자녀의 성별에 따라 차별해서 지급했다. 사무직은 아들을 낳으면 5만 원, 딸을 낳으면 2만 원의 축의금을 지급하고, 생산직은 모두 2만 원씩의 축의금을 주었다. 지금 보면 우스꽝스럽게 보이는 이 관행이 그때는 통용되고 있었다. 노조가 시정을 요구하여 누구나 자녀를 낳았을 때 5만 원씩의 축의금을 지급하게 바꾸었다.

나아가 노조는 여성의제를 중심으로 한 많은 변화를 시도했다. 생리휴가 사용을 단체협약에 명시하여 조합원들이 생리휴가를 사용하는 관행을 정착시켰다.

당시 출산휴가제도가 근로기준법에는 엄연히 60일을 사용할 수 있도록 정해져 있는데도, 이를 사용하는 것은 공무원과 교사 정도였고 일반 공장에서는 있을 수 없는 일이었다. 또 여성이 결혼을 하면 계속 직장생활을 하는 데 문제로 삼았는데, 은행원들조차 사내 결혼을 하면 부부를 각각 다른 지역으로 발령을 내 그만두게 하는 방법을 썼다. 거기에 전화교환원은 나이가 들면 목소리가 예쁘지 않다고 정년을 앞당겨 강제 퇴직시켜 투쟁이 있었던 사례들도 있었다.

우리 회사도 생산직 노동자는 결혼하면 그만두어야 했다. 사실은 회사가 못 다니게 회유하였다. 주로 "남편의 직업이 뭐냐", "집안 형편이 어려우냐"는 등 자존심을 상하게 하여 그만두게 하는 방법이 사용되었다. 그런 과정에 대의원 한 명이 "내가 결혼 후 다니는 사례를 만들어 보겠다"고 당차게 나섰다. 그 이후 임신할 때까지 다니거나 출산 직전까지 다니는 사례가 나오기 시작했다. 물론 임신과 출산 후에도 계속 다니는 투쟁은 훨씬 더 어려웠다. 배가 불러 회사를 다니면 회사는 "창피하게 그 집 아저씨가 별 볼 일이 없어?" 하는 식으로 조합원들을 괴롭혔다. 노조는 출산 후 직장에 계속 다니는 것을 지지하기로 결정하고 조합원 20~30명씩을 모아 왜 임신하고 애기를 낳고 다녀야 하는가에 대한 교육도 했다. 그러다가 초창기 입사한 노조간부인 선배 언니가 출산휴가를 사용하는 사례를 만들어 냈다. 이 언니는 출산휴가 후 복귀하여 회사가 폐업할 때까지 근무했다.

이때 나는 결혼 전이라 결혼 후 지속적인 직장생활에 대해 개인적으로 큰 관심은 없었지만, 여성노동자의 노동조건을 보장하기 위해서 해야 하는 것으로 받아들였다. 그래서 조금이라도 부당한 대우를 받을까 봐 관심을 가지고 늘 조합원들을 만났다. 현장감독이 조금이라도 이상한 행동을 했다 하면 회사에 찾아가 항의하고 중지하도록 조치했다. 하지만 사실 나는 결혼하고 나서는 회사를 다닐 생각이 없었다.

그후 우리는 직장 탁아소 문제까지 거론하였지만 너무 앞서가는 상황이라 필요하다는 문제제기만 계속하였다. 그렇게 계속 얘기해서 언젠가 필요할 때 회사가 탁아소를 건립하는 것을 당연한 것으로 받아들이도록 할 계획이었다.

이런 활동 이외에도 우리 노조는 다른 노조에서 하지 않은 인사제도에도 문제를 제기하여 실현시킨 적이 있었다. 또 우리는 외자기업이라 그들이 우리나라에 남겨 주는 것은 아무것도 없다고 생각했다. 기술을 가져오는 것도 아니고 자본이 재투자되기도 어려운 상황이라고 보았다. 오히려 임금을 적게 주어 이득을 챙기고 땅을 사서 건물을 지었기 때문에 부동산으로 돈을 벌고 세금 감면을 받고 있었다. 그래서 우리는 근로기준법을 지키면서도 회사가 이익을 남긴다는 사례를 만들려고 노력했다. 당시 한국 기업들은 "근로기준법을 지키면 회사가 망한다"는 생각이 지배적이었다. '선 성장·후 분배' 정책에 따라 분배는 하지 않았고, 그랬기 때문에 그들은 재벌이 되었으며 우리는 여전히 가난하게 살고 있다.

노조활동을 하면서 가장 어려운 것은 근로조건이 좋은 편이지만 더 나은 조건을 만들기 위해 계속 투쟁을 해야 하는 것이다. 주변에서 "너희들은 무엇이 부족해 투쟁하냐" 하기 때문이다. 왜 우리는 투쟁을 해야 할까? 언제나 우리의 과제는 '투쟁의 당위성을 찾는 것'이었다. 그래서 조건이 나빠서 투쟁하는 것보다 더 힘들고 어려웠던 것 같다.

해고와 폐업반대투쟁

1979년 YH노조에서 폐업문제로 투쟁이 벌어져 우리는 면목동에 있는 YH를 방문했다. 그후 YH노조의 신민당사 농성 때에도 낮에 방문하였다가 다시 밤에 찾아갔는데 경찰들이 막아서 들어갈 수가 없었다. 그때 나는 좀 무서웠다. 다음날 뉴스를 보니 농성이 해산당하고 김경숙 열사가 죽임을 당하였다. 10월 26일, 박정희 역시 자기 부하의 손에 죽으면서 사회 분위기가 어수선했다. 그러다가 맞은 1980년 봄, 우리나라가 당장 민주화가 될 것만 같았다. 그전부터 금속노조 민주화를 진행했던 우리는 5월 13일 한국노총으로 몰려가 대의원대회를 무산시키고 노총에서 농성을 시작했다. 바로 직전에 동일방직 노동자들이 해고자 복직 문제 때문에 한국노총 위원장실에서 농성을 하고 있던 때라 우리는 전날 동일방직 농성장에서 자고 13일 일찍 강당으로 들어가 회의장을 점거했던 것이다. 이때 한명희 부지부장이 청소아줌마들이 청소하기 위해 들고 다니는 열쇠를 몰래 가져와 강당 문을 열고 들어갔다. 회사에서 평소에 자료를 꺼내오던 실력을 발휘한 것이다. 조합원들과 대의원들을 교대로 노총회관으로 보내고 간부들은 노총에서 살다시피 했다. 우리가 회의장 단상을 점거하여 대의원대회를 할 수 없게 하자 산별노조 위원장들은 잽싸게 도망을 갔고, 미처 도망가지 못한 몇몇 위원장들을 불러내 '노총가'를 부르게 했다. 우리는 '흔들리지 않게', '우리 승리하리라' 등을 부르며 용기를 북돋웠다. 농성장 밖에서는 대학생들이 매일 가두데모를 하고 있었는데 정세가 우리한테 불리하게 움직이고 있는 것으로 판단되었다. 우리가 할 수 있는 일이 무엇인가를 논의하였는데, 그 중 방송국을 점거하든가, 모두 죽는 일이라고 하는 이야기도 있었으나, 이 모든 것이 우리가 하기에는 역부족이었다. 결국 농성을 해산하기로 결정했다.

농성 해산 다음날인 5월 15일, 우리는 거리로 나가 대학생들과 함께 거리를 누비며 '계엄해제'를 외쳤다. 시위 도중 흩어지게 되어 나는 종로 쪽에서 뛰어다니고 있었다. 그러다 서울역으로 갔는데 이미 경찰들이 바리케이드를 쳐 더 나가지 못하고 동료들도 못 찾아 그냥 집으로 돌아왔다. 그로부터 얼마 지나지 않은 5월 18일, 광주에서 항쟁이 터졌다. 그날 이후 살얼음판 같은 분위기에서 움직여야 했다. 누구는 길을 가다가 잡혀가기도 했고, 이미 찍힌 우리 노조는 무슨 일이 일어날지 모르기에 항상 모여서 다니고 모여서 잠을 자기도 했다.

그러면서도 우리는 삭제당한 광주항쟁 기사가 실린 『경향신문』을 몰래 구해다가 읽고, 믿을 만한 조합원들에게도 돌려서 읽게 하자, 이런 내 모습을 걱정한 운영위원이 나를 화장실로 불러 "어쩌려고 이런 위험한 행동을 하느냐"고 다그치면서 "언니들이 당한다"고 만류하였다. 나는 "그냥 진실을 알고 있으라는 차원이다"라고만 하였다. 사실 나도 매우 두려우면서 하는 행동이었기 때문에 그 조합원의 염려가 고맙기도 했다.

사회에서는 대숙청이 일어나고 있었다. 민주노조운동을 하던 사람들이 합동수사본부로, 대공분실로 잡혀갔다. 이영순 지부장도 합동수사본부에 연행되었다. 이런 일들이 갑자기 많은 노동조합에서 일어나고 있어서 우리는 서로 정보를 주고받으며 대응하고 있었다. 전화도 도청되었기에 모든 일을 발로 뛰면서 해야 했다. 우리 회사는 구로3공단의 끝에 있었기에 택시 잡기도 어려워 다니기가 정말 힘들었다. 이영순 지부장에게 무슨 일이 생기면 내가 상임 부지부장으로서 막중한 업무를 대신해야 했고 지부장도 살려내야 한다는 중압감에 잠을 잘 수가 없었다. 이영순 지부장은 조사 후 풀려나 다시 업무를 보았다. 그러나 그것도 잠시 전두환 정권의 사회정화 대상으로 몰려 이영순 지부장과 나는 현직에서 쫓겨나 현장으로 돌아갔다. 이 당시 해고당하지 않고 현장으로 돌아간 경우는 우리밖에 없었다. 모든 회사들이 '기회는 이때다' 생각하며 노조간부들을 해고시켰다. 금속노조에서 2명이 정화당한 것은 우리 사업장뿐이다. 우리는 '영광'으로 생각하고 현장으로 돌아가 일을 하였고 한명희 부지부장이 직무대행을 했다. 조합원들은 우리의 해고를 예상하고 매일 점심시간과 쉬는 시간에 한곳에 모여 구호를 외치며 농성을 했다. 회사로부터 "해고하지 않는다"는 약속을 받고서야 농성을 멈췄다. 우리가 현장에서 일할 수 있었던 것은 모두 우리 조합원들이 투쟁해 준 덕분이었다. 우리는 지속적으로 회의에도 참여했고 모든 일들을 함께 의논하며 활동했다. 사회정화 이후 우

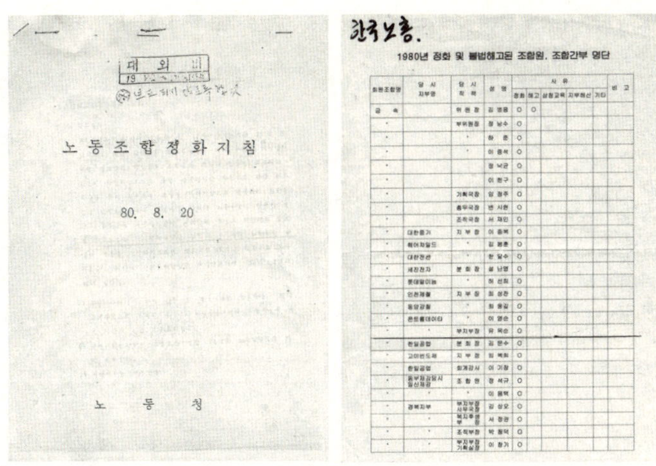

1980년 노동조합정화지침(왼쪽)과 1980년 정화 및 불법해고된 조합원, 조합간부 명단

리 사업장은 파업농성까지 한명희 직무대행 체제로 운영되고 있었다. 우리는 정부의 잘못된 정책에 동의할 수 없었으며 "우리의 지부장은 우리가 선출한 이영순이라는 것을 포기해서는 안 된다"는 생각이었고, 한명희도 적극 동의하였다.

이런 활동도 잠시, 다음해인 1981년 12월에 노조가 회사에 임금인상과 단체협약체결을 요구했으나 거부당하였다. 우리는 1982년 2월 23일부터 4일간 태업을 해서 25%의 작업량을 줄였다. 회사는 이것을 빌미로 이영순과 나를 포함해 노조간부 6명을 해고시켰다. 내가 결혼한 지 1년 정도 지난 때였다. 쉬는 토요일에 회사 관리자들이 집으로 직접 해고장을 가지고 왔다. 해고자들은 서로 연락하여 도시산업선교회에 모여 의논하고 다음날 통근버스를 타고 회사에 들어갔다.

3월 15일 한명희 직무대행이 "전면파업을 합니다"라고 선언하자, 조합원들 모두가 파업에 돌입했다. 당시로서는 엄두도 낼 수 없는 일인데 우리는 8박 9일 동안 파업농성을 벌이면서 가족이 함께 참여하기도 했다. 대부분의 조합원들이 서울에 살고 있었기 때문에 이런 조건을 이용하여 투쟁방법을 만들었다. 즉 농성에 참여한 조합원들이 집에 돌아가지 못하자 딸들의 소식을 묻는 부모들이 회사에 전화를 하면서 회사가 압력을 받기 시작했다. 이를 알게 된 노조가 농성 다음날부터 가족들을 조직하여 회사에 전화로 압력을 넣고, 조합원의 친구나 애인들까지 농성장에 찾아오게 했다. 회사는 가족들에게 "딸들이 붉은 물이 들었다" 또는 "간첩의 사주를 받았다"는 식으로 악선전을 했으나, 우리는 가족들에게 그것이 다 거짓이라는 것을 알렸다.

파업한 지 2~3일이 지나자 회사는 전기도 끊고 밥도 제공하지 않아 가족들이 밥을 해오기 시작했다. 이영순 지부장의 모친은 직접 회사 대표를 만나 항의를 하셨다. 내 남편도 우유와 빵을 사서 일하던 자기 직원 편에 보냈는데, 그것 때문에 남편은 경찰에 불려가 조사를 받고 나오기도 했다. 회사는 농성장에 에어컨을 틀어 조합원들을 추위에 떨게 해 임신 중인 조합원은 하혈을 하기도 했고, 심지어 남성 직원을 시켜 농성장에서 성기를 내놓고 방뇨까지 하게 했다. 그후 회사는 20% 임금인상에는 합의를 했으나 6명의 해고철회 요구는 묵살하였다.

한명희 직무대행은 "해고자 복직 문제는 노사가 지속적으로 논의한다"는 전제하에 파업을 풀었다. 당시 직무대행의 결정은 파업이 길어지면서 투쟁의 분위기가 흔들리고 있던 상황에서 어렵게 내린 것이라서, 우리 해고자들이 반대하고 나서면 안 될 것이라는 생각으로 인정했다. 울음바다로 변한 농성장, 눈물범벅이 된 조합원들을 뒤에 두고 6명의 해고자들은 집으로 돌아갔다. 지금도 그때를 생각하면 눈물이 난다. 이후 조합원들이 월급에서 갹출하여 우리에게 일정한 금액의 월급을 주었다. 내가 집으로 돌아오자 담당 형사가 붙기 시작했다. 그래도 우리 해고자들은 지속적인 복직활동을 벌였다. 노동부에 항의하러 갔다가 장관실로 들어간 조합원과 간부들이 연행되어 구속되기도 하였다. 미국 본사의 간부들이 한국에 와서 협의를 했으나 잘 안 되자, 이를 빌미로 미국 본사는 6월 "미국의 불황으로 한

1982년 『동아일보』에 실린 폐업 기사

국의 일거리를 줄일 수밖에 없다"며 "작업을 중단하고 한국공장을 폐쇄"하기로 결정했다. 이미 퍼스널 컴퓨터 등장으로 제품이 사양화되어 다른 대책을 강구해야 하는데 노사문제를 빌미로 삼은 것이다.

　노조는 7월 7일 조합원 총회에서 '철수반대투쟁'을 결정하고 그 뒤 조합원 60여 명이 노동부 앞에서 시위를 벌였다. 그런데 7월 13일부터 예상하지 못한 일이 일어났다. 남성노동자들이 "공장폐쇄는 노조 때문이다"라며 행패를 부렸고 회사의 사주를 받은 청소부들도 노조에 몰려와 농성을 했다. 계속 행패를 부리던 이들은 한명희 위원장과 몇몇의 간부들을 감금하고 집단폭행을 하기도 했다. 이들은 "도산도시산업선교회계 물러가라"*는 플래카드를 회사건물에 크게 내걸기도 했다. 이 때문에 연이어 TV나 방송에서 우리 문제를 보도했는데 우리를 '빨갱이'로 매도하고 배후세력이 있는

---

* 당시 민주노조활동을 '도시산업선교회'에서 많이 지원했기에 정부는 이런 지원 관계를 차단하려 했다. 그러면 노동자들의 힘이 약화될 거라고 판단했기 때문이다.

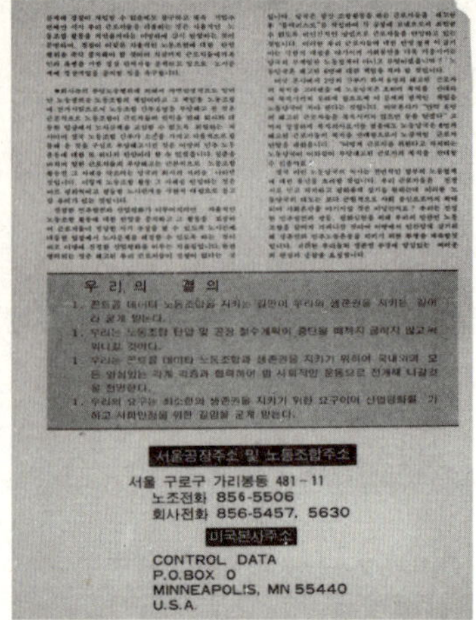

콘트롤데이타 자본 철수를 반대하는 선전물

것처럼 공격하였다. 이어 회사는 3일간 휴무를 하고 그 와중에 폐업을 발표하였다. 이때 240명의 조합원들은 대부분 집 밖에 경찰이 지키고 있는 가택연금 상태였다. 이후 조합원들은 모여 한강성당에서 시위를 하였고 명동성당에서도 동시에 농성을 하였으나, 결국 콘트롤데이타는 자본철수를 하고 한국을 떠났다.

해고 후 투쟁하면서 밤늦게 돌아다니거나 외박을 하고 경찰서에 연행되기도 하자, 드디어 시집살이가 시작되었다. 잘 버텨 주던 시어머니가 매일 형사가 찾아오자 참다 못해 "난 빨갱이 며느리 본 적이 없으니 나가라"고 하여 결국 집을 나왔다. 집을 나와서 나는 한강성당과 명동성당에서 농성을 하였다. 마음 편히 농성을 할 수 있어 차라리 다행이라 생각했다. 나는 이혼할 결심을 하고 있었기 때문에 별로 신경을 쓰지 않았다. 아이가 있는 것도 아니었고 혼인신고도 하지 않은 상태라 별 걱정이 없었는데, 남편이 그래도 돌아오길 기다려 줘서 집을 나온 지 한 달 만에 돌아갔다. 그 뒤에도 구속된 간부들이 있어 재판과 면회를 조직해서 다녀야 했다. 그때 "우리 딸은 감옥에 있는데 너희들은 왜 밖에서 있느냐"는 어느 구속 간부의 부모님이 하신 말씀은 너무나 우리를 힘들게 했다. 차라리 내가 구속되는 게 낫겠다는 생각이 들기도 했다.

3. 여성운동가로 살아가다

결혼생활과 '돌아온 싱글'

나는 32세인 1981년 4월에 결혼하였다. 어떤 조합원은 나를 보면서 결혼은 늦게 해도 된다는 생각을 갖게 되었다고 한다. 이전에 나는 가정 형편상 결혼할 수 없을 것이라고 생각했었는데……. 당시 컬러사진이 막 나오기 시작하였고 인화 현상하는 가격이 좀 비쌌다. 그래서 원풍모방 노조의 소개를 받아 컬러사진을 싸게 현상하는 사업을 하기로 했다. 우리는 주5일 근무를 했기 때문에 상당한 수요가 있었다. 컬러사진 현상소를 하는 남편을 그때 만나서 결혼하게 되었다. 주변에서 노조활동 하는 남자를 만나기도 힘들었지만 활동가보다 일반인과 결혼하는 게 더 나을 것 같았다. 더욱이 전두환 정권하에서 둘이 함께 활동하는 것은 큰 부담이 될 것 같았고 정국이 너무 경색되어 있어서 내가 보기에 빠른 시일에 이런 상황이 풀릴 것 같지 않아 결혼해서 쉬고 싶은 생각도 많았다. 남편의 경제사정도 그리 나쁘지 않아 사표 쓰고 그만둘 생각을 했다. 그런데 이영순 지부장이 그 소릴 듣더니 "말도 안 된다. 어떻게 우리가 결혼하고 그만둘 수 있느냐"면서 "돈을 구해 줄 테니 결혼하고 다니자"고 했다. 내가 생각하기에도 그렇게 하는 게 옳을 것 같아 따르기로 했다. 결혼 조건이 "결혼해도 활동은 한다"였고, 남편은 "내가 돈을 많이 벌어 운동하는 데 후원을 많이 할 테니까 감옥 가지 않을 만큼만 하라"는 조건이었다.

결혼 후 남편은 내가 하는 일에 적극적으로 협조하는 건 아니었지만 관대한 편이었다. 밤 늦게까지 활동하는 것이나 교육을 위해 숙박을 하는 것 등에 대해서 간섭을 하지 않았다. 대의원 교육이 있을 때에는 간식으로 과일을 사오기도 해서 조합원들이나 간부들은 남편을 좋아하였다.

나는 결혼생활 5년 동안 아이가 없었다. 아마 나이도 많았지만 농성 중에 회사에서 에어컨을 틀어 추운 데서 잠을 자면서 견딘 것이 원인인 듯 싶다. 농성 후 나는 허리가 많이 아파 한의원 치료를 여러 번 받은 적이 있다. 그래서 아이를 포기한 상태에서 나중에 형편이 되면 입양해서 길러 보자고 생각했는데 갑자기 임신을 했고 딸을 낳았다.

시집 사람들은 경상도 대구 사람들이라 매우 보수적인 편이었음에도 젊을 때부터 고생하면서 가족을 부양해 왔던 시어머니는 손주에 대한 생각이 그다지 많지 않으셨고 "아이가 없으면 입양하든가 알아서 살라"고 하셨다. 그러나 손녀딸이 태어나자 좋아하셨다. 굳이 아들을 낳으라는 요구도 없었으며 아이를 많이 낳는 것도 싫어하셨다. 하나뿐인 시누이도 딸 하나만 두었다. 남편이 외아들이었지만 출산문제에서는 자유로웠던 것 같다.

결혼 후 몇 년 동안은 가정적으로 아주 잘 지낸 편이었으나 남편의 사업이 점점 기울기 시작했다. 고생을 해본 적이 없는 남편은 쉬운 일만 골라서 시작했지만 결과는 빈손이었다. 결국 어머니가 가지고 있던 돈을 다 날려 버리고 지금까지 백수이다. 2002년 나는 시어머니와 크게 싸우고 그 길로 딸을 데리고 집을 나왔다. 딸아이가 고등학교 2학년 때이다. 월세방을 얻어서 아이 학교 근처로 이사를 하고 나니 그렇게 마음이 편할 수가 없었다. 아이도 아주 편안해했다. 시어머니가 쉴 새 없이 지나치게 일거수 일투족을 감시해서 아이도 그동안 너무 힘들었다고 했다. 예를 들어 아이가 거실에서 TV를 켜 놓아 소리가 너무 커서 자기 방문을 닫고 공부하면, 아이가 혼자 있으면 몰래 나쁜 짓을 한다고 생각한 어머니가 문을 못 닫게 했고, 아이가 공부할 때 잡음을 막기 위해 이어폰을 꽂고 공부하면 그것도 못하게 하셨다. 시어머니는 집을 한 채 갖고 계셨는데 무슨 일만 있으면 당신 집이라고 우리에게 나가라고 하셨고 주사가 있어 술만 드시면 옆의 가까운 사람들과 싸우곤 하셨다. 청상으로 혼자 사시면서 동생들 키우고 자식들 키우면서 살아온 시간들이 힘들었겠지만, 옆사람들을 못살게 구는 나쁜 습관으로 스트레스를 푸는 것 같았다.

그 이후로 나는 백수인 남편과 별거를 시작했다. 남편은 그 이전에도 사업을 핑계로 거의 집에 들어오지 않았고, 은행빚을 갚지 않아 사기죄로 구속되기도 하였다. 사업을 시작하고 조금 있으면 빚쟁이들이 집으로 몰려오기도 했다.

그렇기에 나와서 독립했을 때 너무 홀가분한 기분이었다. 막상 이혼하려니까 느닷없이 딸아이가 "나 결혼할 때까지 하지 말라" 한다. 달라질 것은 없는데 굳이 이혼하느냐는 것이다. 딸아이는 자기 입장에서 그런 생각을 했을 테고 그동안 오래도록 헤어져 살고 있어서 나도 이혼을 꼭 하지는 않아도 된다고 생각했다. 아마도 이혼녀라는 사회적 시선이 싫어서였을 것이다. 이후 나는 남편을 만난 일이 거의 없고 딸아이는 가끔 남편을 따로 만난다. 20년의 결혼생활 동안 남편과 함께 산 기간은 10년 정도인 것 같다.

딸과 함께 한 백두산 여행

지금까지 살면서 감사한 것은 딸아이가 특별히 속 썩이는 일 없이, 남들처럼 학원도 다니지 않았는데 스스로 공부도 착실하게 잘하여 어렵지 않게 대학을 가서, 지금은 중학교 교사로 아주 잘 적응하여 일하고 있는 것이다. 나는 '돌싱'돌아온 싱글으로 편하고 행복하게 살고 있다.

여성노동자회와 여성운동

회사가 미국으로 철수하면서 우리는 퇴직금 수령을 거부했는데 회사는 법원에 명의신탁을 해놓아 결국 뒤늦게 퇴직금을 수령하였다. 감옥에 갔던 동지들도 1년간 복역하고 출소하였다. 그후 나는 홍사단에서 협동운동하는 친구들을 만나 잠깐 일을 함께 한 적도 있고 한국노동자복지협의회 여성부원으로 활동하다가 나중에 독일의 복지재단인 '인간의 대지'로부터 지원을 받아 경기도 광명시 철산동에 '보람의 집'이라는 어린이집을 독자적으로 운영하였다. 일하는 여성노동자, 특히 생산직 여성노동자와 활동가의 아이들을 주로 돌보았고 1일 탁아도 하고 주간탁아——월요일에 와서 토요일에 집에 갔다가 다시 월요일에 오는 경우——등 다양한 방식으로 운영하였다. 우리는 운영위원회를 구성하여 매월 회의를 하면서 운영을 철저히 하였다. 나중에 아이들도 많이 모이고 돈도 좀 모여 철산동에 작은 아파트를 구입하였다. 이사를 하자 아이들이 줄어들기 시작하여 나중에 공부방으로 전환했으나 결국은 문을 닫고 그 집은 다른 활동가들이 세를 들어 살았다.

1985년에는 민주통일민중운동연합^{약칭 민통련}에서 총무간사로 1년 동안 일하였다. 원래는 민주통일국민회의에 총무간사로 갔는데 나중에 민중민주운동연합과 통합하면서 민통련으로 바뀐다. 지금 정계에서 활동하는 국회의원들 상당수가 민통련 출신들이다. 평소에 뵙기 어려운 어르신들이 열심히 활동하시던 모습이 지금도 눈에 선하다. 작고하신 문익환 목사님이 의장이셨고 계훈제 선생님도 계셨고 이창복 선생님이 사무처장을 하셨으니 아주 옛날 얘기인 것 같다. 운영비가 없으면 어르신들이 돈을 빌려 와서 운영을 했다. 그래서 가끔 빚쟁이들의 독촉전화가 오기도 하였는데 그런 가운데도 내색하지 않고 열심히 일하시는 어르신들이 존경스러웠다. 그때는 성명서를 내거나 작은 집회를 할 때도 모두 조사를 받게 되어 있었는데 몇 개의 사건을 묶어 주로 한 사람이 책임지고 구류를 살았다. 29일 구류를 사는데 구류 기간으로는 법정 최고 기간이라고 한다.

그러면 나는 열심히 사식과 영치금을 넣어드리고 면회 다니는 것이 활동의 일부분이기도 했다. 참 기가 막힌 세상을 우리는 살아왔던 것 같다. 한번은 광주항쟁 5주년이 되었을 때 광주에 참배를 하러 가기로 하고 대형버스를 빌렸는데 아침 일찍부터 경찰이 지키고 있다가 모두 연행되었고, 나도 연행되었다. 연행자들은 각각 관할 경찰서로 넘겨졌는데 나는 구로경찰서로 넘겨졌다가 저녁에 풀려났다. 민통련은 전국에 지부를 두었으며 부문별 조직도 같이 했는데 운동조직들을 하나의 대오로 묶는 데 기여를 한 것 같다. 민통련에서 일하는 1년 동안 사건도 참 많았다. 분신하는

1985년 민통련 사무실에서 상근자들과 함께(오른쪽에서 네번째)

동지들도 많았고 사무실이 장충동인데 동국대에서 쏜 최루탄이 우리 사무실까지 날아와 눈을 뜰 수 없었다. 1985년 임신을 해서 그해 겨울까지 근무하고 나는 출산을 위해 그만두었다.

그 이후로 1986년부터 1988년까지 민주화운동이 봇물 터지듯 했고 내가 양육에 정신을 쏟고 있을 때 구로구청사건이 터졌다. 우리집이 구청에서 멀지 않아 밤새 최루탄 터지는 소리를 들어야 했다. 다음날 가만히 있을 수 없어 구청 쪽으로 나가 보았으나 모두 진압되고 길에는 경찰들만 깔려 있어 구청 근처로 가기가 어려웠다. 아이가 아니었으면 나는 구로구청에서 싸웠겠지 하며 돌아왔다.

아이가 3세 되던 1988년 4월 여성노동자회^{약칭 '여노회'}에서 총무간사로 일하기 시작했다. 여성노동자회는 1987년 3월에 창립했지만 나는 창립 당시 아이를 키우면서 참여가 어려워 1년 후에나 같이 했다. 그때 활동을 재개하면서 나는 전자회사에 취업하여 노동조합운동을 다시 해볼까 하는 생각이 있었다. 남편이 하던 일도 안 되어 생활이 조금씩 어려워지고 있어서 직장생활을 해야 하는데 기왕이면 활동도 할 수 있는 회사를 찾을 생각이었다. 집 근처에 전자회사가 있어 왠지 낯설지 않기도 했다.

그러던 중 이영순 지부장이 여노회 회장을 하고 있어 같이 일하면 어떻겠냐는 제안을 해왔다. 나는 월급을 받아야 하는데 여노회에서는 월급받기 어렵다는 생각이 들어서 망설였는데 전자회사 수준으로 월급도 주겠다는 것이다. 그래서 출근하기 시작했는데 월급받는 사람은 나 혼자였다. 다른 활동가들은 그냥 버스 토큰 몇 개 나누어 가지고 가는 정도였다. 월급받기가 정말 미안했지만 어쩔 수 없었다. 내 월급이 유일한 수입이어서 어쩔 수 없이 12만 원을 받았는데, 그 돈으로 공과금 내고 아이 우유 값을 쓰고 네 식구가 한 달 동안 먹고살아야 했다. 아이는 주로 시어머니가 돌보아 주셨고 옆방에 사는 시누이도 가끔 돌봐 주었다.

여노회는 영등포시장 뒤 아주 허름한 건물에 있었는데 좁고 어둡고 침침한 사무실에 매일 드나드는 사람은 많고 회의할 장소도 없어 가까운 도시산업선교회를 빌려서 하는 등 어려운 상황이었다. 그래도 모두들 활기차게 활동하였다. 나도 차츰 적응해 갔고 1년쯤 되었을 때 여노회에서 집 장만을 위한 모금사업을 시작했다. 사업계획서를 만들고 구체적인 사업을 시작하면서 나도 점차 여노회 일원으로 빠져들어 갔다. 그 뒤 여노회 사무실을 구로동으로 이전하여 어린이집을 시작하였는데 나는 여노회 총무일과 함께 어린이집 원장을 맡았다. 어린이집 참여를 계기로 여성단체 연합의 '탁아문제 특별대책위원회'에도 참여하여 영유아보육법 제정에 앞장섰다. 그때는 '지역사회 탁아소연합'약칭 지탁연이 있었는데 진보적 탁아운동을 전개하는 단체라고 할 수 있다. 이처럼 활동가들이 탁아소를 하는 곳이 많았는데 구로지역에도 꽤 있었다. 나중에 나는 구로지역장을 맡기도 하였다. 가두에서 어린이집 부모들이 서명운동을 전개하고 국회 앞에서 규탄대회도 하면서 우여곡절 끝에 영유아보육법이 제정되었다.

어린이집 운영에서 빼놓을 수 없는 것이 부모회였다. 많은 어린이집들이 자모회를 했는데 나는 아이 양육 문제에는 부모 모두가 참여해야 한다는 생각으로 아빠들의 참여를 독려했으며 그 결과 아동들의 절반쯤은 아빠들이 함께 참여하였다. 구로지역 연합체육대회 때도 우리 아이들의 아빠들이 제일 많이 참여하였고 이분들은 늘 즐겁게 분위기를 이끌어 갔다. 부모회가 끝난 뒤 늦은 시간에도 아빠들과 술잔을 기울이며 시국에 대한 이야기도 하면서 즐겁게 지냈다. 이때 만난 어린이집 엄마들하고는 아직도 두 달에 한 번씩 만나는 정기모임을 하고 있다. 1992년 2차 모금사업을 하여 여노회는 건물을 갖게 되었다. 여성복지회관이라 이름붙이고 지역 부인사업을 전개하기 시작한다. 나는 부회장과 여성복지회관 관장직을 겸직하면서 활동하였다.

또 우리는 어린이집을 졸업한 아이와 형제들을 위해 공부방을 시작했다. 처음에는 공간이 없어 아이들의 집을 전전하면서 하기도 했다. 지역 부인사업으로 어머니교실, 주부대학 등도 열었는데, 어머니교실은 한글, 영어, 한문, 컴퓨터, 홈패션 등 다양한 교실을 운영하였다. 특히 주부대학은 1년에 4회 정도 진행했는데 대중교육의 형식을 취한 의식화교육이라고 할 수 있다. 지역 여성활동을 시작하면서 구로지역 여성의식에 대한 설문조사를 하였고 그 결과를 반영해 자녀교육, 환경, 지역사회에서의 여성의 역할 등을 교육하면서 나중에 이들을 모아 '새날여성회'를 조직하였다.

그러나 이들과 여노회를 통합하기에는 어려운 점이 있어서 새날여성회는 약 5년 동안 활동하다가 중단되었다.

한편 '여성노동자회'라는 명칭은 일반 여성들이 쉽게 다가설 수 없는 분위기가 있었다. 그 때문에 2~3년 동안 여노회 조직의 정체성에 대해 논의했다. 1997년 내가 회장을 하면서 명칭을 개칭하고 사업영역을 일반여성과 노동 두 파트로 나눠 가는 것에 대한 논의도 있었다. 나는 여성노동자 운동의 중심이 필요하다고 생각해서 여성노동자회는 그대로 두고 지역여성은 별도의 조직으로 가되 유기적으로 연계하면서 활동을 한다는 생각을 굳혔다. 그런데 이런 조직성격을 둘러싼 모색은 우리 내부의 보이지 않는 갈등으로 남았다.

내가 회장이 되면서 회장을 하던 한명희가 부회장을 맡고 1998년 '일하는 여성의 집'[현재 여성인력개발센터] 관장으로 활동하였다. 다른 조직에서는 회장을 하다가 부회장을 하는 것이 이해가 되지 않는 모양이었다. 대개의 경우 회장을 하면 지도위원이 되는 게 순서이니까. 그러나 우리는 자리에 연연하지 않기로 하고 "여성이 살기 좋은 세상을 만든다"는 한 가지 목표만 생각했다. 당시 한명희는 여성연합 공동대표였는데 여성연합에서도 난색을 표하기도 했다. 그러나 우리는 당당하게 둘이서 역할을 분담하여 한명희는 노동 파트를, 나는 지역부인조직 파트를 책임지고 열심히 활동했다. 1997년 여노회 10주년을 맞아 10년의 역사를 모은 『불꽃이여 들꽃이여 그대 이름은 여성노동자』라는 책자를 내고, 기독교 100주년 기념관에서 10주년 행사도 했다. 1997년부터 기능훈련교실을 개설하여 미싱교실, 컴퓨터교실 등을 실시하였고, 1998년에는 여성실직자 공동작업장으로 '여우솜씨방'을 만들어 미싱 하청 일을 하였다. 이 작업장은 지

어머니 교실 수료식(앞줄 오른쪽에서 두번째)

금까지도 운영되고 있으며 수익금 일부를 여노회에 후원하기도 한다.

여노회 활동을 하면서 가장 기억에 남는 것은 가족투쟁 지원, 건물 마련을 위한 모금활동, 영유아보육법 제정, 고용보험법 제정, 지역부인조직 사업, 실업대책사업 등이었다. 특히 여성노동조합을 처음 창립한 것이 중요한 일이었다. 1998년 사업평가를 통해 여성노동자의 대중조직은 여성노동조합으로 하고 여성노동자회는 여성노조를 지원하며 정책사업 등을 더 하기로 결정했다. 1999년 1월쯤 서울여성노동조합을 결성했는데 실무자들과 '일하는 여성의 집' 직원들과 그동안 외부에서 일하던 회원들이 조합원으로 가입했다.

그런데 1999년 총회에서 여성노조와의 관계정립, 재정지원, 지역부인조직사업을 둘러싸고 깔려 있던 갈등 등이 복합적으로 나타났다. 그때 여노회에서는 여성노조와 사무실을 같이 쓰는 것은 인정해도 언제까지

1996년 제7기 주부대학 어머니 창조학교

재정지원을 할 수는 없다고 생각하여 재정지원을 이후 1년 이상 못하겠다
는 제기가 있었다. 또 그동안 지역부인조직활동이 활발하게 진행된 반면
노동운동이 큰 이슈 없이 진행되어 상대적으로 위축되면서 여노회가 스
스로의 정체성 위기를 느낀 것도 문제가 되었다. 이런 문제들은 후배들을
제대로 학습시키지 못한 나의 잘못이 큰 것 같다. 거기에 다른 문제로는
이영순 회장이 당시 서울시의원이었는데 여노회에서 독립해 나가라는 후
배들의 요구가 있었고, 이것을 선배인 우리들이 제대로 정리하지 못하자
후배들이 노여움을 느낀 것 같다.

　　이런 갈등 속에서도 나는 총회 직전까지 연임하기로 했던 회장직을
총회에서 불신임당해 낙선하였다. 10년 동안 신규 사업마다 선도적으로
열정을 다했던 조직에서 그렇게 믿었던 동지들로부터 배신당했다는 것은
내 인생에서 두고두고 상처로 남았다. 결과가 문제가 아니라 그 과정과 방

식에 대한 충격이 컸던 것 같다. 실제 총회 전날까지 내가 회장을 계속하기로 모두 결정한 상태였는데, 같이 결정한 후배들이 반기를 든 것이다. 나에게 한마디 의논도 없이 총회 직전에 회원들에게 연락하여 반대표를 찍게 한 것이었다. 그리 큰 조직이 아니라 굳이 누가 회장을 하겠다고 나서는 사람이 없는 상태였는데, 그런 방식으로 문제가 불거지니 나는 후배들에게 "너희들이 정말 인간애로 운동을 하는 사람이냐"고 묻고 싶은 마음이었다. 평생 운동만 해온 선배를 대책도 없이 불신임으로 내쫓다니……. 솔직히 지금도 분노가 쌓여 있는 것 같고, 그때를 생각하면 울컥 눈물이 난다. 지금까지 함께했던 회원들이나 현재 임원들과도 감정이 편하지 못하다. 나는 '일하는 여성의 집' 부관장으로 자리를 옮기고 몇 년 동안 여노회 총회 등 행사에는 참석하지 않았고 혹시 여노회 앞을 지나갈 일이 있으면 길을 돌아서 다녔다.

'일하는 여성의 집'에서 일하면서 실업극복 국민운동본부와 연계하여 여성실직가정돕기 사업을 2년간 진행했다. 동지들로부터 받은 상처를 일에 매진하면서 풀어나갔던 같다. 그때 한명희 동지가 상처치료 받는 프로그램에 참여해 보라고 권했지만 일하면서 푼다고 지내왔는데 아직도 앙금이 남아 있는 것을 보면, 그때 상처치료를 받았어야 하는 게 옳았던 것 같다. 그때 한명희 동지가 옆에서 함께 당한 것처럼 챙겨 주지 않았다면 나는 지금 어디서 무얼 하고 있을까? 가끔 생각해 본다. 우리는 35년을 발효한 푹 익은 동지애로 서로 보듬은 것 같다. 누구에게나 이런 동지 한 명쯤은 꼭 있는 게 평생 운동하는 데 힘이 되지 않을까. 나에게 잘해 줘서가 아니라 노동조합을 할 때나 그후 여노회에서 일할 때도 성격상 우리가 잘 맞는 사람들은 아닌데, 서로 아쉬울 때 아낌없이 돕게 된다.

구로여성인력개발센터에서 일하면서 나는 다시 많은 갈등을 겪기도 한다. 내가 왜 이 일을 할까? 이것도 운동이라고 할 수 있을까? 운동의 주류에서 밀려나 주변부 일이나 하면서 사는 게 탐탁지 않았다. 사실 그전에도 주류에서 활발하게 활동한 것도 아닌데 괜히 서글픈 생각이 들었고, 다른 일을 해야 하지 않을까 하는 생각을 해보기도 한다. 그러나 여성들에게 전문직으로 나아갈 수 있도록 직업훈련을 하고 취업을 통해 경제적 자립을 도모할 수 있도록 하는 것은 매우 중요한 일이었다. 여성이 경제력이 없어 온전한 인간으로 대접받지 못하는 경우가 너무 많다. 그래서 나는 인격적으로 자립할 수 있도록 지원하는 아주 좋은 일을 하고 있다고, 이것이 중요한 여성복지의 한 부분이라고 생각을 정리하였다. 젊은 여성에서부터 중·고령 여성들에게 좋은 기회를 제공하고 있어 지금은 이 일이 너무 재미있고 보람도 있다. 가끔씩 중요한 교육과정에 여성의 직업의식 특강을 하여 아직 잠자고 있는 여성들의 의식을 일깨워 주는 일도 할 수 있어 아주 좋다.

그때 그 상황에서 우리가 무엇을 해야 했을까

내게 특별히 의식이 있어서, 그리고 어떤 계기, 이를테면 소위 대학생 출신 노동운동가들을 알게 되어 학습을 했다거나 어떤 사건을 겪은 계기가 있어서 이 길을 가게 된 것도 아닌데, 평생 이 길을 가고 있다. 아마도 흔히 말하는 팔자가 아닌가 싶다. "눈이 커서 겁이 많아 보인다"는 말을 듣는데 실제로 겁도 많다. 그냥 담담히 이 길이 내게 주어진 소명이라 생각하고 받아들인 것 같다. 무슨 일을 잡으면 푹 빠져 버리는 내 성격도 한몫한 듯하다. 나는 옆에서 누가 다른 계기를 던져 주기 전에는 옆을 보지 않고 가는 경향이 있다. 어릴 때 엄마가 그런 말씀도 하셨다. "너무 한곳에 깊이 빠져 든다"고…….

학교 다닐 때 독서를 많이 해 독서왕상을 여러 번 받았지만 나는 연구자나 학자 타입은 아니다. 지금 뒤늦게 검정고시를 보고 대학을 나와 대학원을 다니고 있다. 기왕 내친 김에 공부를 더하고 싶어 시작했는데 갑자기 6년 동안 공부를 했더니 이제는 공부가 너무 힘들다. 공부도 때가 있는 건데, 너무 욕심을 부린 것 같기도 하다. 아마도 어려서 못한 공부에 대한 한도 있을 것이다. 공부는 어느 날 한명희 동지가 대학을 가자고 한 게 계기가 되어 시작하게 되었다. 내가 "고졸이 아니라 지금 당장 대학을 갈 수 없다"고 하자 한명희 동지는 충격을 받은 것 같았다. 당연히 고졸이라고 생각했을 테니까. 한명희 동지가 대학을 먼저 가고 나는 공부를 시작하여 4개월 뒤에 고졸 학력을 따고 전문대학에 들어갔다. 우선 기본 학력을 갖추고 자격증도 좀 갖춰야겠다고 생각했다. 그 뒤 대학 3학년에 편입하여 졸업하고 한 학기 쉰 다음 대학원에 입학하였다. 대학원은 대학 시절만큼 신나고 재미있지는 않다. 나는 역시 학구파는 아닌 것 같다. 그런데 그때 한명희 동지가 아니었으면 현재 여성인력개발센터 관장도 할 수 없었을 것이다. 정부가 자격 조건으로 학력을 요구하고 있기 때문이다. 한명희 동지는 내 인생에서 고비 고비마다 앞길을 열어 주는 역할을 한 것 같다.

내 인생에서 노동조합을 알지 못했다면, 그저 평범한 주부로 부동산 경기에 관심을 가지면서 살지 않았을까 싶다. 아마도 가만 있지 못하는 성격에 복부인이 되지 않았을까? 노동조합이 나에게 인간답게 사는 법을 가르쳤고 인간을 어떻게 사랑해야 하는가를 가르쳐 준 것이다. 나는 이런 내 삶의 경험을 바탕으로 지금 일하고 있는 일터에서 같이 일하는 실무자들

2000년 여성가장 훈련 입학식 때의 필자

에게 도움이 되도록 노력하고 있다. 우리 센터는 전국에서 가장 평균 학력이 낮은 곳이기도 하다. 다른 센터의 실무자들은 모두 대졸자인 데 비해 우리 센터에는 고졸자가 많았다. 이들은 이직할 기회가 주어져도 학력 때문에 망설이거나 포기해야 하는 경우도 있다. 그래서 이런 실무자들에게 공부할 수 있는 정보를 찾아주고 약간의 지원도 하여 계속 학업을 할 수 있도록 배려해 주고 더 나은 삶을 살 수 있도록 하고 있다.

노동조합과의 인연이 지금 내 나이 60에도 직업을 가지고 활발하게 살 수 있게 한 것이다. 그 인연을 이어 가기 위해, 그리고 그때 우리의 삶을 잊지 않기 위해, 의식의 끈이 끊어지지 않도록 하기 위해 '1970년대 민주노동운동 동지회'약칭 '70동지회'를 결성하여 10년이 넘도록 동지애를 다지고 있다. 물론 많은 동지들이 아직도 생활전선에서 일하느라 참석이 어렵긴 하지만 총회나 회원의 날에 모이면 모두들 "친정 오는 기분으로 온다"고 하니 얼마나 좋은 일인가. 크게 전면에 나서서 투쟁하지 않는다 하여 누가

2009년 '1970년대 민주노동운동 동지회' 10주년 야유회(뒷줄 오른쪽에서 여섯번째)

우릴 손가락질 할 수 있을까. 우리는 아직도 쉼 없이, 소리 없이, 각자가 살고 있는 지역사회에서 나름대로 할 수 있는 일들을 하고 있다. 나는 이 모임이 좋다. 크게 출세한 사람도 없고 폼나게 잘사는 사람도 없어 좋다. 어떤 사람들은 이런 상황들이 별 도움 안 된다고 참여하지 않을지도 모르지만 지금 내 삶이 부끄러울 것 없고 우리 모두 도토리 키재기처럼 별다를 게 없지만, 70년대의 의식을 놓지 않고 반듯하게 살고 있는 그 자체가 나는 좋다. 가끔씩은 세상 돌아가는 이야기도 하고 각자의 위치에서 활동하는 것도 공유하기 위해서, 그리고 무엇보다 '그냥 좋아서' 매월 있는 산행에 참석한다.

옛날에는 간혹 '개천에서 용 나는 일'도 있었지만 지금은 그런 속담이 없어져야 할 세상이 되고 말았다. 가난한 자는 더 가난하게 부자는 더 부자로 사는, 중산층이 취약한 나라가 되어 있다. 우리가 꿈꾸던 아름다운 세상은 이렇게나 구현하기 어려운 것일까. 이제 머지않아 우리 동지들도 하나둘 지구상에서 떠나가겠지만, 우리 후배들은 우리가 꿈꾸던 세상을 이루기 위해 계속 노력할 것이다. 후배들은 70년대를 조합주의니 경제주의니 하고 평가절하한다. 지금 다시 그 시대로 돌아간다면, 과연 그들은 그 이상을 할 수 있을까? 그렇게 평가하던 이들은 지금 무엇을 하고 있는가? 정권의 치맛자락 한자락을 붙들고 아귀다툼을 하고 있지 않은가? 변화시키겠다고 입당하여 변화는커녕 자기가 더 많이 그 이념에 동화되어 민중을 못살게 하는 앞잡이 노릇을 하고 있지 않은가? 그 어느 시대에도 고통 없는 시대는 없었다. 대정부 투쟁과 이념투쟁을 전면에 나서서 하지 않았다고 하여 지금의 잣대로 우리의 활동을 평가할 수는 없다고 본다. 우리는 그 시대에 목숨을 걸고 야합하지 않고 우리가 할 수 있는 최선의 것을 했다고 본다. 단편적인 면만 보고 단언하거나 평가하지 말았으면 좋겠다. 지금 우리는 어떤 모습으로 살고 있는지 겸허하게 돌아보면 좋겠다.

열입곱 살, 아직 내가 누구인지 세상이 어떤 것인지도 모른 채 뛰어든
노조운동은 내 삶을 송두리째 바꿔 놓았다. 인간답게 살고 싶은 욕구도 생겼고,
19세에 끌려가 받은 인간으로는 견딜 수 없는 정신적·육체적 고문과 숱한 해고로
생계위협도 당했다. 뒤이은 여러 가지 정치활동 경험은 내가 노동자로서의 정치의식을
갖도록 하는 데 도움을 주었다.

삶의 형태는 달라도
같은 마음으로

박육남

한일도루코 노동조합 부위원장

삶의 형태는 달라도 같은 마음으로

1. 아들이 아닌 여섯째 딸, 육남이

내 고향은 전북 순창인데, 이곳은 고추장·된장으로 유명한 고장이다. 나는 1960년 남원 광한루에서 태어났다. 내가 태어나기 전에 엄마가 딸만 다섯을 줄줄이 낳자 아버지가 어떤 스님에게 "이름을 육남이라 먼저 짓고 천리 길을 걸어서 출산하면 수명도 긴 아들이 태어난다"는 말을 들으셨다. 그래서 엄마의 출산을 앞두고 부모님 두 분이 함께 고향 순창에서 목포까지 걸어갔다가, 다시 목포에서 집으로 돌아오는 길에 남원 광한루에서 저녁을 먹는데 바로 산통이 왔고, 그곳에서 엄마가 나를 낳으신 것이다. 그런데 또 '딸'이라는 말을 들은 아버지는 방에서 기절을 한 후 실의에 차 아프시다가 내가 세 살 때 돌아가셨다.

그 뒤 엄마는 농촌에서 딸 여섯을 키우기 위해 일감이 있으면 가리지 않고 일을 하셨지만 딸들 입에 풀칠도 못하자, 결국 먹고살기 위해 큰언니를 다른 집에 식모살이로 보내고 집의 논밭을 팔아서 서울로 올라오셨다.

한일도루코 노조활동에 대해 말하고 있는 필자(2011년)

우리 식구는 고척동에 있는 작은엄마 집의 방에 세들어 살았다. 그 뒤 큰언니도 다시 집으로 돌아와서 우리 식구는 모두 모여 살았다.

내 위, 네 명의 언니들은 구로공단에 있는 한일도루코[한일공업주식회사]에 입사했다. 거기에 사촌오빠가 다니고 있어서 그 소개로 들어간 것이다. 큰언니는 한일도루코에서 형부를 만나 결혼을 했다. 엄마는 이불가게에서 이불을 만들거나 월남치마를 만들어 팔아서 생활을 꾸렸고, 언니들이 받아온 월급은 고스란히 모아 그 돈으로 언니들 나이 20세가 되면 시집보내기 바쁘셨다.

나는 초등학교 입학하기 전까지 매일 주인집 딸하고 놀았는데 그 애가 안 놀아 주는 날이면 엄마가 일하는 이불가게에 가서 이불에 들어가는 솜 넣는 일을 돕다가 밤에 엄마와 같이 집으로 돌아오곤 했다. 그때 유일한 간식은 친구들하고 연탄불 위에 양은냄비를 올려서 밀가루를 볶아 미

1968년 초등학교 1학년 때 소풍에서(앞줄 왼쪽)

숫가루라면서 먹는 것뿐이었다.

1968년 나는 집 옆에 있는 고척초등학교에 입학하였고, 다섯째 언니도 한일도루코 노동자로 일하기 시작했다. 그때부터 엄마는 다른 언니들을 시집보내느라 정신이 없으셨다. 나는 매일 아침부터 밤까지 옆집 아이들과 줄넘기, 술래잡기, 땅따먹기, 사방치기 등을 하며 노는 데 정신이 팔려, 초등학교 4학년 때야 간신히 한글을 읽고 쓰게 되었다. 그나마 산수는 따라가기가 어려웠다. 산수공부를 제대로 배우고 싶어 "산수학원을 보내 달라"고 졸라 학원에 가서 처음으로 나눗셈을 배웠다. 나눗셈을 할 수 있게 되자 나는 뛸 듯이 기뻤다.

중학교 입학을 앞두고 공장을 다니던 다섯째 언니가 시골로 시집을 갔다. 중학교 등록금을 낼 형편이 안 되자 엄마는 "학교를 가지 말라"고 했지만, 언니들이 자기들은 못 배웠지만 나는 배워야 한다며 "학비는 우리가 낼 거니까 육남이는 꼭 보내라"고 했고, 그제서야 나는 오류중학교를 다닐 수 있었다. 그때 나는 '고등학교를 못 가면 어쩌나……' 처음으로 현실적인 고민을 하면서, 언니들이 집에 올 때마다 주는 용돈을 모았는데, 3년 동안 모으니 꽤 많았다. 그런데 중학교 3학년 때 엄마의 이가 좋지 않아 틀니를 해야 했다. 딸 여섯을 키우느라 너무 힘든 생활을 하다 보니 제대로 남은 이가 하나도 없었던 것이다. 나는 마음이 아파 통장의 돈을 찾아 엄마에게 틀니를 해드리고 남은 돈도 마저 드렸다. 그럭저럭 1976년 고등학교 입학시험을 보고 합격통지서를 받았으나 엄마는 "고등학교 학비가 너무 많아 보낼 수 없다"고 하셨다. 그때 엄마가 많이 아프셨기에 언니들도 내 고등학교 진학을 포기했다.

2. 한일도루코 노동자로 일하다

방학 직전인 12월, 고등학교 진학을 포기하고 있는데 중학교에서 고등학교를 못 가는 학생들은 당시 학교와 자매결연을 맺고 있던 한일도루코에 취직을 시켜 준다고 하였다. 진학을 포기하고 있던 나는 취업을 신청했다. 우리 학교에서 나를 포함해 18명이 한일도루코에 면접을 보았고, 회사에서는 다음날부터 출근을 하라고 했다. 면접은 왜 고등학교를 못 가게 되었는지, 여기서 일할 수 있겠는지 등을 확인하는 정도였다. 그러면서 집이 어려우니 열심히 일하라는 것이 전부였다. 중요한 것은 우리의 나이가 너무 어려서 3개월간 일하는 것을 보고 난 뒤에 정식으로 일할 수 있는지 판단하겠다는 것이었다.

이때 한일도루코는 지퍼·면도날·문구용 칼을 만들었는데, 지퍼 천·방직 방적을 담당하는 섬유반, 알루미늄으로 면도날이나 칼 모양을 찍는 다이캐스팅, 공작반인 금형, 밀링, 지퍼손잡이를 담당하는 수라이다, 지퍼의 이빨을 만드는 체인반, 지퍼를 염색하는 염색반을 비롯한 수십 개의 부서가 있었다. 전체 노동자 수는 1,600명이 넘었는데 여성이 절반 이상이었다. 여자들은 초등학교를 졸업하고 바로 올라온 나이 어린 이들이 많았고, 남자들은 중고등학교 졸업하고 온 사람이나 아저씨들이 많았다. 여자들은 기술이 필요 없는 제품반이나 검사반, 체인반 등에서 주로 일했고, 남자들은 밀링이나 선반 같은 기술을 갖고 있어 주로 이런 쪽의 일을 했다.

우리가 입사한 1976년 12월은 엄청 추웠다. 18명 중에서 나와 다른 두 명만이 검사반에서 일하기 시작했다. 회사는 하루 12시간 일하는 2교대였는데, 너무 바빠서 일요일도 거의 놀지 못하고 특근을 하였으며 간신히 한 달에 한 번 정도 놀았다. 퇴근 때 우리는 일렬로 줄을 서서 공장 문을 나오기 전에 경비들에게 몸 검색을 받아야 했다. 공장에서 생산한 물건을 가져갈까 봐 하는 것이었다. 그러니 퇴근을 하는 시간이 너무 오래 걸렸고 무엇보다도 남성 관리자들에게 몸 검색을 받는다는 것이, 그리고 도둑처럼 취급당하는 것이 수치스러웠다. 기껏 만드는 제품이라고 해봐야 옷에 다는 지퍼와 수염 깎는 면도날이 주요한 것인데 회사는 노동자들을 도둑으로 취급했던 것이다. 그렇게 특근까지 한 내 첫 월급은 1만 8천 원 정도였다. 그조차도 체불이 심했고, 12시간 맞교대로 일하는 것은 정말 힘들었다. 개봉동에서는 한일도루코 하면 제일 낮은 일당에다가 그것마저 몇 개월씩 임금체불을 하는 것으로 악명이 높았다. 오죽하면 가게에서 한일도루코에 다닌다고 하면 외상을 안 줬을까. 거기다 1,600명이었던 인원이 하루 사이에 1,000명이 되기도 하였는데, 일이 힘들고 임금이 낮으니 하루 일 나왔다가 그만두는 경우가 많았기 때문이다.

나는 월급을 타면 엄마에게 봉투째로 드렸고 용돈으로 2천 원 정도를 받았다. 그 돈을 모아 통장을 만들어 적금을 했다. 언니들이 주는 용돈까지 보태면 꽤 많은 돈이 모였다. 우리 가족 7명 모두가 여자들이다 보니 엄마가 하는 가정교육의 내용은 "절대 얼굴 들지 말고 땅만 보고 다니라"는 것이었다. 그러다 보니 나는 한일도루코에 취직한 사회인인데도 고개를 숙이고 다녔고, 형부들이 집에 오면 엄마 뒤에 있었다. "막내 처제!" 하고 형부들이 불러도 나는 수줍어 밖으로 도망쳤다. 아빠 얼굴도 모르고 자라서 그런가 정말 숙맥이었다.

엄마는 언니들이 노동자로 일할 때 퇴근시간보다 한 시간만 늦게 들어와도 이불 속에 밀어 넣고 늦은 이유를 물으며 야단치셨다. 남들에게 "아버지 없이 커서 버릇이 없다"는 얘기를 안 듣게 하려고 그러셨던 것 같다. 이불 속에 밀어 넣은 것은 여러 세대가 세들어 사니 시끄럽게 하

1977년 한일도루코 공장의 화단에서 감사반 친구들과 함께(오른쪽)

면 주인에게 쫓겨날 우려도 있었기 때문이다. 이렇게 엄마는 여섯 딸을 사고 없이 잘 키우기 위해 매사 조심하셨다. 엄마는 입을 것 안 사고 안 쓰고 모은 돈과 넷째 언니가 보탠 돈으로 고척동에 있는 동양공전과 담장이 붙어 있는 단독주택을 마련하였다. 이때부터 엄마는 이불가게를 그만두시고 외손자를 키우셨다. 공부를 하고 싶었던 나는 방송통신고등학교에 입학해서 한 달에 두 번 학교에 가서 공부하고, 밤에는 라디오 방송을 들으며 공부했다.

3. 신나는 노동조합 활동을 벌이다

한일도루코에는 1975년 노동조합이 설립되었으나 회사 측의 심한 탄압으로 주동을 한 사람들 상당수가 해고되어서 노조활동 자체가 유명무실

해졌다. 이때 노조탄압에 앞장섰던 사람이 반장들이었다. 그런데 1978년 6월 5일 노조를 깼던 반장들이 노조를 재건했다. 회사가 '40대 후반 이상의 반장급들을 정리'하려는 방침을 세우자, 자신들의 자리를 지키기 위한 수단으로 노동조합을 선택한 것이다. 처음에 회사는 노조를 깨려고 달달 볶다가 안 되니까 거꾸로 회유에 나섰다. "노조를 그만두면 정리 방침을 철회하겠다"는 것이었다. 결국 노조에 참여한 반장들이 하나둘 회사에 넘어가더니 결국 분회장도 넘어갔다. 그때 교육선전부장을 하던 김문수가 "내가 분회장을 하겠다"고 나서서 직무대리를 맡고, 이후 노조는 활력을 되찾았다.

나는 "노조가 생기면 월급도 회사 마음대로 결정하지 못하고 단체교섭을 통해 우리가 요구하는 것을 받을 수 있다"는 이야기에 솔깃했다. 그때 노조 가입은 오픈숍이었기 때문에 조합원 가입원서를 다시 받아야 했는데, 나도 뛰어다니면서 검사반에 있는 내 친구들 90%를 가입시키고, 그 밖에도 제품반이며 염색반 등을 돌아다니면서 가입원서를 받아 노조사무실에 가져다주었다. 이런 내 모습을 보고 이기창 조사통계부장이 "조사부원으로 같이 일하자"고 제안해서, 나는 조사통계부원으로 노조활동을 시작하였다.

조사통계부의 활동은, 일상시기에는 현장에서 개선해야 할 노동조건에 대해, 그리고 임금인상 시기에는 월급을 어떻게 쓰고 있는지 등에 대해 조합원 대상으로 설문조사를 한 후, 그 내용을 정리하는 것이었다. 이 과정에서 나는 한일도루코에서 일하는 우리 노동자들의 상황을 제대로 알게 되었다. 조사 결과 내가 가장 놀란 것은 초등학교도 제대로 졸업하지 못한 어린 아이들이 많은 것이었다. 물론 남자 역시 학력은 비슷했지만 이들은

4·19묘지 참배를 마치고

주로 아저씨들이었다. 거기에 남녀 기숙사는 인원이 약 500~600명 정도 되었는데, 대부분의 여성노동자들은 조금이라도 돈을 아끼려고 기숙사 생활을 하면서 월급의 80%를 시골의 부모님에게 부치는 것이었다.

이런 노동자들의 상황에 대해 마음이 아팠던 나는 조사통계부원으로 설문조사만을 하는 게 아니라 일부러 시간을 내어 직접 조합원을 만나면서 그들의 사정이나 부서별 요구사항을 듣고 그 얘기를 모아 조사통계부장에게 보고하였다. 조사통계부에서 조사한 조합원들의 요구를 바탕으로 노조는 현장문제 개선을 위한 활동을 하였다. 이 과정에서 나는 노조가 왜 필요한지 좀더 깨닫게 되었다.

노조는 처음에 창고 같은 좁은 사무실을 썼는데, 이후 단체행동으로 사무실을 넓은 곳으로 옮기면서, 노조 자체적으로 근로기준법 공부와 독서회 운영, 등산친목회 같은 여러 가지 소모임을 다양하게 만들어 조합원들의 참여를 독려하였다. 나는 일주일에 1회씩 하는 근로기준법 공부를

노조 한탄강 수련회(오른쪽에 서서 진행하는 이)

하면서 법에 있는 노동기준과 우리 사업장의 조건을 비교해 보다 그 차이가 큰 것에 기가 막혔다. 거기다 노동법과 노동조합에 대해 배우면서 내가 해야 될 역할도 깨닫게 되고, 노조는 위원장 한 사람이 하는 것이 아니라 노동자들이 모두 참여해서 함께하는 것이라는 생각도 하였다.

나는 우리 노조가 소속된 금속노련전국금속노동조합연맹 남서울지역 지부에서 하는 각 사업장 분회별 교육에도 빠지지 않고 꼭 참석했다. 지역 지부에 속한 노조들은 가끔 사업장끼리 만나기도 했고, 싸우는 사업장이 있으면 격려 방문차 서로 찾아가 함께 싸우기도 했다. 이런 교육과 다른 노조와의 교류는 우리 사업장만이 아니라 다른 사업장에서 일하는 노동자들의 상황도 알면서, 노동자들에게 정말 노동조합이 살길이고 노조가 없으면 개, 돼지처럼 살기를 강요받는다는 생각을 강하게 하였다. 노동자들에게는 오로지 노동조합만이 힘이라고 생각했다.

한편 우리 노조는 조합원들의 가장 큰 불만인 임금체불을 중단시키기 위해 조합원 전체 파업을 하였고, 결국 회사 측으로부터 다시는 임금체불을 하지 않는다는 답을 받아내면서 조합원들의 사기를 올릴 수 있었다. 그 뒤에는 몸 수색을 중단시키고 임금인상도 조합원 요구를 반영하여 단체교섭으로 따냈다. 아침 작업 30분 전에 출근해서 새마을운동이라는 이름으로 청소하고 국민체조를 하던 것도 모두 노동시간에 포함시키는 것으로 바꿨다. 회사가 마음대로 정해서 출근 시간 30분 전에 나오지 않으면 지각 처리하였던 관행도 노조가 문제삼자 회사 측은 30분 전 출근을 없애고 정시 출근으로 바꿨다.

회사의 민주노조 어용화 음모

이렇게 노조의 활동이 본격화되면서 1979년 6월 5일 총회를 앞두고 큰 싸움이 벌어졌다. 그동안의 민주적인 노조활동으로 조합원들은 노조와 간부들을 신뢰하게 되었고, 지역의 다른 민주노조들과도 관계가 돈독해졌다. 그런데 회사는 노동자들을 마음대로 부릴 수가 없으니까 민주노조를 어용화시키기 위한 음모를 꾸몄다. 관리자 출신인 대의원과 상집간부들을 회유하고 매수해서 대의원대회를 열어 지부장을 교체하려고 한 것이다. 회사는 주로 반장 이상 계장들을 회유하려 온갖 방법을 다 썼는데, 선물과 금품을 제공하고 월급을 인상시켜 준다든가 직급을 올리는 등의 방법이었다. 그래도 이들이 말을 안 들으면 "사표를 써라"는 협박을 일삼기도 했다.

　김문수 직무대행은 이런 사실을 파악하자 '퇴근 후 총회소집'을 게시판에 공지했고, 노조간부들은 각 반에서 회사의 음모를 선전하면서 "대의원대회를 총회로 바꿔야 한다"며 조합원들을 설득하기 위해 돌아다녔다.

1979년 노조 첫 상집간부회의(나무 밑 오른쪽 커트머리 여성)

노조는 "조합원 전체 총회냐, 대의원대회냐"를 놓고 조합원들의 의견을 물었다. 나도 전체 총회를 열어야 노조를 지킬 수 있다는 생각으로 작업장을 돌면서 총회소집 서명을 받으러 다녔다. 관리자들은 내가 현장에 돌아다니는 것을 막으려 몸싸움을 벌이기도 하였고, 심지어 검사반 계장은 나에게 사직서를 강요하고 갖은 욕설로 괴롭혔다. 그는 노조간부이기도 했는데, 내가 노조사무실을 가면 "공순이가 왜 노조사무실에 오냐"고 소리를 지르기도 했다. 나도 지지 않고 "조합원에게 무슨 공순이냐"고 소리치자, 그놈이 유리컵을 던져서 깨뜨렸고, 나는 "유리컵을 변상하라"며 사무실까지 쫓아가 기어코 변상을 받아내기도 했다. 그런 나를 보고 노조간부들이 '깡패'라고 수군수군거렸으나 나는 아랑곳하지 않았고, 노조에서 결정된 일을 하는 것이 즐거웠다.

드디어 전체 조합원 임시총회를 하기로 결정됐다. 총회가 있는 날 퇴

1979년 상집간부 여의도 야유회(오른쪽에서 두번째)

근시간이 되자 회사 측에서 갑자기 "잔업을 안 하면 사직서를 써라"고 윽박지르고, 관리자들이 작업장 출입문을 잠그려고 해서, 나는 관리자와 심한 몸싸움을 하였다. 그때 조합원들은 움츠러들어 무서워하며 쳐다만 보고 있다가, 마침내 용기를 내 갑자기 작업실에서 우르르 몰려나가 식당에 모였다. 우리는 저녁 늦게까지 총회를 진행했다. 총회에서 김문수 직무대행은 노조 분회장이 되고 나는 회계감사로 선출되었다. 온 공장을 휘젓고 돌아다니면서 노조활동을 하였기에 모두들 나를 알고 있어서 회계감사가 된 것 같다. 우리 노조 총회에는 남서울지역 지부장과 지역 지부 산하 분회장들, 그리고 여러 노조 간부들이 참석해 주었다. 우리는 '우리 승리하리라'를 소리 높여 부르면서 가슴이 벅차올랐다.

총회 이후 회사와의 단체협상에서 오픈숍을 유니언숍으로 바꾸면서 모든 노동자들은 자동으로 조합원이 되었고 월급에서 0.5%를 조합비로

1979년 조합원 야유회(앞줄 왼쪽에서 두번째)

공제하면서 노조활동이 더욱 다양해져 갔다. 노조는 전체 조합원 단합대회를 하기 위해 바다로 강으로 산으로 열차와 버스를 타고 많이 돌아다녔다. 또 임금인상을 위한 교섭 때는 노조간부들이 돌아가면서 교섭에 참석했다. 간부들이 교섭에서 회사 측이 보이는 망발을 직접 경험하면서 그 본질을 깨닫도록 하고, 또 노조간부로서의 대응력도 키우기 위한 것이었다. 한번은 나도 단체교섭에 들어갔다. 회사 측에서는 "여공들은 월급을 많이 올려주면 화장품으로 사치생활을 한다. 월급을 노조 요구대로 못 준다"고 얘기했다. 나는 그 자리에서 열 받아 "내가 조사한 것은 여성노동자들이 월급이 너무 작아서 기숙사 생활을 하면서 돈을 아끼고 월급의 대부분은 시골 부모님에게 보낸다는 것이다"라고 소리쳤다. 그러자 갑자기 협상분위기가 조용해지더니 누구 하나 얘기하는 사람이 없었는데, 남성 노조간부가 "아, 빨리 끝내고 점심 먹으러 가자"고 얘기하면서 분위기가 깨졌다. 나중에 그 간부가 분회장에게 혼나는 것을 보면서 나는 갑자기 영웅이 된

조합원 교육을 마치고(첫줄 오른쪽에서 두번째)

듯 기분이 우쭐한 적도 있었다.

현장의 많은 변화 중에서 나에게 제일 좋았던 것은 "노조간부들은 노조활동으로 매주 3~4시간을 활동해도 작업으로 처리한다"는 단체협약을 맺은 것이다. 그래서 우리는 자주 간부회의를 열어 상황을 공유했고, 또 퇴근 후에나 가능했던 다른 노조 방문을 낮에 하는 것이 가능해졌다. 지역의 교육과 회의에도 참여하고, 투쟁하는 곳에는 동참해서 '우리 승리하리라', '농민가' 등을 가르쳐 준 적도 있었다.

그때 김문수 분회장은 정말 노조와 노동자들에게 헌신적이었다. 아파서 조합원이 결근하면 병문안을 다닐 정도로 조합원에게 마음을 다했다. 그런 모습을 보면서 '나도 저렇게 희생적으로 살 수 있을까, 사람을 위하고 존중하면서 살 수 있을까' 하며 노조운동하는 사람들은 참 훌륭한 사람들이라는 생각을 했다. 그래서 나도 인간답게 살기 위해서 노조운동을 열심히 하고 싶었다.

죽음과 삶이 교차했던 여름

그런데 1979년 여름휴가 때 나에게 문제가 생겼다. 큰언니는 한일도루코 공작반의 반장과 결혼했는데 형부는 회사를 그만두고 이 회사에서 다이캐스팅 하청을 받아 구로동에서 공장을 운영했다. 내가 회사의 회유와 협박에도 노조를 그만두지 않자, 회사는 형부에게 압력을 넣었다. "박육남을 노조에서 탈퇴시키지 않으면 하청을 끊어 버리고, 탈퇴를 시키면 하청을 주겠다"는 것이었다. 휴가 전날 퇴근해서 엄마와 저녁을 먹고 있는데 큰형부가 와서 "노조를 탈퇴하면 반장도 시켜 주고 월급도 많이 준다고 하더라" 하자, 나는 "죽어도 노조를 그만두지 못한다"고 하였다. 형부는 "김문수가 그렇게 좋으면 결혼시켜 주마" 하며 화를 냈다. 나도 지지 않고 "김문수를 좋아하는 것이 아니라 존경하고, 사람이 어떻게 살아가야 인간답게 사는 것인지를 노조활동에서 배우고 있는 것이다. 더 이상 모욕하지 말라" 말했다. 화가 난 형부는 부엌에서 칼을 들고 와서 "노조를 탈퇴하지 않으면 죽이겠다"며 내 배 앞으로 내밀었다. 그때 주인집 아저씨가 뛰어들어와 형부 멱살을 잡아 밖으로 끌고 나갔다.

나는 순간 죽어도 노조 탈퇴는 않겠다고 다짐했고 참담한 마음에 밤새워 동네 약국을 돌아다니면서 수면제를 사와 먹고 잤다. 엄마는 그 충격으로 쓰러져 일시적으로 반신마비가 되었다. 깨어 보니 한일도루코 앞의 병원인데 이틀이나 지나 있었다. 그 일로 언니와 형부가 싸웠고 엄마는 큰형부와 담을 쌓고 살기 시작했다. 나는 이틀간 울다가 회사에 출근했다. 그렇게 그해의 여름휴가는 죽음과 삶이 교차하며 지나갔다. 형부들이나 우리도 똑같은 사람인데 억울했다. 나는 이제 여자라는 이유로 고개 숙이고 다니지 않겠다는 결심을 하고, 그때부터 목에 힘을 주고 다니기 시작했다.

회사에 출근해서 일상적인 노조활동을 더 열심히 했다. 이즈음 노조에서는 일주일에 한 번씩 책을 읽고 독후감을 발표하는 모임을 노조사무실에서 했다. 나는 『마더 존스』라는 책을 읽고 소감발표를 했는데, 이 책은 나에게 감동을 주었고 또 고민도 던져 주었다. 어떻게 사는 것이 인간답게 사는 것인지, 처음으로 깊게 생각해 보았다.

이전까지는 생리수당이 없었는데 우리가 단체협상으로 찾아내자, 나는 생리휴가를 받아서 노조활동을 하기도 했다. 이즈음부터 '너와 내가 아니라 우리라는, 조합원은 한 배를 타고 같이 살고 같이 죽는다'는 의식을 갖기 시작했다.

노동조합은 점점 안정되어 갔다. 지부장은 아침저녁으로 조합원을 만나는 현장순회를 하였다. 단체협상 때는 게시판이나 회의를 통해 단체협상의 내용과 결과를 공개하고 임금협상 때는 간부들이 돌아가며 교섭위원을 하면서 회사 측의 본질을 파악하는 능력을 키웠다. 이제는 현장에서 조합원들이 스스로 움직이는 일이 나타나기 시작했다. 조합원들은 이전에는 억울한 일이 있어도 말도 못하고 당하기만 하다가, 노조가 만들어지고 그 활동에 참여하면서부터 작업 중 일어나는 사소한 일이라도 스스로 나서서 따지기도 하고 해결하기도 했다. 조합원들의 이런 변화는 노동조합에 대한 깊은 신뢰에서 나타난 것이었다. 그때 조합원들은 지부장을 마치 '신' 같은 존재로 여기는 분위기였다.

연대의 힘

1979년 말에 정기총회가 열렸고, 나는 부분회장이 되었다. 노조는 우리 사업장의 문제를 뛰어넘어 지역활동으로 발을 넓혀 나갔다. 그때 금속노련 남서울지부에서는 노조 간의 각 부서모임도 활발히 진행되어서 많은 간부들이 서로 잘 알게 되었다. 그러다 보니 여러 간부들이 친해지고 결혼을 하는 경우가 생기면서 농담으로 "노총각 노처녀는 금속에 오면 결혼한다"는 말이 나올 정도로 우리들의 지역연대활동은 인간적인 끈끈함도 함께 다져 주었다. 이런 연대활동에서 제일 기억나는 것은 마마 보온밥통을 만드는 대원전기에서 일주일 철야농성을 할 때, 우리 노조간부들도 동참하여 작업장 바닥에 신문지 깔고 같이 농성을 한 일이다. 대원전기 노동자들은 우리의 연대에 무척 힘을 받은 것 같았다. 또 부산파이프노조 결성지원을 하거나 구로동의 세진전자, 콘트롤데이타 노조도 방문하였는데, 이때는 여러 노조의 간부들이 같이 모여 몰려다녔던 것 같다. 나는 휴가를 내거나 오전만 작업하고 오후에 조퇴하여 신나게 투쟁사업장을 다녔다.

그러나 지역연대활동이 모두 좋은 것만은 아니었다. 가끔 기분 나쁜 일들도 있었다. 가령, 금속업종은 남자가 많다 보니 여자라고 우습게 생각하는 남성 노조간부들이 있었다. 한번은 남성 간부가 여성 부녀부장에게 '이 여자', '저 여자' 하는 소리를 듣고, 나는 같은 노조간부인데 정식 직책으로 부르지 않는 것에 열 받아 문제제기를 했다. 내가 "부녀부장이라고 불러라"라고 하자, 그는 나에게 "여자니까 여자라고 하지 그럼 뭐라 하냐"고 맞받았다. 나는 "노조간부는 똑같고 평등한데 여자라고 무시하는 것은 문제다"라고 따지자 그럼 "여성 부장님이라고 부르죠" 하며 내 말조차 비아냥거렸다. 말다툼은 끝났지만 나는 감정이 정리가 안 되었다. 같은 노조활동을 하면서도 남성 간부들은 이처럼 남성 중심적인 사고를 갖고 있었다. 이런 문제를 빼고는 많은 연대활동은 나의 생각을 넓혀 주었다. 이제는 현장을 바꾸는 것만이 아니라, 세상을 바꿔야 한다는 생각도 얼핏 하기 시작했다. 그리고 노조 하나의 힘으로 세상을 바꾼다는 것은 불가능하지만 노조들끼리 연대하면 가능하다는 것을 알아 갔다.

그러던 어느 날, 야근을 하고 있는데 덩치 큰 한 언니가 나를 보더니 "영등포 로터리에 있는 도시산업선교회^{약칭 '도산'}에서 강좌와 교육이 있다"고 말해 주어서, 자세히 물어보고 아침에 퇴근해서 찾아가려다가 못 찾아 갔다. 그 뒤 한 달 후에 나는 혼자서 '도산'을 찾아갔다. 그곳에 들어서는데 입구에 '해태제과 8시간 노동제 쟁취'라고 쓰인 플래카드가 걸려 있었고 여러 사업장 노동자들의 투쟁을 알리는 선전물도 게시되어 있었다. 마침 노동교육강좌가 있어서 신청한 후 참여하기 시작했다. 일주일에 한 번씩 한 달 동안 교육을 받았다. 이때 콘트롤데이타, 원풍모방, 해태제과 노조 간부 같은 여러 사업장에서 온 20여 명의 노동자들이 같이 교육을 받았고 장명국 씨가 강사로 왔다. 교육내용은 미국노동운동사였는데 『알려지지 않은 이야기들』 등의 책을 가지고 했고, 또 그림책으로 하는 심리검사도 했다. 통행금지 때문에 늦을 때는 같이 교회에서 잤다. 모임에서는 교육만이 아니라 여러 사업장의 상황을 얘기하면서 공유할 수 있었다. 이때까지 나는 한일도루코 노조가 최고인 줄 알았는데, 더 치열한 투쟁을 벌인 여성 노조간부들의 경험, 특히 해태제과의 8시간 노동쟁취투쟁에 대해 들으면서, 기세등등하고 의기양양하던 나의 기가 팍 꺾였다. 한일도루코는 12시간 2교대를 하는데도 아무런 문제제기를 못하는데, 해태제과에서는 3교대로 8시간 노동을 하기 위한 투쟁을 벌인다는 것이다. 해태제과 이야기에서 나는 처음으로 8시간만 일하고 남는 시간에 쉬기도 하면 좋겠다는 생각을 해보았다. 그들의 투쟁과 활동은 내게 너무나 놀랍고 존경스러웠다. 근로기준법의 내용은 알고 있었지만, 8시간 노동제 쟁취투쟁은 나에게 노동자들에게 힘이 생기면 법과 제도도 제대로 지키게 하고 또 바꿀 수도 있다는 희망을 갖게 했다.

그 뒤에도 나는 교육이 있는 곳이면 물불을 안 가리고 찾아가 배웠다. 한국노총에서 3박 4일로 '여성간부수련회'를 열자 거기도 참여해서 새로운 투쟁가도 배우고, 여성의 권리에 대한 강연도 듣고, 나중에는 조를 짜서 배운 내용을 조별로 촌극을 만들어 발표도 했다.

유니언숍 제도로 바꾼 이후 신입 노동자들이 가입원서를 별도로 안 써도 노조가입이 자동으로 되니 조합원도 늘어나고 노조의 힘이 커지자, 회사는 몰래 노조간부들을 감시하거나 부서이동을 시키기도 하였다. 그러다 보니 조합원들이 자진 사퇴하는 경우도 많아졌다. 또 회사는 열심히 활동하는 부서를 하청으로 돌리거나 부서를 폐쇄하기도 했다. 이런 회사의 탄압으로 1,600명이던 인원이 800여 명밖에 남지 않았다. 단체협상 때는 그 지역 담당정보과 형사들이 상주하고 있었다. 어느 날은 형사들에게 연행되어 경찰서로 끌려가 밤새도록 노조활동 관련 조사를 받다가 다음날 나오기도 했는데, 이때는 이런 일들이 자주 일어났다. 그 때문에 1979년 말부터 노조활동이 어려워지기 시작했다.

4. 1980년 노조의 시련과 위기

1980년 2월 들어 김문수 분회장이 사복형사에게 끌려갔다. 1월 1일부터 임금인상을 위한 교섭을 여러 번 해도 합의가 안 되어 준법투쟁으로 8시간 일하고 잔업을 하지 않거나 점심시간을 이용해 조합사무실 앞에서 집회를 벌이는 투쟁을 하고 있었다. 이때 회사의 노무과장이 "대공분실에서 조사할 게 있다고 연락이 왔으니 가보라"며 전화번호와 장소를 메모해 주었다. 이기창 부분회장[또는 직무대행]과 내가 남영동 대공분실에 갔더니, 사람들이 나와서 우리를 어떤 방으로 데려갔다. 그 방에는 조그만 욕조가 있고 책상 한 개와 수세식 똥통이 있었는데, 조금 있으니 한사람이 들어오면서 이기창 부분회장을 보며 "빨갱이 새끼들 왔다"고 무조건 발로 차면서 폭력을 가하였다. 나도 손바닥으로 귀싸대기를 몇 차례 맞고 나니 한쪽 귀가 먹먹해졌다. 그때 이후 평생 한쪽 귀는 고장이 났다. 그렇게 한참을 때리더니 이기창 부분회장을 데리고 다른 방으로 갔다. 나를 계속 때리던 그놈은 잠시 쉬더니 "너! 저거 보이지? 여기는 간첩들이 잡혀 와서 물마시고 죽어 나가는 곳이야. 네가 몰라서 노조활동 하는 것 같은데, 김문수는 서울대 다니다가 북한의 지령을 받고 노동자들을 모아서 국가를 파괴하려는 빨갱이야, 이년아. 너도 봤지? 북한 사람들이 못살아서 흰 고무신을 신고 다니는데 김문수도 흰 고무신 신고 다니잖아!" 하면서 "노조 가입동기와 김문수가 어떻게 활동했는지 자술서를 쓰라"고 흰 종이 서너 장을 내주었다. 내가 안 쓰니까 자기네들이 나에게 물어 보고 내가 말한 내용을 타자기로 쳐 내려갔다. 그러나 중요한 노조활동과 김문수 관련 신상내용에 대해 일절 얘기 안 하니까 다시 때리기 시작했다.

　　그러다 잠시 쉬더니 설렁탕을 시켜 주면서 먹으라고 했다. 난생처음 보는 고깃국물이었다. 회사에서는 점심식사로 두 가지 반찬에 된장찌개나 멀건 김칫국, 거기에 철야하면 야식으로 불어터진 라면을 먹으면서 일했는데……. 폭행에 시달리면서도 속으로는 먹고 싶었지만, 숟가락도 안들고 가만히 앉아 있었다. 밤에는 그냥 자고 아침이 되자 다시 조사를 하는데 갑자기 "각서를 쓰면 내보내 주겠다"고 했다. 그러나 내가 쓰지 않고 고개만 숙이고 있으니 이기창 부분회장을 데려와 "같이 나가라"고 하면서 정문으로 우리를 내보냈다. 그곳을 나오니 여러 사업장의 노조 지부장들이 모여서 항의집회를 하고 있었다. 그들은 나를 보더니 "어디 아픈 데 없냐?"고 모두 걱정스레 안아 주기도 했다. "김문수 분회장이 여기서 조사받는 것 같다"는 얘기를 듣고 나도 같이 있다가 저녁 무렵 회사로 출근하였다. 조합원들과 노조간부들이 노조사무실에서 기다리고 있었다. 우리는 김문수 분회장이 학생운동 했던 것을 말하지 않고, "대학교 나와서 노동자들을 위해 헌신적으로 일하면 빨갱이, 간첩이라고 하는데 그렇지 않다"며 나름대로 얘기하였다. 나도 그때 김문수 분회장이 학생운동을 한 대학생 출신이라는 것을 처음 알게 되었지만, 오히려 더 많은 존경심과 신뢰를 갖게 되었고, 나도 더욱 열심히 활동해야겠다는 각오를 다졌다.

회사는 이때를 놓치지 않고 노조에 대한 탄압을 가했고, 열성 조합원과 노조간부들에게는 미행과 감시가 심해졌다. 형사들은 간부들이 버스를 타고 가는 중에 갑자기 나타나 두 팔을 양쪽에서 잡고 끌고 가 경찰서에서 밤새우고 다음날 내보내기를 여러 차례 했다. "이젠 노사협상은 없다"며 단체교섭을 거부하면서 마침내 조합원들이 투쟁을 벌이자, 회사 측은 3월 25일경 나하고 이기창 부분회장을 해고시켰다. 며칠 지나자 김문수 분회장이 풀려나 출근을 했는데 바로 해고되었다. 우리가 조합원들과 같이 싸워서 회사 정문으로 들어가 사무실까지 가서 해고 이유를 물으니까 '명령불복종'이라고 했다. "정확히 서면 통보하라"고 하니까 그 자리에서 해고통지서를 주기에 보니 '명령불복종'이라고 적혀 있었다. 임금협상 때 태업하면서 8시간 일하고 조합사무실 앞에서 집회를 했다는 것이 그 이유였다. 노사가 서로 협상하는 과정에서 우리의 요구가 묵살되고 무시당하는데 파업도 아니고 준법투쟁을 했다고 명령불복종이라니, 참, 어이가 없었다.

해고당한 우리 셋은 어떻게 복직할 것인가를 의논한 뒤, 일단 영등포에 있는 중앙노동위원회에 해고무효조정신청을 했다. 노동위원회에서는 쌍방조사 끝에 복직명령을 내렸다. 그런데 회사 측은 우리들의 출근을 저지하였다. 우리가 이 상황을 아침에 출근하는 조합원한테 알리고 회사 출입문에서 밀리고 밀치는 싸움을 계속하자, 조합원들이 '해고자 복직과 임금인상교섭 요구'를 내걸고 회사 식당을 점거하면서 철야농성에 들어갔다. 그렇게 싸움은 일주일이나 진행됐다. 우리 해고자도 같이 투쟁을 하였다. 결국 회사 측은 백기를 들고 협상을 한 끝에 '해고자는 일주일 후인 4월 1일부터 출근한다. 임금 3% 인상과 상여금 200% 인상, 주야간 2교대를 없애고 8시간 기준으로 일하는 것'으로 타결되었다. 철야농성투쟁이 승리로 끝나자 조합원들의 사기는 하늘을 찌를 듯이 높았다. 역시 "뭉치면 살고 흩어지면 죽는다"는 것을 몸으로 실감한 것이다.

정권의 노조 탄압과 노조 지키기

사업장의 문제가 정리되면서 다시 우리는 남서울지역 지부 소속 노동자들의 투쟁을 지원하기 시작했다. 이때는 YKK, 일신제강, 부산파이프, 대일화학, 한국타이어, 해태제과, 무궁화 메리야스 같은 여러 사업장에서 투쟁을 하고 있었기에 지지방문을 하였다. 이런 지역의 연대활동을 바탕으로 영등포에 있는 여러 노조들이 5월 9일 '금속노조 지도부 퇴진'을 요구하며 금속노조의 어용 집행부를 뒤집기 위해 금속노조 남서울지역 지부를 점거하여 농성에 들어갔다. 금속노조 민주화의 움직임은 한국노총의

1980년 임금인상투쟁과 해고자 복직투쟁을 마치고(앞줄 오른쪽에서 세번째)

어용성을 규탄하는 투쟁과 결합되어 5월 13일에는 영등포에 있는 한국노총 강당을 점거하면서 "노동3권 보장, 어용노총 물러나라" 등을 외치다가 다음날 농성을 해산했다. 우리는 다시 금속노조 남서울지역 지부로 와서 계속 철야농성을 하였다. 그러다 5월 17일 비상계엄령이 전국으로 확대되면서 농성을 중단하고 각 사업장으로 출근하였다.

신군부정권은 등장하자마자 지역 지부를 해산시키고 사업장 노조는 분회에서 지부로 명칭을 바꾸게 했고 유니언숍 제도를 오픈숍으로 다시 바꾸게 했다. 각 노조들은 활동이 힘들어졌다. 게다가 이런 정권의 탄압 분위기를 이용해 회사는 회유와 협박으로 조합원들을 조합에서 탈퇴시키려 혈안이 되어 있었고, 결국 조합원 수는 계속 줄어들었다. 나는 마음이 무거웠다. 나는 그때 검사반에서 제품 검사 일을 하면서 불량이 있으면 가위로 한쪽 면을 체크하는 일을 했는데, 가위를 날카롭게 갈려면 공작반에 가서 연마기를 사용해야 했다. 이런 내 작업 동선을 이용하여 다시 조합원을 늘리기 위한 활동을 시작했다. 공작반에는 조합원이 거의 없어서, 조합 가입 원서를 주머니에 가지고 다니면서 조합에 가입하라고 권유도 하고 커피를 사주면서 노동자들과 얘기를 나누기도 하였다.

이 시기 조합원 늘리는 일도 나에게는 시급한 과제이고, 고민거리였지만, 많은 다른 고민에도 싸여 있었다. 예를 들면 나는 정권이 노조활동에 대한 탄압을 가하고 대공분실 같은 기관에서 노조간부들을 괴롭히는 일을 직접 겪으면서, 노동자의 입장에서 국가나 정권을 어떻게 보아야 하는가 하는 고민을 심각하게 하고 있었다.

그래서 항상 하던 국기에 대한 맹세를 하지 않기 시작했다. 그때는 저녁 5시가 되면 태극기를 내리면서 애국가가 울려퍼졌다. 길을 가다가도 애국가 소리가 나면 국가에 대한 충성을 맹세하는 뜻에서 태극기 쪽을 바라보며 오른손을 가슴에 올려 '국기에 대한 맹세'를 하고 애국가가 끝나고 태극기가 다 내려오면 비로소 손을 가슴에서 내린다. 그런데 노조활동을 하면서 깨달은 것이다. 국가는 노동자들에게 자유를 주지 않는데, 길 가다가 멈춰 서서 국기에 대한 맹세를 하며 국가에 대한 충성 표시를 할 이유가 있는가? 나는 그럴 필요가 없다고 생각해서 안 했다. 이런 내 모습을 보고 비조합원이었던 지금의 남편은 "김문수 분회장에게 세뇌됐다"고 놀리기도 했다.

그러던 1980년 6월 정기총회에서 나는 부지부장으로 선출되었다. 총회 이후 나는 더욱 책임감을 갖고 노조활동을 하면서 다른 지역 노동자들의 노조설립이나 단체교섭, 해고자 복직투쟁 사업장, 특히 여성이 중심인 노조들을 자주 방문했다. 이때 자주 방문해 지원활동을 한 곳은 해태제과 해고자복직투쟁농성, 한국타이어 산업재해투쟁, 동일방직투쟁 등이었다.

전두환 정권은 노조체계를 기업노조로 바꾸려 했다. 한일공업 노조 지부마저 간판을 떼고 기업노조로 전환되면서 한일도루코 노동조합으로 간판을 갈아 달았다. 그런데 위원장의 모습이 갑자기 안 보였다. 정화 조치로 한국노총 금속노련에서 "노동조합 위원장직을 사직하라"고 강요했는데, 위원장은 사직서를 안 쓰며 버티다가 "사직서를 안 쓰면 순화교육[군부대] 보낸다"는 협박 때문에 8월에 위원장 사직서를 제출하였다. 10월 들어 회사는 기회다 싶어 바로 위원장을 해고해 버렸다. 그 뒤 김문수 위원장은 사라졌다. 우리 간부들은 또 연행됐는지 걱정되어 여러 노조를 방문하면서 수소문해 보았지만, 아무도 아는 이가 없었다. 거기다 노조활동을 더 어렵게 한 것은 정보과 형사가 노조에 상주하다시피 하면서 노조활동을 감시했기 때문에, 우리들은 이 사람들을 피해서 바깥에서 노조회의를 진행해야 했다.

그러나 상황은 더 힘들어져 금속노련 소속 노조 위원장 몇몇이 위원장 사직서를 안 쓰고 순화교육에 끌려가면서 각 노조는 분위기가 더 위축되었다. 우리 노조 역시 갑자기 김문수 위원장이 노조사무실에 없으니 다소 우왕좌왕하기도 하고 허전했다. 이 틈에 회사 측에서 '김문수 위원장은 빨갱이'라고 흑색선전을 해대고 또 다시 조합원들을 이간질시키기 시작하면서 "서울대를 나왔는데 노동자를 포섭하기 위해 위장취업한 빨갱이고 그래서 금속노조에서 노조 위원장직을 그만뒀다"고 선전을 했다. 나는 노조 부위원장으로서, 일상적 노조활동과 단체교섭을 추진하고 조합원들의 소모임을 더 열심히 진행했다. 아니 대학교 나오면 어떻고 고등학교 나오면 어떤가? 노조 위원장으로 노동자의 권리를 찾고 진정한 동지애를 맞보게 해주었는데 무엇이 문제인가? 피가 섞인 형제보다 사람이 사람답게 살기 위해 무엇을 해야 하는가를 알게 해주고, 사람 목숨이 파리 목숨이 아니라 하루를 살다 죽을지언정 사람답게 살기 위해 노력해야 한다는 것을 알게 해주었는데 이것도 문제인가? 살면서 이런 것보다 더 중요한 것이 무엇인가? 나는 분노했다.

1980년 대둔산 노조단합대회에서 친구들과 함께
(왼쪽에서 두번째)

　　힘든 상황이지만 열심히 활동을 하던 1980년 12월 5일, 아침에 출근해서 일하고 있는데 노무과장이 나를 부른다는 연락이 왔다. 가보니까 양복을 입은 세 명의 덩치 큰 사람들이 "김문수에 대해 조사할 게 있으니 같이 가자"고 하기에 느낌이 안 좋았다. 내가 "회사 밖으로 가는데 작업복 입고 갈 수는 없으니 사복으로 갈아입고 오겠다"고 얘기하니까 그렇게 하라고 했다. 나는 바로 현장으로 들어와 이강옥 회계감사한테 "경찰이 연행하러 와서 조사받으러 가니까 노조를 잘 부탁한다"고 당부하고 노무과 사무실로 왔다. 거기에는 이병익 부위원장도 와 있었다. 우리 둘은 검은색 승용차에 태워져 노량진을 지나 한강 다리를 넘었다. 그때 갑자기 내 나이를 떠올려 보니 열아홉 살 아닌가? 방송통신 고등학교도 6개월만 다니면 졸업인데 때려치우고 열심히 노조활동을 했는데, 사람답게 살기 위해 일하는 것이 졸업장으로 증명되는 것이 아니라는 생각을 한 건데…….

우리를 태운 차는 삼각지에서 한남동 방향으로 꺾어지면서 어떤 건물 앞에 섰다. 조그만 철문이 열려 들어가니 입구 바로 앞에 지하로 내려가는 긴 계단이 있었다. 이병익 부위원장은 다른 데로 데리고 가고 나는 조그만 방문이 여러 개 있는 긴 복도에서 기역(ㄱ)자로 꺾어서 오른쪽 맨 끝방으로 끌고 들어갔다. 나를 데려간 사람들이 군대에서 사용하는 야전 침대를 발로 걷어차 부순 후 각목을 만들더니, 나에게 엎드려뻗쳐를 하게 하고 그 각목으로 엉덩이와 허벅지를 마구 두들겨 때리면서 "김문수 어디 있는지 알고 있지? 어디 있는지 말해!"라고 하기에 모른다고 하자 각목을 집어던졌다. 그러더니 군홧발로 머리와 등을 차고 손으로 때리더니 "사실대로 안 불면 전기고문해서 죽여 버리겠다"며 전기선을 손목에 수건으로 싸고 줄을 매는데, 기절 일보 직전이었다. 눈물만 하염없이 나오고 급기야 전기선이 내 손목에 감기자 소리소리 지르며 "엉엉~" 우니까 옆에 있던 나이 먹은 군인이 "그만 하라"고 하자 그제서야 갖은 욕설을 하며 멈췄다. 조금 있으니까 여자 군인이 와서 군복으로 갈아입으라고 군복을 내주었다. 너무 무서워서 바들바들 떨면서 군복으로 갈아입으니까 또 어디론가 데리고 갔다.

책상 하나에 의자 하나 놓고 출생지부터 살아온 얘기를 쓰라고 해서 썼다. 다음은 "노조활동을 어떻게 했는지, 도시산업선교회는 다니는지" 등을 물어보며 쓰라고 했다. 그때부터 나는 묵비권을 행사하며 입을 다 물었다. 밥도 안 먹고 물만 마셨는데, 어느 날인가 엄마를 데리고 와서 면회를 시켜 줬다. 엄마는 눈물을 흘리시며 "무조건 잘못했다고 혀" 하시며, "몸은 아픈 데가 없냐"고 물어보셨다. 이곳에 와서 처음으로 내가 "엄마 걱정하지 말고 집에 편히 계세요" 하고 말을 하니, 제복 입은 조사관이

"어, 벙어리인 줄 알았는데 말하네" 하며 키득키득 옆에서 웃는 것이었다. 엄마는 얼굴만 봐도 안심이 되었는지 돌아가고 다시 조사가 시작되었다. 독방에서 여자 군인 한 명과 야전침대에서 잠을 자고 아침이면 끌려 나가 흰 종이에 매일 같은 내용을 쓰라고 강요받고 얼굴과 허벅지를 각목으로 맞고 군홧발로 차이고…….

그러던 중에 이기창 부위원장이 끌려 들어와서 "여기서 나간다"고 작별 인사하며 나갔는데, 그는 그후 강원도에 있는 군부대로 순화교육 받으러 끌려갔던 것이다. 크리스마스 전날인 12월 24일에 장춘옥 회계감사와 이병익 부위원장을 데리고 왔다. "오늘부터 너희들은 해방이다. 집으로 돌려보내 주겠다"고 하면서 나한테 "입고 들어온 옷을 가지고 와서 갈아입으라"는 것이다. 옷을 갈아입고 우리 세 사람이 4층 건물에 들어가니 회사 측 노무과장이 있고, 가운데는 군부대 대장이, 그 옆으로는 사복을 입은 군인들이 있었다. 사직서를 쓰면 돌려보내 주겠다고 사직서를 가지고 와서 이름 옆에 인도장을 찍으라고 하면서 한 사람씩 앞으로 끌려갔다. 내가 "사직서는 쓰지 않을 거고 인장도 못 찍겠다"며 눈을 부릅뜨고 노무과장을 노려보니까 군부대 대장이 "왜, 갑자기 회사간부 보니까 눈깔에 불이 붙냐?"며 "이년 못 나가게 다시 데리고 가라"고 하였다. 그러자 군인들이 내 양팔을 잡고 다시 처음 조사받던 지하로 데리고 가더니 군복을 내주며 갈아입혔다. 곧바로 내 머리채를 잡고 흔들고 귀싸대기를 때리고 군홧발로 걷어차면서 무릎을 꿇리고 허벅지를 막 때리더니 "조용히 말할 때 도장을 찍으라"며 사직서 용지를 들고 왔다. 그래도 "못 찍겠다"고 하자 마지막에는 "네가 사직서에 도장을 안 찍으면 다 못 나가, 여기에 너희 한일도루코만 있는 줄 아냐? 아니다, 청계피복이나 여러 사업장에서 끌려온 수십 명이 나가려고 대기 중에 있는데, 너 때문에 못 나가면 돼냐"고 소리를 질렀다. 나는 나 때문에 사람들이 못 나간다는 말에 마음이 흔들렸다. 나가서 더 열심히 하면 되지 하는 생각에 사직서에 인장을 찍었다. 다시 사복으로 입히더니 데리고 갔다.

큰 건물 강당에는 끌려온 여러 사업장 노조간부들이 서 있었다. 앞에서 훈계를 하던 사람이 "박육남 데리고 왔냐?"고 물어보더니 "너희들을 용산 역사에 데려다 줄 거고, 교통비 2천 원을 줄 거니까 그걸로 알아서 돌아가라"고 하였다. 그리고 사업장 별로 군대 차에 태워서 용산역에서 내려주었다. 그렇게 우리는 20여 일 고문을 받다가 풀려나 각자 집으로 갔다.

다음날인 12월 25일은 성탄절이라 회사가 쉬는 날이다. 그 다음날 바로 출근을 하니 정문에서 못 들어가게 했다. 회사 측은 사직서를 썼다며 회사 근처에도 오지 못하게 했고, 담당 경찰들은 항상 회사에 상주하며 감시를 하고 있었다. 며칠을 배회하다가 조합원을 만나는 방법으로 영등포 시장에서 엿과 '오꼬시' 과자, 쥐포 등을 사 가지고 와서 리어카에 싣고 회사 후문에서 장사를 하였다. 장사를 하면서 조합원들을 하나씩 둘씩 다시 만날 수 있었다. 나는 조합원들에게 "노조가 튼튼하려면 공부를 해야 한다"고 설득해서 학습모임을 만들었다. 우리 학습모임을 도와줄 사람으로 79년에 한 달간 산업선교회 노동자 교육강사였던 장명국 선생님을 수소문한 끝에 연락을 해서 조합원들 교육을 해달라고 요청하니 흔쾌하게 받아주었다. 우리집은 위험할 거 같아서 언니네 집을 빌려 10여 명이 모여 『알려지지 않은 이야기: 미국노동운동사』, 『노동법 해설』, 『노동의 역사』, 『노동의 철학』 등으로 몇 개월간 학습을 진행했다. 나는 교육을 시작하면서 회사 앞의 노점상을 정리하였다.

1981년 6월 5일 노조 정기총회가 열려 갔는데 김문수 위원장과 해고당한 간부 몇몇을 거기서 보게 되었다. 그리고 총회에는 다른 노조의 위원장들이 많이 참석했다. 총회가 열린 회사 식당은 500여 명의 사람들로 북적거렸다. '늙은 노동자의 노래', '우리 승리하리라', '서방님의 손가락은 여덟 개래요' 같은 노래를 부르며 분위기가 좋았다. 정보과 형사나 회사 임원들이 와서 상황을 살펴더니 분위기에 눌려 나가 버리고, 총회는 밤늦게까지 진행되었다. 총회에서 새로운 집행부를 구성했는데, 함께 공부 모임을 하던 우재일이 회계감사로 선출되고 다른 노조간부도 대부분은 공부모임 사람들이어서 나는 이제 한일도루코 노조활동을 걱정하지 않아도 되겠다고 판단했다.

재취업과 해고, 그리고 결혼

나는 다른 사업장에 들어가 노조를 만들어 앞으로 노동현장에서 노동운동을 하겠다는 결심으로 구로3공단에 있는 세진양행에 시다로 취직을 하였다. 내가 하는 일은 와이셔츠에 단추를 다는 일이었고, 미싱을 배우면서 난생처음 엄마와 떨어져 회사 기숙사로 들어갔다. 기숙사는 공동화장실에 공동세면실을 써야 했고, 각 방에 10명 정도가 생활을 같이 하다 보니 무척 불편했다. 기숙사에서 외출은 일주일에 한번, 외박은 한 달에 두 번뿐이어서 감옥 같은 느낌이었다. 그런데 더 불쾌한 것은 기숙사 사감이 한 달에 한 번씩 불쑥 기숙사생을 다 밖으로 나가게 하고 개인 물건과 소지품을 뒤지고 검사를 하는 것이다. 한일도루코에서 몸수색을 당하던 기억이 나면서, 소지품 검사 역시 내 인격을 무시하는 것 같아 참기 어려웠다.

3개월의 견습 기간이 지날 즈음 갑자기 회사는 나를 부서이동을 시키

고 기숙사에서 나가라고 했다. 나는 못 나가겠다고 버텼다. 이제 현장에 적
응하였고, 노동자들과 모임을 시작한 지 한 달 정도 지나 잘 어울리기 시
작했는데 어떻게 그만둘 수가 있는가.

다음날 출근하니 경비실에서 나를 못 들어가게 했다. 3개월 이전에는
회사에서 그만두게 할 수 있다며 한 달 월급봉투를 주면서 쫓아냈다. 그
후 미싱을 배워 협진양행에 들어갔다. 이제는 미싱 경력이 있어서 미싱사
로 들어갔는데 거기서도 다시 쫓겨났다. 이어 크로버전자, 협진전자 등등
7~8곳의 사업장을 전전하다가 동대문으로 갔다. 다락방에서 옷 만드는
소규모 영세업체에 들어가 6개월 정도 일하다가 그만두었다.

그후 6개월 정도 혼자 배낭여행을 다녔다. 속리산, 지리산, 제주도 한
라산, 계룡산 등지로. 소금과 쌀로 죽을 끓여 먹으며 생각하는 시간을 가졌
다. 여행에서 돌아온 나는 갈 곳이 없었다. 구로공단에서 쫓겨났고, 동대문
옷 만드는 공장은 환풍기 하나 없는 먼지투성이 다락방 작업장으로 폐암
에 걸리기 십상이라 아주 끔찍했다. 동네 동사무소 동장이며 파출소에서
우리집을 정기적으로 탐문 감시를 하다 보니 엄마는 나만 보면 "시집가
라"며 하소연을 했고, 그래서 될 수 있으면 집에는 잠만 자러 갔다.

그러던 1982년 초, 나를 좋아한다고 결혼하자는 남자가 나타났다.
1980년 대공분실에서 풀려나 회사 앞에서 노점을 할 때 조합원 공부 모임
에 같이 했던 우재일 씨였다. 원래 나는 "독신자로 운동하다 죽겠다"고 한
일도루코에서 노조운동 할 때 입버릇처럼 떠들고 다녔는데, 결혼 제안을
받고 보니 생각이 달라졌다. 취직도 못하고, 해도 길어 봤자 3개월 인생인
데 결혼해서 다양한 활동을 하는 것도 괜찮겠다는 생각으로 "결혼해도 운
동을 계속하고 싶으니까 아이는 하나만 키우겠다"는 조건을 내세우니 우

재일 씨도 7남매 중에 막내라며 좋다고 얘기해 우리는 결혼을 하기로 했다. 그런데 노량진경찰서에서 어찌 알고 우재일 씨네를 찾아가 "박육남이는 불순분자이고 빨갱이 노조에서 일하고 있다"고 얘기하고 갔다. 시집에서 나를 이상한 눈초리로 쳐다보기 시작했다. 우재일 씨는 82세인 시어머니, 큰형님과 같이 살고 있었는데, 큰형님이 나를 미워해서 우리 결혼에 대해 불쾌해했다. 그래서 우리는 살림할 방 한칸 제대로 마련하지 못한 채 결혼식도 간신히 하였다. 3월에 결혼식을 올리니 우리 엄마는 너무 기뻐하셨다. "막내까지 결혼시키고 죽어야 하는데……." 항상 주변사람들에게 말하던 엄마는 막내딸이 결혼하니 다른 언니들이 질투할 정도로 막내 사위를 예뻐해 주셨다.

5. 인천에서의 노동운동과 지역활동

남편의 구속과 첫아이 출산

결혼 직전 다니던 공장에서 나는 결혼휴가 일주일을 신청하여 결혼식을 올렸다. 회사 사람들도 참석했다. 여성들은 근로기준법에 결혼휴가가 있어도 보통 결혼과 동시에 사표 쓰고 나가 가사노동만 하는 것이 현실이었다. 나는 여성노동자들을 무시하는 관행도 문제지만 여성 스스로 포기하는 것도 문제라고 생각했기 때문에 일부러 결혼휴가로 결혼식을 올린 것이다. 결혼 후에도 나는 회사를 계속 다니면서 노조도 만들고 여성노동자가 결혼을 하고 나서도 회사를 다닐 수 있다는 걸 보여 주고 싶었다.

결혼 후 나는 구로공단 공장까지 고척교 다리를 건너 걸어서 출퇴근을 했다. 남편도 한일도루코 노조 회계감사로 열심히 활동을 하였고, 공부도 모임을 통해 더 열심히 하는 모습이었다. 혼자가 아니라 둘이 동지애와 굳은 믿음으로 같이 하니 신이 났다.

결혼하고 3개월 정도 지난 후 한번은 한일도루코 노조간부들이 신혼 집에 집들이를 하자고 몰려와 재미있는 시간을 가졌다. 그런데 노조 위원 장이 "여자는 결혼하면 매로 다스려야 한다"고 야구방망이를 남편에게 선 물로 주었다. 참 기가 막힐 노릇이었다. 노조운동을 한다는 남성들의 의식 도 여느 남성들과 다르지 않았다. 그 야구방망이를 놓고 남편과 나는 서로 힘겨루기를 했다. 나는 남편의 잘못된 생각을 바로잡을 기회만 노리고 있 었다. 그러던 어느 날 아침 출근 준비로 바쁜 와중에 설거지까지 하고 있 는데 남편이 "양말 줘" 해서 "장롱서랍에 있으니 찾아서 신고 가!"라고 말 하니까, 바쁜데 안 찾아준다며 드디어 야구방망이로 들고 와서 살짝 때렸 다. 나는 일부러 기절한 척 쓰러졌다. 그러자 남편은 놀랐는지 서둘러 병원 에 가려고 하면서 잘못했다며 빌었다. 이 일을 계기로 남편의 무지막지한 힘자랑은 싹이 잘렸다. 이렇게 남편과의 기싸움으로 신혼 몇 개월을 보내 면서 첫아이가 유산되자 몸조리를 해야 했기에, 결혼 6개월 만에 우리는 엄마집에 들어가 살았다.

1983년 봄, 남편마저 한일도루코에서 해고됐다. 회사는 회사 부지 아 파트에 부동산 투기를 하고 경기도 용인과 몇 군데 공장 터를 사서 공장을 분산시키려 했다. 본사 사무실은 서초동에 두기로 하면서 노동자를 위한 대책은 없었다. 노조는 '대책 없는 회사 이전 반대투쟁'을 벌이면서 조합 사무실에서 철야농성을 벌였다. 그 과정에 남편은 경찰에게 끌려갔다. 그 소식을 들은 나는 영등포 파출소며 경찰서를 수소문하고 노무과 회사과 장한테 따져 봐도 모른다는 답변만 들었다.

남편이 어디론가 끌려갔는데도 큰형부는 나뿐만 아니라 남편이 노조운동을 하는 것도 막겠다면서 "회사에 사직서를 내면 내가 취직시켜 주겠다"며 사직서를 내라고 하였다. 기가 막혀 내가 "형부가 뭔데 결혼해서 살고 있는데, 회사 사장도 아니면서 남편이 노조활동 하는 거까지 참견이냐"며 따지자 말대꾸한다며 임신 초기인 내 귀싸대기를 때렸다. 그것도 엄마 앞에서. 나는 결코 좌절하지 않고 내가 뜻하고 옳다고 생각하는 일을 몸으로 보여 주겠다고 결심했다. 그후로 나는 큰형부와 왕래를 끊었다.

집안 문제로 정신없던 사이, 철야농성하던 조합원들과 임원 몇몇은 회사 측의 회유와 협박으로 결국 강제 사직서를 썼다. 일주일 정도 있으니 남편은 집으로 돌아왔다. 바로 회사에 출근하니 해고장을 받았다. 대책 없는 이전 반대투쟁은 그렇게 끝났고 한일도루코는 개봉에서 경기도 땅으로 뿔뿔이 흩어졌다. 이 과정에서 조합원들도 흩어지면서 노조의 힘은 줄어들었지만, 그래도 나름대로 열심히 노조활동을 한다고 나중에 전해 들었다.

1983년 나는 아들을 낳았으나 애 아빠는 해고노동자로 출감 뒤 취직도 못하고 있었다. 나는 민주노조운동을 했던 노조간부들이 한국노동자복지협의회를 결성하자, 그곳의 부녀부에서 일을 했다. 그때 맞벌이 부부를 위해 탁아방을 만들려고 추진하고 있었는데, 김문수 전 위원장이 해외에서 받아온 기금으로 철산리 아파트를 빌려서 탁아소를 열었다. 그 운영은 콘트롤데이타 노조 출신들이 하였다.

1984년 8월 즈음 시아주버니가 부평의 대림자동차를 소개해 줘서 남편은 취직이 되었는데, 고척동에서 출근하는 것이 불편하여서 우리는 바로 인천으로 내려갔다.

인천에서의 노동운동

인천으로 내려와서 남편은 대림자동차 노동자로 일하였다. 그때 대림자동차에는 노조가 있었는데 어용 집행부가 장악하고 있었다. 남편은 노조를 민주화시키기 위한 모임을 꾸려 우리집에서 자주 모였는데, 김문수 전 지부장과 내가 이 모임에 함께 참여해서 경제학, 노동의 역사 같은 책을 같이 공부하면서, 노조를 민주화하기 위한 방안을 고민하였다. 그러다 서울에서 인천까지 오가는 게 어려운 김문수가 인천에 있는 노병직 선생을 소개해 주어서 그 사람이 학습모임을 도와주었다. 그 뒤 나는 김지선 선배의 소개로 인천지역노동자복지협의회^{약칭 '인노협'}에서 일하기 시작하였다. 85년부터는 위장취업자들이 자주 해고되었고 곳곳에서 어용노조 민주화 투쟁이 일어났다. 특히 대한마이크로 노조설립과 해고자투쟁, 현대페인트 파업, 한영알미늄 투쟁, 대우자동차 파업투쟁 등이 중심이 되어 인천지역 전체에 투쟁의 분위기를 만들어 갔다. 인노협에 속한 나도 이 투쟁들을 지원하거나 가두시위에 참여하느라고 무척 바빴다.

투쟁으로 인천이 떠들썩한 즈음 노동운동 한편에서는 "노동자가 경제투쟁만이 아니라 정치투쟁도 해야 한다"는 주장이 부상하였다. 여러가지 정치적 입장이 강하게 제기되면서, 인천노동운동연합^{약칭 '인노련'}이 결성되었는데, 이 조직은 정치투쟁을 하는 대중정치조직의 성격을 띠고 있었다. 나는 인노련에 참여하여 선전선동부에서 활동을 했다. 5~6명 정도가 한 팀인데 노동자 투쟁에 대한 평가나 학습을 하였다. 이때도 철학, 정치경제학 등을 공부하거나 레닌의 『무엇을 할 것인가』 같은 원전이나, 『강철서신』 같은 팸플릿을 읽기도 하면서 노동자로서 정치의식을 높여 나갔다.

여러 투쟁의 결과 해고자들이 쏟아져 나오면서 해고자복직투쟁위원회약칭 '해복투'가 만들어져 지역연대투쟁의 중심에 서서 활발하게 활동했다. 워낙 많은 해고자들이 생기니 해복투는 항상 만원이었고 밤에 불 꺼진 날이 없을 정도였다. 나는 해복투에서 선전과 교육을 담당하면서 지역의 여러 투쟁을 지원하는 활동을 했다.

이즈음 남편이 다니는 대림자동차는 회사를 창원으로 이전한다면서 노동자들을 회유하거나 강제사표를 받았는데, 노조가 어용이다 보니 아무런 대응을 하지 않았다. 결국 어용노조 민주화모임을 하던 이들이 나서서 부당한 이전에 항의하면서 일주일 철야농성투쟁을 벌였다. 남편은 대책위원장으로 활동하다가 구속되어 1년 6개월의 실형을 살았다. 집회 및 폭력시위가 구속 이유였다.

남편이 구속된 상황에서 나는 정치투쟁으로 노동자가 해방된 세상을 앞당기기 위해 비합법 조직에서 더 열심히 활동했다. 거기에다 인천지역 구속자협의회에 참여하여 대림자동차 및 여러 구속자 가족들과 공동으로 구속된 이들의 뒷바라지를 하기도 했다. 뒷바라지는 단순히 구속자에게 필요한 물자를 넣어 주는 일이 아니었다. 대림자동차의 투쟁 상황을 알리기 위해 나는 아이를 등에 업고 노동운동투쟁 보고대회나 인천산업선교회나 인천사회운동연합 등이 주도하는 집회가 있을 때마다 발표하러 다녔다. 그러던 와중에 부천 성고문 사건이 터졌다. 인천구속자가족협의회에서 부천경찰서까지 몰려가 항의집회를 하다가 나는 일주일 구류를 살기도 했다.

구류 사는 동안 유치장에서도 우리는 투쟁을 계속했다. 단무지에 보리밥을 가져다주면 섞어서 유치장 밖으로 내던지고, 노래 부르고, 구호 외치며 온종일 소리소리 지르며 항의를 표시했다. 아들은 고척동 엄마집에

있었는데, 구류 소식을 듣고 2일째 되는 날, 엄마가 아들을 업고 면회를 오
셨다. 유리창 너머 엄마에게 손을 내밀며 "엄마", "엄마" 하던 아들은 내 손
을 만질 수 없자 울음을 터트렸다. 나도 아들을 보자 울음을 터뜨렸다. 구
류 4일 만에 경찰서장이 나를 부르더니 "다시 오지 말라"며 내보냈다. 구
속자가족협의회회원과 인천 단체들의 항의시위가 계속되면서 일찍 풀어
준 것 같다.

유치장에서 나오자 엄마는 "손자 새끼를 봐주니까 맨날 돈 벌 생각은
안 하고 데모만 하고 다닌다. 니 아들 데리고 가라" 해서 할 수 없이 나는
아들을 데리고 인천으로 내려왔다. 그러나 아들을 돌보며 바깥 활동을 하
기에는 너무 힘들었다. 그래서 나는 아들을 '1주 탁아소'^{아이를 일주일간 맡겼다가}
^{하루 찾아가는 곳}에 맡겼다. 막상 아들을 일주일마다 한 번 본다고 생각하니 마
음이 아파 갈등이 생겼다. 그래도 마음을 모질게 먹고 탁아소를 나오는데
아들의 울음소리가 귓전을 울렸다. 눈물이 흐르는데 인천행 전철을 탔다.
아들에게 미안하고 슬퍼서 이틀 정도는 눈물을 흘렸다.

인천지역은 하루가 다르게 변해 갔다. 운동방식을 둘러싸고, 특히 현
실문제인 헌법문제를 둘러싸고 이념투쟁이 한창이었는데, 호헌철폐 직선
제 쟁취, 삼민헌법 쟁취, 제헌의회 쟁취 등 갖가지 구호 속에서 5월 3일 인
천항쟁을 준비했다. 민주당은 비폭력 평화집회와 직선제를 주장하였는
데, 인노련 선전선동부원이었던 나는 정권이 폭력과 최루탄으로 노동운
동세력을 짓누르는데 비폭력이라니 이치에 맞지 않다고 생각했다. 우리
는 각목과 쇠파이프, 화염병을 용달차와 리어카에 숨겨서 집회장소로 가
져가 백골단의 폭력에 대항하는 무기로 사용했다. 페퍼포그와 최루탄이
난무하는 백골단의 폭력 앞에서 어떻게 비폭력이 가능한가. 당장 나의 목

1986년 5·3 인천항쟁

숨, 동료의 안전을 위해서라도 우리는 쇠파이프를 들어야 했다. 인도의 보도블록을 깨서 던지며 "폭력경찰 타도하자!", "제헌의회 쟁취하자!", "혁명으로 노동자권력 쟁취하자!" 등을 외쳤다. 그때 처음으로 화염병도 던져 봤다. 전경차가 불에 탔다. 돌을 던지다가 희뿌연 최루가스와 백골단에 쫓기면서 우리는 주안 사거리로 내려왔다. 동인천역에서 답동성당까지 우리는 밤늦도록 길가의 보도블록을 깨서 백골단과 대치했다. 특히 동인천 쪽에서는 많은 노동자들이 참여했다.

5·3항쟁 이후 마구잡이 탄압이 가해졌다. 노동운동가들이 무조건 짓밟히는 현실이 답답했다. 인노련이 5·3항쟁으로 탄압받고 활동이 정지되면서, 나는 다른 비합법 정치모임에 참여하기 시작했다. 대림자동차 사람들을 통해 제헌의회 모임에 참여한 것이다. 이 그룹은 혁명만이 이 사회구조를 뒤집어 노동자가 주인 되는 세상인 사회주의를 만들 수 있다는 것을

강조하였다. 그러나 이 그룹은 어느 날 갑자기 모래알처럼 부서지더니 일부는 NL그룹으로, 나머지는 뿔뿔이 흩어졌다. 나는 담담하게 그런 지식인들의 모습을 지켜보면서, 너무 무책임하다는 생각을 했다. 그때부터 나는 노동운동의 지도자로 바라보았던 지식인에 대한 무조건적인 존경심과 맹목적인 믿음을 거두었다. 그들이 하는 말과 행동을 되새기며 진실이 무엇인지 고민하면서 새로운 사람들을 만날 때는 내 눈으로 직접 보고 들으면서, 이치에 맞게 말과 행동을 같이 하는 사람인지 아닌지 경계하였다. 그러면서 다시 학습모임을 하는 한편 공개활동으로 인천지역 공동실천위원회의 교육선전부에서 일하였다.

그러던 중 전두환이 4·13호헌선언을 하고 동시에 박종철 군 고문치사 사건을 은폐·조작한 것이 알려지면서 87년 6월 항쟁이 터져 나왔다. 직선제가 수용되면서 6월 항쟁이 멈춘 데 비해 7, 8, 9월에 걸친 노동자투쟁은 전국으로 퍼져 갔다. 노동자계급도 정치조직을 만들 필요성을 새삼 깨달으면서, 대통령선거 때 백기완 선생님이 후보로 나서자, 나는 그 선거운동본부에서 일하였다.

감옥살이를 하던 남편은 1년 6개월 만에 집으로 돌아왔다. 몸은 만신창이여서 밤에 잠도 못 자고 갖은 고통을 겪으면서 양의와 한의 치료를 6개월 동안 받았다. 그후 남편은 인천노동상담소에서 노동실장으로 일하고, 나는 여성노동자회 준비모임에 참여하였다. 둘 다 경제능력이 없으니 먹을 것도 없고, 버스 토큰도 없어 엄마에게 용돈을 받아야 했다. 남편은 미안해하며 한 사람이라도 돈을 벌어야겠다며 상담소 일을 그만두고 부천의 마치코바^{시내에 있는 소규모 공장}에 다니기 시작했다. 1988년에 엄마가 교통사고를 당하시어 반신불구가 되셨다. 나는 온힘을 다 기울여 엄마를 살려야 한다는 마음뿐이었다. 그래서 활동을 중단하고 엄마 병간호에 집중했다. 3년 정도 지나고 엄마가 정상으로 돌아오셔서 언니들이 모셔갔다.

남편은 부천 마치코바 취업 이후에도 중소업체 10군데를 더 다녔는데, 대부분 회사들이 부도가 나거나 폐업을 하여 한 사업장에서 오래 있지 못했다. 나는 인천지역 활동으로 바쁘고 남편은 회사를 다녀도 임금이 체불되기도 해서, 내가 쫓아가 회사 사장을 면담하거나 임금을 줄 때까지 같이 출근투쟁을 해서 받아내기도 했다. 또 회사가 부도 나면 체불임금과 근로기준법 위반으로 고소고발을 하기도 했다. 그래도 밥은 먹고 활동비나 교통비도 남편 월급으로 해결되니 나는 활동하는 것이 즐거웠다.

참교육학부모회 활동

1990년 아이가 초등학교를 입학하였다. 내가 낳기만 했지 지금까지 아들을 키운 것은 외할머니였다. 나는 학부모가 된다는 사실에 새삼 걱정이 되었다. 아들에게 내가 엄마로서 살갑고 따뜻하게 대한 적이 있는가? 아무리 생각해도 없었다.

그렇게 고민만 하는 사이 아이는 초등학교 입학을 하였고, 입학식 후 얼마 안 되어 학교는 "화단을 만든다. 10만 원을 내라"는 가정통신문을 보내고, "어머니 회비 4만 원을 내라"는 등 의논도 없이 강제로 돈을 모금하였다. 화가 나서 교육청에 전화해 물어보니 그런 모금은 불법이라고 하였다. 거기에 나무를 심는다며 10만 원을 걷는 것은 부당한 것이라고 하였다. 내 항의전화에 교육청에서 학교로 연락해 걷은 돈을 돌려주라고 하자, 학교는 걷은 돈을 1학년 학부모 전체에게 돌려줬다. 그후 인천지역 참교육학부모회의를 알게 되어 참석하면서 참교육이란 무엇인지, 학부모

1990년 어머니와 아들

의 역할은 어때야 하는지 등에 대해 고민하고 새롭게 알아 가기 시작하였다. 내가 우리 아들을 잘 키우는 방법은 참교육학부모활동뿐이라는 것을 깨닫고 아들이 고등학교 다닐 때까지 참교육학부모운동을 했다. 공교육 민주화와 학생·학부모·교사들이 '삼위일체'가 될 때만이 참교육 실현이 가능하다는 생각을 하였다.

사실 지역운동과 교육운동은 밀접한 관계가 있었다. 아이들의 안전한 통학을 위해 학교 주변 도로에 신호등을 설치하고, 성추행 교사를 파면시키고, 학교 복도를 반투명 유리창으로 바꾸기도 하면서 아이들을 위한 학교가 되도록 노력했다. 또 구성애 선생을 강사로 초빙하여 올바른 성교육 같은 주제로 교육강좌를 열어서 학부모들이 올바른 자녀교육관을 갖도록 노력하였다.

그러다가 1995년에는 기초의회선거 시기에 민중정치연합 인천지부에서 내게 출마 권유가 들어와 쑥스럽지만 사명감을 갖고 선거에 참여했다. 그러나 돌아온 것은 "노동운동가, 빨갱이가 의원이 되면 안 된다"는 악선전이었고, 그 결과 후보 중에 꼴등을 했지만 그래도 4%의 지지표를 받았다는 것에 희망이 생겼다. 나아가 노동자들이 동네에서 민주적인 정치 분위기를 만들면 썩어빠진 중앙정부를 바꿀 수 있지 않을까 하는 생각도 해보았다. 그런데 정치활동에는 돈이 있어야 하는데 일단 돈이 없다. 일상

1992년 참교육 학부모회 인천지부 풍물교실에서 풍물을 배우는 모습(가운데)

1993년 학교 학부모회장 당시 여름방학 캠프의 '학생-학부모 어울림마당'(앞쪽 검은티)

민중정치연합 인천 지부 수련회(앞줄 오른쪽에서 네번째)

적인 시기에 기본적인 활동을 할 돈이 필요한데 노동자가 무슨 돈이 있는가. 모금도 선거 때나 가능하다. 세상을 바꿀 수 있는 다양한 방법을 모색해야 했다.

6. 삶의 작은 진실을 지켜 가며

1997년 가을에 몰려온 경제위기로 실업자가 된 남편은 인천 서구청에서 공공근로를 했는데 워낙 실업자가 많다 보니 그것도 잠시였다. 인천 전체가 실직자들로 우울한 분위기였다. 아들이 중학교 3학년이라 바로 고등학교를 보내야 했는데, 나도 우울했다. 궁리 끝에 실직자 대출과 전세금을 빼서 강화도로 갔다. 강화로 와서 남편은 강화군청에서 하는 공공근로 1년, 막노동, 유적지 보수작업, 골프장 전기선 배설작업 등을 하면서 생계를 꾸

렸다. 그러다 김포의 한 회사에 다니는 동네아저씨가 남편에게 같이 다니
자며 소개시켜 주어 남편은 산업용 테이프 제조회사에 1999년 8월부터
현재까지 다니고 있다.

1999년, 대충 집을 지은 상태에서 아들을 강화고등학교에 입학을 시
키고 나는 학교운영위원회 활동을 하였다. 집 주변을 정리하고 나무도 심
고 가사노동에 막노동으로 허리 펼 날이 별로 없었다. 그래도 자연 속에서
낚시도 하고 야산을 개간하여 고구마도 심으면서 닭, 오리, 거위, 돼지를
키우는 자연인으로 살기 시작했다. 강화생활에서 우리는 중요한 원칙을
하나 세웠는데, '자가용 안 타고 안 사기'였다. 남편은 출퇴근을 자전거로
하였고, 나도 시장을 가거나 동네일을 보러 가도 꼭 자전거를 타고 간다.
그래서 동네에서는 우리를 '자전거 부부'라고 한다.

그러던 2004년 원풍모방 박순희 언니한테 전화가 왔다. "민주화운동
보상심의위원회에 너희 한일도루코 노조도 대상이 되니 신청하라"는 것
이다. "잘 되면 복직될 수도 있다"고 했다. 복직할 수도 있다는 말에 나는
귀가 쫑긋했다. 그동안 뿔뿔이 흩어져 살고 있는 한일도루코 사람들을 찾
아야 했다. 고민 끝에 당시 한나라당 국회의원인 김문수 의원에게 연락을
해서 확인했다. 한일도루코 사건을 접수시켰다. 김문수 전 지부장을 20여
년 만에 만났다.

나는 그가 정치를 하더라도 한나라당이 아니면 좋을 텐데라는 생각
을 했다. 30년 전의 노조 지부장 김문수, 2004년의 한나라당 정치인, 2006
년 한나라당 경기도지사……. 10년이면 강산도 변한다고 하지만, 30년 전
민주노조운동과 노동해방을 외치던 우리의 모습 중 하나가 한나라당 국
회의원이고 도지사라니……. 분노도 올라왔지만 그보다 슬펐다. 무엇이

인간을 저리 변화시킬까. 김문수의 한나라당 입당은 나에게 바위로 등을 치는 것보다 더 큰 아픔을 주었다. 어느 누구보다도 나의 정신적 지주였고, 노동해방 된 세상을 만들기 위해 노동운동을 하던 지도자가 어느 날 갑자기 반(反)노동자적 행태와 탄압을 일삼는 한나라당으로 들어가다니, 그 변신은 고통이었다. 96년 노동법·안기부법 날치기 통과로 노동운동의 씨를 말리려는 한나라당에 분노한 부천지역 노동자들이 한나라당 소사지구당에 찾아가 격렬한 항의를 했으나, 눈 하나 깜짝하지 않았다는 한나라당의 김문수. 그의 모습을 TV와 언론을 통해 볼 때면, 과거 한일도루코 노조 위원장의 모습이 내게는 유령으로 다가온다.

나는 노동자를 억압하는 이런 모든 행태들을 역사가 반드시 심판하리라고 굳게 믿고 있다. 노동자들의 서러움과 분노가 강물이 되어 흐르지만, 언젠가는 반드시 세상이 바뀌어 이들을 심판하리라고 믿고 있다.

한일도루코 노조활동은 2006년 민주화운동으로 인정을 받았다. 그 과정에서 저 가슴 바닥으로 밀어 놓고 있었던 과거의 일들이 많이 생각났다. 그러면서 도움을 주던 계승연대^{민주화운동정신계승 국민연대}에서 자원봉사를 3년 정도 하였다. 강화도에서 서울 공덕역까지 버스를 두 번이나 갈아타고 전철을 타고 다니면서도 행복감을 느꼈다.

과거의 노동운동에 대한 탄압문제가 제대로 해명되지도 해결되지도 않은 상태에서 내가 민주화운동 인정신청을 한 것은 이것이 단지 경제적 보상을 위한 것이 아니라, 국가탄압을 인정시키고 우리들의 투쟁을 국민적으로 명예회복을 시켜야 한다는 생각 때문이다. 그러나 우리의 명예가 회복된다 하더라도 남는 문제는 숱한 노동자들을 탄압한 독재정권과 그 하수인들의 문제다. 여전히 편안히 살고 있는 이들에 대한 역사적 처벌도 이루어져야 한다고 생각한다. 그에 앞서 국가가 나서서 민주노조운동을 한 이들에게, 아니 국민들 앞에서 사과와 사죄를 해야 한다고 본다. 그래야 현재도 자행되는 노동자들에 대한 탄압을 합리화시키지 못할 것이며, 조금이라도 줄일 수 있지 않을까.

열입곱 살, 아직 내가 누구인지 세상이 어떤 것인지도 모른 채 뛰어든 노조운동은 내 삶을 송두리째 바꿔 놓았다. 인간답게 살고 싶은 욕구가 생겼고, 19세에 끌려가 인간으로는 견딜 수 없는 정신적·육체적 고문도 받았으며, 숱한 해고로 생계위협도 당했다. 뒤이은 여러 가지 정치활동 경험은 내가 노동자로서의 정치의식을 갖도록 하는 데 도움을 주었다. 그 과정에서 나는 이 사회구조와 정치에 조금은 눈을 떴다. 그러면서 학부모로 다시 학교라는 현장에서 뛰어 보면서 교육제도의 문제를 피부로 느끼기도 했다.

지금은 내가 살고 있는 동네에서 올바르지 못한 것을 하나씩 바꿔 가는 것 —어떤 사람들은 그것을 '생활정치'라고 한다— 을 하고 있다. 나이 오십 넘어 내가 할 수 있는 것은 나부터 그리고 내 주변에서부터 삶의 작은 진실을 지켜 가는 것이라고 본다.

옛날에는 '주변' 친구들하고 나하고 다를 게 하나도 없잖아요?
그런데 중간에 개네들하고 아예 다른 사람이 되잖아요?
근데 나는 "내가 배우지는 못했는데 그 이상으로 경험도 하고 살아왔구나" 하는 자부심이
있어요. '나는 괜찮은 삶을 살았구나'라는 생각이 들고. 후회는 없어요.

주어진 상황에
성실하게 적극적으로 살다

조분순

남화전자 노동조합 부위원장

주어진 상황에 성실하게 적극적으로 살다

1. 엄마를 도와주고 싶었던 어린 시절

●●● 몇 년도생이세요?

1957년생이고, 고향은 전라북도 고창이에요. 3남 4녀의 7남매 중 중간이면서 장녀죠. 위에 오빠가 둘 있고, 그 다음 나고, 내 밑으로 남동생 하나하고 여동생 셋이 있죠.

●●● 고창이면 부모님은 농사지으셨어요?

우리 아버지는 땅 조금 있는 걸로 농사짓고 또 남의 땅에 일해 주러 다니고 엄마는 행상일을 했어요. 옛날에는 다 머리에다 이고 다니는 장사를 하셨고. (뭘 주로 파셨어요?) 생선 나올 때는 생선 팔고 과일 나올 때는 과일 팔

조분순 씨의 구술작업은 면담자 유경순(본문에서는 ●●●로 표시)이 1차 인터뷰를 2010년 7월 12일에, 2차 보충인터뷰는 8월 14일에 그녀의 집인 신도림에서 진행했다. 녹취록을 바탕으로 정리한 이 글은 구술자가 내용 확인을 하였다.

고. 고구마도 쪄서 이고 다니
고 되는 대로 다 했어요.

　　그리고 내가 장녀이다
보니까 엄마 일이나 역할을
집에서 한 거죠. 밥 하고 농
사일 돕고 애들 건사하고 그
거를 내 일로 생각을 한 거
죠. 엄마가 고생을 하고 장사
를 하니까 나한테는 '내가 어
떻게 해서든지 엄마 일을 좀
덜어드려야 되겠다' 그런 마

남화전자 투쟁을 증언하는 조분순(2010년)

음이 강했죠. 거기에 엄마가 장사 끝내고 저녁에 와서 내가 집안 살림 해
놓고 동생 잘 돌본 거 보고는 "아우, 우리 딸 잘했다"고 칭찬하는데, 그 칭
찬이 나는 좋았어요. 그게 좋아 가지고 없는 일까지 찾아가면서 오히려 더
했다니깐요.

●●● 학교는 어디까지 다니셨어요?

그러다 보니까 내가 친정에서는 많이 희생을 한 사람이지. 처음에 공부부
터 위에 오빠 둘 있고 밑에 남동생 있고 그러다 보니까 치이는 거죠. 그 시
골살림에 다 가르칠 엄두가 안 나니까 나만 중간에서 쏙 빠진 거지. 오빠
둘은 학교 다니고. 초등학교 졸업하고 다른 친구들은 사회에 나가기도 하
는데 나는 집안일을 해야 되고. 서울로 간 친구들도 많아요. 그때는 우리
동네가 여자들한테 교육을 안 시키면서 "여자들이 배워서 뭐하냐? 다 필

생가인 전북 고창의 집

요 없고 시집가면 그만이야" 이런 분위기였어요. 그래 가지고 오로지 아들들만 공부를 시키려고 했죠. 여자들한테는 진짜 그랬었어요. 그게 지금은 화가 나요. 그나마 엄마 옆에 있었으니까 괜찮았어요. 그러다가 내가 75년도에 서울 올라왔는데…….

2. 첫 직장, 구로공단의 대협

●●● 서울로 오게 된 계기는 뭐였나요?

서울에 올라가 살고 있던 작은오빠가 한번은 볼 일이 있어서 시골에 내려왔는데, 내가 오빠를 따라 서울로 갔어요, 75년 즈음. 시골이 싫었고 그때는 환상이 있었어요. 서울에 간 내 친구들이 명절 때 집에 돌아와서 만나보면 예뻐졌어요, 나만 꾀죄죄하잖아? 시골에 있으니까 피부도 까맣고. 그래서 서울은 도대체 어떤 곳이기에 서울만 가면 저렇게 이뻐지나? 뽀얗게 하고 오고. 그런 환상이 나한테 있었어요. 그리고 또 서울에 있는 애들한테 편지가 와요. "우리 회사에서 사람 모집하니까 와라" 어쩌라 하고. 그래서 일할 곳들 상황 파악을 좀 하고 그러다 보니까 나도 올라가고 싶었죠. 집에서는 "더 있어야 된다" 이러는데 올라와 버린 거예요. 그러면서 엄마가 장사하던 거를 그만두시고 살림을 하신 거죠.

시다생활이 시작되다

●●● 대협은 어떻게 들어가셨어요? 소개로?

그때 내 친구 동생이 대협을 다니고 있었어요. 그래서 들어가게 됐죠. 거기는 미국에 수출하는 인형도 만들고 장난감 같은 거, 완구류를 만들었어요.

●●● 처음 공장에 들어갔을 때의 느낌은 어땠나요?

딱, 공장에 들어갔는데, 웬 사람이 그리 많은지, 각 라인마다 사람들 옷이 다르고 기계처럼 일을 하더라고. 그때 반장이나 관리자들이 일하는 사람들 감시하고 사람들은 고개박고 일만 하고 그랬어요. 그때 75년도에 우리 현장만 3,000명이었어요. 대협이 인원이 많았어요. 안양에도 있었고. 우리가 노동절 날, 그때는 3월 10일이었잖아요? (그렇죠.) 어디 공원에서 체육 대회를 했는데, 공원이 꽉 찰 정도였어요.

　　그때 나는 시다로 들어갔으니까 뭘 모르잖아요? 시골에서 갓 올라와 놓고 아무것도 모르니까 막 내 마음대로 하고. (시다를 한다는 건?) 인형옷 만드는 데서 보조하는 거요. 그러니까 공장이 4층까지 있으니까 한 층에서는 재단, 한 층에서는 인형옷 봉제, 한층에서는 인형을 만들고, 또 한군데서는 전자 로봇 같은 장난감을 만들어요. 현장이 엄청 커서 자리에 앉아

1977년, 대협에 다니던 동료들과 함께 야유회에서(오른쪽에서 두번째)

서 보면 끝이 안 보였어요. 한 라인에 한 50명이 넘었던 거 같아요.

●●● 처음에 시다 일은 무얼 하셨어요?

미싱사들이 천 박아서 나오면 날라다가 다른 쪽에다 연결해 주는 거죠. 그때는 내가 시다로는 나이가 먹은 거였어요. 내 나이들이 다 미싱을 하고 있더라고요. 내가 공장을 늦게 들어간 거지.

●●● 처음 받은 월급은 기억나세요?

월급제인데 1만 얼마 받은 거 같아요, 하루 일당이 400얼마였던 거 같은데요. 우리가 아침 8시에 출근하면 기본으로 잔업이 2시간이 붙어서, 그래서 7시 퇴근했거든요. 그러니까 하루에 10시간 일하는 거죠.

●●● 작업환경은 어땠어요?

대협이 첫 직장이라 그때는 작업환경이 어땠는지 몰랐는데, 그 뒤로 쭉 여기저기 공장을 다녀 보니까 대협이 그래도 환경이 낫더라고요. 내가 봉제회사를 효성물산도 들어갔고 쌍마도 들어갔고 그 뒤로도 봉제회사를 많이 들어갔는데, 완전히 일 시키는 게 노예 부리는 거예요. 반장도 소리 '빽빽~' 지르고 작업환경도 지저분한 건, 아유~, 말도 못해요. 일하는 사람들 대우도. 대협에서는 우리가 워낙 힘이 세서 오히려 우리 눈치 봤어요. 그리고 먹는 것도 잘 나왔어요. 식당에 영양사가 있어 가지고 월, 화, 수, 목, 금, 토요일까지 식단 짜서 나오고. 다른 공장은 공휴일 쉬는 데도 없는데 거기는 공휴일 다 쉬어 줬지, 공휴일에 일해도 특근으로 쳐줘요.

●●● 생활은 어떻게 하셨어요?

내가 자취를 했는데 그러다 보니깐 오빠들이 학교 졸업해서 나한테 얹혀 살아서 고생 많이 했어요. 또 동생들이 중학교 졸업하고 다 서울로 올라와서 고등학교를 다녔어요. (학비를 선배님이 다 대고요?) 그렇죠. 밥 다 해줘야 했고. 남동생이 제물포까지 고등학교를 다니는데 내가 새벽 4시에 일어나서 밥을 해서 점심밥, 저녁밥까지 도시락을 챙겨 주고 빨래해 주고, 힘들게 회사를 다녔어요.

데모에 참여하다

●●● 그러다가 어떻게 활동에 참여하게 되셨어요?

내가 들어갔을 때 대협이 좀 시끌시끌했어요. 언니들이 "야, 거기 한번 따라가 보자"고 해서 가본 게 경수산업선교회인데 뭐를 보고 놀랐냐면, 내가 시골에서 서울 처음 올라와 가지고 순진해 아무것도 모르잖아요? 그때 당시에 감히 박정희 욕을 어떻게 해? 그런데 안광수 목사라는 사람이 뭐 경찰들이 옆에 있는데도 막 정권을 비판하고 그러더라고. "어머, 대단한 사람이야." 그때는 막 "어떤 사람이 저러지?" 그랬는데, 우리를 위해 주는 사람인 거야. 그 사람이 강의식으로 하는 얘기를 들어 보니까 '어머, 우리를 도와주는 사람들도 있네?' 하는 거를 느꼈어요. 박정희 욕을 하면서 우리를 도와주려고 하는 사람, 노동자를 도와주려고 하는 대단한 사람으로. 나는 진짜 그 사람을 처음에는 대단하게 봤어요. '아 좋은 사람이구나. 저런 사람을 저렇게 내비두나?' 아무튼 그때는 경찰들이 쥐도 새도 없이 막 잡아가 가둔다고 그랬었잖아요? 어, 근데 '저 사람은 어떻게 저렇게 경찰 앞에서도 저렇게 하나?' 거기서 내가 좀 혹해 가지고 마음이 동요가 된 거 같아요. 그래 우리가 싸움을 하면 뒤에 저런 사람이 우릴 도와주는구나! 어떤 든든한 거를 내가 느꼈어요. 그때 데모 같은 거 하면 꼭 안목사가 지켜보기도 하고 (현장 근처에서?) 예. 그래 갖고 그때부터 나는 현장에 데모할 때마다 적극적으로 참여했어요.

●●● 시다로 일할 때 산업선교회를 간 거예요?
그렇죠. 내가 성격이 좀 활발했었나 봐요. 까불까불하고 다니니까, 나는 촌스러워 뭘 몰라서 그러고 다닌 건데, 이게 언니들이 봤을 때는 굉장히 활발한 성격이라고 생각을 하고 나를 꼬신 거 같애요. 그래서 나도 거기를 간 거죠.

●●● 거기 갔다 와서는요?
아무튼 갔다 와 가지고 뭐 특별한 거는 없고, 나는 동생들이랑 오빠들이랑

1977년 대협노동자들과 안광수 목사가 같이한 야외교육

자취를 하니까 거기에 얽매이고 시간이 안 되니까 잠깐잠깐 들렀다 올 뿐이지, 교육을 계속 받지 못했어요. 그때 회사에 노동조합이 없었어요. 우리가 노동조합을 하려고 했는데 그 목사가 막아서 못했어요. (목사가 노조를 막아요?) 예. 그 사람이 말은 노동자 편을 들었지만 회사 사주를 받지 않았나 싶어요. 어쨌든 우리가 데모할 때마다 그 사람이 나타났는데, 근데 노동조합을 만드는 걸 원하지 않더라고요. 그러면서 "노사협의회를 만들라"고 해서 노사협의회를 만들어서 노사협상을 계속 했어요.

●●● 노사협의회를 만들었다고요?

예. 노사협의회에서 되도록 협상하고 안 되면 데모하고. 그래서 임금인상도 했고. 그때 대협이 육영수 재단이라서 방송 매스컴을 많이 탔어요. 어떤 식이었냐면 우리가 받는 월급보다 훨씬 부풀려서 방송에 나오기도 하고. 그러다 보니까 우리는 노사협의회에서 "당신들이 그렇게 월급 주지도 않는데 왜 방송을 그렇게 내보내느냐?" 그거 갖고 뭐라 하고, 또 "거기에 맞춰서 월급을 줘라. 아님 다시 방송을 내보내라" 해 가지고 시비 붙어서 나중에는 데모를 하게 되고.

●●● 데모는 어떻게 해요? 처음 참여한 데모 분위기 기억나세요?

처음에 데모할 때는, 그러니까 우리가 잔업이 매일 두 시간씩 기본적으로 들어갔잖아요? 그럼 "잔업 거부하자"고 해서 앞장선 미싱사들이 미싱 커버를 먼지 탈탈~ 털어 가지고 탁 씌워요. 작업 끝났다는 신호예요. 그리고 그냥 일어나서 퇴근한 다음 교회로 가서, 거기서 모임하고. 1차 잔업 거부에서 회사가 아무 반응이 없으면 다음에는 생산량 줄이기, 태업을 했어요. 그때는 시간이 지날 때마다 '너 몇 개', '너 몇 개' 생산량을 다 적어 갔는데, 우리가 태업을 해서 생산량을 줄여요. 그리고 예를 들어서 점심시간이나 아니면 퇴근시간 이후에 식당에 모여서 노래하면서 "으샤~ 으샤~" 하고. 식당에 회사사람들이 나타나 방해하면 운동장으로 튀어나가서 거기서 하고. 어유, 그때 우리가 되게 강했다니깐요! (대단하네요. 몇 명 정도 참여했나요?) 전체에서 반 이상 참여했어요. 나는 그때 조그마했지만 참, 열심히 참여했어요. 우리가 상대적으로 숫자가 많으니까 현장에서는 이미 다 작업은 못하죠. 근데 회사 눈치 보는 사람들이 자기네들은 참여하기가 싫고, 그래서 우리 따라서 안 한다는 걸 보여 주기 위해서 숨어요. 우리가 나중에 알게 되잖아요? 알게 되면서 편이 갈라져요. 그래서 걔네들이 숫자가 적고. 떳떳하지 못한 행동을 한 거에 대해서 자기네들이 우리한테 고개를 못

들었어요. 우리가 그 다음날 출근해서 동참 안 해준 거에 대해 비아냥거리고. 나는 시다면서도 참 싸움을 잘했는데, 미싱사들은 나한테 뭐라고 안 했는데 반장들이 날 얼마나 뭐라고 괴롭혔는지. 어휴, 예를 들어서 화장실 간 거까지도 일거수일투족을 다 체크하는 거예요. "12시에 화장실 가서 몇 분 있다 오고, 누구를 만나고 뭐를 하고" 그런 것까지 다 체크하니까, 내가 막 싸웠어요. (뭐라고 싸웠어요?) 화장실 가서 대소변 누는 것도 시간 재니까 "니는 화장실 가서 먹고 싸는 것도 시간 재가면서 싸냐?"고. 그렇게 잘 싸우니까 거꾸로 데모하는 사람들은 나를 이뻐하고, 하하. (하하.) 한마디도 안 지고, 오히려 활동하는 언니들보다 내가 더 강했어요. 그리고 당당했어요. 이를테면 "오늘 우리 잔업하지 말자"고 싹! 말이 돌아, "오늘부터 잔업 거부" 이렇게 싹 돌면 나는 비겁하게 하기 싫어서, 애들이 같이 작업 안 하기로 한 사람들의 행동을 눈치보면 "비겁하게 말고 떳떳하게 하라"고 내가 오히려 미싱사들한테 "당당하게 해요!" 막 그랬어요. "우리가 잔업 안 하는데 뭘 눈치보냐" 이러면서, 그땐 야무졌다니깐요. 하하.

●●● 노사협의회 생기면서 이전하고 달라진 건 뭐가 있죠?

우리가 싸우면 항상 이겨요. 그렇게 우리가 힘이 강하니까 달라진 거는 우리 원하는 게 다 관철이 되고 그래서 회사에서 자꾸 노사협의회를 흔드는데, 노사협의회가 법의 보호를 못 받잖아요? 그래서 노동조합을 만들었어야 하는데, 안광수 목사 때문에 못 만들어 가지고 힘들었어요.

●●● 그때 노사협의회는 누가 주도했어요?

이봉우가 했었죠. 그때 회사에서 봉우를 부서이동을 시켰는데 거부했더니 해고시켰어요. 해고사유가 "몇 년 전에 구속 전과가 있다"는 거예요. 또 우리처럼 데모에 앞장서고 그런 사람들은 부서이동을 많이 시켰어요. 나도 한 4년 대협을 다녀서 시다에서 미싱사도 하게 되었는데, 처음에 한 1년은 데모하면 언니들 눈치보고 따라서 했다가 거의 나중에는 나도 앞장섰어요. 그러니까 나도 부서이동도 당하고 그러면 막 회사하고 싸우고 난리를 쳤어요. 거기다 또 회사가 인원을 많이 축소시켜요. 당시는 우리가 미국 마텔 회사에 수출을 했었는데, 마텔 회사에서 오더를 줄여 버리기도 하고. 그게 왜 그랬는지는 내가 대협 회사 사정을 잘 모르니까 알 수 없었고.

●●● 시다 생활을 얼마 정도 한 거예요?

짧게 했어요. 거기는 미싱사가 부족하니까 바로 들어가자마자 훈련을 시켰어요. 그리고 그게 법적으로 그렇게 가르쳐 줘야지만 됐어요. 큰 회사는 미싱사를 견습생으로 미싱교육을 시켜야지 된다고 내가 그렇게 알았는데. 그래 가지고 퇴근하고 3시간씩 남아서 내가 미싱을 배웠어요. 그래서 3개월 만에 미싱사가 돼요. (시다에서 미싱사가 됐을 때 월급 차이는?) 시다 월급보다 아마 한 10원인가 얼마가 더 많아요.

●●● 생산량이 줄면서 회사 상황은 어땠어요?

라인이고 뭐고 다 축소되는 상황이어서 회사가 계속 불안했었죠. 그러니까 애들이 자발적으로 막 사표 쓰고 다 나가는 식이었어요. 다른 회사 다니려고. 또 친한 친구가 나가면 따라 나가는 그런 분위기였고. 노동조합이 없으니까 라인 축소에 대한 싸움이나 대응을 못 한 거죠. 그 뒤에 회사는 폐업을 했고. 그러면서 대협에서 앞장서서 싸웠던 사람들이 할 수 없이 사표를 쓰고 나와요. 나와서 재취업하기도 하고 결혼하기도 하고. 지금까지 우리는 연락을 하고 지내요. 뭐 연락이 안 되는 사람들도 많은데 그건 대협 나와서 바로 결혼한 사람들이 많아서 연락이 끊어진 거고. 그때 재취업한 사람들도 분명한 활동을 안 한 것 같아요.

3. 남화전자 민주노조를 세우기 위한 활동

남화전자 입사와 노조 결성 준비소모임

●●● 남화전자는 어떻게 찾아가셨어요?

대협이 1공단이라면 남화전자가 3공단인데, 대협하고 떨어진 곳에서 공장을 찾다가 그냥 사람 모집공고 보고 들어갔어요. 처음에 내가 남화전자 들어갈 때는, 노동조합 활동으로 해야겠다고 생각하고 들어간 건 아니었어요. 그런데 봉우가 이미 들어와 있더라고요. 그때가 79년경이죠. (남화전자는 뭘 만들죠?) 여기도 로봇 같은 거, 그리고 카세트, 전자니까 코버트라고 미국에 수출하는 거라는데. 인원은 한 300명 정도 됐어요.

●●● 미싱을 했는데 왜 기술이 인정 안 되는 전자업종을 갔죠?

미싱하는 공장 가면 기술은 인정이 되는데 그때 우리가 대협이라는 이력을 이력서에 못 써요. 못 쓰다 보니깐 내 경력이 없잖아요? 미싱하는 데 어디를 갈래도. "어디서 미싱이 배웠냐?" 그러면 "어디서 배웠다"라는 게 안 되니까. 그래서 전자회사로 가야 되겠다고 생각한 거죠. 전자공장은 단순 노동이라 납땜하는 거 했어요. 우리 라인은 한 삼사십 명 됐고 작업 분위기는 괜찮았어요.

1980년 남화전자 공장에서 친구와 함께(오른쪽 안경 낀 이)

●●● 작업환경은 어땠어요?

일하는 환경이 좀 안 좋았어요. 납땜하는데 환기시설 같은 게 안 좋고. 그런데 월급은 좀 셌던 거 같아요. 내가 그때 4만 얼마 받았었던 거 같고. 작업시간에 뭐 일하라고 강요하지 않고 잔업도 많이 안 했던 거 같고. 아마 내가 남화전자 들어가기 전에 작업시간이 어떤지 물어보고 들어갔던 거 같아요. 주변에 아는 사람들이 잔업 많이 하면 어쩌니 저쩌니 막 그런 얘기들이 있었고, 나도 잔업 많이 하면 동생들이랑 또 오빠들을 데리고 있어서 뒷바라지 할 시간도 없고 너무 피곤하니까. 잔업은 많지 않고 월급은 높은 편이라는 거죠.

●●● 여기서 어떻게 활동을 시작하세요?

그러니까 내가 들어갔을 때 봉우가 소모임을 하고 있더라고요. 봉우는 한 1년 전엔가 거기 들어갔대요. 근데 봉우가 나를 모른 체했어요. 또 한성순이라는 친구도 거기 다니고 있고. 라인은 달랐어요. 그런데 그 모임에 참여하던 애가 귀띔을 해주더라고, 걔가 나에 대해 모임에서 얘기했더니 봉우가 "아니 걔는 나중에 올 애니까 신경 안 써도 된다"고 하더라나. 그때 서로가 조심스러운 거지, 안 잘리려고. 3개월 전에는 잘라도 어쩔 수 없으니까. 그러다가 나도 그 모임사람들과 3개월 후에 모임을 같이 했던 거 같아요. 그

1980년 남화전자 소모임의 관악산 등산(서 있는 이)

때 모임에는 열 명 정도 참여했던 거 같은데, 다 여성이고요.

●●● 모임에서는 주로 뭐를 해요?

그 모임은 본격적으로 노동조합을 만들기 위한 준비모임이었기 때문에 현장 사람들 만나면서 작업하고 외부 사람들이 와서 해주는 교육도 받고. (외부의 어떤 사람들이 왔나요?) 그때 노동운동 선배로 조명자 언니란 사람이 있었고, 석탑하고 관련되어 있던 장명국 씨도 개입하고. 우리가 대협에서는 안광수 목사하고만 관계 있었는데, 여기는 전혀 그쪽 사람들이 아닌, 이 사람들은 정말로 노동운동하는 사람들이었죠.

　근데 이 사람들한테 교육받는 거는 정말 새나가지 않도록, 비밀을 지키는 사람들만 모인 거죠. 거기다 교육도 따로따로 받고, 모임도 따로따로 하는 식으로 했어요. 그러니까 현장 사람들하고 같이 모이는 방식으로 안

하고, 우리들 먼저 교육을 받고 우리가 또 현장 사람들 몰래 모아 따로 교육을 하고 이런 식으로 됐던 거예요.

●●● 교육내용은 어떤 거였나요?

노동조합 만드는 데 초점을 두고 교육을 했어요. 그래서 노동조합법, 근로기준법 같은 것도 하고, 노동조합 구조에 대해서도 익히고, 아, 다른 데 노동조합 사례 교육도 많이 했어요. 반도상사라든가, 70년대 주요 사례를 많이 한 거 같아요. 그리고 우리가 어떤 식으로 사람들을 이끌어 내야 하는지, 당시 노동조합 만드는 데 최소한 인원이 몇 명이 돼야 한다는 기준이 있어서 사람 확보하는 작업이라고 해야 되나? 개개인이 사람들을 많이 모아야 해요. 그래서 나는 우리 라인에서 중심이 돼 가지고 사람을 몇 명 포섭을 해야 된다고 했어요. (그래서 몇 명 포섭하셨어요?) 내 성격상 우리 라인은 거의 다 했어요. 다른 라인은 모르겠고. 내가 노는 건, 참, 잘 놀거든요. 그러다 보니깐 라인에서 회식 같은 거 하면 막 앞에서 놀고. 그래 가지고 우리 라인은 잘 모이고 잘 뭉쳤어요. 예를 들어서 단체행동 같은 거 하면 우리 라인은 100% 참여했어요.

●●● 노조결성 전에도 싸웠어요?

그럼요. 회사가 상습적으로 체불을 해 가지고 우리가 지긋지긋하게 싸웠어요. 근데 싸우면 월급이 나와요. 그러니까 오히려 그런 게 조합원들한텐 훈련이 된 거죠. "어, 싸우면 나온다" 하면서. 오히려 더 강한 훈련이 돼서, "월급 안 나오니까 니네들 오늘 퇴근하지 마" 그러면 한 명도 퇴근 안 하고 싸움에 동참해요.

••• 이때 싸우는 분위기는 어땠어요? 대협하고 비교해 본다면?

우리가 대협에서 써먹던 방식을 남화전자에서도 써먹었는데, 운동장에 모여서도 하고 옥상에 모여서도 하고. 그러면서 우리가 노래를 개사해요. 유행가에다가 노래가사를 바꿔서 우리가 만들어 부른 거죠. 예를 들면 건전가요 중에 '잘 살아보세'라는 노래가 있는데, 그 내용을 '잘 살아보세 잘 살아보세~, 임금 제때 받아 우리도 한번 잘 살아보세~' 이렇게 한다든지.

계엄상황에서 결성한 노동조합

••• 노조는 어떻게 만들었어요?

80년 들어와서 회사에서도 우리들의 움직임을 아니까 어용노조를 만들려고 급히 서둘렀어요. 우리는 우리 나름대로 급하고. 그때 박정희가 죽고 집회시위도 못하는 계엄상태라서 우리가 멈칫했다가 밀어붙이지 않으면 안 되겠으니까 노동조합 결성을 시도해요. 금속노조 조직부 사람을 만났는데, 말로는 만들라고 하면서 뒤로는 회사 측에 알린 거 같아요. 그 전에 노동부에 가서 근로감독관 만나서 계엄상황에서 노조를 만들 수 있는지 물어 보았구나. 그랬더니 그 근로감독관이 "노조와 계엄은 관계 없고 그 대신 집회는 신고해야 한다"고 말했어요. 그래서 급하게 서둔 건데. 금속에서 도저히 안 되겠어서 다시 연합노조를 찾아가서 결국 1월 15일에 노조결성을 하고 봉우가 분회장을 하죠. 그리고 영등포구청에 설립신고를 냈는데 되돌아 왔어요. 화학노조로 먼저 노조결성신고가 왔다는 거예요. 회사가 한 거죠. 우리가 싸워서 2월인가 연합노조로 변경된 신고필증은 나왔는데, 임원은 화학 측에서 뽑은 사람으로 한다는 거예요. 어휴, 이놈들이, 나중에 연합노조하고 화학노조하고 짠 거예요. 둘 다 어용인 거죠.

1980년 노조사무실에서 간부들과 함께(왼쪽 앞)

●●● 회사가 만든 노조에 참여한 사람들은 어떤 사람들이었나요?

남자들은 중간에 모임을 하다 빠져나가고 하니까 안 되겠어서 그냥 우리 여자들끼리 뭉치고, 거기에 관리자들도 싹 빼버렸어요. 그랬더니 회사가 현장 관리자들을 중심으로 어용노조를 만든 거지. 그렇게 부랴부랴 서류만 해 가지고 우리보다 나중에 제출했는데도 압력 넣어 가지고 노조 허가가 된 거예요.

●●● 으휴, 정말 열받네. 대응을 어떻게 했어요?

그 다음부터는 계속 싸워요, 얼마나 힘들었는데요. 우리가 총회소집 서명을 받고 3월 3일에 농성을 해요. 그때 '큰 힘주는 조합', '노총가' 이런 거 부르고. 회사가 방해할 거 예상해서 얼마나 치밀하게 준비했다고요. 뭐 조를 짰는데, 나랑 몇몇은 격투조, 봉우랑 몇몇은 조합원 설득조, 준비조, 인솔조 뭐 이래 가지고 다 조끼리 단체행동을 했어요. (요구사항은?) "어용노조 인정 못한다, 월급 인상해라, 화학이나 연합노조간부들은 사과하라" 뭐 이런 것들이죠. 그러면 경찰들이 와서 우리를 해산시켜요. 그럼 다음날 출근해서 식당에 모여 농성하고, 식당문 잠그면 운동장에 나와서 농성하고. 아, 그때 밤 11시 정도에 야간학생들이 담을 넘어와서 농성에 참가했는데, 얼마나~ 감격했는지~! 우리가 막~ 박수쳐 주면서 울었어요. 그런데 남부경

찰서 형사들이 와서 우리를 겁주
는 거지, "지금 너네는 계엄상태인
데 겁대가리도 없이 데모하고, 그
럼 쥐도 새도 모르게 어쩐다" 하고
난리죠.

●●● 싸움을 회사 안에서만 했어요?
아니죠. 우리는 노조를 정상화시
키기 위해 온갖 방법을 다 썼어요.
(구체적으로 어떤 방법이었나요?) 예
를 들어 화학노조가 회사 측에게

1980년 노조 체육대회에서 응원단으로(왼쪽 두번째)

정보를 줬으니까 화학노조 위원장 집을 쳐들어가기도 하고, 노동절인 3월
10일 날 노동부 장관이 그때 국립극장에서 하는 행사에 참석하니까 거기
쳐들어가기도 하고. 국립극장 앞에서 플래카드를 양쪽에서 잡고 구호를
하고 있었어요. 그러니까 금방 싹~ 채 가버리는 거야. 그리고 우리를 닭장
차에다 싣고 가 버리데요. 그때 동일방직에서도 와 있었어요. 걔네들은 완
전히 싸움꾼인데, 우리를 보니 웃기더래요. 하하. 그리고 연합노조 쳐들어
가 농성하기도 하고 그러면 경찰들이 와서 "빨리 해산하지 않으면 다 잡
아간다"고 협박하고. 그러니까 한번은 노조간부들이 얘기한 것도 아닌데,
한 친구가 바늘을 가져와서 "형사들이 때리면 찌르라"고 나눠 줬어요. 그
때 바늘로 찔렀나? 여하튼 그래도 형사들이 막 다가오니까 어떤 애는 "우
리 모두 옷을 벗자!"고 아우성치기도 하고. 그건 교육받을 때 동일방직 애
기를 들어서 그런 거지. 하하.

●●● 아니 그렇게 여러 방식으로 열심히 투쟁을 했는데 회사는 반응이 없었어요?

반응이 늦게 와요. 그러니까 3월 11일인가, 그 즈음일 거예요. 사장이 조합원들을 다 모아 놓고 한바탕 봉우를 '빨갱이'라고 욕하더니 투표를 하게 해요. "사장을 따를 사람은 1번, 이봉우를 따를 사람 2번", 그런데 투표장이 사장실인 데다 거기에 관리자들이 쫙~ 서 있는데, 누가 편하게 투표하겠어요? 결국 사장표 200몇 표, 봉우가 67표 나와요. 다음날인가 사장이 열성적인 사람 몇을 불러서 "이제부터는 대화로 하자. 라인대표를 뽑아라"고 했는데, 대표 13명이 다 우리 사람이었어요. 하하.

우리가 계속 물러설 기세가 없으니까 결국 며칠 지나 남부경찰서에서 와서 조정을 해서 최종적으로 "이봉우는 분회장을 안 한다. 지금 분회장은 물러난다"는 데 합의를 해요. 그러면서 회사는 농성에 참여한 사람들 17명을 부서이동시키고. 우리는 이때부터 총회를 준비해서 배분자를 분회장으로 뽑죠. 그러다가 7월에 봉우가 다시 분회장하고 내가 부분회장하게 되고, 단체협약이나 임금인상도 해요. 그렇게 하다 보니 노조가 안정이 되는 것 같았어요.

분회장 해고사건과 회사 정상화 투쟁

●●● 노조가 활발히 활동할 때 그 전에 했던 모임은 어떻게 되었나요?

그전 모임사람들이 노조로 다 활동하러 들어가는 거죠. 봉우가 위원장이면 내가 부위원장 하고 다른 친구들은 뭐 부서를 맡는다든지. 그래서 노조활동에서 만나는 거죠. 그렇게 활동하다가 12월부터 계엄사령부에서 노동조합을 정화한다면서 단속하기 시작해요. 전두환이 민주노조를 깨려했어요. 그때 한일도루코나 뭐 원풍모방이나 서통 같은 데 난리났어요. 장명국 씨인가 누가 봉우한테 피하라고 해서, 봉우가 피하느라 출근을 안 했어요. 그런데 회사는 기다렸다는 듯이 봉우를 무단결석이라면서 해고를 시킨 거예요.

●●● 음, 노조는 어떻게 대응했나요?

우리는 봉우의 해고를 인정 안 하니까 분회장 자리를 공석으로 놔두고 복직싸움을 하는데, 어떤 식으로 싸웠냐면, 예를 들어서 현장 일을 할 때 리본을 만들어서 거기다가 "분회장을 복직시켜라" 고런 식으로 달고 그랬어요. 그러다가 그때 '국풍 81'이 있었어요. 우리는 나름대로 "밖으로 많이 알려야 된다"라는 거 때문에, 거기 가서 껌을 팔면서 "우리 노동조합이 구로공단에 있는 남화전자인데 회사에서 분회장을 해고시켜서, 이 사람이 생계가 힘드니까 우리가 이걸 팔아서 이 사람을 도와줘야 됩니다" 이렇게 알리기도 하고. 그거는 돈을 떠나서 노동부나 남부경찰서나 회사나 자극해 압력을 넣으라고 했던 거예요. 이렇게 우리가 밖으로 한다는 거를 알리려구요. 아무튼 우리가 남화전자를 알릴 만한 데는 충주도 가고 많이 돌아다녔어요. 그런데 봉우를 끝까지 복직을 안 시키는 거지. 그러다가 회사가 어려워지면서 월급도 체불하니까, 복직싸움에 이어 계속 체불임금 지불을 위한 싸움을 해요.

●●● 그런데 그때 회사가 진짜 어려워진 거였나요? 노조를 없애려고 그러는 게 아니고요?

정부에서 "회사를 없애라" 한 거예요. 지금은 정부[노동부]에서도 다 인정을 했어요. 그리고 그때 사장이 어렵긴 어려웠던 거 같아요. 노동부나 남

1981년 정기총회에서 문화진행을 하는 조분순

부경찰서나 "어려운 때니까 회사를 없애 버리자"고 자기네들은 계산을 했고. 우리는 "회사를 살리려면, 이봉우를 복직시키고 우리가 회사가 정상화될 때까지 월급 안 받겠다" 그렇게까지도 나갔어요. 그때 우리가 정부융자를 받기 위해 한국은행까지 쳐들어가서도 데모하고. 거기서 데모하니까 경찰 청원군까지 쳐들어와 가지고 막 "뛰어내린다"고 생쇼를 하면서. 결국은 융자가 나왔었거든요? 나왔는데 우리가 그걸로 월급을 안 받고 회사를 정상화시키겠다고 하니까 사장도 "좋다. 그럼 나도 힘닿는 데까지 해보겠다"고 하면서 우리하고 마음이 맞아 들어갔어요. 그러니까 딱 사장을 체불임금하고 채무액 때문인가로 구속을 시킨 거지. 그러고는 융자 나온 돈으로 조합원 퇴직금 계산서를 만들어서 다 집집마다 나눠 줬어요. 그런데 이미 우리는 조합원들한테 교육을 시켜서 개인적으로 있으면 꼬시기도 하고 그러면 당하니까 항상 뭉쳐 있었어요. 그래서 퇴직금을 받은 사람이 없었어요. 우리는 계속 현장에서 싸웠어요. 처음에는 퇴근하고 나서 우리끼리 조를 짜 가지고 이 집에서 뭉쳐 있고 저 집에서 뭉쳐 있고. (진짜 머리를 썼군요.) 예. 그래서 각 라인도 인원이 많으니까 한 조에 한 10명씩으로 조를 짜요. 그거는 노동조합 만들면서 바로 조를 만들어 놨었거든요. 각 조에 조장들을 각각 다 심어 놓고, 조장들한테 전체 행동지침을 얘기하면, 그 조에 싹 전달이 되니까. 예를 들어서 "우리 어디 가서 데모를 하자"고 조장한테만 얘기하면 조장들이 딱 데리고 오니까.

회사에서 싸우다 안 되겠으니까 우리가 명동성당에 들어가요. 300명 조합원이 거의 다 들어갔죠. 왜냐면 생존권이 걸린 문제라 조합원들이 적극적으로 참여를 해요. 그런데 그날 해산돼 버렸잖아. (왜요?) 남부경찰서에서 오고, 노동부에서 와 가지고 막 겁을 줬어요. 아, 그때 검사까지 데리고 왔구나. 김○○ 검사라고 있어요, 아주 나쁜 놈이야. 그놈까지 나타나서 막 겁을 주니까. (뭐라고 겁을 줘요?) "회사에 안 오면 다 구속시키겠다"고. 그러니까 노동조합 간부가 먼저 나가 버려요. 그래서 싸움은 끝난 거죠. 마지막 협상을 해서 '조합원들의 취업알선을 기관과 노동부에서 해주기'로. 그래서 조합원들은 다 재취업했고, 간부들만 안 해주어서 나중에 알아서 경력을 속여 가며 취업을 했어요. 처음에는 모임을 한 1년인가 하다가 애들이 결혼을 하고 생활에 쫓기니까 그 다음부터 잘 안 모여지더라고요.

4. 반복되는 취업과 해고, 그리고 지역활동

취업과 해고의 연속

●●● 그럼 회사 나와서 어떻게 하셨어요?

81년도 7월인가 8월에 회사 문 닫고 재취업을 했는데, 효성물산이 봉제

1981년 효성물산 동료들과 함께한 등산(가운데 안경 낀 이)

라 미싱사로 들어갔다가 3개월 만에 잘렸어요. 내가 들어갔는데 봉우가 또 들어와요. 하하. (하하.) 근데 애가 자꾸 반장하고 부딪히는 거야, 좀 안 했으면 좋겠는데. 그래 봉우는 바로 쫓겨났어요. 그때 나는 안 나섰지. 괜히 친한 거 알고 나도 같이 쫓겨날까 봐. 그랬는데 이미 회사에선 날 알고 있었어요. 우리를 같이 쫓아내서 둘이 일어나 버리면 대책이 안 서니까, 봉우를 먼저 잘라냈고, 봉우

는 나 때문에 조용히 나간 거고. 그런데 3개월 좀 안 됐는데 징계위원회에서 나를 부르더라고. 이력서 얘기를 하는 거죠. 그래서 나오게 돼요.

●●● 효성물산 나와서는 또 취업을 하나요?

그래 가지고 나는 쌍마패션이라고 독산동에 있는 데에 들어갔다가 거기서도 3개월 만에 짤렸나? 다 신원조회가 되어서 알고 있어요. 여기는 하청이고 작은 데인데도, 도저히 큰 데는 안 되니까 작은 델 간 건데, 거기서도 잘린 거죠. 그래서 출근투쟁을 하면서 싸웠는데, 여기 사장이 멍청했어요. 급한 마음에 내 이력을 다 드러내 버린 거야. 그러니까 내가 퇴근하고 없는데 현장 사람들을 모아서 교육을 했더라고요. 교육을 하면서 뭐 '빨갱이'니 '불순분자'니 나를 갖다가 그리 몰더니 "쟤를 쫓아내야 된다. 쫓아내려면 여러분들이 서명을 해야 된다" 그래 가지고 서명을 다 받았더라고요.

그 서명용지에 내용을 "조분순이는 우리 회사를 망하게 할 것이고 뭐 어쩔 것이고. 옛날에 빨갱이 노동조합 활동하면서 망하게 한 회사가 몇 개가 있고……" 막 그런 거를 써 가지고 애들한테 서명을 다 받았어요.

●●● 어휴, 회사가 교육하고 서명 받으니, 현장 분위기가 어땠어요?
내가 출근하니까 나를 바라보는 애들 눈빛이 달라져 있더라고요. 아, 나는 딱 눈치를 챘지. '응, 벌써 내 얘기가 돌았구나.' 그러면서 애들하고 접근을 못하게 사장이나 관리자들이 다 현장을 돌아다니면서 감시하는 거죠. 나도 그것까지도 눈치를 챘고. 나는 점심시간에도 혼자 밥 먹고 쉬는 시간도 나 혼자 앉아 있어, 완전히 고립돼 있었어요. 교육받고 노동자들이 나한테 접촉을 안 해요. 그렇게 친하게 지내던 친구들마저도, 등을 돌리더라고.

　　내가 한 달을 일하면서 꼬투리 잡힐 행동을 하나도 안 했거든요? 그런데 내가 잘못한 게 아닌데 사장이 이상하게 오버를 하면서 나한테 막 화를 내고 내 속을 뒤집으려 시비를 걸어요. 그러니까 내가 화를 낼 수밖에 없는 상황을 만들더라고요. 그래도 사람들이 내 억울한 거에 대해서 동요를 안 하더라고. 나는 잘릴까 봐 참다 참다가 '이건 아니지, 잘리더라도 여기서 사장을 이겨 버려야 되겠구나'라는 생각이 들었어요. 그래 내가 사장한테 막 대들면서 같이 소리를 지르고 따지고 들었죠. "내가 뭘 잘못했냐" 이러면서 강하게 따지고 드니까 사장이 할 말이 없지, 그러니까는 사람들도 '우와~' 하고 쳐다봐요. 다른 사람들 같으면 "회사 때려친다"고 나가 버릴 텐데, 내가 "당신이 지금 뭐뭐 잘못해 놓고 왜 나한테 그러냐" 따지고 그러니까 오히려 의아스럽게 보는 거예요. 그래서 남자 직원들이 나와 가지고 사장 앞을 가로막고 나한테 막 달려들고, 나 하나에 몇이나 되는 남자들이

1982년 쌍마패션 야유회 가는 버스 안에서 노래하는 모습

막 육탄전을 벌일 상황까지 가요. 그놈들이 사장한테 아부하려고 나를 강제로 문 밖에다 끌어내 패대기를 쳐 버리더라고. 그래 놓고 대문을 닫아 버렸어요. 내가 거기서 도저히 못 물러나겠어. 그래서 쇠파이프 같은 막대로 문을 치면서 "문 열어라!" 해도 안 열어 주지. 그러니까 내가 퇴근시간까지 문 앞에 앉아 있었어요. 다들 퇴근할 때 나도 퇴근을 하고 그 다음날 또 출근시간에 출근해서 내 미싱 앞에 앉아 있으니까 일을 안 주더라고요. 내가 올 거라고 지들은 생각을 못한 거지. '패대기쳤는데 어떻게 출근할까? 너는 이제 못 나타날 것이다' 하는 생각을 했겠죠. 그랬는데 내가 출근을 딱~ 하고 다녀요.

그때부터는 노골적으로 "애를 몰아내라"고 사장이 지시를 하더라고요. 그러니까 내가 미싱 다리를 끌어안고 앉아 있었어요. 남자들 여럿이 달려들어 나를 끌어냈어요. 그럼 나는 퇴근을 안 했어요. 누가 문 열고 들어가면 내가 쫓아서 현장에 또 들어갔고 그러면 또 나를 끌어냈어. 미싱에

긁히고 어디에 부딪히고 하면서 온몸에 상처가 다 나요.

참, 무슨 집회 같은 거 있으면, 회사에서 나 해고시키기 전에는 먼저 나타났어요. 그럼 내가 그 집회에 어김없이 있거든. 나도 그걸 알고 걔네들이 나타나도 내가 눈 하나 깜짝 안 한다고. 한번은 홍제동 성당에서 집회하는데, 회사 사장이 거기까지 왔더라니깐요. 처음에는 회사에서 막 나한테 함부로 했는데, 내가 집회에 나타나고 이러니까 함부로 못 하더라고. 그리고 이것들이 나를 자른 거지, 해고를 시킨 거예요.

결국 나를 끌어내면서 내용을 엉터리로 해서 해고장을 주더라고요. 그래 받아 갖고 나와서 상처 난 거 진단서 끊고 해고무효소송을 1년 반 정도 해요. 그래서 승소를 했어요.

●●● 승소해서 회사는 계속 다닌 거예요?

내가 승소한 게 84년인가, 결과 나오자마자 바로 회사를 갔어요. 다 일하는 데 가서 사장하고 앉아서 "당신 나 잘랐지? 나 잘랐잖아? 내가 왜 여기 또 왔을까?" 막 이렇게 약 올렸어요. 하하. (하하, 사장 열 되게 받겠네.) 그리고 회사에서는 변호사까지 사 가지고 했는데 나는 변호사 없이 이겼거든요. 그래서 "내일부터 출근해야 되겠네요?" 막 약을 올렸어요. 그랬더니 사장이 해고수당을 공탁 걸고 회사문을 닫아 버렸어요.

●●● 어휴, 그럼 또 일자리를 찾아가야 했겠네요?

그 뒤로 어디로 갔지? 독산동에 있는 회사이름이 뭐더라? 거기도 봉제회사인데 거기를 갔는데 경찰이 사장하고 협상을 한 거예요. (경찰이?) 경찰은 계속 내 뒤를 따라다녔으니까 내가 거기 다니는 거 알잖아요? 내가 경찰한테 쌍마패션에서 당한 것도 전화해서 "내가 지금 이렇게 다쳤다"는 거 말하고, 회사랑 싸운 거 전화로 다 말하면서 "먹고살려고 회사 다니는 데 힘들다. 나 좀 가만둬라" 했거든요. 그러니까 경찰이 여기 사장하고 협상해서 "감시만 하고 해고는 시키지 말라"고 한 거예요. 근데 사장은 마음이 그게 아니잖아요? 며칠 만에 사장이 나를 불러요. 그래 나는 '아이고, 또 알았네. 또 쫓겨나게 생겼네' 하고 아예 처음부터 쫓겨날 걸로 생각했어요. 그렇게 사장하고 마주보고 앉으니 "노동부에서도 오고 남부경찰서에서도 오고 어쩌냐?"고 해요. 사장은 경찰이 얘기하지 말라 했는데 못 참는 거야, 막 죽겠는 거죠. 그러니까 나한테 "경찰에서 와 가지고 너 얘기하면서 잘 맞춰서 일하라고 얘기하고 갔다" 그 얘기를 하더라고. 그래서 내가 "그랬어요? 근데 그 사람들은 왜 왔대요? 할 일이 그렇게 없대요?" 그러면 "아니, 뭐, 그냥 같이 일을 잘 하라고 부탁을 하고 갔다" 그러더라고. 진짜 이 사장은 나를 해고 안 시키고, 왕따도 안 시키고, 아예 월급 인상을 하든 뭐를 하든 내가 활동을 하기도 전에 나하고 협상을 하더라니까요. "월급은 얼마나 올려주면 되냐?" 하하. (하하.) "이건 어떻게 했으면 좋겠냐?" 그런 식으로 하더라니깐. 하하. (하하.) 그렇게 그 회사는 2년 정도 다녔어요.

1985년 해고자 복직을 위한 민한당사 농성투쟁

●●● 계속 현장 취업만 시도하신 거예요? 모임은 안 하시고요?

아, 노조 해산되고 공백 기간에 소모임을 했는데 나하고 봉우하고 영자 언니하고, 원풍의 사무장, 또 누구 해 가지고 다섯 명이서 장명국 씨한테 교육받았는데, 노동법하고 경제사를 주로 했고, 장명국 씨 부인한테는 노동운동사인가를 교육받아요.

●●● 그 시기 즈음 해고자들이 많아 공동활동도 하잖아요? 거기에 같이 했어요?

내가 쌍마패션에서 83년경 민사소송 해고무효소송을 내고 거의 1년인가 1년 반 공백이 있잖아요? 그러면서 한국노동자복지협의회가 만들어지는데, 70년대 민주노조 출신들이 모여서 하니까 자연스럽게 우리도 들락거렸죠. 그러다가 다시 회사 들어가기 전에 밖에서 해고자들끼리 모여요. 그때 사업장에서 해고자들이 많이 생기면서 경인지역 해고자모임인 '노투'노동운동탄압저지투쟁위원회를 만들어서 10명이 모였는데, "우리가 다른 데 들어가면 해고당하는데 그거는 정말 다 살인행위다" 하면서 싸워야 한다며 의기투합을 한 거죠.

●●● 노투 참여자는 누구였죠?

이보희나 윤현실, 박애숙, 다 83, 84년 해고된 사람이고, 원풍하고 이우책사에 있던 이옥순 언니, 남자는 대우자동차 송경평 그리고 이용선 씨, 서기화 씨, 거기다 김건호라고 서울대 공대 쪽, 김진태 뭐 그렇게 했죠. 그러면서 우리가 한국노동자복지협의회를 계속 모임장소로 사용하고. 그러면서 민한당사 투쟁을 계획해요.

●●● 민한당사 농성은 왜 하죠?

민한당사 농성은 해고자들끼리 모여서 "해고자 복직을 시키라"고 싸우자고 한 건데, 이 무렵에 김대중이 미국에서 왔고, 그때 국회의원 선거가 있었어요[85년 2월 12일]. 그래서 그런 정국을 이용해서 해고자 문제가 얼마나 심각한지 알리자 해서 그때 야당인 민한당사를 점거하기로 한 거죠.

●●● 민한당사 점거 계획은 어떻게 짰고 실제로 진행은 어떻게 되었나요?

'해고자 복직'을 이슈로 삼아 가지고 계획은 부천에 있는 봉우 집에 모여서 플래카드 만들고 머리띠 만들었는데, 그때 봉우도 계속 주시를 받았잖아요? 한번은 봉우 집에서 우리가 유인물이랑 이것저것 다 작성하고 나서 집으로 가려 나왔는데, 나가는 족족 다 연행이 되어서 부천서로 끌려갔어요. 봉우하고 나, 옥순 언니하고 셋이 집에 남았는데, 우리는 모르고 있었지. 좀 있다가 경찰이 잡으러 와 가지고 봉우가 나간 거예요. "여기서 이상한 얘기한다고 신고가 들어왔는데 지금 부천서로 가자." 그래 가지고 봉우가 갔는데, 나하고 옥순 언니는 분위기가 심상찮으니까 베갯잇 속에다 선전물이나 이런 걸 싹 집어넣었어요. 그리고 봉우네 집주인한테 가서 막 싸우면서, "당신이 얘기했지?" 그러니깐 "안 했다"고 하지. 봉우가 방 하나만 세를 얻어 사는데, 주인이랑 부엌이나 화장실은 같이 쓰는 집이라 알게 된 거죠. 그래 이 주인이 경찰서에다 신고를 한 거예요. 이미 봉우를 주시하고 있는 데다가. 그래 가지고 다 연행이 돼 갔어요.

봉우가 경찰서에 가서 난리를 치면서 "왜 남의 집에 온 손님들을 데리고 왔냐?"고. 하하, "우리집에서 술 한 잔씩 먹고 헤어졌는데." 막 "개새끼들!" 하면서 있는 욕 없는 욕을 하고, 책상 위에 걸터앉아서 소리소리 지르니까 경찰들이 "저 똥보다도 더러운 년! 내보내 버려~" 한 거예요. 봉우가 워낙 욕을 하니까. 그래 봉우가 나오려다 가만히 보니까 '왜 나 혼자 나가냐? 사람들 데리고 나가야지' 하는 생각이 들었대요. 그래서 다시 들어가 "내가 왜 혼자 가냐? 다 데리고 간다" 그랬는데 그때 머시마들이 '아, 여지껏 우리가 멍청하게 있었구나' 했데요. 봉우가 그렇게 난리치는 걸 보고 챙피하더래나.

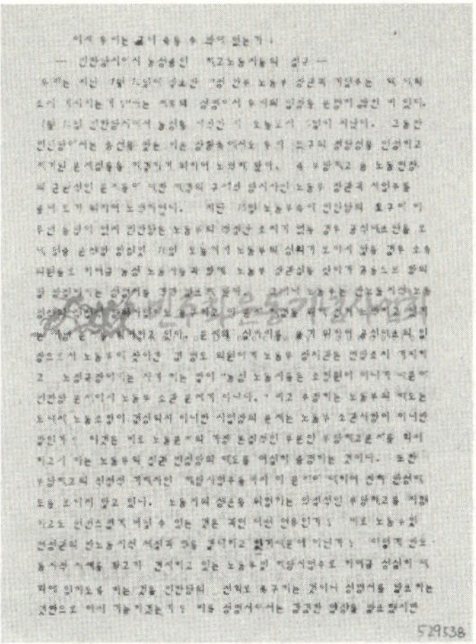

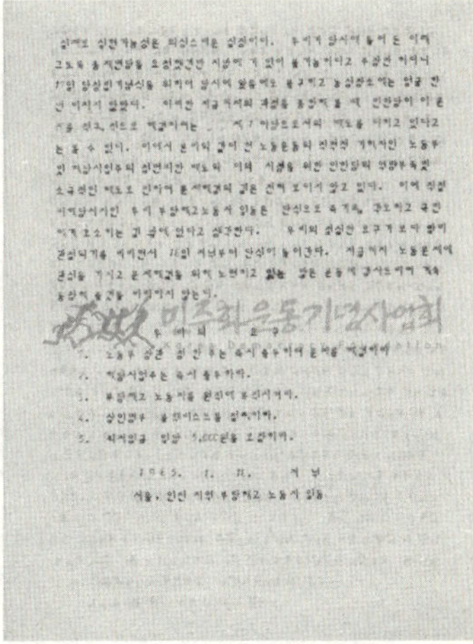

민한당사 점거 당시 발행한 선전물

그랬는데 경찰이 우리를 데리러 온 거예요. 우리가 얼마나 발악을 했는지 잡으면 잡는 대로 막 물어뜯어 버리니까 경찰이 손가락에 피나고 바닥에 드러눕고 그래 가지고 옥순 언니하고 나하고는 결국 안 끌려갔어요. 하하. 한참 있으니까 봉우가 왔어요. 그래서 우리는 승리했다고 막 좋아했죠. 그 다음날이 농성하러 들어가기로 한 날인데, 우리가 다 밖으로 나가서 여관에서 잠잤어요, 정보가 새나가면 우리가 못 갈 거 같으니까.

●●● 민한당 당사 어디로 들어간 거예요?
처음에는 총재실로 들어갔다가 나와서 사무총장실에서 했어요. 밖에다가 플래카드 걸고 안에서 문 잠그고. 열 명 다 들어가고. 그래서 10일을 버텼어요. 민한당이니까 경찰은 못 들어오게 하잖아요? 또 선거 임박할 때니까 지들도 함부로 우리를 못 건드리더라고요. 그래서 10일 만엔가 나왔을 거예요. 처음에는 식사를 하다가 우리가 단식에 들어가서 9일 단식을 했

1985년 민한당의 차로 노동부에 도착, 차 안에 농성자들이 있음

는데, 근데 단식 하니까 못 쓰겠더라고요. 배가 고파 가지고 더 길게 못 가겠어, 단식 안 했으면 더 길게 갔을 텐데. 그래서 거기서 느낀 점은 '단식을 해선 안 되겠다'예요, 하하. 그런데 우리가 여기서 단식을 풀어야 되는데 명분이 없는 거여. 너무 기운 빠지고 쓰러지지도 않고 지겹고. 근데 명분이 없으니까 "우리가 노동부 장관 만나러 노동부로 쳐들어 가자." 그래 가지고 민한당 국회의원들한테 "당신들 차를 대시오. 우리가 직접 가겠소" 해서 김병호 국회의원 끼고 민한당의 차를 타고 노동부로 들어가요. 노동부 운동장에서 차 대놓고, 그 차 안에서 떠들고 막 구호를 외치고. 그때 김문수 씨는 와서 밖에서 구호 외치고. 그때 김문수 씨가 얼마나 열심히 했는데. 우리가 민한당사에서 끌려간다니까 우리 쪽 사람들이 와서 난리 치고. 우리는 잠깐 만나러 가겠다고 뛰어내려 가려니까 경찰이 밀고 들어왔지. (그러라고 간 거 아니에요?) 그러니까 우리의 각본이죠, 하하. (하하.)

●●● 그러니까 장렬하게 잡혀가는 걸로. 하하. 구류는 처음 산 건가요?

아니, 그 전에도 살았었죠. 그 전에 영등포 로터리에서 가두시위 했을 때 동부경찰서에서 구류 살았고 그리고 성원제강 지원데모 나갔다가 잡혀서 영등포서에서 구류 살았고, 그러고 나서 동대문경찰서에서도 구류 살았는데, 84년부터 계속 가두시위가 있어서 구류를 많이 살았어요. 하하.

박영진의 죽음과 전태일기념관에서의 항의투쟁

●●● 민한당사 싸움 끝나고 바로 이어서 구로동맹파업이 일어났는데, 그때는 뭐 하셨죠?

동맹파업 할 때 우리가 밖에서 계속 지원데모를 해줬어요. 봉우는 전태일기념사업관에 있었고 나는 김문수 씨하고 몇 사람 지원 가라고 해서 지원데모하고. 그때 대우어패럴, 가리봉전자 막 다니면서 지원하고. 봉우하고는 영등포에 있는 선일섬유도 갔었어요. 우리가 70년대엔 너무 개별 사업장에 갇혀서 각자 처절하게 깨져도 누구 한 사람 동요하는 사람이 없었잖아요? 그래서 연대가 안 되었던 걸 많이 반성을 하고, 연대해서 동맹파업을 한 거잖아요? 너무 신났어요. 그때 정말 감동했어요, 동시에 막 파업하고 하니까. 그러면서 뒤에 만들어진 서노련^{서울노동운동연합}에 참여하고.

●●● 서노련에 가입하신 거예요?

가입이 아니라 그때 활동했던 사람들은 자동으로 서노련을 했어요. 무슨 말이냐면 노투에서 논의해서 자동으로 모두 서노련으로 넘어가는 거예요. 그러면서 내가 김문수 씨한테 교육받았는데, 정치문제에 대한 거 같애요. 그러니까 서노련 조직원으로 정치학습을 받은 거지. 서노련에서 주로 우리가 뭐를 했냐면, 영등포 로터리에서 가두시위 하고, 뭐 공단에서 가두 시위 하고. 아! 그 당시에는 완전히 우리가 밖으로 다니면서 데모 같은 거 하고 그래서 현장하고 조금 거리가 있었어요.

●●● 서노련에서 크게 싸운 사건은 뭐였나요?

86년 임금투쟁 때 박영진이 죽었잖아요? 박영진 장례식 때인데, 나는 85년에 결혼한 상태였는데, 서노련이 청계노조랑 상관없이 전태일기념관에 들어가 농성을 해요. 내가 봉우에게 연락받았나? 여하튼 기념관에 분향소를 해놨으니까 나도 거기를 갔는데 경찰이 처음에는 막는 거예요, "여기까지 왜 왔느냐?" 그러면서 못 들어가게 해요. 근데 나는 "결혼도 했고 그냥 분향하러 왔다. 잠깐 들여보내 주면 안 되냐" 하니까, 동대문경찰서 형사들인데 내 얼굴을 다 아니까 거짓말을 했지. 개네도 내가 결혼한 줄 아니까 쉽게 보내 주데요. 그래서 나는 기념관 들어갔다가 안 나오고 싸움에 참여한 거죠. 거기서 계속 농성을 하다가 식량이 다 떨어지기도 하고. 얼마나 열심히 싸웠는데, 지붕 위에 올라가 가지고 난리 났었잖아요? 근데 나중에 동부경찰서에 가니까 다 사진 찍어 갖고, 사진 다 내놓더라고요

　　우리가 그때 해산할 때 어떤 식이었냐면, 우리가 "해산하겠다"고 하니깐 그럼 "경찰서로 가서 간단하게 조사만 받아라" 그래서 간단하게 조사하리라는 생각은 안 했지만, 거기 한없이 있을 수는 없는 노릇이니까 스스로 걸어서 나오고 지붕 위로 도망가기도 하고 그랬죠. 그때 맨 마지막에는 스물아홉 명이었지. 그래서 경찰서 조사받고 구속이 된 거죠.

●●● 조사 내용은요?

우리가 조사 안 받겠다고 "조사 거부하자"고 그래서 조사 하나도 안 받고. 막 머시마들이 안 불고 자기 이름도 안 밝히니까 많이 두들겨 맞고. 근데 나하고 몇 사람은 자기네들이 이름도 아니까 알아서 하고. 그렇게 2박 3일 동안, 단 한 시간도 안 재우고 조사도 안 했어요. 그러고는 구속된 거죠.

●●● 감옥 가서 얼마 살다 나오셨어요?

1심에서 나는 집행유예로 나왔으니까, 한 4개월, 구속됐을 땐 부모님들에게 연락이 가서 면회를 오셨어요. (노동운동 하는 걸 부모님은 아셨어요?) 그럼요, 경찰이 계속 연락했거든요. 지금 이 얘기를 내 시골친구들이 하는데, 경찰이 거기까지 다 갔더라니깐요. 오빠 친구들한테도 다 가고, 긍께, 나에 대해서 그때 물어봤다고 하더라고. 또 시골이니까 지서로 연락가지. 근데 오빠 처남이 지서에서 근무를 했는데, 그 사람이 집에 와서 우리 아버지한테 막 겁을 주면서 "제발 좀 가만히 있으라고 하세요"라고 했대요. 그러니까 친정아버지가 오히려 경찰한테 뭐라 했다고 그래요.

●●● 오빠는 어떤 반응이었어요?

큰오빠 같은 경우는 직장까지 막 형사들이 쫓아와서 "못하게 하라"고. "그렇지 않으면 직장에서 목이 달아난다"고 오빠한테까지 하더라고요. 오빠가 처음에는 말렸는데 내가 안 들은 거죠. 우리 아버지한테는 속였고. 엄마만 왔는데 하필이면 재판받는 날 와 가지고 또 재판받을 때 처절하게 싸운 거야. 질질질 끌려 들어가면서 "독재타도!" 소리 지르는 거 엄마가 보고, 아유 징해. 구치소에 스물아홉 명이 들어갔는데, 경찰서는 경찰서대로 소문이 나 버리고 구치소는 구치소대로 소문이 났더라고. "학생도 아닌 노동자들인데 독종들이다” 하고 소문이 나니까, 우리가 동대문에서 얼마나 싸웠는지 조사를 하나도 받지 않았어요. 유치장 안에서도 얼마나 싸웠는지 경찰들이 얼씬도 못했어요. 그래서 구치소에서 우리를 받기 위해서 학생들을 이감시켜 버렸다고 남아 있는 학생 몇몇이 그 얘기를 하더라고. 거기도 데모를 하고 있는 중인데 우리가 가자마자 합세를 해요. “독재타도” 외치고. 그러면 여자교도관들이 머리채를 잡고 끌고 가요. 그거 안 당해 본 사람은 몰라. 내가 끌려갔는데 남자교도관이 와서 나를 끌고 사람들 아무도 없는 빈 공간에 데려가요. 거기서 수갑을 뒤로 채우고 밧줄로 묶어서 여기저기 막 때리는 거예요. 내가 쓰러지니깐 물로 싹~ 찌그러, 그럼 정신이 바짝 들어요. 그 순간에 나는 어떤 생각이 들었냐면 ‘이제 죽는구나’ 진짜 그랬었어요. ‘쥐도 새도 모르게 죽는다는 게 이거구나.’ 사람을 인정사정없이 때려. 누가 있어? 증인이 있어? 뭐가 있어, 막 때려대는데 나만 골병들지. 그러다가 쓰러졌는지 무릎 꿇고 앉아 있는데 봉우가 들어오는 거예요. “봉우야~!” 그러니까 바로 봉우를 데려가 버리는 거야. 나는 그 순간에 ‘이제 봉우가 나 있는 줄 아니까 나 죽은 줄은 알겠구나’ 그 생각을 했다니깐? 그리고 징벌방으로 끌고 갔어요. 거기서 면회고 뭐고 아무것도 안 돼요. 딱 일주일 살았어요. 신랑은 밖에서 싸우고. (면회 안 시켜 주죠?) 안 시켜 주죠.

●●● 구치소에서는 독방에 있었어요?

나는 잡범들하고 같이 있었어요. 징벌방에 갔다 오고 나서 내가 싸우려고 하면 잡범들이 이불을 갖다 나한테 뒤집어 씌워 갖고 소리도 못 내게 만들어 버려요. 하하. (하하.) 내가 다 죽어서 돌아오니까 불쌍해서 “입 다물어!", "너 왜 그렇게 소리치고 그러냐?" 뭔 소리만 내면 할머니들이 나를 깔고 앉아 있어요. 외부에서 점호를 하면 "화장실 갔다"고 거짓말해 주고.

●●● 감옥생활이 그동안 활동해 온 것들에 대해 다시 돌아보는 계기가 됐겠네요?

음, 내가 여기서 얘기를 할게요. 이때까지는 나는 내가 나름대로 노동운동 할 만큼 역량이 된다고 생각을 안 했거든요. 노동조합 활동하고 노동운동 하고 다르다고 생각하고, 그러면서 노동조합 운동은 내가 하는데 노동운동을 할 능력이 되는가? 그 고민을 많이 했어요. 지금 처음 얘기하는데, 음, 노동조합 만들어 노동현장에서 활동하는 건 내가 얼마든지 할 수 있지만 노동운동까지는 내가 부족하다고 생각하고, 그거를 많이 고민했어요 (언제부터요?) 그게 구속되기 전부터인데 구치소 안에서도 생각을 더 많이 했어요. 그리고 그때는 내가 결혼했기 때문에 더 고민이 된 거지. 그래서 나와서는 내가 노동운동 쪽에는 소극적이었어요. 현장활동은 내가 적극적이었어요. '이번에 뭐를 해야 되겠다' 하면 나 혼자 고민하다가도 '그래 하지 뭐' 하는 식으로 자신 있게 막 적극적으로 했었어요. 내가 구치소에서 '앞으로 과연 노동운동을 해야 될 것인가 말아야 될 것인가?'를 고민하다가 생각정리한 거는 먹고사는 부분을 신경 쓰자는 거였어요. 결혼은 했는데 먹고살 길이 막막하더라고요. '아, 밖으로 다니는 것보다는 다시 취직을 해야 되겠구나' 하고 나름대로 마음정리를 하고 나왔던 거죠.

●●● 그럼 출감 뒤에는?

그래서 출감한 다음에 우리 신랑한테 얘기해요. "내가 구치소에 있으면서 정리한 게 있는데……", 그때 학생 출신하고 노동자하고 다르다고 내가 생각한 게 뭐였냐면 "학생 출신들은 당장은 먹고살기 힘들지만 나중에라도 자기네들이 뭐를 하더라도 먹고사는 데는 걱정이 없다. 그런데 우리는 언제까지나 노동현장에서 일을 해야지 먹고사는데, 우리가 이렇게 취직하기도 힘들고 그러면 과연 우리는 어떻게 살아야 될 것인가 그걸 고민을 했다"고 말했어요. 내가 뭐라고까지 표현을 했냐면 "학출들은 번역이라도 할 수 있다. 생활을 할 수 있는 여건이 되는데 우리는 현장 가야지 해결을 보니까 나는 다시 현장을 가야 되겠다"라고 했어요. 이렇게 결론낸 것을 얘기하고, 나는 현장에 다시 취직을 했어요.

그러면서 내가 서노련하고 관계가 뜸하다가, 서노련 활동을 접은 거 같애요. 그때 옥순 언니가 서노련 활동하다가 수배당하고 봉우는 지하에서 움직이고. 그런 상황에서 서노련에서 나한테 부위원장인가 하라고 그랬는데, 내가 거절을 했어요. "옥순 언니나 봉우나 다 수배된 상태인데 노동자 출신들만 공개 자리에 앉혀 놓으려고 하는 것은 말도 안 된다"는 거였죠. 왜냐면 또 여기서 구속 안 된다는 보장이 없으니까. 그리고 나는 다시 현장에 들어가요.

●●● 노동운동하고 노동조합운동은 어떻게 다르다고 생각했어요?
노동운동은 정치적 싸움이라 노동조합처럼 해선 안 된다는 건 나도 알았어요. 서로 연결되는 부분이기 때문에 이 '노동조합 틀 안에서만 해선 안 된다'라는 걸 이미 알았는데, 정치적인 노동운동은 그거하고 전혀 다른 정치운동이고 혁명운동인데 그 운동을 하려면 내가 알고 있는 지식이나 그런 것들이 다 부족하다고 생각했어요. 물론 배우면서 가는데 거기에 또 먹고사는 부분까지 걸려 있으니까. 그땐 서노련 쪽에 학생 출신들이 많았잖아요? (그때 처음 학생 출신들 만난 건가요?) 우리는 남화전자고 어디고 간에 학생 출신이 없었어요. 처음 학생 출신들을 만난 건 노투에서인데, 이때는 학출들도 뭐 해고자 복직문제로 같이 싸우는 거니까 별 차이를 못 느꼈죠.

●●● 그런데 서노련 가서는 그 차이가 어떻게 나타났어요?

그 정○○이랑, 아유! 말하는데 알아들을 수도 없고, 걔네들[학출]이랑 같이 만나는데 우리는 무슨 말인지도 알아들을 수가 없는 회의를 하고, 아휴, 복잡하더라고. 내가 도대체 말조차도 알아듣지 못하겠고, 뭐 무슨 말을 하는지는 알지만 막 용어랑 섞어 가지고. 그러니까 거리감이 생기더라고 막. 그러면서 내가 마음을 정하고 그 뒤로 안 나갔어요.

5. 미싱하며 살아온 30여 년

연애와 결혼생활

●●● 아까 85년도에 결혼하셨다고 했는데, 어떻게 남편을 만나신 거예요?

허허, 그것도 웃긴데 그때 남편이 성원제강에서 활동하면서 거기도 노조를 결성했다가 신고필증을 안 줘서 우리가 지원투쟁을 해요. 아, 그러기 전에 같이 공부를 하고 있었구나. 남편하고 나하고 원풍사람, 배규식 씨가 공부를 따로 했어요. 2년인가 3년인가 했어요. (언제부터 언제까지요?) 그때가 내가 남화 나오고 나서 바로였나? 봉우가 소개했을 거예요. 81년에서 83년까지 했죠. 거기서 남편을 만난 거고, 『철학 에세이』 같은 거나 『노동자의 철학』, 『노동운동사』 이런 걸 했죠. (모임은 어디서 했어요?) 돌아가면서 각자의 자취방에서 많이 바쁘지 않는 한 매주 약속 정해서 했죠.

●●● 두 분이 모임하면서 사귀신 건가요?

소모임하면서 연애는 안 했고 공부만 했는데. 거기서 배규식 씨가 소개를 해서 정아하고 김진태 씨가 연결이 됐죠. 또 배규식 씨가 나를 누구랑 소개시키려 했는데 난 그때 동생들도 있고 복잡해서 생각이 없었어요. 그러다가 민한당사 갔던 땐가? 나오고 난 뒨가? 남편이 먼저 만나자고 했어요. 그러니까 주위에서 우리 둘을 붙이려고도 했고, 결정적인 건 봉우였죠. 봉우하고 얘기를 많이 하는데, 내가 봉우 말을 잘 들었지. 나는 그동안에 결혼을 반대했는데 봉우가 "야! 넌 어떤 남자하고 결혼하려고 그러니? 결혼 안 할래? 어쩔래?" 그러면서 "내가 봤을 때 그런 남자 없다"고 하는 거예요. 그러니까 '그런가' 하면서 남 주기 또 아까워지더라고. 하하. (하하.) 그래서 다시 그 자취방을 찾아가서 반대로 내가 프로포즈를 한 거예요. 하하.

●●● 그랬더니 뭐라 그래요?

나는 가리봉에 사는데 그때만 해도 늦으면 차가 연결이 안 됐어요. 내가 "나를 좀 데려다 달라"고 했어요, 차 타러 나오면서 그 얘기를 하려고. 근데 이 사람이 "아니, 분순 씨는 언제 결혼할 생각이에요?" 그래서 "나요? 올 가을에 할 거예요" 그랬더니 "숨겨 논 사람이 있었군요?" 그러더라고. "네" 그랬더니 "누구예요? 나 알려 주면 안 돼요?" 그래서 "여기 있잖아요" 이랬죠. 그 뒤에 연애를 한 7개월 했나? 그러다 내가 스물아홉 살인 85년 12월 달에 결혼했어요.

●●● 이것도 역사에서 중요해요. 그 험난한 상황에서 어디 가서 데이트를 했을까? 하하하.

1985년 결혼식 모습

하하, 웃겨요. 밤에 모임을 하잖아요? 그러면 나는 여자니까 집에 가서 자야 되는데 대놓고 말하기가 뭐하니까 내가 쪽지를 써서 줘요. "나 갈래요" 하고. 그러고 끝나고 집에 가려고 나오면 뒤따라 나오더라고. 그때 현윤실이는 이용선 씨하고, 김진태 씨는 정아하고, 나는 또 남편인 송태규하고 관계가 됐었어요. 한번은 옥순 언니가 호주 갔다 오더니 "이년들이 나 호주 간 사이에, 엉, 뭐여!" 하는 거예요. 하하. (하하, 놀러도 다녔어요?) 아무 데도 안 갔어요. 그냥 모임에서 만나서 끝나면 그렇게 왔다갔다 했지. 그때는 상황이 데이트하고 뭐고 그럴 상황이 아니었죠, 미안해 갖고. 그때 막 대우자동차도 싸움터지고 동맹파업 터지고 서노련 뜨면서 가두투쟁 시작하고. 그때 김문수 씨가 나한테 결혼한다고 막 뭐라 그랬어요. 나는 결혼을 하게 되면 활동을 접어야 된다는 생각은 안 했는데, 김문수 씨가 나를 이뻐했는지 어쨌는지. 내가 싸움에 참여하면 몸 사리지 않고 진짜 열심히 해요. 그러니까 그런 사람이 결혼을 해서 집에 묶일까 봐 못하게 했어요.

●●● 결혼해서 어디서 사셨어요?

부천에 전세 600만 원짜리 방을 구해서, 86년 말인가. 그때 내가 마음먹고 취업을 하려고 모임에 안 나가니까 윤실이랑 여러 사람들이 와 가지고 "활동을 해야 된다. 먹고사는 건 목구멍이 포도청이라도 살 수 없겠느냐? 살 수 있으니까 먹고사는 거에 연연하지 말고 취업을 하지 말라"고 설득을 시키더라고요. 내가 강하게 나갔어요. "나는 도움받고 살 수 없는 것이고 지금 당장 어떻게 살 방법이 없잖아? 그래서 취업을 해야겠다"고 했어요. 우리가 부모님들이 넉넉해서 편하게 있어도 될 상황도 아니고 반대로 우리가 부모님 도와드려야 되는 상황이라서.

●●● 어디에 취업하신 거예요?

부천의 조그만 봉제공장에 한 100명 정도 되나. 그래도 금방 알아차려요. 나는 생활비 때문에, 생계를 위해 공장 간 건데, 벌써 그쪽에서 한발 앞서가는 생각을 하니까. 또 그냥 있어지지 않더라고. 그러다 보니까 나도 바보처럼 월급받고 일만 해주는 거보다 꼬투리를 잡아놔야 되겠더라고요. 내가 일지를 썼어요. 나중에 지들이 나를 건드리면 그걸 갖고 싸울 수 있게. 그러니까 거기서도 싸워지더라고요. 절대로 그냥 있을 수가 없어요. 한 번도 조용히 안 있었어요. 1대 1로 사장하고라도 싸워. 이게 내가 안 싸우고 현장에서 생계를 위해서 일해야 되겠다고 생각해서 되는 게 아니더라고요. 내가 오죽하면 "내가 먹고살기 힘들어서 현장에 들어갔는데 니들은 나를 그렇게 안 보기 때문에 내가 싸우는 거 아니냐? 니들이 나를 그렇게 만드는 거다"라고 말했어요. 그러다 나와서 부천에서 서울로 이사를 왔는데, 예를 들어 오늘 이사 왔으면 다음날 경찰하고 딱 마주쳐요. 참 지독했어요.

미싱대를 잡고 있지만, 여전히 사회문제에 관심을 갖고

●●● 어딜 가나 걸릴 수밖에 없네요. 서울 와서 취업하셨어요?

서울에 와서 아주산업이라는 데 취업했죠. 그런데 거기서도 또 싸웠지. 내가 현장에 있었던 89년까지 싸워요.

　내가 아주산업에 다니다가 임신을 해서 직장을 다 못 다니겠어서 89년 3월에 나왔어요. 내가 경찰에게 "내보내지 말아라" 해서 내보내지는 않았어요. 그러니까 여기서 마음 놓고 일하는데 여기도 우리 친구들이 많이 들어왔어요.

●●● 애기 낳으셔 가지고는?

한 2년 집에서 애 키우다가 집에 미싱 놓고 하청 일감 갖다가 일을 했어요, 취직이 안 되니까. 남자들 취업은 더 안 돼요. 그러니까 내가 남편보고 "공부를 해서 자격증 따라" 그랬어요. 본인도 자격증 따고 싶어했고. 그래 공부해서 88년에 취직했어요. 제일제강이라고 철강회사에. 나는 2002년도까지 일하다가 하청을 접고 지금은 옷수선 하면서 세탁하는 일 해요.

●●● 애를 낳고 키우면서는 느낌이 어땠어요?

아이를 키우면서도, 참, 즐거웠어요, 내가 애를 좋아해. 그러니깐 윤실이도 나한테 "언니가 애들 키우면서 애들을 참 이뻐해" 할 정도로. 내가 적극적이다 보니까 애 키우는 건 그것대로 좋아하고 열심히 하고. 지금 가정생활이 힘들어도 희생이라는 생각이 안 들 정도로 좋고. 생각이 변하지 않았고 옛날에 활동했던 게 잠재되어 있으니까, 무슨 일 있으면 적극적으로 동참하고 앞장서는 식이에요.

2002년 첫아이의 초등학교 졸업식에 같이한 가족

●●● 예를 들면 뭐가 있어요?

광우병 촛불시위, 뭐 미선이 효선이 촛불시위에 우리 애들도 데리고 가요. 우리 작은애가 관심이 있어요, 큰애는 관심이 없는데. (그 마음이 노동운동 할 때와 차이가 있어요?) 없어요. 내 조건이 달라졌지만, 그래도 어느 누구보다도 우리가 더 현실을 잘 알잖아요.? 남편한테 얘기했지만 작년엔가 시청광장에서 촛불시위 할 때, 내가 느낀 게, 옛날에는 대학생들이 사회문제 갖고 많이 싸웠잖아요? 지금은 학생들이 사회문제에 관심이 없어요. 자기네들 취업도 문제고 지들 고민이 많으니까. 그러다 보니까 시민들 힘이 약한 거 같고. 학생들이 나와서 한다고 하는 것도 옛날 우리 때하고 달라요. 뭐 전경이 건드렸다 하면 그냥 한없이 도망가고. 옛날에 우리가 가졌던 힘이 굉장히 강했는데 지금은 뭉치긴 뭉쳐도 힘이 약하다는 걸 저들이 아니까, 아무런 조치도 안 한 거죠. 노태우 정권, 전두환 정권을 우리 힘으로 무너뜨린 거잖아요? 이 말은 우리가 이명박이를 얼마든지 무너뜨릴 수 있다는 건데……. 사람들이 정치에 실망을 많이 한 것도 있고 절실하지 않은 것도 있고.

●●● 노조운동 했던 것이 내 삶에 주는 의미는 뭔가요?

옛날에는 주변 친구들하고 나하고 다를 게 하나도 없잖아요? 그런데 중간에 개네들하고 아예 다른 사람이 되잖아요? 근데 나는 "내가 배우지는 못했는데 그 이상으로 경험도 하고 살아왔구나" 하는 자부심이 있어요. '나는 괜찮은 삶을 살았구나'라는 생각이 들고. 후회는 없어요. 돈 번 여자들 사치하며 쓸데없이 빠져 있는 이상한 삶의 형태에 비해서 건전한 거지. 내가 구속이 됐든 구류를 살았든 그 사람들이 나를 어찌 볼지 몰라도 나는 떳떳하니까. 당당하게 얘기할 수 있고. 투표하는 거 말 한마디라도 내가 당당히 얘기할 수 있는 거죠.

●●● 혹시 여성이라서 살아오면서 마음이 아팠던 일이 있나요?

아까 얘기했던 학교 못 간 거죠. 그런 게 있으니 내가 아들한테 공부하란 얘기를 대신 했어요. 봉우는 혼자 몸이니까 공부하려 마음먹으면 할 수 있는데, 제도교육 뭐가 그렇게 중요하냐며 생각을 안 하더라고. 내가 저 정도되면 공부하겠는데. 그때 생각은 차이가 있더라고.

그런데 봉우가 작년인가 재작년인가 공부를 시작하고는 "야, 이제라도 시작하길 잘했다"면서 나한테도 하라길래 "아, 나 할 거야" 했어요. 내가 공부를 하기는 해야 되겠는데, 지금 여건이 안 되니까. 아직은 내가 수선가게를 해서 아들 둘 바라지 해야 하니 힘들어서 나중에 할 거예요.

개봉동에서 옷 수선을 하는 모습

●●● 공장에서 일하면서 또는 활동하면서 남성 활동가들과 관계에서 어떤 차별을 느낀 건 있었나요?

근데 그게, 나도 젖어 있어요. 나를 보면 생각이 좀 보수적이에요. "남녀가 평등해야 한다"라는 건 아는데, 살아오면서 차별인 줄 모르면서 내 몸에 배어 있다 보니까, 그 차별이 잘 안 보이는 거예요. 내가 여성차별에 젖어 있다 보니 둔한 거죠.

●●● 내 삶은 어떤 삶이었다고 보세요?

내 삶은 모든 일에 좀 적극적으로 살아온 거 같고, 그게 내 성격이라 그런 거 같애요. (주어진 일에?) 주어진 일에 의미를 따졌죠. (예를 들어 의미의 기준은?) 그니깐 의미가 결혼하기 전하고 결혼하고 나서 많이 달라졌죠. 결혼하기 전에는 개인적인 욕심이나 그런 게 전혀 없고 정말로 운동에 온몸을 다 바쳐도 아깝지 않은 그런 삶이었다면, 결혼하고 나서는 시댁과 친정, 자녀 문제도 있다 보니까 먹고사는 데 내 몸을 많이 투자했죠. 그래도 내가 무슨 일이 일어나면 그냥 못 지나는 성격이라 참여는 했어요. 촛불집회도 한 번도 안 빠지고 꼭 참여했어요. 어떠한 일이 있어도 그런 데는 남편하고 같이 갔죠. 항상 관심은 사회에 있는 거죠. 그니깐 잘못되면 흥분을 많이 하는 스타일이에요. 내가 있는 위치에서 주변 사람들한테 접근해 가지고, 예를 들면 뭐 선거를 한다면 내가 알고 있는 사람들에게 다 문자를 띄워 가지고 다른 사람들한테 여파가 가게끔 그런 식으로 하는 거죠.

●●● 노동조합 활동을 하는 데 제일 중요한 게 뭐라고 생각하세요?

나는 노동조합 활동을 할 때 앞을 재고 뒤를 재고 그런 건 아니었던 거 같애요. 정말 발등에 불 떨어진 걸 끄기 위해서도 열심히 했던 건데. 지금 운동권 사람들은 뭐 계산하는 거 같아요. 김문수 씨가 그때 그런 계산을 갖고 했을까? 안 그랬거든요. 근데 지금은 김문수 씨가 무섭더라고요. 뭐가 무섭냐면 그 사람은 아주 정치적 야욕 때문에, 요번에도 선거운동하는 거 잠깐 TV에서 봤는데, 잠도 집에서 안 자고 어디 복지관에서 자고 그 다음 날 또 선거운동하고. 그 사람은 정치를 얼마나 해먹을지 몰라도, 옛날에 노동운동했던 힘을 권력에다 쏟아 버리잖아요. 지금 보니까 정치인들이 정치를 못하지만 거기에 대한 대안을 노동운동이나 민주화운동이 제시해야하는데, 그 힘을 발휘 못하는 거 같아요. 그래서 돌아보니까 노동운동은 앞뒤 재지 않고 열심히 하는 게 제일 중요하고 또 이제는 힘도 많이 키웠으니 노동운동이 정치에 실망한 국민들한테 대안을 제시해야지 않겠어요?

노동자문학회에서 우리는 학생운동 출신운동가들의 노동자들에 대한 관념적인 접근방식과 그들의 글을 비판했고, 노동자 출신들의 계급적 사고를 철저히 다지기 위해 무수한 토론과 논쟁을 했다. 그때 우리 모두는 올바른 길로 가기 위해 무던히도 노력했던 것 같다.

더불어 따뜻하게 살아갈 수 있는 삶을 위하여

성훈화

가리봉전자 노동조합 대의원

더불어 따뜻하게 살아갈 수 있는 삶을 위하여

1. 할머니의 따뜻한 정을 받고 자라다

나는 1964년 9월 9일 요즘 4대강 사업으로 한창 시끄러운 경기도 여주의 작은 마을에서 언니를 위로 둔 둘째딸로 태어났다. 우리 동네는 주변의 다른 마을들에 비해 1, 2, 3리로 나뉠 만큼 큰 편이었고 또래 아이들도 많았다. 강이랑 가까워서 여름이면 아이들끼리 강에 가서 물놀이도 하고 다슬기를 잡기도 하면서 지냈는데, 어른들은 해마다 물놀이 사고가 있어서 아이들이 강가에 가는 것을 막으려고 했다. 우리 동네는 주로 논농사를 많이 했고 여름이면 참외, 수박, 토마토 등의 특수작물 농사를 짓기도 했다. 우리집도 참외농사를 지었는데 참외를 딸 무렵이면 어린아이들의 일손도 필요할 정도로 바빠 언니와 나도 학교에서 돌아오면 참외밭으로 가서 일손을 도왔다. 아버지가 밭고랑에 노란 참외를 따 놓으면 언니와 나는 그것을 원두막으로 날랐고 그곳에서 할머니와 어머니가 참외를 깨끗이 씻어서 대나무로 된 나무상자에 담아 놓으시면 아버지가 트럭에 실어 서울로

팔러 가셨다. 이 일이 재미있는 일
도 아니었고 매일 무거운 참외를
머리에 이고 날라야 했으므로 나
는 지금도 가끔 "내 키가 작은 것
은 어린 시절 참외를 많이 이고 다
녀서야" 하며 푸념을 할 때가 있다.
그래도 그 덕분에 참외와 수박, 토
마토 같은 여름 과일을 원없이 먹
었던 것과, 여름이면 원두막에 누
워 맞던 시원한 바람과 새나 쥐를
쫓던 깡통 속에 돌을 넣어 줄에 매

구로동맹파업 당시를 증언하는 필자(2006년)

달아 놓으면 바람이 불거나 누가 건드리거나 하면 딸랑거리는 소리가 나
던 딸랑이의 추억을 가질 수 있어서 좋다.

우리 부모님은 집안 어른의 중매로 결혼하셨는데 아버지는 어머니가
별로 마음에 들지 않았지만 어른들의 권유를 이기지 못하고 결혼하셨다
고 한다. 할아버지가 일찍 돌아가셔서 젊어서부터 집안 살림을 맡아서 하
시던 할머니는 동네에서도 소문난 살림꾼이시고 무서운 '호랑이 할머니'
셨다. 내리 딸만 셋을 낳은 어머니는 시어머니의 모진 시집살이와 남편의
무관심을 견디시지 못하고 내가 다섯 살 되던 해에 우리를 남겨 놓고 집을
나가셨다. 그렇지 않아도 정 없는 결혼생활을 하시던 아버지는 끝내 어머
니를 용서하지 않으셔서 어머니는 그렇게 기다리던 귀한 아들인 내 동생
을 낳고서도 집으로 돌아오시지 못하셨다. 할머니는 어머니에게는 엄하
셨지만 우리에게는 무섭게 하면서도 따뜻한 정을 주시며, 우리를 키우는

일이 힘드셨을 텐데 많이 사랑해 주셨다. 우리 곁에는 항상 우리를 응원하고 지켜봐 주시며 용기를 주시던 할머니, 큰고모님, 작은아버지, 그리고 고모네 사촌 언니들이 함께했다.

내가 초등학교 1학년 때, 아버지는 서울에서 새어머니를 모시고 왔다. 새어머니는 그 시절 시골 사람들로서는 보기 드문 미인에다 많이 배우신 분이었다. 새어머니는 첫 결혼에 실패하시고 인형같이 예쁜 딸아이와 함께 우리집에 와서 동생 둘을 더 낳으셨다. 새어머니가 오신 다음부터 우리는 눈치꾸러기가 되어야 했다. 할머니는 항상 우리들에게 "자기 자식도 아닌 남의 자식을 거느리는 사람에게 짐이 되면 안 된다"고 말씀하셨다. 그래서 할머니는 어린 우리에게 자기 일을 스스로 하도록 가르치셨고, 우리는 당연히 그래야 하는 줄 알고 하기 싫은 일도 말 한마디 못하고 알아서 했다. 다행히 나는 눈치가 빨랐고 책임감도 강했으며 학교에서 공부도 잘 해서 선생님들께 많은 지지와 사랑을 받으며 자존감을 잃지 않고 자랄 수 있었다. 그런데 우리 언니는 그렇지 못했던 것 같다. 마음이 여리고 충동적이어서 할머니께서도 항상 내 걱정보다는 언니 걱정을 더 많이 하셨다.

언니랑 나는 쌍둥이처럼 잘 싸우기도 했지만 서로 의지하면서 지냈다. 우리는 중학교 때 교복과 실내화를 우리 손으로 빨고 숯다리미에 숯을 넣어 교복 다림질도 스스로 하면서 학교에 다녔다. 그런데 새어머니가 집안 살림 하는 것을 매우 싫어하셔서 밥 할 때가 되면 집을 비우시는 바람에, 언니와 나는 어쩔 수 없이 집안 살림까지 하면서 학교에 다녀야 했다. 언니가 고등학교에 진학해야 하는데 아버지는 아무 말씀이 없으셨다. 먼저 서울에 가 있던 사촌 언니가 "낮에는 일하고 밤에 고등학교에 다닐 수 있는 회사가 있다"고 해서 언니는 서울로 갔다.

2. 구로공단에 첫발을 들이다

첫 직장 요업개발에서의 노동생활

그러다 나도 1980년에 중학교를 졸업하고 언니들을 따라서 서울로 왔다. 서울에는 작은아버지 댁이 있었고, 먼저 서울로 와서 직장에 다니던 고종 사촌 작은언니가 우리 언니와 나를 데리고 문래동에서 자취를 했다. 처음 서울에 왔을 때 기억나는 것은 자동차 소음이다. 문래동 큰 도로 옆에 있는 우리 자취방에서는 밤이면 '씽씽~' 내달리는 자동차 소리가 아주 잘 들렸다. 밤의 소음이라고는 풀벌레 소리와 개 짖는 소리, 새벽에 닭 우는 소리밖에 모르던 내게 자동차 소리는 새로운 세계 속에 와 있음을 알리는 소리였다.

언니들을 따라 처음 다닌 공장은 구로3공단에 있는 요업개발이라는, 도자기로 인형을 만드는 제법 큰 회사였다. 사장은 대학에서 학생들을 가르치는 도자기학과 교수였다. 처음 입사할 때, 관리자 한 분이 "나이가 너무 어려서 받으면 안 되는데 언니들이 잘하고 있어서 받아 주는 거니 열심히 일 잘하고 있으면 내년에 학교에 갈 수 있다"고 했다. 내가 그 회사에 다니는 것은 돈을 벌어야 하는 이유보다 학교에 가기 위한 것이었다. 월급이 나오면 다른 많은 아이들처럼 집으로 보내지 않고 작은엄마한테 갖다 드렸다. 그러면 작은엄마는 3년에 100만 원 하는 적금을 부어 주셨고 나머지는 내가 썼다.

요업개발은 1, 2, 3공장이 있었고 기숙사도 있었다. 요즘 텔레비전에 가끔 나오는 군대에서 군인들이 쉬는 내무반처럼 바닥은 나무마루로 되었고, 나무로 된 옷장들이 죽 매달려 있었다. 한 방에 열여섯 명이 생활하는데, 각자의 자리가 정해져 있었다. 좁은 곳에 너무 많은 사람들이 살다 보니 크고 작은 말썽들이 늘 있었다. 기숙사를 보고 나서 나는 언니들이랑 자취를 할 수 있어서 그나마 다행이라고 안심했다. 밥은 식판에 담아 주는데, 식판이 영 어색해서 밥 먹기가 싫었다. 반찬은 시골에서도 그리 잘 먹고 살진 않았지만, 그래도 정말 형편없었다. 콩나물 몇 가닥 들어 있는 맑은 콩나물국, 오뎅이 수영하고 나간 것 같은 멀건 오뎅국……. 그래도 나중에는 적응을 하게 되어 잘 먹으면서 다녔다.

사촌 작은언니는 집에서 막내였는데 우리들을 데리고 있으면서 표현을 하지 않아서 나는 그 언니가 힘들어한다는 것을 전혀 느끼지 못했다. 언니는 아침이면 우리를 깨워서 꼭 밥을 먹여 회사에 데리고 갔고 회사에서는 키가 작아 다이(작업대)에 가려 있는지 없는지 잘 보이지 않는 어린 사촌 동생들이 잘 적응하고 있는지 살폈다. 그리고 저녁이 되면 우리를 다시 집으로 데리고 와서 또 저녁을 해 먹였다. 한번은 작은언니가 우리들에게 튀김을 해준다고 시장에서 까만 튀김 냄비를 사다가 기름을 붓고 곤로에 끓이는데 튀김 냄비 코딩이 부풀어 튀어 오르는 바람에 얼굴과 팔에 화상을 입었다. 나는 언니가 죽는 줄 알고 울면서 약국으로 뛰어가고 우리 언니는 소주를 사다가 작은언니에게 붓고 하면서 아주 큰일을 치른 적도 있다. 다행히 상처가 잘 아물어서 흉터는 남지 않았다.

내가 공장에 들어가던 해에 우리 언니는 영등포여상 산업체특별학급에 들어갔다. 그때 회사는 학교에 가고 싶어 하는 아이들이 많아서 근속기간 1년 이상인 사람들을 대상으로 중학교 문제로 시험을 쳐서 그 중에 상위 10명 정도만 학교에 보내 주었다. 우리 언니랑 친하던 친구들 중에는 그 시험에 떨어져 학교에 갈 수 없게 되자 우는 사람도 있었다.

내가 일하던 부서는 1, 2공장에서 만들어져 구워진 하얀 도자기 인형에 색칠하는 일을 했다. 아침에 출근해 현장에 들어서면 유화물감을 녹이는 '테라핀 기름' 냄새가 나를 맞이했다. 난 그 냄새가 싫지 않았고 지금도 그 냄새가 그립다. 작업은 한 테이블에 7~8명이 함께 앉아서 했다. 처음에는 색깔이 칠해진 인형 샘플을 보고 안료를 준비해서 도자기 그릇에 넣고 잘 갈아서 색을 준비한다. 그리고 맨 앞에 앉은 사람이 눈, 코, 입을 수성으로 그리면 그 뒤에 앉은 사람이 유성으로 된 안료로 얼굴을 칠하고 작은 면부터 큰 면으로, 연한 색깔부터 진한 색으로 칠한다. 그러면 맨 뒤에서 조장이나 오래된 고참이 마무리를 했다. 처음에 나는 실수해도 뒷사람이 수습할 수 있는 가벼운 일인 작은 꽃이나 새 같은 것의 색칠부터 배웠다. 나는 인형에 그림 그리며 색칠하는 일이 재미있었다.

낮에 일하고 밤에는 학교 가다

그렇게 1년을 다닌 후에 나도 산업체특별학급에 들어가는데 언니가 다니는 영등포여상이 아니라 영등포여고를 다녔다. 내가 입학하던 해에도 시험을 봐서 상위 10명만 학교에 보내 주었고 교복도 어디선가 제공해 주었는데 모양도 예쁘지 않고 우리 몸에 잘 맞지도 않아서, 교복에 우리 몸을 맞추어 입었다. 구로공단에서 영등포여고가 가깝기도 했고 나는 학교에 다닐 수 있는 게 고마워서 정말 열심히 일했다. 우리는 5시에 퇴근해 식당에서 밥을 먹고 버스를 타고 학교로 갔다. 우리의 등굣길은 주간학생들의 하굣길이어서, 등하교가 엇갈리는 그 길을 걸으면서 우리들이 물살을 거스르는 연어들 같다고 생각했다. 나는 '지금은 비록 작고 초라한 모습이지만 나중에는 저 아이들보다 더 잘 될 수 있다'고 주문처럼 다짐을 하곤 했다. 학교생활은 재미있었고 또 다른 꿈을 꿀 수 있는 공간이기도 했다. 우리는 체육관에서 달밤에 체조하듯이 운동도 하고, 가사실습실에서는 궁중떡볶이 만들기 실습도 했고, 음악선생님의 피아노 연주에 맞추어 가곡도 한두 곡씩 배웠다. 배우길 갈망했던 우리에게 그곳은 우리의 미래와 희망이 있는 곳이었다.

시간이 지나면서 나는 숙련된 노동자로 성장했고 인형의 가장 중요한 부분인 눈을 그리는 작업을 하기 시작했다. 그때부터 우리 학생들은 맨 앞에서 조원들이 잔업할 때 할 일을 미리 작업해서 쌓아 놓고 학교에 가야 했기 때문에, 점심시간에도 쉬지 못하고 일을 하다 보니 노동강도가 다른 사람들보다 엄청 강해질 수밖에 없었다. 그래도 다른 사람들이 보기에 우리는 혜택을 받는 사람들이었기 때문에 불평할 처지가 못 됐다. 인형들은 대부분 수출품이었고 납기일 때문에 철야를 하는 경우가 있었는데, 특히 명절 무렵에 철야를 많이 했다. 그때는 학생들도 학교에서 돌아와서 철야를 해야 했는데 다음날 아침에 우리가 그린 인형을 보면 눈이 삐뚤빼뚤, 입술색은 입술윤곽선 밖으로 나와 있고, 바지색이 윗도리에 묻어 있고, 이 색 저 색이 범벅이 되어 있었다. 내가 보기에도 이건 상품으로 팔 수 없는 불량품인데도, 그런 인형들이 그대로 가마에 구워져 수출되었다.

임금이 밀리는 일은 없었는데 명절 보너스를 현금이 아닌 회사에서 만든 재고 도자기세트로 줄 때가 많았다. 명절 전에 죽어라 철야까지 해가면서 보너스 타서 시골 가려고 기대했던 우리들은 울며 겨자 먹기로 도자기세트를 들고 귀향해야만 했다.

회사는 3공단 끝에 있었는데, 그 옆으로 안양천 뚝방이 있었고 안양천에는 나무로 된 다리가 놓여 있어서 철산리 판자촌 동네랑 연결되어 있었다. 그 동네 사람들이 안양천 둔치에서 튀김을 만들어 팔았다. 우리는 점심시간에 가끔 거기에 가서 튀김을 사먹었는데 참 맛있었고 회사 밖으로 나오는 시간이 즐거웠다.

회사에는 근속년수가 오래된 언니들이 많았던 것으로 기억된다. 근무조건도 그렇게 좋은 것은 아니고 임금도 많은 편이 아니었는데, 우리가 배운 기술이 다른 공장에서 활용되는 것이 아니어서 이직이 쉽지 않았던 것 같다. 내가 학교에 가서 만난 다른 회사 아이들의 이야기를 들어 보아도 공단 안의 공장들 중에서 우리보다 조건이 월등히 나은 곳은 많지 않았다. 그리고 학생들은 근본적으로 이직이 금지되어 있었다. 회사를 그만두면 학교도 그만두어야만 했기 때문이다. 학생들은 졸업할 때까지 그 회사에 다녔고 졸업 후에야 더 나은 일자리를 찾아 떠났다.

가리봉전자 입사

영등포여고를 졸업하면서 나는 어린 나이에 시작한 직장 생활에 지쳐서 쉬고 싶다는 마음에 회사를 그만두고 시골집으로 갔다. 그러나 그리 마음 편한 귀향은 아니었다. 집에서 쉬고 있던 어느 날 학교에서 만난 내가 좋아하던 한영선이라는 친구에게 연락이 왔는데, "공단에서 근로조건이 거의 최고 수준에 속하는 회사에서 신입사원을 모집하는데 같이 가보자"는 것이다. 거기는 우리 언니가 새로 입사해서 다니고 있는 회사이기도 했다. 그래서 우리는 언니의 소개로 가리봉전자에 입사했다. 가리봉전자의 입사과정은 좀 특이했다. 우리는 롬코리아에서 입사시험을 봤는데 아라비아 숫자를 많이 맞추는 문제였다. 시험에 통과해 나와 영선이는 가리봉전자 구로공장으로 발령을 받았다. 롬코리아는 일본계 회사였는데 사업을 확장하면서 새로 구로공장을 세워 고졸 이상의 신입사원을 한꺼번에 많이 뽑았던 것이다. 우리 언니는 독산공장에 근무하고 있었다.

우리를 데리고 있던 고종사촌 작은언니가 결혼을 해서 나는 우리 언니랑 가리봉1공단 지역에서 자취를 했는데, 아주 작은 집이었다. 그 집에는 주인 아주머니의 여동생 부부와 강원도에서 올라와 자취를 하는 5남매 그리고 우리까지 세 가구가 살았다. 세 가구 모두 각각 방 한칸과 부엌 하나가 있었는데, 우리가 생활하는 부엌에는 수도가 없었다. 우리는 마당에서 모든 살림을 했고 여름에는 집에 아무도 없을 때 마당에서 샤워를 했다. 주변은 모두 단층으로 된 집들이었고 담장이 높아서 밖에서는 안이 보이지 않았다. 우리 세 가족은 모두 비슷한 처지여서 서로 돕고 이해하면서 잘 지냈다.

방은 언니와 내가 누우면 딱 맞을 정도로 작았지만, 우리는 오랜 자취 생활 경험이 있으므로 비키니 옷장이 아닌 나무로 된 환한 색깔의 중고 장롱을 사다 놓고 좋아서 어쩔 줄 몰라 했었다. 옆에 사는 강원도 언니들의 집에는 시골에서 중학교를 졸업하는 동생들이 하나둘 올라오더니 나중에는 방 한 칸에 장성한 다섯 남매가 같이 살아야 했다. 여자들은 공장에 다니고 남동생들은 거기서 대학에 진학했다. 열심히 사는 가족이었다.

가리봉전자는 LED^{Light Emitting Diode, 발광다이오드} 전자회로기판을 만드는 공장이었다. 근로조건은 이전에 다닌 요업개발과 비교할 때 매우 좋았다. 3교대로 근무하니 정확히 8시간 근무를 했고, 작업장은 전자회사인 데다가 새로운 건물에 새 기계들을 사용하니까 모든 것이 아주 깨끗한 환경이었다. 식사시간에는 그동안 먹어 보지 못한 정말 다양한 음식들이 나왔다. 나는 모든 면에서 매우 만족했고 그래서 일도 정말 열심히 했다. 회사에 출근하는 게 즐거웠다. 내가 했던 일은 앞 공정에서 작업한 다이오드에 와

이어를 연결해서 기판에 있는 회로에 연결하는 작업이었는데, 너무 작아서 현미경으로 보면서 작업을 했다. 처음에는 기계가 잘 안 맞아서 불량이 많이 나 기계를 수리하는 현장 기사들이 자주 와서 고쳐야 했는데, 그 덕분에 기사들과 친해지기도 했다.

처음 근무조를 짤 때 같이 입사한 친구들이랑 이야기를 했는데, 모두 야간조를 안 하려고 해서 내가 자원해 일을 했는데, 정말 밤에 일하는 것은 힘들었다. 교대조는 3개월마다 한 번씩 바꿨는데 같은 기계를 쓰는 사람끼리 양해가 되면 급한 일이 있을 때 서로 조를 바꿀 수도 있었다. 나와 기계를 같이 쓰는 친구들은 "너는 너무 일을 열심히 해서 우리가 힘들다. 조금 줄여서 일하자"고 이야기하기도 했다. 그래도 나는 일하는 것이 즐거웠기에 최선을 다해서 일했다.

가리봉 자취방 골목에서 언니와 동생과 함께(가운데)

3. 노동조합 활동과 구로동맹파업에 참여하다

독서모임

일에 조금씩 적응이 되면서 나는 시간이 좀 생기니까 공부를 더 해보고 싶은 생각이 들었다. 무엇을 할까 알아보다가 앞으로는 컴퓨터 관련 취업 기회가 많을 것 같아서 동국대학교 전자계산원에 입학했다. 새벽 6시에 출근해 낮 2시에 퇴근해서 야간학교에 다니는 것은 생각보다 쉽지 않았다. 학교가 멀기도 하고 낯선 길이라 처음에는 지하철에서 밖으로 나오는 입구를 찾지 못해 몇 번을 헤매기도 했다. 그래도 나의 미래를 변화시키기 위해 스스로 선택한 것이기 때문에 즐겁게 다녔다. 나랑 같이 입사했던 한영선이는 나와 부서도 달랐고 근무조도 달랐기 때문에 만나서 이야기할 시간도 거의 없었다. 친구들과 놀 시간도 없고 다른 뭔가를 할 시간도 없이 바빴다. 나는 정말 주변을 돌아볼 여유가 없었다.

그때 회사에는 노동조합이 있었다. 노조 위원장이라는 사람이 현장순회 하는 것을 보면서도 나하고는 상관이 없는 일이라고 생각했다. 이전에 다니던 회사보다 너무 좋은 조건이었기 때문에 나에게는 노조가 꼭 필요한 조직으로 다가오지 않았다. 더구나 나는 열심히 공부해서 이 공단을 벗어나리라는 꿈을 가지고 있었기 때문에, 노조는 다른 사람들의 일로만 생각되었다.

그런데 어느 날 노동조합에서 나눠 주는 소식지를 보다가 깜짝 놀랐다. 소식지의 글씨체가 한영선이의 글씨였기 때문이었다. 영선이의 글씨체는 아주 예뻤다. 나중에 친구에게 "영선아, 소식지에 쓰인 글, 니가 썼어?" 하고 물어보니 영선이는 웃으며 "내 글씨 맞아. 나 지금 편집부에서 일해" 하는 것이었다. 그때부터 나도 노동조합 활동에 조금씩 관심을 가지게 됐는데, 그 즈음 나랑 같은 기계를 쓰는 박수옥이가 "우리 독서회 할래?" 하며 내게 제안을 했다. 나는 취미가 비슷한 좋은 친구들을 만난다는 생각에 참여하였다. 독서회에서는 『꽃들에게 희망을』, 『나의 라임오렌지 나무』, 고리키의 『어머니』와 법정스님의 『무소유』 등의 책을 읽었다. 모임

독서회 친구들과 함께

은 주로 친구들의 자취방을 돌아다니면서 했고, 책 이야기만이 아니라 음식도 같이 해 먹으면서 친하게 지냈다. 그때 같이한 친구들이 박수옥, 장영선, 양명숙 등이었는데, 나는 이 친구들이 정말 좋았다.

그러다 노조 편집부와 독서회 친구들이 오대산 상원사에 가기로 했다. 4월 초파일 즈음이었는데 절에 다니던 친구들은 상원사에 내려가서 연등을 달았다. 저녁에는 막걸리를 코펠에 부어 돌려가면서 마시며 자기가 살아온 이야기, 하고 싶은 이야기를 마음껏 나누는 즐거운 시간을 가졌는데, 나는 막걸리를 한 잔 마시고 술기운이 확 돌아 나중에는 같이 이야기도 못하고, 잠도 제대로 못 자서 너무 괴로웠다. 내가 술을 전혀 못 마시는 집안 사람이라는 걸 확인한 날이기도 했다.

가리봉전자에 다니는 동안 나는 또래들이 많이 있어서 자주 어울려 다녔다. 오대산도 가고, 계룡산도 같이 가고, 같은 조에 근무하던 친구들과 북한산 등반도 하고, 국립묘지에 놀러 가기도 했고, 우옥영이랑 선주라는 친구와 월미도에 바다를 보러 가기도 했었다. 서울생활을 하면서 이때가 가장 즐거웠고 좋은 기억이 많았다. 항상 바쁘긴 했지만 노동조합에서 하는 교육에도 가끔씩 참석하면서 우리의 권리에 대해 배울 수 있었다.

노동조합 일은 내가 해야 하는 일이 아닌가

박수옥이는 항상 차분하고 따뜻하게 친구들을 배려해서 내가 정말 많이 좋아했는데, 이 친구가 어느 날 나에게 만나자고 해서 나갔다. 그 자리에서 이 친구는 "나는 서울대학교를 졸업하고 중학교에서 수학을 가르치던 교사였고, 나이도 너보다 세 살이나 더 많아" 하면서 자기 이야기를 했다. 나는 큰 충격을 받았다. 단 한 번도 그런 비슷한 이야기를 들어 본 적도, 생각해 본 적도 없는, 있을 수도 없는 일이 내 주변에 일어나고 있다는 것을 알았기 때문이었다. 많이 배우고 조건이 좋은 환경에서 자란 사람들은 공장에 다니지 않을 것이라고 생각했고, 지금도 나는 이곳을 벗어나기 위해 밤낮으로 일하고 배우고 있는데, 모든 조건을 다 갖춘 사람이 왜, 여기, 우리와 함께하고 있는지, 처음에는 이해할 수 없었다. 그러다가 누가 내 머리를 한 대 내리친 것처럼, 우리가 너무 몰라서 당하고만 사니까 이런 사람들이 우리들이 할 일을 대신 해주고 있다는 생각이 들었다. 내 자신이 너무나도 부끄러웠다. 이곳을 벗어나기 위해 미친 듯이 살고 있는 내 모습이 비로소 보였던 것이다. 그러면서 생각했다. '이건 저런 사람들이 해야 하는 일이 아니라 내가 해야 하는 일이라고……'

　　그때부터 나는 학교에 가는 대신 노동조합 활동에 적극적으로 참여했다. 내가 내린 결정에 다른 친구들은 안타까워했지만, 나는 내가 잘하는 것이라고 생각했고 다른 어떤 이야기도 귀에 들리지 않았다.

노동조합에서 대의원선거가 있었는데, 독서회 친구들이 내가 나가야 한다고 해서 나는 대의원후보로 나가서 당선되었다. 대의원 활동을 하면서 나는 싸워서 이기는 것보다 대화와 타협으로 같은 결과를 얻어내는 것이 옳다고 생각하는 온건주의자였다. 옆의 후공정 대의원이었던 엄현영이는 나보다 선동적이었고 투쟁적이었다. 우리는 같은 층에 있었기 때문에 현장에 문제가 생기면 협력해서 해결하곤 했다. 우리 힘으로 현장의 문제를 해결해 가는 활동을 통해서 우리의 사기는 한껏 올랐고 그야말로 신나는 나날이었다.

그때 노조의 활동은 다양했다. 조합원 교육만이 아니라 조합원들이 일상적으로 모여서 자신의 생활을 즐겁게 할 수 있는 풍물놀이, 연극반, 산악회 등 여러 활동모임이 늘어났다. 그런데 나는 정적이라 그런 활동적인 모임에는 적응하는 게 어려웠다.

그러다 1985년 4월, 가리봉전자 노동조합이 처음 해보는 임금인상투쟁은 지난 1년 동안 행한 노조활동의 결과물이라고 해도 과언이 아니었다. 우리는 그동안 공식적인 활동과 소모임 활동을 통해서 길러진 힘을 하나로 모아 우리의 의지를 관철시켜야 했다. 우리는 공장이 세 곳으로 나뉘어 있고 근무조가 3교대인 악조건 속에서 아침조가 퇴근하는 시간과 오후조가 출근하는 시간에 맞춰서 구로공장 정문 바로 옆에 있는 경사진 길에 모여서 쟁의부와 풍물패 친구들의 구호나 풍물 소리에 맞추어 우리의 요구를 외치고 노래도 부르면서 준법투쟁을 했다.

모든 진행은 부위원장인 서혜경 언니가 앞장서서 했고, 관리자들은 장난처럼 우리를 놀리면서 "서혜경을 국회로 보내라"고 했다. 첫날 박수

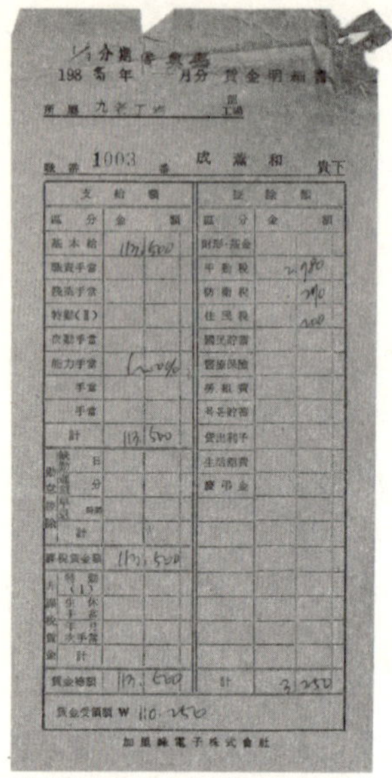

가리봉전자 다닐 때 필자의 월급봉투

옥 언니가 '이 지구상의 절반의 사람……' 이라는 노래를 불렀는데, 그 모습이 정말 구슬프고 아름다웠다. 우리는 정수라의 '아, 대한민국'을 개사한 것, '늙은 노동자의 노래', '독립군가' 등 여러 가지 노래를 많이 불렀다.

4월 16일부터는 일할 때도 '임금인상 26.63%'라는 리본을 준법투쟁의 한 방법으로 달기 시작했다. 우리가 요구하는 임금의 인상율이 26.63%였기 때문이다. 그래도 교섭이 진전을 보이지 않자 4월 23일부터는 구로공장에서 50여 명이 수위실의 저지선을 뚫고 들어와 옥상으로 올라가는 계단에 걸터앉아 농성을 했다. 농성은 율동이나 노래를 섞어 가며 진행했다. 그리고 임금문제를 둘러싸고 최저생계비문제, 사무직과 생산직의 임금격차 문제 등 여러 교육을 진행했다. 농성이 좀 지루하다 싶으면 사이 사이에 스크럼을 짜고 현장을 돌기도 했다. 철야농성을 벌이기로 했는데, 오후 2시경 1조 근무자들부터 시작한 농성은 점점 열기를 더해 갔고 오후 6시에는 2조 근무자들도 농성에 합세했다. 농성 중에 식당차가 농성대오를 막무가내로 밀어붙여서 다행히 큰 사고는 안 났지만, 조합원들의 분노가 솟구쳤다.

결국 이런 조합원들의 분위기에 눌려 회사는 '17.5% 인상안과 휴가비 1만 원 인상'을 제기해 노조가 합의했다. 애초 목표한 것보다 못한 인상액이라 그동안 열심히 싸워 온 조합원들의 불만도 있었다. 그래도 첫 임금

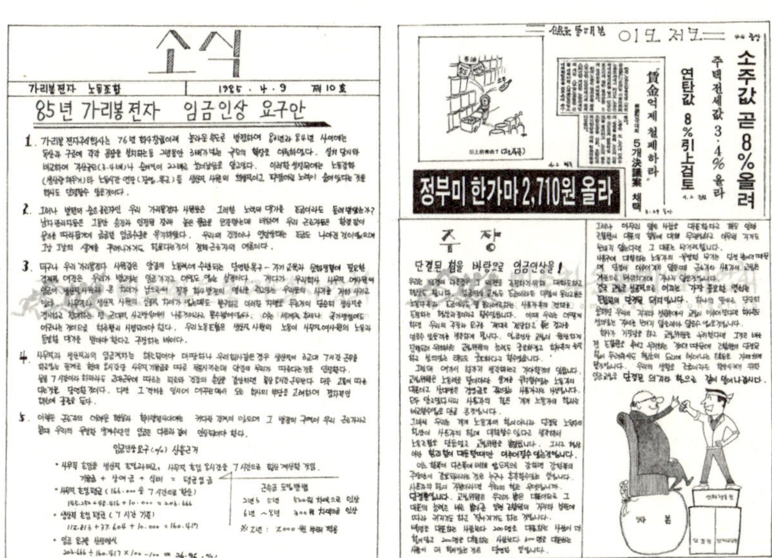

1985년 4월 임금인상투쟁 소식

인상투쟁에서 회사 측을 누르고 승리하면서 우리의 사기가 하늘을 찌를 듯 했다.

구로동맹파업

우리가 작은 승리들과 임금인상투쟁의 승리를 비롯한 몇가지 투쟁 성과로 신나게 활동하고 있던 1985년 6월 22일, 대우어패럴 노동조합 위원장님과 간부들이 구속당하는 사건이 일어났다. 파업에 들어가기 전날 노동조합 간부들이 모여서 어떻게 할 것인가를 논의하는 자리가 있었는데, 이번 일이 우리와 무관하니 우리 일이 아니라고 이야기하는 사람은 아무도 없었다. 우리는 70년대 선배님들의 노동조합 파괴 과정을 이미 알고 있었기 때문에, 이건 바로 우리 노동조합에 대한 탄압이라고 생각했다.

6월 24일 오후 2시, 나는 비장한 마음으로 움직였다. 대의원이었던 나는 대우어패럴 노동조합의 탄압을 조합원들에게 알리면서, "대우 탄압은 우리 노동조합에 대한 탄압으로 올 거고, 우리가 지금 싸우지 않으면 언제 당하게 될지 모른다"고 조합원들을 설득해서 파업을 하는 장소로 같이 이동을 했다.

우리는 현장이 폐쇄되고 그 현장 안에 감금될 거라는 생각은 전혀 하지 못했다. 임투 때처럼 자유로이 활동할 수 있을 거라 생각했기 때문에 준비물 없이 맨몸으로 파업에 참여했다. 물론 무언가 생각하고 준비할 시간적인 여유도 없었다.

모두 농성장에 모였고 유인물이 돌려졌으며, 이미 뉴스를 들어 대우어패럴 구속사건을 알고 있는 조합원들도 있었다. 부위원장이 다시 상황을 설명하고 의견을 물었다. 몇 가지 질문도 있었으나, 노조 분위기가 워낙 좋았고 지도부에 대한 신뢰가 강했기 때문에 반대하는 사람은 없었다. 그 자리에서 파업을 하는 것으로 결정이 나자, 일부는 발 빠르게 관리자를 몰아내었고 우리들은 양쪽 출입문에 책상이나 작업대, 의자 같은 것으로 바리케이드를 쳤다. 노조간부들은 "민주노조 탄압 말라", "구속자를 석방하라" 같은 내용을 담은 현수막을 내걸었다. 분위기를 모으기 위해 우리는 노래를 불렀다. 우리가 파업에 들어가자 회사는 당황했는지 아무 대응이 없었고 관리자들도 "이건 우리 회사 일도 아닌데 왜 파업을 하느냐"며 방관하는 편이었다.

나는 이 파업이 어떤 방향으로 진행되고 이것이 어떤 결과를 가져올지 잘 알지 못했다. 그냥 지금 우리가 하는 것은 피할 수 없는 일이고, 꼭 해야 하는 일이라고 생각했다. 가만히 있다가는 70년대 선배들처럼 처절하게 깨질 수밖에 없다면 이것이 우리의 최선이라고 생각했다. 거기에 엄청

노조간부 구속에 항의파업을 하는 대우어패럴 노동자들

난 사명감으로 굉장히 큰일을 하고 있다는 생각을 했다. 그럼에도 나는 성격상 남들 앞에 나서서 적극적으로 선동하거나 율동을 하는 것은 부담스러워서 남들이 하면 열심히 뒤에서 따라하는 편이었다.

저녁 무렵, 회사에서는 전화를 끊어 버려 밖이랑 연락을 주고 받을 수가 없었다. 매점에 빵과 우유를 주문했지만 그도 관리자들이 못 들이게 막아 굶어야 했다. 더운 여름이라 현장은 그야말로 찜통이었지만 그래도 우리는 이 싸움에 대한 우리의 태도 등에 관해 토론도 하고 노래도 부르면서 즐겁고 신났다. 우리는 먹을 물도 음식도 없이 무더위와 싸우며 전투경찰에 에워싸인 공장에 갇혀 있었다. 밖으로 나갈 수는 있지만 일단 나가면 다시 들어올 수 없었다. 그래도 창밖으로 우리를 응원하는 사람들이 보이면 힘이 났다.

파업 이틀째인 25일, 하루 사이에 정말 여러 가지 일이 일어났다. 아침에 밖에서 신문을 구했는데, 우리의 투쟁 소식이 크게 보도되어 있었다. 기사를 읽어 주자 모두들 배고픈데도 박수를 치며 좋아했다. 그러나 즐거움도 잠시 회사에서 연락해서 부른 조합원들의 부모님들이 흥분하고 분노해서 찾아오셔서 농성장은 울음바다가 되기도 하고 일부는 끌려 나가기도 했다. 거기에 회사는 '빨갱이', '위장취업자'라는 악선전을 하다가 휴업공고를 내붙였다.

그러다 부위원장이 할 얘기가 있다고 해서 모두 귀를 기울였다. 부위원장은 자신이 이력을 속이고 들어온 이야기, 자신의 소신과 나이를 밝혔다. 처음에 조합원들은 당황하는 모습도 보였지만 이내 감동하여 우는 조합원들도 있었다. 회사의 바람과는 달리 조합원들의 반응은 호의적이었다. 나는 처음 박수옥 언니가 자신의 신분을 이야기할 때 혼란을 겪으면서도 나를 돌아보았고 또 속으로 몇 사람은 위장취업자라고 생각하고 있었기에 놀라지 않았고, 조합원들의 반응도 걱정되지 않았다. 오히려 조합원들이 나처럼 자극받았을 거라고 생각했다.

간부들이 회사 측과 얘기가 잘되어 우리는 굶다가 식당에 가서 밥을 먹을 수 있었다. 밥 먹는 모습을 보니 모두들 밥이라는 걸 처음 먹는 사람처럼 어쩜 그리 맛있게들 먹는지. 내게도 이날 먹은 밥은 정말 꿀맛이었다.

밤이 되면서 회사의 태도는 두 가지 모습으로 나타났다. 남자 기사들을 동원해 우리에게 겁주는 것과 다른 하나는 "파업을 풀어라"며 설득하는 것이었다. "우리 회사 문제도 아닌데 왜 우리가 피해를 보아야 하느냐, 다른 공장은 다 풀었다" 이런 조의 회유였다. 우리는 "위원장님이 여기 없어서 우리가 결정할 수 없다"고 버텼다. 그러다 지도부에서 독산공장에 가서 지금 우리 상황을 전달하고 결론을 듣고 오기로 했다. 내가 독산공장에 가기로 결정이 됐다.

26일 새벽녘, 나는 회사 승용차를 타고 관리자와 노동부 관리들의 "그만 파업을 풀어라. 그렇지 않으면 회사의 손실이 크고 노조가 파업에 따른 책임을 져야 한다"는 설득과 협박을 받으며 독산공장으로 갔다. 그들이 말할 때 나는 마음속으로 '당신들의 말이 아니라 우리 구로공장 조합원들의 상황을 전달하러 가는 거다'라고 다짐하면 갔다.

가서 보니 독산공장은 구로공장보다 파업 여건이 자유로운 편이었다. 나는 구로공장에서 결정된 사항은 "어떠한 경우라도 우리는 끝까지 싸운다"는 내용이라는 것과 구로공장의 파업상황을 독산공장 조합원들에게 알리고 파업이 끝날 때까지 그곳에 함께 있었다.

우리 언니는 나를 보고 "이제 우리도 할 만큼 했으니까 나가자"고 나를 데리고 나가려고 했다. 나는 "그럴 수 없으니 언니도 나가지 말라"고 말렸다. 언니는 "이러다가 너만 다친다"고 하며 우리가 파업을 풀기 직전 먼저 나갔다.

27일에 독산공장은 부모들이 와서 조합원들을 끌고 가기도 하고, 실신하는 조합원들이 늘고 많이들 지쳐 있었다. 지도부가 남은 조합원들을 모아 논의를 하면서 "파업을 정리하고 나가서 조합원들을 모아 다시 싸우자"고 하자 여러 조합원들이 항변했다. 결국 파업을 풀기로 결정했다. 해산을 하면서 우리는 남은 힘으로 '흔들리지 않게'라는 노래를 불렀다. 나는 너무 억울하고 화가 났고 허탈해서 집에 어떻게 왔는지 기억이 나지 않는다. 언니가 밥을 지어 놓고 따뜻하게 나를 맞았던 기억밖에……

나중에 들은 이야기지만 구로공장은 내가 독산공장으로 오는 시점부터, 기사와 관리자들이 음란한 폭언과 협박의 분위기 속에 있다가 폭력적으로 강제해산 당했다.

나는 집에서 옷을 갈아입고 다시 구로공장 식구들과 만나 전태일기
념관으로 갔다. 그곳에서 문익환 목사님을 만났던 게 생각난다. 목사님은
우리들에게 "수고했다. 여러분들이 정말 큰일을 했다"고 하시며 한 사람
한 사람 손을 잡으시며 격려해 주시고 위로해 주셨다.

회사는 며칠 후 우리에게 출근을 하라고 했다. 회사의 분위기는 살벌
했다. 관리자들이 파업기간과 농성해산 과정에서 강성으로 분류된 친구
들의 출근을 정문에서부터 막았다. 나는 평소에도 온건한 편에 속했던 데
다 파업 3일째부터는 독산공장에 있었기 때문에 아무 문제없이 출근할 수
있었다.

현장은 어수선한 분위기 속에 누구도 일할 마음이 없었다. 관리자가
나를 부르더니 "파업은 잘못된 거니까 지금부터 마음잡고 열심히 일하자
고 말해라"고 요구했으나, 나는 "우리가 뭘 잘못했냐? 나는 그렇게 못한
다"고 버텼다. 그러자 갑자기 관리자들이 나를 잡아 끌고 건물 지하에 있
는 보일러실로 갔다. 거기에는 몇 명의 관리직 직원들이 있었는데 평소에
나와 잘 알고 지내던 사람들이었다. 어떤 사람이 나를 설득하려 했으나 안
되니까 "사표를 쓰고 조용히 나가라"고 했다. 내가 "그럴 수 없다"고 하자
어떤 직원이 갑자기 발로 차기 시작했다. 그 상황이 너무 공포스러워 무
서웠지만 회사가 구로공장의 조합원들을 강제로 해산시키면서 휘둘렀던
폭력행위를 용서할 수 없었고, 자신들의 뜻대로 하기 위해 또 다시 휘두르
는 폭력을 이해할 수 없었다. 끝내 사표 쓸 것을 거부한 나는 결국 해고통
보를 받고 컴컴해질 무렵 그곳에서 풀려났다. 그후로는 가리봉전자에 출
근할 수 없었다.

우리는 다음날부터 해고의 부당함을 알리고 다시 현장으로 출근하기

위해 출근투쟁을 했다. 이때 해고된 사람들은 노동조합 간부들과 파업과 정에서 회사 관리자들에게 밉보인 강성조합원들이 대부분이었다.

전태일기념관에 머물며 전개한 복직투쟁

해고된 후 우리들은 전태일기념관과 영등포산업선교회에서 살았다. 같이 음식을 해 먹고, 함께 잠을 자고, 시위가 있으면 같이 참석했다. 가리봉전자만이 아니라 다른 사업장 해고자들도 자기 사업장을 오가며 출근투쟁을 벌이거나 선전물을 돌리면서 다들 바쁘게 보냈다.

그러다 동맹파업을 정리하기 위한 마지막 가두시위 날짜가 정해졌다. 7월 23일, 가리봉 오거리에서 가두시위를 한다는 것이다. 그런데 그날 시골에 계신 나를 길러주신 할머니가 올라오신다는 연락이 왔다. 나는 고민하다가 치매기가 있으신 할머니가 걱정되어 결국 시위에 참석을 안 하고 할머니를 마중나갔다. 이날 서울에서 마지막으로 할머니를 본 것이다. 그 뒤 할머니는 치매가 더 심해져서 돌아가셨다.

할머니를 만나고 전태일기념관으로 돌아오니 언니들이 시위 중에 다 잡혀가 여러 경찰서 유치장으로 흩어져 있다는 것이다. 어쨌든 나는 개인적인 일로 시위에 빠진 게 사람들에게 미안하고 눈치도 많이 보였다. 나는 잡혀간 사람들 면회를 하기 위해 강동경찰서, 강서경찰서 등 여러 곳을 뛰어다녔다. 그렇게 다니면서 구속된 사람들한테 미안했다.

그 뒤에 동대문 쪽에서 다시 가두시위를 한다고 했다. 그때 나에게 "앞에 나서서 선전물을 배포하라"고 해서 맡았다. 그날 시위에서 나는 앞장서서 선전물을 배포하는 데 성공했고 다행히 잡혀가지 않았다. 그러다 박수옥 언니네 자취방에서 자다가 남부경찰서에 잡혀갔다. 수옥 언니를 잡으러 온 건데 옆에 있다가 나도 잡혀간 것이다. 수옥 언니와 나는 따로 조사를 받았는데, 경찰은 여러 사람의 이름을 물었다. 내게 누구를 알고 있는지 물으면서 그 사람들이 어디에 사는지를 집중적으로 물었다. 나는 아무것도 몰라서 “모른다”고 했다. 그 경찰들은 “너 같은 사람 하나 어떻게 하는 건 일도 아니야”라고 큰소리 치며 내게 “그런 사람들과 어울리면 위험하니까 절대 어울리지 말라”고 하면서 다음날 아침이 되어서야 풀어줘서 나왔다. 그 사람들도 가리봉전자에서 당했던 것처럼 한사람은 무섭게 겁주며 협박하고 한사람은 살살 달래고 구슬리었다. 수옥이 언니도 얼마 후 풀려났다.

그 일 이후 수옥 언니랑 회사에 남아 있던 이전 독서회 친구들인 장영선, 양명숙이와 나는 치악산을 가기로 했다. 우리는 청량리역에서 수옥 언니를 기다리고 또 기다렸다. 언니는 나랑 같이 남부경찰서에 연행되었던 이후로 잘 보이지 않았다. 연락도 되지 않아 우리는 언니 걱정을 많이 했다. 우리는 언니를 많이 좋아했고 언니가 정말 보고 싶었다.

결국 언니가 오지 않아 우리들 셋이 출발했고 힘든 산행이었지만 정상까지 올라갔다. 그런데 너무 늦게 산행을 시작하는 바람에 산에서 내려올 때는 어두운 밤이었다. 위험한 일도 있었지만 무사히 내려와서 민박집의 따뜻한 아랫목에서 피로를 풀었다. 우리는 보고 싶은 수옥 언니 생각과 불안한 우리의 내일을 뒤로 미뤄두고, 밤하늘의 별과 맑은 숲의 기운 속에서 계곡의 물 흐르는 소리를 들으며 우정을 다지는 소중한 시간을 가졌다. 수옥 언니는 우리 곁을 그렇게 떠났지만 지금도 우리는 그때 따뜻했던 언니를 마음에 간직하고 있다.

다시 전태일기념관으로 돌아와 나는 언니들이 모두 구속되었기 때문

에 자연스럽게 가리봉전자를 대
표해서 여러 가지 일을 했다. 구
속된 언니들의 재판이 있는 날은
법정으로 갔고 우리의 정당성을
알리는 모임에도 참여했다. 대우
어패럴 해고자들과 선일섬유 해
고자, 효성물산 해고자들과 우리
는 자연스럽게 하나가 되어 움직
였고, 나이들도 비슷해서 친구가
되고 동지가 되었다.

해고 뒤 친구들과 치악산 산행에서(왼쪽 끝)

　그 뒤 어느 정도 싸움이 마무
리되어 갈 즈음, 전태일기념관에
있었던 가리봉전자 해고자들이 돈을 모아 독산동에 해고자 방을 얻었다.
반지하 방이었는데 넓고 깨끗했다. 그 방에는 나와 현영, 희수가 살았는데
그때까지는 그래도 그 방에 오는 사람들이 많았던 것 같다. 우리는 그 방
에 살면서 서울노동운동연합^{약칭 '서노련'}에 소속되어 각자 학습 소모임에 가
고 밤이면 구로동과 가리봉 일대에 유인물 돌리는 작업을 했다. 밤 12시가
넘으면 배에 가득 유인물을 담아서 불안과 공포에 떨면서도 경찰들의 눈
을 피해 가며 돌렸다. 공단에서 일어나는 소식과 전두환 정권이 자행한 노
동자 탄압에 대한 소식들을 공단지역 친구들에게 알려야 한다는 생각이
었다. 우리는 늘 긴장 속에 살았기 때문에 신발도 방안에 두고, 지나가는
발걸음 소리에 떨기도 하면서 주위를 경계했다.

그러나 가리봉전자와 나와의 인연이 거기서 끝난 것은 아니었다. 나는 학생운동 출신인 우옥영이와 현장조직을 다시 살리기 위해 그나마 우리가 연결되고 있던 친구들인 영선, 현란, 숙란, 선미를 만나 작은 소모임을 만들었다. 우리는 독립투사라도 된 듯이 경찰과 회사의 눈을 피해 만남을 가졌다. 우리는 주로 신길동에 있는 작은 방에서 만났는데 친구들은 늘 긴장하고 있었고 변해 가는 노동조합을 보면서 분노하여 어쩔 줄 모르는 날을 보냈다. 그런 긴장된 만남 중에도 선미가 즐거운 이야기를 해서 가끔 우리를 웃게 하곤 했다.

노동조합은 회유된 부위원장에 의해 어용으로 넘어갔고 친구들은 우리를 피하기 시작했다. 해고자들과 만나는 것이 자신들의 직장생활을 불안하게 만든다는 이유로 친하게 지내던 친구들이 나를 피하는 것을 보며 아프고 미웠던 마음……. 그래도 노조를 살려야 한다는 이유 때문에 나를 피하는 친구를 다시 찾아가야 했던 일들……. 동생은 해고당했는데 남아 있어야 했던 우리 언니의 마음……. 지금 생각해도 가슴이 먹먹해지고 답답해지는 아픈 기억들이다.

옥영이와 함께하던 신길동 모임을 통해 우리는 현장으로 연결되는 끈을 놓지 않고 현장을 살리기 위해 노력했다. 그때 서노련에서는 지역 현장조직들이 완전히 와해되어 활동가를 중심으로 한 소모임 형태로 지역 모임을 꾸려 가고 있었다. 그래서 우리가 현장을 다시 살리는 문제로 고민하고 지원을 요청해도 아무 도움이 되지 못했다. 결국 남아 있던 친구들도 더 이상 버티지 못하고 어용노조 민주화를 요구하는 시위를 하는 것을 마지막으로 모두 회사를 나올 수밖에 없었다.

2차로 해고된 친구들인 현란, 선미, 옥영, 장영선과 나는 그해 겨울 신정 샛터에 있는 방갈로로 여행을 갔다. 그날 눈이 우리 무릎보다 더 높이 쌓였고 우리는 눈 속에 갇혔다. 미래는 아무것도 보이지 않는 눈 오는 하늘처럼 암울했지만, 그래도 눈싸움도 하고 눈사람도 만들고,『베르사유의 장미』와『북해의 별』이라는 만화책을 쌓아 놓고 읽기도 하고, 앞으로의 대책도 의논하면서 답답함을 털어 냈다.

그때 나는 개인적으로 독서회를 같이 한 양명숙이와 가끔 만났는데, 명숙이도 너무 답답하고 우울해했다. "왜 현장에 일할 사람을 남겨 두지 않고 다 나가 버렸냐?" 지금도 명숙이가 혼자 남아 괴롭힘을 당했던 이야기를 들으면 우리 힘으로 어찌 할 수 없었던 그때의 아픔이 되살아나 마음이 무거워진다. 그때 명숙이와 나는 만나서 서로의 개인적인 이야기 이외에 어떤 이야기도 할 수 없었다. 나 혼자 도와줄 여건도 안 되었고 우리의 활동은 모두 보안사항이었으므로……. 뭔 비밀이 그렇게 많았는지 모르겠다.

그렇게 우리는 점점 현장의 친구들에게 외면당하고, 현장에 아무런 연결고리도 남기지 못한 채, 가리봉전자에서 잊혀진 존재들이 되었다.

4. '노동자 세상을 위해' 일어서다

노동운동을 위한 요업개발 재입사

복직싸움과 현장조직을 다시 세우기 위한 활동을 하면서 다른 한편 나는 지역에서 하는 비공개 소모임 두 곳에 참여했다. 하나는 손가락 한 마디가 없는 형이 이끌고 부흥사에 다니는 보희 언니, 지금은 장영선의 남편이 된

진수 씨, 독산동 공장에서 일하던 남자 친구, 이렇게 구성된 모임이었다. 다른 하나는 웅이 형과 무궁화유지 해고자, 박남희, 나 이렇게 여자들 셋이서 모이는 모임이었다. 모임은 매주 한 번씩 잘 모르는 사람의 집을 돌아다니면서 만나는 장소로 사용했고, 책이나 교재를 정해서 미리 읽고 만나서 토론하는 형식으로 진행했던 것 같다.

우리는 "첫째도 보안, 둘째도 보안"을 되뇌며 항상 주변을 경계하면서 지냈다. 그때 읽고 공부했던 것들은 사회주의 사상에 대한 것들로 『변증법적 유물론』, 『러시아 혁명사』, 『유럽의 노동운동사』 등과 같은 이론적인 학습서였다. 나의 의식은 학습을 하면서 다시 변해 갔다. 노동조합만을 알던 조합원의식에서 노동자계급의 사상을 깨우치면서 나는 사회변혁을 꿈꾸는 강성 노동자로 변해 가고 있었다.

하루하루 열심히 일하며 살던 우리들은 갑자기 할 일이 없어 빈둥거리는 사람들로 전락하면서 생활이 불안정해지고 경제적 어려움도 컸다. 그래서 우리는 경제문제도 해결하고 활동을 위해 공단지역에 재취업을 하기 시작했다. 우리는 투쟁하고 학습하는 과정을 통해 노동자의식으로 단단하게 무장한 후 구로공단에 다시 취업해서 노동조합을 만들고 그를 바탕으로 구로지역 전체의 노조를 민주화시키려는 목표를 세웠다.

몇 명은 공단에서 조금 떨어진 전자회사에 들어가서 잘 다녔고, 다른 몇 명은 독산동에 있는 작은 공장에 들어가기도 했다. 그런데 재취업 이후 연락을 끊고 돌아오지 않는 친구들이 생기기 시작했다. 나도 독산동의 작은 공장을 전전하면서 구로공단 안에 있는 공장을 목표로 취업을 준비하다가 이전에 다녔던 요업개발에 재입사할 수 있었다. 다시 하는 도자기 일이 내게는 무척 즐거웠다. 인형에 그림을 그리는 일은 내가 몇 년 동안 했

던 익숙한 일이었고, 하얀 도자기인형들에 예쁜 색을 입히는 일을 하는 것
이 나는 정말 좋았다. 아침에 출근해서 현장에 들어서면 나던 테라핀유의
냄새와 일하는 중에 들려오는 도자기들이 부딪히며 나는 맑은 소리를 정
말 사랑했던 것 같다. 나는 지금도 도자기 일에 대한 그리움이 있고, 다시
기회가 주어진다면 도자기 일을 해보고 싶다.

그곳에서 노동운동을 하기 위해 입사한 황수경을 만났는데, 그녀는
마지막 공정으로 도자기를 가마에 구워 낸 후에 마무리하는 작업부서에
서 일했다. 그리고 도자기를 흙으로 만들어 내는 부서에서 일하던 서울대
농대 출신 언니도 알게 되어 우리 셋은 정기적으로 모임을 가졌다. 우리
는 가리봉전자보다 근로조건이 많이 열악한 요업개발에 민주노조를 만들
기 위한 소모임을 만들어, 수경이네 부서 아이들과 우리 부서 아이들이 서
로 교류하면서 책도 읽고 같이 놀러도 다니고 하였다. 이제 나도 가리봉전
자에서 배운 노동조합을 만들기 위해 주위 친구들을 모으고 조직하는 활
동가가 된 것이다. 그러던 중에 수경이가 학생 출신이라는 것이 밝혀졌고,
내가 가리봉전자에서 해고된 일이 밝혀지면서 회사는 그야말로 비상이었
다. 나는 일하던 중에 관리사무실이 있는 2공장으로 끌려갔고, 그곳에서
관리자들은 내게 사표를 쓰고 그만둘 것을 요구했다. 내가 거절하자 결국
징계위원회를 열어 그 자리에서 해고통보를 했다. 회사에서는 수경이와
나를 철저하게 나쁘게 선전했고 그게 먹혀 나를 많이 따르던 어린 친구들
에게 "언니가 우리를 이용하려 했다"는 말을 들었을 때는 너무 마음이 아
프고 슬펐다.

해고되고 난 뒤 첫 출근투쟁 과정에서 수경이는 다른 사람의 이름으
로 입사한 것 때문에 위장취업과 사문서 위조의 혐의로 남부경찰서에 연

행되어 그대로 구속되었다. 나는 혼자서 출근투쟁을 했는데 어떤 날은 경비 아저씨들의 눈을 피해 간신히 현장까지 가기도 했지만 결국 그대로 사지를 들려 나오기도 했다. 그렇게 몇 번을 더 출근투쟁을 했지만 나는 혼자서 경비 아저씨들과 관리자들을 상대로 싸우는 게 많이 두려웠고 회사 앞에 가는 것 자체가 공포스러웠다. 그리고 요업개발은 나에게 이전에 학교를 다니게 한 고마운 회사라는 게 마음속에 자리 잡고 있었다. 그래서 "은혜를 원수로 갚느냐"는 관리자들의 말이 내게는 못이 되어 박혔다. 결국 우리는 현장의 조직력이 받쳐주지 않는 소모적인 출근투쟁을 그만두기로 정리했고 그렇게 요업개발과의 인연도 끝이 났다.

미행과 보안, 긴장 또 긴장의 연속

요업개발에서 해고되던 때에 나는 안양에서 희수와 자취를 하고 있었는데 통근버스에서 퇴근하는 중에 미행하는 사람이 있어서 근처 화장실에 숨어서 1시간 이상을 있다가 집에 들어가기도 했다. 그 당시 우리는 '미행', '보안' 이런 문제에 아주 민감했다. 별것도 아닌 문제로 잡혀가면 나만이 아니라 내 주변에서 일하는 모든 사람들을 위험에 빠뜨리기 때문이다. 이전의 경험이 있었기에 내 경우는 더 경계가 심했다.

그때까지 나는 어떤 상황에서도 내 뜻을 굽히거나 바꾸지 않고 당당하게 잘 버티고 있었는데 그래도 혹시 나로 인해 다른 사람들에게 피해가 가면 안 된다고 생각해서 철저하게 주의하면서 살았다. 그런 긴장된 생활은 우리의 정신을 조금씩 지치게 했다. 그러면서 다른 사람들이 다 떠날때 우리 셋은 계속 의지하며 살았다. 지금도 기억이 나는 게 자려고 누우면 가위에 눌려서 잠을 잘 못 잤던 거다. 일어나려고 몸을 움직이려 해도 잘 안 되는 날도 많았다. 그래서 항상 벽에 기대서 잠자곤 했다. 그때는 그게 가위 눌리는 건지도 몰랐다.

나만 그런 것은 아닌 듯하다. 친구들도 그런 것 같았다. 어느 날, 희수가 "가리봉 오거리에서 사람들이 자꾸 쫓아온다"고 그러는데, 나와 보면 아무도 없었다. 우리는 좀 이상했지만 그대로 넘겼다. 그러다 희수가 용자네 놀러갔다가 손목을 그었다. 희수가 응급실에 실려 갔는데 식구들이 와서 데리고 갔다. 식구들은 희수를 우리와 못 만나게 했다. "운동하는 애들 때문에 애가 저렇게 됐다"고 생각했다. 그래서 병문안도 갈 수가 없었다. 만나야 할 일이 있어도 보는 것 자체가 죄를 짓는 것 같으니까. 그 뒤 희수는 신경정신과 치료를 계속 받았다.

희수는 부지런하고 마음이 아주 여리고 착한 친구였다. 그녀는 항상 우리에게 많이 의지하고 있었는데, 우리도 희수가 어리고 또 여리니까 보호해 줘야 한다고 생각했다. 우리는 많이 힘들고 지칠 때면 희수네 고향집으로 내려가 바닷가에서 바람도 쐬고 어른들이 바다에서 따온 굴을 다듬어 그 자리에서 먹어 보기도 했다. 부모님은 우리를 따뜻하게 맞아주셨고 그렇게 한숨 돌리고 나면 다시 서울로 올라와 긴장된 삶을 살 수 있었다.

이 시기가 희수에게는 무척 힘든 시간이었다는 것을 그 친구가 병원에 실려 가고서야 알았다. 아니 나는 그때도 알고 있었다. 그 친구가 부담스러워하고 힘들어하고 우리만큼 못 따라온다는 걸 알고 있었다. 희수라는 사람에 맞춰서 운동을 생각한 게 아니라, 우리가 하는 일에 맞춰서 그 사람이 일하도록 했다는 게 잘못된 것이었다. 지금 와서 보면, 내가 책임져야 한다거나 또 책임질 수만도 없는 것 같다. 그때는 나도 똑같이 젊었기 때문이다. 희수네 집안에서는 '멀쩡하던 애를 우리가 끌고 다니면서 그랬다'고 생각했다. 희수의 성향을 집에서 다 아니까, 결국 비난은 우리에게 왔다. 희수를 생각하면 우리가 정말 죄인인 것 같다. 우리가 잘못한 게 아닐 수도 있지만 우리가 잘못한 것일 수도 있다. 어린 애를 강박관념 속에 살게 했으니까.

승리의 기운과 함께 실망감도

내가 가리봉전자에서 해고되고 직장도 없이 노동운동을 해야 한다는 사명감에 떠돌고 있을 때 나의 모든 뒷바라지는 우리 언니가 해주었다. 언니는 회사에 남아 있는 것을 미안해하며 나를 지지해 주었고 나는 언니에게 늘 미안했다. 그래도 취업이 돼서 월급을 받으면 나는 언니보다 친구들이 우선이었다. 우리는 취업을 못한 친구들과 같이 나눠서 '니것, 내것' 없이 공동으로 살았다. 어렵고 힘들었지만 우리의 의식은 뚜렷했고 마음이 맞는 친구들과 서로 의지하고 격려하면서 '노동자가 주인 되는 세상'을 꿈꾸며 꿋꿋하게 살 수 있었다.

우리의 이상은 높았지만 우리가 처한 현실은 만만치 않았다. 우리는 전문 시위꾼처럼 시위를 쫓아다녔고, 5·18 때는 광주로 내려가서 망월동 5·18묘역과 금남로 도청 앞을 성지순례하고 올라오기도 했다. 1987년 이한열 열사 장례식 때는 연세대에서 시청까지 걸어서 행진하며 그 장엄한 시위의 한가운데 있기도 했다. 영등포경찰서를 점거해 하루를 보냈으나, 농성을 풀고 나올 때는 별일없이 나올 수 있을 정도로 투쟁이 한창인 때였다. 그런 투쟁의 결과 6·29선언이 나왔고 우리는 승리의 기쁨으로 들뜨고 행복했다. 하지만 현장을 떠나 있는 우리의 삶은 여전히 불안정했다.

한편 노동운동을 하면서 나는 여러 번의 여행을 했는데 그때마다 좋은 추억을 만들 수 있어서 참 좋았다. 그래서 지리산 여행 역시 즐거움과 기대에 차서 출발하였다. 지리산 여행은 소모임을 같이 하던 언니와 함께 일하던 사람들 몇 명이 같이 갔다. 6월이었던 것 같다. 처음에 우리는 빨치산 전투를 생각하면 피아골 계곡으로 올라갔다. 계곡은 너무 맑고 웅장했다. 그 많은 물이 피로 물들인 것처럼 빨개져서 피아골이라는 이름이 생겼다는 이야기를 들으며, 그 잔인한 전쟁을 떠올리며 너무 가팔라 숨이 넘어갈 것 같은 계곡을 따라 능선에 올라섰다. 고산지대라 죽은 주목들 사이로 핀 철쭉꽃이 너무도 아름다웠다. 천둥벌거숭이들처럼 반팔에 반바지를 입고 지리산을 종주한 우리는 정말 겁없는 청춘들이었다.

마지막 날, 우리는 천왕봉에서 미끄러지면서 가파른 하산길을 따라 내려와서 구례의 어느 민박집에 도착했는데, 여기서 술잔을 돌리면서 그날 일정과 산행을 정리하고 마무리하는 시간을 가졌다. 그런데 같이 갔던 형이 다른 언니에게 욕을 하면서 얼굴에 술을 뿌리는 사건이 있었다. 술을 얼굴에 뒤집어쓴 그 언니는 가만히 당하고 있었다. 나는 많이 놀라고 화가 났지만, 분위기가 이상하다는 것을 그때야 알았다. 그날 그 자리에서 싸우던 두 사람이 서로 사귀는 사이라는 사실을 처음 알았고 그 중 한사람은 가정이 있는 사람이었으므로 내가 받은 충격은 너무 컸다.

지리산 산행 이후 그 사람들을 다시 만나지 않았다. 내가 믿어 왔던 모든 것이 무너지는 기분이었다. 아무것도 하고 싶지 않고 누구도 만나고 싶지 않았다. 그동안 내가 해왔던 모든 것들이 부정당하는 기분이었다. 노동운동을 하면서 나는 늘 생각했다. '우리는 배운 것도 가진 것도 없기 때문에 다른 무엇보다 도덕심이 높아야 한다. 나의 이익과 내 주변의 이익보다 먼저 이것이 우리에게 옳은 것인지 생각해 보고 대의명분에 어긋남이 없는지'를 중요한 판단의 기준으로 삼았다. 결벽증처럼 그것을 지키려고 노력했고 그래야 한다고 생각했다. 이 일을 계기로 나는 운동하는 사람들은 무조건 자기를 희생하는 좋은 사람이라는 생각을 버리게 되었다.

구로노동자문학회 활동

그렇게 여러 관계를 정리하고 있던 어느 날, 나는 유시주 언니의 권유로 구로노동자문학회에서 일하기 시작했다. 구로노동자문학회는 실천문학 사의 지원으로 구로지역 노동자들의 문학적 욕구에 부응하기 위해 만들어진 외곽조직이었다. 문학회 일은 내게 휴식 같은 것이었다. 내가 하는 일은 회원들을 담당하고 책을 빌려 주고 관리하는 일이었다.

　나는 이곳에서 책을 좋아하고 글을 쓰는 노동자들을 많이 만날 수 있었는데, 그들과의 만남은 나의 영혼을 키우고 살찌우는 과정이었다. 책을 읽고 토론하고, 시를 쓰고 논평하고, 작가를 만나서 그 글에 대한 배경을 알게 되고, 노동자들의 삶과 글을 어떻게 하나가 되게 하여 편안하게 스스로를 표현하게 할 수 있을까를 배웠다. 나는 여기에서 일하면서 시주 언니와 부딪히기도 했지만 그만큼 언니를 이해할 수 있게 됐고 언니를 좋아하게 됐다. 내가 가리봉전자에서 시주 언니를 만났을 때는 차갑고 냉정한 사람이라고 생각했는데, 문학회에서 가깝게 만난 언니는 따뜻하고 배려심이 많은 사람이었다.

　문학회에서는 저녁 늦게까지 술 마시고 이야기하는 날들이 많았는데 이런 생활은 내 삶에서 처음이었다. 우리는 자기의 마음을 터놓고 이야기하며 편안한 사이가 되어 갔고 서로의 삶 속에 중요한 사람들로 자리 잡아가기도 했다. 나는 여기서 남편을 만났고 우리는 구로노동자문학회 공식 1

구로문학회원들과 함께 산행에서(둘째줄 오른쪽에서 두번째)

호 커플이 되었다.

　한번은 작가와의 만남 프로그램으로 『땡삐』의 작가 윤정모 선생님의 집에 초청을 받아 갔다. 용인의 선생님 댁에서 하룻밤을 같이 지내면서 이야길 나누며 영혼도 살찌우고 융숭한 대접으로 우리의 몸도 살찌우는 좋은 시간이었다. 노동자문학회에서 우리는 학생운동 출신 운동가들의 노동자들에 대한 관념적인 접근방식과 그들의 글을 비판했고, 노동자 출신들의 계급적 사고를 철저히 다지기 위해 무수한 토론과 논쟁을 했다. 그때 우리 모두는 올바른 길로 가기 위해 무던히도 노력했던 것 같다.

5. 일반 사회인으로 돌아가다

남편과 사귀면서 나는 결혼을 생각하게 되었고 돈을 벌기 위해 문학회를 그만두고 윤혜련 언니의 소개로 구로공단에서 강성 민주노조로 소문나

1989년 서노협 대의원 및 핵심간부 교육

있던 대한광학에 입사했다. 대한광학은 방위산업체였고 쌍안경을 만드는 일을 하는 남자들이 많은 사업장이었다. 내가 했던 일은 안경 렌즈를 닦고 검사하는 일이었다. 대한광학에서의 생활은 즐거웠다. 민주노조가 있는 자유로운 분위기가 나는 좋았는데 내가 뭔가를 해야 한다는 생각이 좀 부담스럽기는 했다. 전에 운동했다는 것으로 나는 그냥 그들과 하나가 되었는데 이미 만들어져 있는 탄탄한 조직 속으로 들어가는 게 나에게는 편안한 일이 아니었던 것 같다. 대한광학노조는 투쟁으로 만들어진 조직이고 투쟁으로 이어지는 조직이었다. 노동조합은 합법적으로 준법투쟁을 했고 공단지역과 전국적인 연대투쟁에도 적극적으로 참여했다.

나는 그렇게 꿈꾸던 민주노조를 만났는데 앞서서 열심히 싸우기보다는 그냥 참여하고 관망하는 편이었다. 지금도 열심히 투쟁하던 관순이와 영순이에게 많은 빚을 진 마음으로 살고 있다. 대한광학은 나중에 창원으로 공장을 이전한다는 발표를 하고 구로공장을 폐쇄하기로 결정해서 이

전 반대 싸움을 오랫동안 했다.

이때 나는 결혼을 앞두고 있어서 마음이 많이 풀려 있었고 쉬고 싶었다. 1990년 나의 결혼식은 대한광학 노동자들의 축하무대로 이루어졌다. 나는 결혼과 함께 공식적으로 노동운동을 떠났다. 결혼은 나에게 운동을 떠날 수 있는 좋은 핑곗거리가 되어 주었다. 그때 나는 많이 지쳐 있어서 더 이상 무엇인가를 위해 다시 싸울 힘을 가지고 있지 않

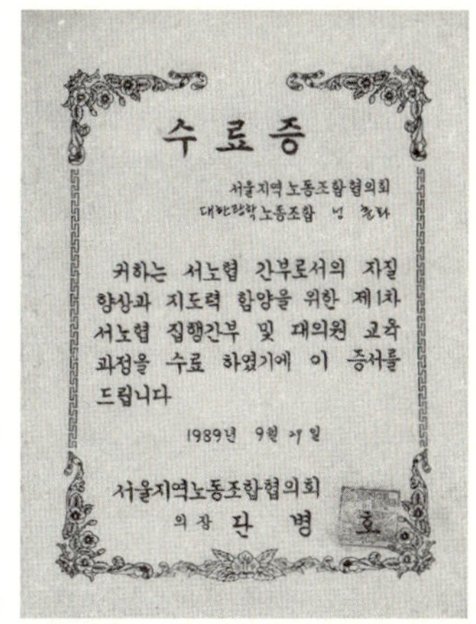

1989년 서노협 대의원 및 핵심간부 교육 수료증

았다. 지금은 무엇이 그렇게 힘들었는지 잘 기억나지 않는다. 우리가 믿고 이상으로 삼았던 노동자가 주인인 사회, 사회주의 국가인 소련이 무너지고, 우리가 투쟁의 대상으로 삼았던 군사독재정권이 물러났기 때문에 어느 정도 민주화가 이루어졌다고 생각해서였는지 많이 혼란스럽고 어디로 가야 할지 몰라 주저앉은 모습이었다.

어렵게 사는 사촌언니에게 늘 "언니가 살기 좋은 세상을 내가 꼭 만들어 주겠다"고 큰소리 쳤는데, 동생들에게도 "노동자가 주인이 되고, 가난한 사람들이 살기 좋은 세상을 만들겠다"고 하며 앞만 보고 달려왔는데…….. 앞이 보이지 않는 길에서 이제 나는 다른 길을 찾고 있는 것이었다. 결혼을 하고 한동안 나와 장영선, 우옥영, 이렇게 세 사람은 광명시에 살았다. 임신을 해서 배가 남산만 한 아줌마들이 잘도 어울려 다니고 뭔가 같이 하면서 오랜만에 맞는 여유 있고 즐거운 나날이었다.

나는 첫아이를 출산했고 그 아이가 아프자, 옥영이의 도움으로 인천

길병원에 입원하였다. 그 아이가 우리를 떠나 다른 세상으로 가버리면서 나의 즐거운 휴식은 모두 끝이 났다. 그 아이를 따라 나는 인천으로 이사를 했고 아이가 떠난 후 난 유배를 온 사람처럼 그동안 알던 모든 사람과 연락을 끊고 그냥 하루하루를 살아냈다. 누군가 나를 위로한다고 하는 이야기에 나는 더 많은 상처를 받아야 했으므로 사람들을 만나는 것이 더 힘들던 시기였다. 남편은 내가 어떻게 될까 염려했고 나는 남편이 잘못될까 그것만 생각하며 서로 위로하고 의지하면서 둘만의 세상을 살았던 것 같다. 그러다가 둘째아이를 임신하게 되고 그 아이를 낳고 키우면서 다시 조심스럽게 세상으로 돌아왔다. 지금은 두 아이와 매일 싸우면서 살고 있지만 우리 아이들이 나에게 준 것은 행복 이상의 삶이다. 첫아이를 그렇게 보낸 일은 내게 돈이라는 것을 다시 생각하는 계기가 되었다. 지금도 '그때 우리에게 돈이 있었다면 아이를 살릴 수 있지 않았을까' 하는 생각을 할 때가 있다. 그때 우리는 왜 그렇게 가난했는지…….

그러던 어느 날 둘째아이가 두 돌도 되기 전에 사촌언니가 내게 암웨이를 권했다. 나는 그것이 다단계 사기라고 언니에게 하지 말라고 권유하고 내가 알아보다가 사기가 아니라는 생각에 암웨이를 나의 일로 삼아 어린아이 둘을 놀이방에 떼어 놓고 일을 하러 다녔다. 돈을 벌려는 생각으로 시작한 일이었다. 그러나 지금 생각해 보면 암웨이 일은 우리 생활에 부담을 주는 일이었다. 많은 제품을 구매해서 써 보고 그것을 다른 사람에게 소개하는 영업은 경제적으로 어느 정도 여유가 있어 그 정도의 소비가 별 부담이 되지 않는 사람들에게는 가벼운 일일 수도 있었겠지만, 우리같이 여유 없는 사람들에게는 부담이 되는 사업이었다. 그리고 그 사업은 나의 인간관계에도 많은 영향을 미쳤다. 나를 믿고 따라주었던 이들과 끝까지 함께하지 못했으므로……. 그 사람들에게 미안한 마음이 많았다. 무슨 일이든지 3년은 해봐야 한다는 생각으로 했었다. 암웨이 일을 하는 3년 동안에 나는 세상을 많이 배웠다. 무조건 열심히 한다 해서 어떤 일에 성공하는 건 아니라는 것도, 그리고 내가 뭔가를 파는 일을 잘하지 못하는 사람이라는 생각도 했다. 어린아이들을 떼어 놓고 돈을 벌어 보겠다고 한 나의 사업은 한마디로 실패였던 것이다.

그러던 중에 내게 엄마와 같았던 언니가 영원히 우리 곁을 떠나 다른 세상으로 갔다. 언니는 나보다 겨우 두 달 앞서 결혼했다. 내가 결혼날짜를 잡을 때 언니는 그러라고 괜찮다고 했다. 그런데 누군가 "동생이 언니보다 먼저 결혼하면 언니가 불행해진다"고 말했다고 언니는 갑자기 12월 어느 날로 자신의 결혼식 날을 잡고 몇 번 만나지도 않은 사람과 덜컥 결혼해 버렸다. 신혼 때부터 시어머니를 모시고 살아야 했던 언니의 결혼생활은 행복하지 않았다. 시집 식구들과의 갈등으로 언니가 힘들다고 할 때마다 우리 가족들은 "너를 위해 네가 참아야 한다"며 언니를 달래기에 급급했다. 언니가 정말 얼마나 아픈지 우리는 돌아보지 못했다. 모두 저 살기 바쁘다는 이유로 그저 언니가 잘 살아 주기만 바랐다. 그러다 정말 견딜 수 없는 상황이 된 언니에게 정신분열이 왔다. 우리 가족 모두를 많이 힘들게 하고 언니 스스로도 너무 힘든 삶을 살았다. 그러던 어느 날 바람에 지는 꽃잎처럼, 그렇게 속절없이 우리 곁을 떠나고 말았다. 너무 예뻤고 동생 일이라면 맨발로라도 쫓아올 정도로 나를 사랑하고 염려했던 언니를 나는 보살피지 못했다. 나는 언니의 사랑을 받을 줄만 아는 동생이었다. 언니가 그렇게 떠나간 후 나는 언니를 대신해, 언니가 나를 보살피던 마음으로 동생들을 잘 보살피려고 노력하고 있다.

지금 우리 3남매는 마음이 맞는 친구처럼 잘 뭉쳐 살고 있다. 내 바로 밑의 동생은 고등학교를 시골에서 졸업하고 우리가 있는 서울로 올라와 구로공단에 있는 남지전자에 다니면서 노동운동을 했고, 경실련에 다니다가 결혼을 했다. 남동생은 좁은 집에서 누나들과 살면서 학교에 다니느라 고생도 많이 했지만 잘 자라 주었다. 남동생과 나는 촛불집회에도 같이 참여한다. 나는 아들 손잡고, 동생은 넥타이부대로 우리는 같은 꿈을 꾸며 같은 방향을 바라보며 함께 가는 동지이고 마음이 맞는 친구이다.

6. 다시 길을 나서다

그 뒤 두 아이를 키우면서 살던 나는 사촌언니가 일하던 장애인공동체에서 일하게 되었다. 그곳은 지체 장애인들이 일하는 재활작업장이었는데 출퇴근이 가능한 재가 장애인들이 모여서 비누와 향초 만드는 일을 했다. 나는 함께 작업도 하고 또 응원해 주시는 분들께 작업장 소식을 알리는 일도 했다. 장애인들과 함께 하는 일은 즐겁고 보람 있는 일이기도 했고, 나의 시선을 수평으로, 아니 그보다 조금 아래로 내리는 일이기도 했다. 좀 더 나은 삶을 살아야 할 것 같아 위를 보거나 높은 곳을 보면서 내가 작고 초라하게 느껴졌던 삶에서 내가 누리는 모든 것에 진심으로 감사하고 다른 사람들과 나누는 삶의 소중함을 알게 되었다.

사촌언니는 소아마비장애가 있다. 하지만 나는 언니가 장애인이라는 사실을 늘 잊고 산다. 언니는 누구보다 열심히, 항상 자기 삶에 최선을 다한다. 그러면서도 따뜻한 마음을 잃지 않고 살아가는 모습은 존경스럽기도 하다. 나는 그런 언니를 좋아했고 늘 그림자처럼 함께했다. 내가 만난 장애인들은 언니처럼 장애가 있지만 한 사람의 가장으로, 당당한 사회인으로 살아가려 노력하는 사람들이었다. 분명 많이 힘들고 어려운 삶을 살았을 텐데 불평하기보다 묵묵히 자기 삶을 살아가는 사람들. 그들과 함께한 시간을 통해 나의 삶에 감사하는 마음을 가질 수 있었다.

그러던 2005년 6월, 느닷없이 연락이 왔다. '구로동맹파업 20주년 기념행사'를 구로지역 노동자들이 한다는 것이다. 그동안 마음속에 묻어 두었던 여러 생각이 스쳤다. 행사 준비에 가서 만난 옛 동지들……. 주인공이라는 우리는 쭈뼛대는 손님 같은 느낌이 들었고, 그 자리가 낯설고 어색했다. 하지만 누군가 우리를 기억해 주고 그날을 기념해 주는 사람들이 있다는 사실이 기뻤다. 그동안 우리 가리봉전자 친구들은 1년에 한 번 또는 2년에 한 번 만나오곤 했다. 우리는 어려운 시기를 함께 한 동지이기 때문인지 오랜만에 만나도 어제 만났던 사람들 같고, 말 안 해도 마음으로 다 이해할 것 같은 느낌이었다. 우리는 서로에게 그리운 사람들로 만나기는 했지만, 이제는 각자의 삶을 살아가고 있었다. 지난 시절 상처도 각자의 몫으로 스스로 풀어야 할 숙제였다.

나는 가리봉전자 대표로 '증언대회'를 준비하면서 할 말이 많았다. 그런데 막상 앞에 나가서 말을 해야 하는데 눈물이 나서 아무 말도 못했다. 긴 세월 속에 묻혀 있던 우리들의 기억은 눈물이 되어 하염없이 흘렀다. 그동안 내 안에서 맴돌던 많은 이야기들이 눈물로 나온 것이다. 그때 눈물로 대신한 이야기는 이런 것이었다.

"지금 생각해 보아도, 그 상황이 된다면 나는 똑같은 선택을 할 것 같습니다. 내가 '아니다'고 생각한 것에 대해 '옳다'고 하는 건 절대 못하니까요.

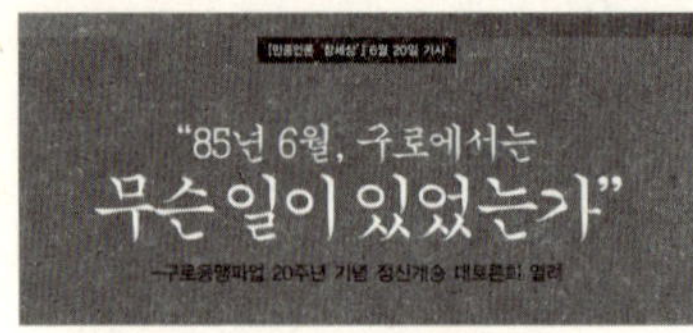

[민중언론 '참세상'] 6월 20일 기사

"85년 6월, 구로에서는 무슨 일이 있었는가"
―구로동맹파업 20주년 기념 정신계승 대토론회 열려

"대우 노동조합 탄압은 80년의 저 무시무시한 노동조합 탄압을 되새기게 한다. 현 정권은 70년대의 민주노조들을 하나씩 차례로 깨부숴버렸다…. 80년 이후 5년간 우리는 노동자의 기본 권리를 한 치도 허용하지 않는 암담한 현실을 뚫고 일어섰다. 갖은 탄압과 역경 속에서도 굴하지 않고 민주노조의 전통을 이어온 우리가 물러설 수 있겠는가?… 우리는 이번 대우 노조 파괴음모가 모든 민주노조에 대한 사형선고와 같다는 것을 알고 있다. 이런 마당에 우리가 무엇을 두려워 할 것인가? 임금인상조차도 못하는 노동조합으로 비굴하게 살아남을 건가? 가만히 앉아서 민주노조가 차례로 깨져나가길 기다리고 있을 건가? 우리는 그러한 어리석음을 두 번 다시 되풀이하지 않는다…. 민주노조 선진노동자들이여! 함께 일어나 싸우자! 천만 노동자의 동지애로 최후의 일인까지! 최후의 일각까지!"

― 효성물산·가리봉전자·세진전자·형제피복·선일섬유 노조가 공동으로 발표한 '노동조합 탄압저지 결사투쟁선언' 中

그녀들, 노동조합을 만나다

●●● 1980년에 있었던 광주민주항쟁 이후 많은 학생운동가들이 노동현장에 투신했다. 이로 새로운 노동운동의 주체가 형성된 것이다. 학생운동출신 노동자들은 1980 85년 경력지 1000명 이상이 노동현장에 투신해 수도권 지역에서 활동하고 있었다. 또한 70년대 민주노조활동을 통해 배출된 선진 노동자들도 비공개적으로 사업장 모임을 조직, 새로이 활동을 모색하고 있었다. 가리봉 전자의 성훈화 씨가 노동조합과 만났던 과정을 살펴보면 이를 잘 볼 수 있다. "노조 산하 독서회가 있었어요. 책 읽는 것도 좋아하고, 공부도 할 수 있으니 얼마나 좋아요. 그래서 함께 했죠. 근데 5월 쯤 독서회에 있었던 2명이 자신이 서울대학교 졸업생임을 밝혔어요. 나는 노동자가 싫어서 빠져나가려고 공부하는데 이 친구는 왜 노동자가 되기를 선택했을까. 엄청난 충격이었죠. 그리고 노동자인 내가 더 열심히 해야 겠다는 생각이 들었어요. 이때부터 노조에 관심을 가지기 시작했죠" 이렇게 만난 노동조합은 그녀들의 삶을 바꿨다.

●●● 1984년 구로지역에서는 민주노조들이 만들어지기 시작했다. 85년에 들어 민주노조는 최저생계비에 미치지 못하는 노동자들의 생활의 질을 개선하고, 노조의 역량을 강화시키는 것을 목적으로 투쟁했다. 이에 대해 유경순 역사학연구소 연구원은 "어 시기 노동자와 노동조합은 중요한 성과를 갖게 된다. 첫째, 고율의 임금인상을 통해 노동자의 생활조건을 개선하게 됐고, 정부의 5.2% 임금가이드라인을 무의화 시켰다. 둘째, 각 사업장의 노동자들은 단결의 힘을 실감했고 노조에 대한 인식 및 신뢰가 높아져 노조의 역량이 강화됐다. 셋째, 개별 사업장 내의 임금인상과정에 정부의 임금동결정책과 노동관계부처의 개입사실이 알려지면서 정부에 대한 인식을 새로이 하는 계기가 됐다"고 평가한다.

너무나 당연했던 동맹파업, 축제 같았던 동맹파업

●●● 그런데 85년 6월 22일, 느닷없이 경찰이 들이 닥쳐 김준용 대우어패럴 위원장을 비롯한 노조간부들을 연행한다. 공안당국은 구로공단의 구심으로 떠오르고 있던 대우 노조의 뒷덜미를 치려했으나 이 사건은 오히려 엄청난 투쟁을 불러일으키는 계기로 작동했다. 노조 간부들이 연행된 그 날은 토요일로, 공교롭게도 공단 내 민주노조 간부들이 합동교육을 받는 날이었다. 대우어

2005년 6월 20일 '구로동맹파업 20주년 행사' 중 증언대회. 참세상 기사에서

그때보다는 더 크게, 더 넓은 시야로 보면서 내가 하는 것에 의미를 좀더 부여했다면, 더 잘하지 않았을까 하는 생각도 해보았습니다. 그러나 그 과정에 잊고 싶었던 기억들이 많습니다. 좋은 기억, 아름다운 기억이 아닌 것입니다. 그때는 너무 힘들었기 때문에, 가리봉전자공장 앞을 10년 정도 못 지나갔습니다. 공장 옆의 작은 골목길에 큰 나무가 즐비하게 있어서, 그 거리를 좋아했는데 거기를 지나갈 수가 없었습니다. 우리에게 그 투쟁은 뭔가 성취해 낸 것이 아니라, 굉장히 많은 인연의 고리를 끊고 아픔으로 남게 되었습니다. 특히 회수를 보면, 내가 책임져야 할 문제 같아서 항상 마음이 무거웠습니다……."

우리의 투쟁이 역사적으로는 의미를 가질지 몰라도, 가리봉전자 노조 사람들에게는 아직 극복해야 하는 일그러진 상처와 분노의 모습으로 남

아 있었다. 하지만 대우어패럴 친구들의 다른 삶의 모습을 보면서, 내가 노동자의식을 잃고 방황하며 다른 얼굴로 살아가는 동안에도 누군가는 그 자리를 지키며 열심히 살고 있었다는 것을 알았다.

'구로동맹파업 20주년 기념행사'를 함께 하면서 우리는 패배로 남아 있던 지난 시간을 조금씩 서로에게 여는 과정을 거쳤던 것 같다. 그 뒤 동맹파업 기록 작업이 진행되어 여러 동료들과 함께 개인사를 구술하면서 나를 정리할 시간을 가질 수 있었다. 그러면서 내가 그동안 해보려고 했던 일들이 아무 의미 없이 사라진 것이 아니고, 누군가의 노력에 의해 우리의 삶이 다른 사람들의 삶과도 함께하고 있다는 걸 알았다.

2007년 여름에 책이 나왔다. 우리의 활동과 투쟁을 담은 『아름다운 연대』와 동료들의 삶이 담긴 『같은 시대 다른 이야기』였다. 행사와 구술 작업을 하면서 고칠 수도, 바꿀 수도 없는 지난 일은 잊는 게 최선이라고 생각하며 그냥 묻었던 기억들을 다시 한번 꺼내 볼 수 있었다. 책에서 만난 다른 친구들도 나와 비슷한 생각으로 살아왔다는 걸 알고 마음이 많이 아팠다. 그리고 모든 것을 개인의 문제로 놓고 스스로 해결하고 책임지길 바라 온 과거의 우리에게 문제가 있었다는 생각이 들었다. 행사를 준비하고 책을 내면서 우리의 아픔을 함께 아파하고 함께 풀어낼 수 있는 장을 만들어 준 분들께 감사한다. 그분들의 노력이 아니었으면 여전히 우리 이야기는 묻혀 있거나 개인의 문제로 남아 있었을 테니까…….

뒤이어 민주화운동 명예회복 신청을 하면서 지난 과정들을 우리 스스로 다시 긍정적으로 평가할 수 있었다. 또 우리가 사회의 민주화 과정에서 나름의 역할을 했다고 사회적으로 인정을 받으면서, 음지에서 우울하게 있던 우리가 양지의 밝은 곳으로 나온 것 같아서 가슴이 벅찼다. 친구

독서논술지도사 자격증 취득과정에서 동료들과 함께(두번째줄 오른쪽에서 네번째)

들도 마음속에 갖고 있던 피해의식을 많이 덜어낸 것 같다.

그 뒤 몇 년의 시간이 흘렀다. 글쓰기를 제안받고서 나는 그동안 내가 변화된 걸 느꼈다. 2005년도에 글쓰기 제안을 받았을 때는 도망치며 외면했는데, 이번에는 다시 마주할 과거의 일이나 삶이 두렵지만 써보겠다는 생각을 했다. 물론 쓰면서 다시 도망가고 싶은 갈등도 있었고, 어느 대목에서는 한 줄도 쓸 수 없어서 며칠을 앉아만 있었다. 그러면서 처음 쓴 내 글을 보고 몇 가지 마음 아팠던 사건이 빠져 있다는 걸 알았다. 이미 그 일들은 나를 스쳐 지나갔고, 나에게 더 이상 상처가 아닌 것이다. 그렇게 변화되어 있는 나를 확인하는 것이 한편에서는 안심이 되기도 했다.

그러면서 지난 시간에 대한 반성이 들었다. '그때 좀더 열심히 했더라면, 아니 내가 그렇게 한꺼번에 운동에 손을 놓는 것이 아니었는데…' 하는 반성과 후회가 들었다. 나는 우리 동료들이 사회에 뭔가 다시 돌려주는 삶을 살아야 하지 않을까 고민하기 시작했다. 나는 운이 좋게 독서지도사와 독서치료사 공부를 하고 있지만, 요즘 정말 내가 하고 싶은 일이 무엇인지, 내가 잘할 수 있는 일이 무엇인지 생각해 본다. 그동안 내가 하고 싶었지만 미루어 왔던 여러 가지 일도 나이가 더 들기 전에 해보고 싶다. 그러면서 내가 가진 것을 다른 사람들과 나누는 일을 하고 싶다. 치유되지 않아 아팠던 우리의 지난 날처럼 다른 사람들의 상처를 같이 아파하고 위로하면서 그 사람에게 힘이 되고 용기를 주는 사람으로 남고 싶다.

나는 남에게 보여 줄 수 있는 삶을 산 것도 아니고, 지난 상처들이 다시 돋아나면 어쩌나 하는 생각에 한편에서는 삶의 글을 쓰겠다고 생각한 내가 바보 같다는 생각도 했다. 하지만 그럴 때마다 용기를 내어 과거의 나와 직면하는 여행을 계속했다. 외면하고 싶기도 하고 도망치고 싶기도 했지만 지금은 잘했다고 생각된다. 그리고 이번 돌아봄을 통해서 내가 더 깊어지고 주변 사람들과 더불어 따뜻하게 살아갈 수 있기를 기대해 본다.

이제는 내가 나를 돌보고 알아가면서도, 자본의 노예로 속박 당하지 않고 인간다운 행복을
추구하며 살아가는 세상, 목적이 부정되거나 소실되어 본래의 의미가 뒤바뀌지 않는 삶을
희망하며 살아갈 수 있을 것 같다.

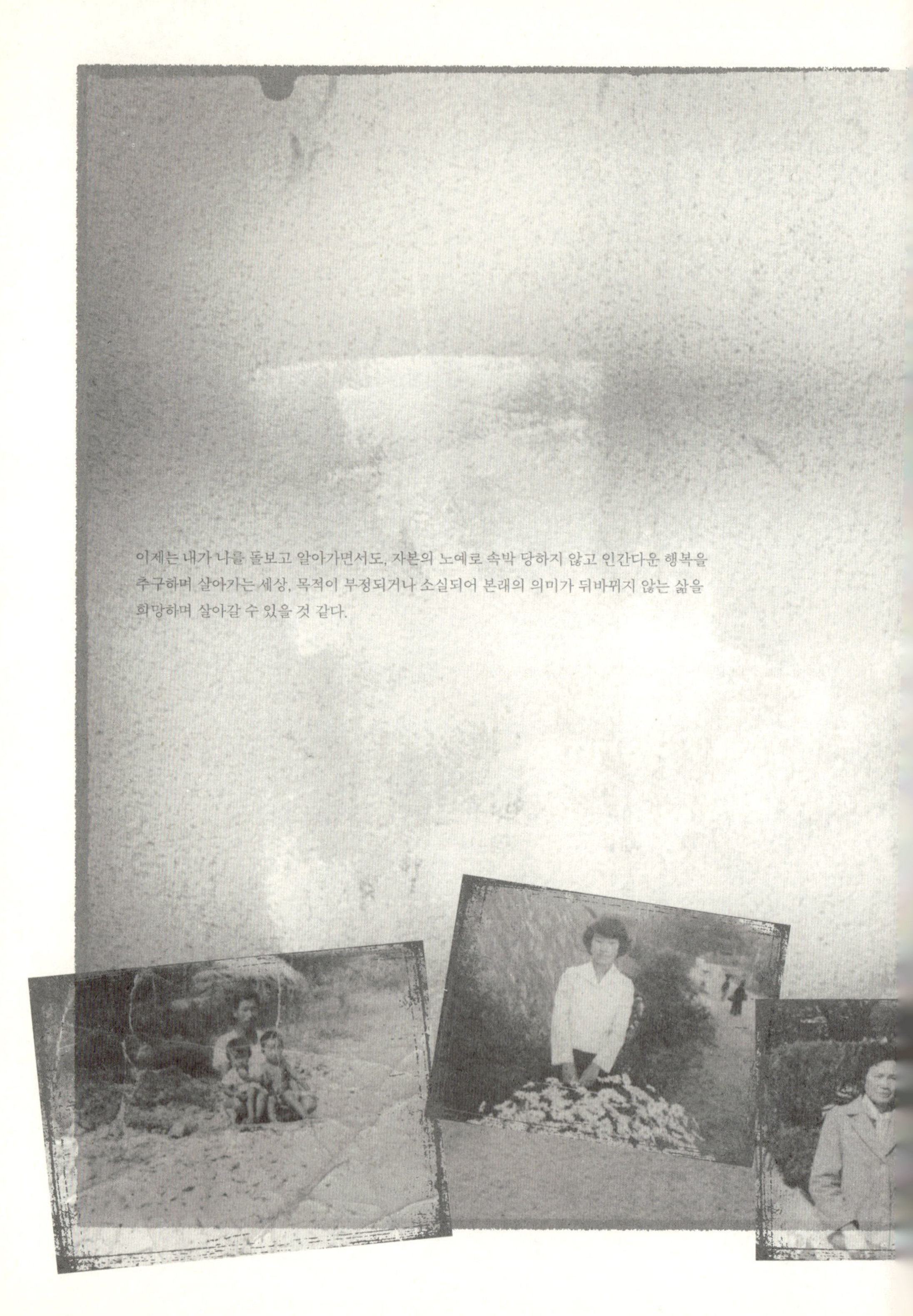

꺾이지 않는
들꽃이 되어

김덕종

나우정밀 노동조합 사무국장, 위원장

꺾이지 않는 들꽃이 되어

1. 평범했던 어린 시절

1967년 초가을, 내가 태어난 곳은 충청남도 태안반도의 오지 ──앞으로는 드넓은 갯벌이, 뒤로는 야트막한 야산이 자리 잡고 있는 한적한 바닷가 마을 '안기리'라는 곳이다. 우리집은 마을의 중심부에서도 한참 벗어나 바닷물의 침수를 막기 위해 쌓아둔 방파제 바로 옆에 인접한, 달랑 두 가구만 사는 외진 곳에 있었다. 그때는 집집마다 마루 위로 풍경그림을 담은 액자가 하나씩 걸려 있었는데, 대개 야산 앞쪽으로 물레방아와 오막살이 초가집이 있고 그 집 앞으로는 바다가 펼쳐져 있는 풍경을 담은 그림이었다. 지금 생각해 보니 호수일 수도 있겠다는 생각이 든다. 아무튼 내가 초등학교 저학년 때까지 그림 속의 초가집이 우리집을 배경으로 해서 그린 그림이라고 철석같이 믿었을 정도로 분위기가 비슷했다. 우리집은 마루도 없는 단칸방에 부엌만 있는 오막살이 초가집이었다. 친구라고는 동갑내기인 '봉훈'이라는 남자아이가 전부였다. 봉훈이는 초등학교 저학년 때

나우정밀 노조활동을 말하는 필자(2010년)

까지 내 동생들과 함께 어울려 놀았다. 조수간만의 차가 심한 서해안 지역이라서 하루하루 달라지는 바닷물의 변화를 보며 사리와 조금을 자연스럽게 익혔고, 바닷가의 고운 모래와 조개껍질, 갑오징어 속판, 들풀들이 소꿉놀이의 주재료가 되었다. 집 주변의 구부러진 소나무는 나의 전용 교통수단이 되어 나무에 올라가 "어기여차~" 노래를 부르며 서서히 흔들면 바다 위를 떠다니는 돛단배가 되었고 세차게 흔들어 속력을 내면 어느새 자동차로 변신해 목적지 없이 내달렸다. 아버지가 나무에 튼튼하게 매어 준 그네를 맘껏 구르며 탈 때 시원스레 바람을 가르고 올려다 본 하늘은 참 맑았다.

나는 1남 3녀 중 장녀로 태어난 덕분에 부모님의 사랑을 많이 받았다. 첫돌 무렵 어디든 잡고 올라가려 했고, 특히 밥상에 올라가는 것을 좋아했다고 한다. 아버지는 나를 밥상에 올려놓는 대신 당신의 밥은 방바닥에 내

아버지 무릎에서 소꿉친구와 같이(왼쪽이 필자)

려놓으신 채 식사를 하셨다고 한다. 밭일을 하러 다니실 때는 항상 나를 지게에 지고 다니시며 보물처럼 여겼으며, 예비군훈련 소집에 동원되어 훈련장에 다녀오는 길이면 빨간 사탕을 받아다 주곤 하셨다. 어렸을 때 아버지가 예비군복을 입으면 사탕을 먹을 생각에 설렜고 하루 종일 기다리다 아버지가 훈련을 마치고 돌아오시면 빨간 사탕을 맛나게 먹었던 기억이 지금도 달콤하게 떠오른다. 아버지께 어디서 사탕이 생겼냐고 물어보면 예비군 창설 기념으로 사탕을 준 것 같다고 대답하셨던 것 같다. 사탕을 물고 있던 기억은 달콤하지만, 예비군복을 입은 아버지의 모습을 보면 뭔가 막연하게 두려움도 스쳐간다. 초등학교에 다닐 때는 반공교육의 영향 탓인지 우리집이 해안가라서 간첩의 침투가 있을 수 있다는 생각에 걱정이 많았고, 주변에 낯선 사람이 나타나면 그 사람이 멀리 사라질 때까지 긴장을 늦추지 못하기도 했다.

8세 때 집 앞의 바닷가에서 동생들과 같이(왼쪽)

나는 자라면서 아버지를 기쁘게 해드리는 살림밑천인 큰딸의 역할을 하기 시작했다. 봄이 오면 미나리, 쑥, 달래와 냉이 같은 여러 가지 나물을 한 바구니씩 캐어 왔고, 감나무의 감꽃이 떨어질 무렵 바람이 세차게 불면 새벽에 일어나 바닷가를 따라가며 세찬 파도의 너울에 밀려난 갑오징어를 주워 왔다. 여름방학이 되면 바다에서 조개와 게를 한 바구니씩 잡아 왔다. 냇가에서 잡은 우렁이를 듬뿍 넣은 된장찌개를 끓여 밥상에 올리면 "우리 딸이 최고구나!"라며 칭찬하셨던 아버지의 목소리가 지금도 귓가에 생생하다. 이런 일들은 나에게 놀이이자 성취감을 맛볼 수 있게 하는 좋은 기회를 주었다. 지금도 자연의 산물을 채취하던 그때의 흐뭇했던 기억들이 꿈속에서 가끔 나타난다. 이때부터 나는 부모님의 칭찬에 길들여진 장녀로 '착한 딸 콤플렉스'를 지니게 되었던 것 같다.

우리집은 농지가 거의 없었다. 아버지가 할아버지로부터 물려받은 재산이 아무것도 없어서 논은 한마지기도 없었고, 밭이라고 해야 간석지를 개간한 백 평 정도의 땅이 다였으며, 텃밭도 집 주변의 모래흙 땅을 일궈 만든, 어른들 표현을 빌리자면 '손바닥 크기'만 한 정도가 전부였다. 이러다 보니 아버지가 날품을 팔아 번 돈으로 끼니를 때웠는데 주식은 보리밥이었고, 간식거리는 구경하기 힘들었다. 늦가을, 간척지에 심어 놓은 고구마를 캐면 방 한쪽 모퉁이에 통가리를 만들어 고구마를 보관했다. 이 고구마는 겨우내 우리 사남매의 주식 겸 간식거리가 되었다. 껍질을 벗겨 생으로 먹기도 하고, 삶아서 먹기도 하고, 설 같은 명절을 앞두곤 커다란 가마솥에 고아 엿을 만들어 먹기도 했다.

우리집 대문 앞에는 복숭아나무가 네 그루 있었다. 우리는 가족의 서열에 맞춰 이 나무들에게 각각 아버지 나무, 엄마 나무, 내 나무, 남동생 나무라는 이름을 붙여 주었다. 이른 봄에 꽃이 피었다 지고 복숭아가 열리기 시작하면 우리는 매일같이 복숭아와 눈인사를 했다. 복숭아는 사남매의 기대 어린 눈길과 따뜻한 햇살을 받으며 뽀얀 솜털을 달고 잘 자라 주었지만 초여름 무렵, 복숭아의 속씨앗이 여물어 딱딱한 껍질이 생기기도 전에 붉은 빛이라곤 찾아볼 수 없는 연둣빛 상태의 복숭아를 우리는 따먹기 시작했다. 또한 집 앞의 손바닥만 한 땅에는 참외, 오이, 가지 등을 심었다. 참외도 노랗게 익은 것을 먹어 본 적이 없다. 참외는 오이와 달리 노란빛을 띠며 익기 전인 연둣빛일 때는 씨가 박혀 있고 속 부분이 매우 쓰다. 그래도 우리는 이때부터 쓴 참외 속을 파내어 먹기 시작했다. 오이 같은 참외 맛이었다. 가지나 오이는 더 말할 나위가 없었다. 이처럼 설익은 야채와 풋과일 등을 닥치는 대로 먹어 대는 사남매의 왕성한 식욕은 해가 바뀔수록 더해 갔는데, 이런 우리 사남매를 보며 엄마는 간식거리를 챙겨줄 수 없는 안타까움과 앞으로 자식들을 건사할 생각으로 두려움이 앞섰을 것이다.

엄마는 강인한 '현모양처'에 가까운 분이셨다. 솜씨가 좋으셔서 시집 오시기 전에 익히신 양재 기술로 옆집의 재봉틀을 이용해서 우리들의 옷을 만들어 주시기도 하고 손뜨개질로 옷을 짜 주시기도 하셨다. 내가 초등학교 입학하기 전에 한글과 숫자를 익힌 것도 엄마의 자상한 보살핌 덕분이었다.

엄마는 마음 약하신 아버지를 이해하고 위로하며 사셨다. 나의 친할머니는 아버지가 다섯 살 무렵에 돌아가셨다고 한다. 할머니가 돌아가신 후 할아버지는 아버지를 곧바로 아버지의 조부모님께 맡겼다고 한다. 이런 성장과정 탓에 아버지는 마음도 여리고 정이 그리운 분이셨다. 우리들에게는 자상한 아버지여서 매질 한 번 하지 않으셨지만, 세상을 함께 살아가야 할 엄마에게는 만만치 않았을 것이라 여겨진다. 하지만 엄마는 자식과 남들 앞에서 아버지의 권위를 높이기 위해 노력하셨다. 우리들은 아버지와의 관계가 편해서인지 일상적으로 반말을 썼는데, 엄마는 남들 보기에 부끄럽다며 아버지에게 존댓말을 하라고 하셨다. 식구들 중 아버지의 밥그릇에 항상 흰 쌀밥이 가장 많이 담겨 있었던 것도 엄마가 아버지의 권위를 살리려고 한 게 아닌가 싶다. 아버지는 보리와 쌀을 골고루 섞어 다똑같이 밥을 푸라고 하셨지만, 엄마의 밥그릇 철학은 변함이 없었다. 그런데 아버지의 권위는 그렇다 치고 이해가 되지 않는 부분은, 우리집안의 서열로 치면 아버지 다음에 엄마이거나 나여야 하는데, 내 밑의 남동생 밥에 아버지 다음으로 쌀밥이 많이 섞여 있었던 것이다.

엄마는 신앙심이 아주 깊다. 가난한 살림살이에 사남매를 키우며 중심을 잡고 살아오실 수 있었던 것도 종교의 힘이 아주 크게 받쳐 주었던 것 같다. 매일같이 새벽마다 교회에 나가 일상의 어려움을 기도하며 극복해 오신 분이다. 가난한 살림살이 때문에 입은 엄마의 상처들은 나에게도 전달되었다. 입에 달고 하시는 말씀이 "가난한 사람은 어디 가도 대접받을 수 없다", "친척이나 형제들도 무시하고 업신여긴다" 등이었다. 나도 성장하면서 가난한 집안 환경을 인식하게 되었고, 엄마의 가난에 대한 피해의식과 그 감정을 고스란히 전수받았다. 여름방학이 되면 타지 사람들이 조개를 잡기 위해 우리집 앞의 바닷가를 찾아 왔고, 그럴 때면 내가 다니던 초등학교의 반 아이들이나 옆반 아이들이 우리집을 보러 오기도 하고 우리집에 물건을 보관하기도 했다. 이럴 때마다 나는 우리집의 규모와 형편을 보여 주는 것이 싫었고, 부끄러워서 위축되곤 했다.

2. 사춘기의 아픔을 딛고 세상에 눈을 뜨다

사남매가 성장하면서 교육은 시켜야 되는데 논 한마지기 없는 우리집 살림살이에 부모님의 걱정은 커져만 갔다. 그러던 중, 내가 초등학교 5학년 때 우리집은 마을 중심지에 농지는 많은데 자식들이 도시로 나가 있어서 혼자 사시는 동네 할머니네로 이사를 하였다. 이 집으로 들어가서 할머니와 함께 살면서 부모님이 농사를 지어 나중에 타작을 하기로 한 것이다. 이 집 대문을 열면 바로 부엌이 있었고 그 옆으로는 문간방이 있었다. 장마철에는 천장에서 빗물이 떨어지기도 했다. 같이 사는 할머니는 참견과 잔소리를 말할 수 없이 많이 해서 우리 사남매와 엄마는 항상 할머니의 기분과 눈치를 살펴야 했다. 지금도 할머니의 감시하던 눈빛이 생생하게 떠오른다. 하루는 방이 어두워서 전깃불을 켜고 숙제를 하고 있는데 할머니가 "낮에 전깃불을 켰다"고 야단을 치며 잔소리를 심하게 하셨다. 엄마는 할머니에게 대들 수도 없으니, 마음이 무척 상하셨던 모양이다. 엄마는 사남매를 방에 모아 놓고 기도를 하셨다. 평소 강인하게만 보였던 엄마가 기도 중에 펑펑 우셨고 우리 사남매도 같이 엉엉 울었다. 엄마를 울게 만든 할머니가 너무 미웠다. 억울하기도 했던 나는 그때 이 사건을 잊고 싶지 않아 우리집 흙 담벼락에 '할머니에게 혼난 날, ○○○○년 ○월 ○일'이라고 적어 놓았다. 가끔 이때의 기억을 떠올리면 눈물이 울컥 솟구친다. 우리 가족은 구속이 심한 이 생활에서 하루 빨리 벗어나고 싶었다. 부모님은 몇 년을 고생한 끝에 방도 여러 개 있고 대청마루가 있는 번듯한 집을 사서 이사할 수 있었다.

6학년이 되었을 때의 일이다. 새 학기가 되니 가정환경조사가 있었다. 가전제품에서부터 주택 소유 여부까지 교실에서 공개적으로 손을 들어 집집마다의 가정 형편을 조사하기 위한 것이었다. 조사를 위한 항목 중에 "자기 집이 없는 사람 손 들어"라는 선생님의 지시가 있었다. 나는 순간 손을 들까 말까 참 망설였다. 시골이라서 자신의 소유가 아닌 집에서 살고 있는 경우는 거의 없었기 때문이다. 하지만 우리집을 알고 있는 동네 친구들이 있어 손을 안 들 수가 없었다. 우리 반에서 나와 다른 한 명이 손을 들었다. 나는 부끄러워서 얼굴이 붉게 달아올랐다. 어린 마음을 아프게 했던 이런 방식의 가정환경조사가 필요한 것이었을까? 조사의 목적은 아이들의 형편을 파악하고 이해하여 올바르게 지도하고자 함이었을 텐데, 조사하면서 학생들이 받게 될 상처에 대해서는 전혀 관심이 없었던 듯하다. 지금도 학교에서는 조사방식이 바뀌었을 뿐 지면을 통해 부모의 학력, 직장, 주거, 재산 등을 확인하는 조사를 계속하고 있다.

1981년 근흥중학교 시절

가정형편은 어려웠지만 당시 사회 분위기가 중학교까지는 대부분 마치는 상황이라서 부모님은 고심 끝에 나를 중학교에 진학시켰다. 나는 공부를 열심히 하지는 않았지만, 못하는 편은 아니었다. 잘할 때는 우등상을 받기도 하고, 무어 그리 착한 일을 했는지는 알 수 없지만 두 차례 선행상을 받기도 했다. 나는 엄마의 영향으로 교회에 열심히 다녔고 부모님의 뜻을 거역하지 않는 순종적인 아이로 성장했다. 어디를 가도 있는 듯 없는 듯 조용했으며 수줍음도 많았다. 그러나 교회활동에 있어서만큼은 학생회 회장, 주일학교 교사 등의 활동을 하며, 남들 앞에 설 수 있는 용기를 가질 만큼 적극적인 모습을 보이기도 했다.

고등학교 진학을 앞두고 나와 부모님은 며칠간 눈물바람을 해야 했다. 나는 고등학교에 가게 해달라고 며칠을 졸랐다. 부모님도 자신은 없었지만 나의 고집을 꺾지 못했고, 읍내에 있는 고등학교에 입학원서를 냈다. 나는 꿈도 야무지게 인문계 고등학교를 선택했다. 대학을 가기 위해서였다. 1학년 겨울방학을 맞이했을 때 엄마는 나를 불러 "1년간 고등학교 뒷바라지를 해보니 앞으로 더 해낼 자신이 없다"고 말씀하셨다. "네 밑으로 동생들이 세 명이나 있어 걱정이니 천안에 있는 방직회사에 입사해 낮에는 일하고 밤에는 공부하는 산업체고등학교로 전학하라"는 말씀을 하셨다. 나 또한 1년간의 생활이 지겨웠다. 교복자율화가 되어 사복을 입었는데, 한참 예민할 시기에 옷은 단벌이었고 용돈은 전혀 없었다. 집과 학교가 멀리 떨어져 있어서 한 시간씩 걸어서 학교에 가야 했는데 눈보라가 치는 추운 겨울이면 따뜻한 외투도 없이 왕복 두 시간을 걸어 다니기가 만만치 않았다. 이때 얼굴에 입은 동상의 흔적이 지금도 남아 있다. 겨울이 되어 조금만 추우면 얼굴이 시퍼래졌다가 따뜻한 곳에 가면 뜨겁게 귀까지 달아오르며 빨개지는 현상이다. 나는 이 생활이 지겨워서 엄마에게 항의하듯이 쉽게 가겠다고 해버렸고, 분위기상 더 이상 저항할 수도 없었다. 그러나 결정을 하고 나니, 생각하면 할수록 방직회사에 가기가 싫어졌다. 이때 처음으로 자살이라는 것을 생각해 보았다. 자라면서 구질구질하게 계속된 가난한 삶이 지긋지긋했다. 벗어나고 싶었다. 집 안에 농약을 보관하는 광[창고]이 있었는데 나의 눈길은 계속 그곳에 가닿았다. 그러나 실행할 용기는 없었다. 엄마에게 이 사실을 이야기하니 엄마는 "학력이 전부가 아니다"라시며 내 등을 쳐가며 호되게 나무라셨다. 나는 나의 힘든 상황을 말할 사람이 없었다. 오로지 교회에 찾아가 눈물로 호소하며 하나님께 기도할 뿐이었다.

그런데 나의 기도가 이루어졌다. 천안 방직회사에 가서 면접을 봤고, 면접관이 "집에 가서 쉬었다가 사흘 후부터 출근하라"고 했다. 집에 내려와 대기하고 있는데 이때 작은할아버지가 돌아가시어 집안 어른들이 다 모이게 되었다. 장례식을 치르던 날, 아버지는 나를 고등학교 졸업을 시키지 못하는 것이 한이 되어 많이 우셨다. 장지가 가족묘지라서 이미 돌아가신 할아버지 묘 앞에 가서 말이다. 그 이유를 들은 큰아버지가 상황을 안타깝게 여겨 나에게 2년간 고등학교 학비를 대주기로 하셨다.

1986년 고등학교 졸업식 날, 어머니와 함께

나는 큰아버지에게 보답하기 위해서라도 열심히 공부를 해야겠다고 생각했지만 생각으로 그쳤다. 학교생활과 공부에 대한 의욕이 떨어졌고, 시험 점수는 형편없었다. 집안 형편상 수학여행은 갈 수 없었고, 장래희망인 '선생님'의 꿈이 꺾인 가운데 삶의 좌표 없이 무기력해져 갔다. 그때 나는 장래 희망과 꿈은 거창해야 된다고 잘못 알고 있었다. 그래서 누가 "장래 희망이 무어냐?"고 물어보면 선뜻 대답할 수 없는 나를 참 부끄럽게 여겼다. 희망과 꿈을 직업으로만 연결시켜 무기력하게 지냈던 날들이 참으로 안타깝다. 누군가가 '거창하지는 않더라도 실현 가능한, 하고 싶은 일을 찾아 하면 된다'고 내게 알려 주었더라면, 그렇게 막막하게 지내지는 않았을 텐데 하는 아쉬움이 있다.

3. 낯선 서울 생활, '불량품'이라는 생소한 말

고등학교 3학년 겨울방학 때, 서울 회사에 취직해 다니고 있던 고등학교 선배를 교회에서 만났다. 그 언니가 다니는 회사에서 직원모집을 한다면서 취업할 생각이 있으면 같이 올라가자고 했다. 회사 조건은 괜찮은데, 구로공단에 위치해 있어서 그게 좀 걸린다고 했는데, 당시에는 이 말이 무얼 의미하는지 전혀 눈치 채지 못했다. 그때 나는 졸업과 동시에 취업을 해서 돈을 벌어야 한다는 생각으로 가득 차 있었기 때문에 무작정 그 언니를 따라나섰다. 태어나서 처음으로 말로만 듣던 서울에 올라오니 설레기도 하고, 부모님 곁을 떠나 있을 것을 생각하니 두렵기도 했다. 1986년 1월, 나는 그 선배언니가 다니고 있던 구로3공단에 있는 나우정밀이라는 전화기 제조업체에 입사했고, 신길동에 있는 언니의 자취집에서 함께 기거하며 신세를 졌다.

아침 출근길, 26-2번 시내버스 안은 항상 만원이었고 성추행범들이 득실거렸다. 순진한 촌뜨기인 데다가 둔감했던 나는 몇 차례 성추행을 겪고 나서야 이를 알아차리게 되었고, 이후로는 버스만 타면 촉각을 곤두세웠다. 또 시골에서 올라온 지 며칠 되지 않았던 어느 날인가는 퇴근 중인 버스 안에서 지갑을 잃어버린 일도 있었다. 누군가가 외투 주머니에 들어 있던 지갑을 슬쩍 빼갔던 것이다. 나는 버스에서 내려 주머니에 손을 넣고서야 그 사실을 알았다. 지갑 안에는 주민등록증과 비상금 만 원이 들어 있었다. 그 만 원은 보관만 하고 다니던 소중한 돈이었는데, 참 속상했었다. 이런 경험을 하며 "도시는 눈 뜨고 있어도 코 베어 가는 곳이니 정신 차리고 살아야 한다"는 엄마의 말씀이 떠오르면서 공감이 갔다. 그 이후 버스를 타면 경계태세를 늦추지 않았고, 그렇게 긴장하며 서서히 낯선 서울 생활을 익혀 갔다.

나우정밀에 입사해 받은 첫 월급은 9만 원가량 되었고, 이후에 잔업이나 특근을 해서 보태면 10~11만 원 정도 받았다. 월급의 대부분을 시골에 보냈고, 엄마는 계를 들어 모았다가 나중에 동생들과 자취를 할 때 셋방을 얻는 데 보탰다. 동생들과는 1989년부터 함께 살기 시작했다. 동생 세 명은 모두 서울에 올라와서 학교를 다녔다. 남동생은 대학을 다녔고, 여동생 둘은 실업계 고등학교를 다녔다. 적은 돈으로 4남매가 살아야 할 전세방을 구하는 일은 참 어려웠다. 우리는 주로 방값이 싼, 행정구역상으로는 신림동이지만 흔히 '난곡'이라 불리는 동네에 살았다. 방을 구하려면 버스 종점이 가까운 아래쪽부터 뒤지며 찾아 올라가다 보면 난곡동 산꼭대기 근처에 돈에 맞는 규모의 방이 있거나, 산꼭대기가 아닌 조금 아래쪽이다 싶으면 지하방밖에 없었다. 하루 종일 다리가 떨어져 나갈 듯이 발품을 팔았는데도 마음에 드는 방을 구할 수 없었을 때는 절망감에 하염없이 눈물 흘리며 펑펑 울었던 적도 있다. 시골에 계신 부모님께 전세방 시세가 이만저만하니 돈을 좀더 구해 달라고 하면 돈 구하는 데 자신이 없으신 부모님은 확실하게 대답하지 못했다. 항상 걱정스런 말투로 노력해 보겠다는 것이었다. 난 이런 태도를 취하는 부모가 원망스러웠다. 이사 날짜는 다가오는데 대책 없던 상황의 막막함이란 당해 보지 않은 사람은 모를 것이다. 우리 전세방은 주로 완전 지하방이거나 허름한 집 한쪽을 이어 만든 방들이었다. 우리 사남매는 큰 싸움 없이 한방에 오글오글 살았다. 동생들의 학교 수업료는 집에서 조달이 되었고, 나머지 소소한 비용과 용돈은 내 담당이었다.

무선전화기 전문 생산업체인 나우정밀은 무선전화기 시장의 선두주자로, 당시 아주 잘 나가던 업체였다. 내가 입사했을 때는 수출용 전화기만 만들었지만 80년대 말, 무선전화기가 처음 보급되던 시절에는 텔레비전 광고까지 하였다. 긴 털을 지닌 잘 생긴 외국산 개 한 마리가 전화기를 입에 물고 주인에게 갖다 주는 광고였다. 입사하면서 나는 베이스5라인 맨 앞자리에서 일을 하게 되었다. 전화기의 캐비닛을 박스에서 꺼내 외관상

홈이 있는지 확인한 후 스티커를 붙여 컨베이어 벨트에 올려놓는 게 주된 업무였다. 맨 앞 공정은 그나마 일이 수월했다. 왜냐하면 맨 앞자리에서 작업공정이 많아 작업이 지연되면 뒤의 사람들이 놀게 되기 때문에 많은 공정을 주지 않는다. 그럼에도 나는 컨베이어 속도에 맞추지 못할까 봐 걱정이 되어 쉬는 시간이나 점심시간에 짬짬이 작업을 해서 항상 옆에다가 스티커를 붙인 캐비닛을 쌓아 놓고 일을 했다. 컨베이어의 속도 조절은 라인의 관리자인 주임이 했고, 생산 목표량에 맞추어 쉼 없이 돌아가는 컨베이어의 선에 따라 빽빽하게 빠짐없이 내려야 했다. 긴장하며 꼼꼼하게 일을 한다고 했는데도 어이없게 스티커 미부착 등의 실수가 있었다. 그때마다 내 뒤에 앉은 왕언니가 "불량~!"이라며 자신의 기분에 따라 목소리의 높낮이를 달리하여 소리치며 나에게 되돌려 줄 때는 창피하기도 하고 무섭기도 했다. 공장의 낯선 용어들인 '불량', '폴리백'비닐봉지, '스크루'나사 등을 익히며 빠른 속도로 쉼 없이 돌아가는 컨베이어 벨트, 뿌연 납땜 냄새나 연기에 적응하느라 정신이 없었다.

앞자리의 업무가 익숙해질 무렵 주임으로부터 중간 자리로 옮기라는 지시를 받았다. 전화기 겉 캐비닛을 닫기 전에 앞에서 조립한 과정에 대한 외관 및 녹음 기능 검사가 주된 공정 작업이었다. 이 전화기는 수화기와 자동응답 녹음장치가 들어가는 전화기로 가로 30cm, 세로 20cm의 크기에 무게가 약 3kg 정도 되었다. 한쪽 손으로 이런 전화기를 컨베이어에 들었다 놓기를 몇 천 번씩 하고 자동응답 장치, 수·발신 메시지 녹음상태 등을 검사하기 위해 전화기에 대고 "메시지 하나·둘·셋·넷"을 떠들어 댔다. 중간검사 자리는 기기불량으로 빠졌던 전화기를 기사가 수리한 후 가져오면 다시 테스트를 해야 하기에 이중의 업무를 해야 할 때가 많았다. 이럴 때면 작업이 지체되어 빨리 해내야 한다는 부담감으로 얼굴이 달아오르기도 했다.

또한 아침 8시 30분부터 8시간 근무를 하고, 다시 저녁 9시 30분까지 강제 잔업을 할 때면 목이 아프고 어깨는 천근만근이 되어 지쳐 있는 노동자들의 처지가 마치 양계장에 갇혀 알 낳는 닭같이 여겨져 비참한 기분이 들기도 했다. 어쩌다 감기몸살로 조퇴를 신청하면 외면당하기 일쑤였고, 아줌마들의 경우 집안의 애경사哀慶事, 제사, 이사, 아이들의 학교 입학·졸업 등 집안 일이 많았지만 연월차휴가는 사용할 수 없었고, 급여에서 공제되는 조퇴조차도 할 수가 없었다. 더 심한 경우, 지각을 하면 급여에서 공제하는 것으로는 모자랐던지 지각한 노동자를 라인 앞에 세워 두어 인간적인 모멸감을 주었으며, 일요일이나 국경일엔 일방적인 특근을 요구할 때가 많았다.

한번은 광복절이라 국경일인데도 특근이 잡혔다. 이날은 내가 다니던 교회 청년부에서 친목 체육대회가 있었으나 특근 때문에 참석하지 못했다. 다음에 교회에 갔는데 체육대회 불참에 대해 물어오는 청년부 회원들에게 사정을 얘기하다 보니 내 처지가 참 비참하게 느껴졌다. 또 "회사가 어디냐?"고 물을 때마다 '구로공단의 공순이'가 의식되어 마음을 불편하게 했다. 일요일 특근은 매달 평균 2회씩 강제로 시행했는데 나는 그럴 때마다 교회에 갈 수가 없어 죄를 짓는 것 같아 마음이 불편해 머리까지 아팠다. 이제 겨우 스무 살인데 이런 생활을 계속하며 살아야 하는 현실이 암울했고, 하루빨리 이런 생활에서 벗어나고 싶었다. 나는 사무직에 취업하게 되면 조건도 나아질 것이고, '공순이' 소리에 예민하게 반응하지 않아도 될 것이라는 생각으로 가리봉 오거리에 있는 타자학원을 찾아가 상

1986년 나우정밀 입사동기이자 라인의 단짝 친구와 함께(왼쪽)

담을 해봤다. 그런데 시간이 맞질 않았다. 야간대학이라도 들어가 졸업하면 직장을 옮길 수 있지 않을까 기대를 하며 시골집에서 고등학교 교과서를 가져 왔다. 하지만 낮에 일하고 밤에 공부한다는 것도 만만치 않았다. 더욱이 수시로 저녁 9시 30분까지 잔업을 했으니까. 나는 애꿎게 내 의지만을 탓하며 자괴감에 시달려야 했다.

나우정밀에 입사한 지 얼마 되지 않은 3월 어느 날, 점심시간에 밥을 먹고 밖에서 배구를 하며 놀고 있는데 언니들이 급하게 작업장으로 들어오라고 손짓하며 몰아댔다. 나는 친구와 서둘러 작업장으로 들어갔다. 현장 세 곳의 문들은 바로 잠겼고 현장 사수를 위해 문 앞에 생산 제품 박스들을 쌓아올린 바리케이드가 순식간에 쳐졌다. 세 명의 언니들이 작업 탁자 위에 올라서서 작업복을 벗으니 흰색 목 폴라 티셔츠 앞뒤로 선명하게 '임금 1,000원 인상'이란 글씨가 보였다. 언니들은 조목조목 우리들의 노동조건에 대해 문제가 있다는 것을 설명하였고, "임금인상 요구와 강제 잔업과 특근 철폐, 매일 고정적인 2시간의 연장근로 시 빵을 지급하라!"고 외쳤다. 문 밖에서는 남자 관리자들이 문을 두드리며 세차게 밀어대는 바람에 바리케이드가 흔들리며 덜컹덜컹 소리를 냈고 이 상황을 지켜보는 내 가슴도 조마조마해 손에 땀이 흘렀다. 촌각을 다투는 상황에서 정수라의 '아~ 대한민국'을 노가바노래가사 바꾸기 한 프린트가 돌려졌다. 노랫말은 구구절절 우리 노동자들의 처지와 이야기를 잘 담아 내며 비참한 현실을 그대로 드러내고 있어서 공감이 갔다. 우리는 지금 이 시간이 지나면 더 이상 부를 수 없을 것 같아 있는 힘껏 노래를 불렀다. 이렇게 30분쯤 지났을까. 드디어 덜컹거리던 한쪽 문이 세차게 열렸고, 세 명의 언니들은 바로 관리자들에게 질질 끌려 나갔다. 내 손에 들려 있던 프린트도 주임이 빼앗아 갔다.

짧은 시간 동안 일어난 일들을 보며 나는 언니들의 바른 주장이 마음에 와 닿기는 했지만, 바로 관리자들에게 정리되는 상황에 회의적인 생각이 들었다. 또 "어디서든 항상 앞장서지도 말고 중간만 가라"던 아버지의 말씀이 떠올라 더 이상 관심을 갖지 않았다. 그 이후 난 그 세 명의 언니들과, 라인에서 함께했던 다른 두 명의 언니들도 볼 수 없었다. 회사에서는 이들이 대학을 다녔던 자들로 이력을 허위 기재하여 입사한 '위장취업자'이며 '빨갱이'라고 악선전을 했다. 위장취업자들은 북한과 연계되어 있고 남한에서 노사분규를 조장해 나라를 혼란스럽게 하는 불순분자들이라고 호들갑을 떨었다. 당시 나는 입사한 지도 얼마 되지 않았고, 그 언니들과 이야기를 나눈 적도 거의 없었으며, 사회의식도 뒤떨어져 있었기 때문에 회사가 이야기하는 것이 거의 사실이라고 믿었다. '위장취업자=간첩'으로 연상되어 혼란스럽고 무시무시했다.

언니들이 사라진 이후 회사에 새로운 조건들이 만들어졌다. 언니들의 자리는 기혼 여성노동자들로 대체되었고, 신규채용 역시 기혼 여성들로 이루어졌다. 생산직 400여 명 가운데 대부분 미혼 여성노동자였으나 이제 미혼, 기혼 노동자 비율이 반반씩 되어 갔다. 회사는 기혼 여성들은 가정이 있기 때문에 투쟁에 가담하는 데 있어 소극적일 것이라고 여겼던 모양이다. 하지만 이후 회사의 의도는 보기 좋게 빗나갔다. 또 한 가지 새로운 일은 투쟁이 마무리되는 시점에 노동부의 근로감독관이 나타나 회사를 질타했다. 이만한 규모의 회사에 노사협의회가 구성되어 있지 않으니 분규가 일어나는 것이라며 당장 노사위원을 선출하고 노사협의회를 구성하라는 것이었다. 그래서 우리 사업장에 생소한 이름의 노사협의회가 구성되었고 노사위원을 직선제로 선출하기 시작했다.

4. 위장취업자, 내 인생의 멘토

내가 처한 열악한 노동조건을 노동자의 문제로 바라볼 수 있게 되기까지는 라인에서 친하게 지낸 한 언니의 영향이 있었다. 이 언니는 혼돈스럽기만 하던 20대 초반, 앞으로 인생을 어찌 살아야 할지 암울하고 막막하기만 하던 시절에 내 인생의 멘토 같은 역할을 했다. 내가 현장 생활을 벗어나기 위한 수단으로 막연하게 공부와 학벌에 대한 환상을 가지며 이루지도 못할 꿈에 빠져 무기력해할 때, 언니는 내 옆에서 '왜?'라는 질문을 수시로 하면서 나 스스로 답을 찾게 만들었다. 그 덕분에 공부에 대한 나의 의도가 순수하지 못하다는 것을 알게 되면서 쉽게 포기할 수 있었다. 하루는 이 언니가 내 자취방에 와서 같이 자고 출근한 적이 있다. 언니는 아침에 나보다 먼저 일어나 밥을 하고 밥상을 차려주었다. 우리집에서 언니가 차려주는 아침밥을 먹게 되니 미안하기도 했지만, 언니의 따뜻한 마음이 느껴져 참 좋았다. 언니는 내가 하는 질문에 친절하게 대답해 주면서 내 지적인 욕구를 충족시켜 주었다. 언니의 생활은 아주 검소했으며 동료 노동자들에 대한 헌신과 배려가 아주 깊었다.

그러던 1987년 1월 어느 날, 언니가 몸이 아프다며 결근을 했다. 나와 내 친구는 걱정이 되어 퇴근 후 언니의 자취방을 찾아가 보기로 했다. 우리는 한 번도 언니 집에 가 본 적이 없었다. 그나마 어떻게 알게 된 것인지 친구에게 언니의 집주소가 있었다. 우리는 인근 파출소에 물어가면서 언니의 집을 찾아갔다. 가리봉 오거리에서 '삼립빵' 공장이 있는 쪽 방향으로 5분쯤 걸어가니 가리봉 특유의 벌집 형태를 띤 방들이 나타났다. 작은 방과 부엌이 딸린 구조로 벌집처럼 늘어서 있어서 '벌집 방'이라고 했다. 부엌이라고 해봐야 연탄화덕이 차지한 곳을 빼면 석유곤로 하나 두고 밥 해먹을 수 있는 정도였다. 우리는 그 집 앞에 서서 언니를 불렀다. 대답이 없어 문을 두드려 보았지만 인기척이 없었다.

나와 친구는 허탈해하며 돌아오다가 의구심이 들었다. 몸이 아파 출근도 못했다던 언니가 어디 갔을까? 내 친구와 나는 서로의 의구심 어린 눈빛이 마주치자 그간 가지고 있었던 언니에 대한 생각을 털어놓기 시작했다. "사실은 언니가 너무 똑똑하고 자기 가족관계나 속내를 잘 드러내지 않고 손의 모양새가 고운 것으로 보아 위장취업자 같아"라고 내가 이야기하자 친구도 그런 생각을 했다는 것이다. 우리는 오늘 언니가 집에 없는 것이 언론을 통해 접했던 박종철 열사의 죽음과 관련해 데모하러 갔기 때

문일 거라고 판단했다. 그리고 그
동안 여러 가지 의심 가던 사례들
에 대해 이야기하며 언니가 위장
취업자라는 것을 확신하였다. 우
리는 내일부터 언니와 친하게 지
내지 않기로 하였다. 그후 아무에
게도 이 사실을 이야기하지는 않
았지만, 우리는 언니와 말도 섞지
않았고 의심의 눈초리를 보내며
경계하면서 며칠을 지냈다. 하지
만 그러는 동안 참 혼란스럽고 마
음이 불편했다. 친구도 마찬가지
였을 것이다.

1990년, 20대 내 삶의 멘토였던 미선 언니와 함께
(오른쪽이 필자)

　우리는 어느 날, 퇴근길에 언니를 불러 언니가 결근한 날 집에 찾아갔
던 것에 대해 말하고, 언니가 위장취업자인지 직접 물어보기로 하였다. 나
는 머뭇거리다 언니에게 물어보았다. "우리가 언니를 의심했는데, 그런 사
람 아니야?" 그러자 언니는 "그런 사람이 뭔데?"라며 되물었다. 다시 용기
를 내 "위장취업자 같은 거 아니냐?"고 물었다. 언니는 답변이 없었고 표
정이 싸늘했다. 다음날 친구와 나는 언니하고 있었던 대화 내용을 확인하
며 위장취업자라고 확신했고, 언니와 계속 거리를 두었다. 그러면서도 같
은 라인에서 일하면서 우리가 언니를 소외시키는 것 같아 마음이 불편했
다. 시간이 지날수록 이전에 같이 깔깔대며 웃기도 하고 정신적으로 의존
하며 지냈던 언니가 그리워졌다. '위장취업자와 언니'에 대해 여러 번 생

각하다 보니 서서히 경계의 벽이 허물어졌다. 내가 보고 겪었던 언니가 위장취업자라고 한다면? '그래도 좋다'였다. 내가 알고 있던 언니가 하는 일이라면 나쁜 일은 아닐 것 같았다. 그래서 나와 친구는 아무 일 없었다는 듯 언니의 신분에 대해 관심을 갖지 않기로 했고 예전처럼 다시 친하게 지냈다. 언니는 우리랑 친하게 지내면서도 노동조합이나 소위 의식화교육은 전혀 하지 않았다. 지금 생각해 보면, 그렇게 경계하던 우리에게 말 꺼내기가 쉽지 않았을 것이다.

그러던 어느 일요일 오후, 올 것이 왔다. 약속도 하지 않았는데 언니가 우리집에 불쑥 찾아왔다. 이유는, 광명시 철산동에 '근로복지아파트'라고 하는 구로공단 노동자들이 집단적으로 사는 아파트가 있었는데, 그날 아파트 체육대회가 있어 언니가 그곳에 가게 되었다는 것이었다. 언니는 나우정밀 입사 전에 구로공단의 한국마벨이라는 사업장에 위장취업을 했었고, 그 사업장에서 신분이 드러나 쫓겨나게 되었단다. 그런데 그 사업장의 노무담당자를 아파트 체육대회에서 마주쳤는데, 그 자는 이미 언니가 나우정밀에 다니는 것을 알고 있었고 "내일 바로 쫓겨날 줄 알라!"고 협박을 했다는 것이다. 언니는 이제 나우정밀에 출근하지 않을 생각이라며, 내일 회사에 출근하면 내가 어떤 상황에 놓이게 될지 설명해 주었다. 우선 회사의 노무 담당자가 나와 친구를 부를 것을 예상하며 겁먹지 말고 있던 사실에 대해서만 차분하게 대답하라고 이야기했다. 그리고 두 권의 책을 주고 갔다. 『노동의 역사』와 송효순의 『서울로 가는 길』이라는 책이었다. 또 당분간 이 시기를 피해 있다 상황이 잠잠해지면 우리집 근처 다방에서 만나기로 하고, 약속일자와 시간을 정한 다음에 언니는 우리집을 나갔다. 내가 좋아했던 언니지만 위장취업자란 사실을 확인하니 '정말 빨갱이라면 어

쩌나?' 하는 생각이 꼬리를 물고 일어나 두렵고 혼란스러운 마음에 잠도
오지 않았다.

뜬눈으로 밤을 새고 다음날 출근했더니 친구에게도 언니가 똑같이
다녀갔다고 했다. 예상대로 작업시간에 총무과에서 4층 회의실로 올라오
라고 불렀다. 마음을 굳게 먹고 회의실에 들어가니 노무관리 담당자 두 명
과 상무이사가 앉아 있었다. 몇 가지 간단한 질문들이 취조하듯 이루어졌
다. 나에게 "서노련서울노동운동연합을 아느냐?"고 물었다. 나는 실제 몰랐고,
언니는 서노련에 대해 이야기한 바가 없었다. 상무이사는 나의 상태를 보
며 다행이라고 말하더니 "서노련은 북한의 지령을 받아 움직이는 조직으
로 이 조직에 한번 발을 들여 놓으면 남녀혼숙을 시켜 빠져나올 수 없게
한다"며 겁을 주었다. 그 언니는 이 조직의 구성원으로 대학생이었는데 위
장취업자로 변장한 빨갱이라고 하였다. 조사는 계속 되었는데, 주로 어떤
이야기를 나누었는지, 권유받은 책은 무엇인지, 다음에 다시 만나기로 한
약속은 없는지 등에 관한 것이었다. 관리자의 이야기를 들으며 나는 덜컥
겁이 났고 취조 분위기에 기가 죽어서 그랬는지 질문에 순순히 대답했다.
언니가 건네준 책도 이야기했고, 언니와 만나기로 한 약속날짜까지 낱낱
이 이야기해 버렸다. 관리자는 언니와 만나기로 한 약속장소에 시간 맞춰
나갈 것을 나에게 지시했다. 나는 무섭고 혼란스러웠으며 죄책감에 시달
렸다.

언니와 만나기로 약속되어 있던 날, 언니는 내가 퇴근하기 전에 우리
집을 다녀갔다. 쪽지 편지를 써서 문틈에 끼워두고 갔다. 내용은 약속을 지
킬 수 없다는 것이었는데, 당시 나는 몇 번을 읽어 봐도 당황스러워 내용
파악을 할 수 없었다. 나는 계획대로 언니와 약속했던 집 근처의 다방으로

들어갔다. 관리자가 멀리 옆자리에서 신문을 보는 척하며 지켜보고 있었다. 다방에 10분 정도 앉아 있다가 나와 집으로 돌아오는데, 거리 곳곳에서 마주치는 남자들이 다 나를 감시하는 요원들 같았다. 그 이후, '언니가 우리집에 찾아오면 어쩌나?' 싶어서 무서웠고, 한편으로는 '배신자'라는 죄책감에 시달리며 지냈다. 그렇지만 속에서는 언제라도 언니를 보고 싶다는 마음이 간절하게 일었다.

시간이 점차 흘러가면서 언니에 대한 그리움이, 언니가 내게 보여 줬던 힘들이 내 삶의 교훈으로 정리되어 갔다. 나도 언니처럼 검소하고, 동료들을 대할 때 사려 깊게 배려할 줄 아는 사람이 되어야겠다고 생각했다. 드디어 깨달음을 얻게 된 것이다. 구로공단에 많은 노동자들이 있고 그 중에 기독교인들도 많이 있을 텐데, 일요일에 강제 특근 때문에 교회에 가지 못하는 기독교인들이 나처럼 얼마나 괴로울까 하는 생각이 들었다. 이 생각이 드는 순간 '나 혼자만의 문제가 아니었구나!', 이건 사회적으로 잘못된 것이고, 직장을 옮기더라도 비슷한 조건을 벗어날 수 없으므로 반드시 바꾸어 내야 하는 문제로 인식되었다. '구로공단의 공순이'로 불리는 것도 억울했다. '나우정밀'에 입사해 동료들과 지내 보니 사회적으로 비하될 만한 행동을 하는 경우가 거의 없었다. 개인의 문제가 아니고 구로공단 노동자 전체의 문제로 인식되자 직장 동료들과 뭔가 도모해야 된다는 것으로 생각이 바뀌었다. 그저 체념하며 지낼 것이 아니라 잘못된 노동조건을 바꿔 일요일에 마음껏 교회에 다닐 수 있게 하고, 저녁에 강요되는 잔업을 없애서 하고 싶은 일을 해야 하지 않을까라고 생각했다.

이 무렵, 친구가 할 이야기가 있다며 눈치를 살피더니 그 언니가 나를 보자고 했다며 알려 주었다. '나 같은 배신자가 어찌 언니를 볼 수 있겠는가?'라는 생각에 나는 마음을 열 수 없었다. 친구는 "언니가 네 마음 다 아니까 괜찮다"고 위로하면서 같이 언니를 만나러 가자고 졸랐다. 나는 평생 언니를 만날 수 없을 거라 여기며 '거리에서 우연히 한 번이라도 마주칠 수 있는 기회가 주어진다면……' 하는 바람이 있었는데, 만날 수 있는 기회가 생기다니 가슴이 설렜다. 설레는 마음이 앞서자 '언니가 나를 용서해 주겠지'라고 스스로를 위로하며 언니를 만나러 노량진역으로 갔다. 뒤늦게 알게 된 사실인데 친구와 그 언니는 서로 연락이 닿고 있었다. 친구 집에는 전화가 있었기 때문에 언니는 친구를 통해 내가 혼란스러워하며 배신의 길을 걷다가 정신차리는 과정을 다 듣고 있었던 것이다.

언니는 우리를 만나자마자 나우정밀에 근무할 때는 한 번도 이야기하지 않았던 노동조합 이야기를 자연스럽게 하였다. 그리고 노동조합을 결성한다면 누구와 함께할 수 있을지 라인 동료들을 떠올리며 분류하고, 옆 라인의 동료들까지 끌어다 분석하며 어떻게 친해져야 할지 깔깔대며 이야기꽃을 피웠다. 그럴 즈음, 언니가 "내일 인천 주안1동 성당에서 집회가 있는데 거기에 가보자"고 제안을 했다. "혹시 너희처럼 생각하는 나우정밀 노동자들이 그곳에 올 수도 있지 않겠냐?"는 것이었다. 정말 그럴 수도 있을 것 같았다. 한 사람이라도 모아야 한다는 절박감에 집회에 가보기로 했다.

생전 처음 가본 집회장에서는, 노동자들이 두른 흰 광목천으로 만든 머리띠 위의 '원직복직'이라는 붉은 글씨가 눈에 들어왔다. 그저 놀랍고 신기할 따름이었다. 정말 그곳에 우리가 찾고 있던 나우정밀 노동자들이 있었다. 옆 라인이라 평소에는 친하지도 않았는데 애써 나에게 아는 척하며 인사하고 지냈던 동료들이 그곳에 다 모여 있었다. 어찌나 반갑던지 천

군만마를 얻은 기분이었다. 집회를 마친 후 저녁식사를 하며 우리는 자연스럽게 노동조합 결성에 대해 이야기를 나눈 끝에 함께 노조를 결성하자고 결의했다. 그 자리에 모인 사람들은 노조활동 경험은 없지만 과거 다른 사업장에서 투쟁을 경험한 이도 있고 노동가를 아는 사람도 있었으며, 나와 내 친구처럼 처음인 사람도 있었다. 이 시기는 1987년 6월쯤으로, 6월 민주화투쟁의 분위기로 노동자들에게도 유리한 국면이었다.

이즈음 나우정밀에서는 노사협의회 위원들이 회사 측과 임금교섭을 벌이고 있었다. 그러나 교섭은 진척이 없었고 노동자들의 임금인상 요구는 높았다. 노사위원들은 노동자들의 행동이 뒷받침될 수 없는 노사협의회의 한계를 절감하고 있었다. 무엇보다 회사의 배짱에 파업으로 맞설 수 있는 노동조합이 절박하게 필요한 상황이었다.

5. 노동자의 희망, 노동조합

어색한 호칭, '동지'

노동조합 결성 준비모임은 자주 만났다. 70년대 노조활동을 했던 선배님들을 모셔다 사례를 듣기도 했고, '타는 목마름으로', '노동해방가', '동지가', '광주 출정가' 등과 같은 노동가도 배웠다. 나는 이중에 '타는 목마름으로'를 가장 좋아해 작업장에서 일하다가도 혼자 흥얼거리며 부르기도 했다. 그런데 노래가사 중에 '쟁취', '해방', '동지' 등의 구절이 왠지 마음에 걸렸다. 혼자 생각하다가 의심병이 발동해 '친구'라고 하면 되지 왜 꼭 북한에서 사용하는 '동지'라는 말을 써야 하는지, 잘못 선택한 길은 아닌지 걱정이 되었다. 그러나 함께하고 있는 준비팀들에게 내색을 할 수 없었다.

소심하고 걱정 많은 성격에 매사 신중한 편이었던 나에게는 알면 알수록 노조결성과 활동이 순탄치 않은 가시밭길이 될 것이었다. 그렇다고 하더라도 지금처럼 강제적이고 억압적인 작업 조건에서 일을 할 수는 없었다. 노예 같은 노동자들의 생활을 바꿀 수 있도록 도와 달라고, 내가 가는 길이 잘못된 길이라면 막아 달라고, 하지만 올바른 길이라면 이길 수 있도록 도와 달라고 하나님께 간절히 기도했다. 한편으로는 그 과정에서 해고가 되더라도 후회하지 않겠다고 각오를 다졌다.

준비모임에서 노조 설립 날짜를 예정보다 앞당긴 1987년 8월 20일로 잡았다. 준비 상태에 맞추기보다 전국적인 노동자들의 투쟁과 노조결성 분위기 등을 고려하여 잡은 일정이었다. 우리는 꼼꼼히 설립총회 준비를 했고, 설립총회 시작 전까지 비밀을 잘 유지해야 했다. 노조 설립일을 확정하고 나서는 매일 퇴근 후 준비팀 사람들이 모였다. 설립총회 관련 서류들을 준비하고, 참석 대상자를 분석하고 공유하는 일이었다. 회사 측에 정보가 새나가지 않게 비밀리에 동료들을 조직해 총회 장소까지 데려가 참여시키는 일이었으므로 신중해야 했다. 가장 힘든 일은 준비팀에서 노조의 직책에 따른 역할을 배치하는 것이었다. 설립총회에서 임원을 선출해야 하기 때문이다. 말을 똑똑하게 잘하는 언니가 있어서 우리는 당연히 그 언니가 위원장을 하면 될 것이라며 지목했다. 결과는 요즘말로 '허걱~'이었다. 이 언니는 학생 출신 활동가였던 것이다. 나는 당황스러웠지만 그동안 말 못하고 지냈던 언니의 상황이 이해되었다. 몇 명 안 되는 준비팀에 학생 출신 활동가가 두 명이나 있어 이들을 제외하고 역할을 배분하려니 쉽지 않았다. 나는 다행히 임원을 맡지는 않았고 집행부서 중 교육부장으로 내정되었다.

드디어 노조 설립 총회일, 아주 긴장되고 불안한 마음으로 영등포에 있는 한국노총 금속연맹 서울지역사무소에서 결성식을 가졌다. 결성식 참가자도 예상했던 대로 잘 조직해 마무리할 수 있었다. 그러나 결성식을 마치고 돌아오는 길에 불미스러운 사실을 알게 되었다. 한국노총 금속연맹 서울지역사무소 교육선전부장이란 자가 노동조합을 회사 측에 흥정하며 팔아넘기는 앞잡이란 소문이 무성하다는 것이다. 준비팀이 급히 모였으나 그동안 비밀리에 은밀하게 준비해 왔던 과정을 생각하니 허탈했고, 내일 바로 해고될 수 있다고 생각하니 절망스러워 같이 울었다. 그래도 우리는 할 일을 해야 했다. 내일 예상되는 경우의 수들을 점검하며 구체적인 대응방안도 세웠다. 늦은 시간까지 노조결성을 알리는 선전물을 작성했고, 이른 새벽에 서울대 근처의 인쇄소를 찾아가 복사를 해왔다. 우리는 복사한 선전물을 각자 나눠 옷 속에 감췄다.

드디어 다음날, 출근길은 예상과 달리 아무 일이 없었다. 우리는 각자 담당한 라인의 노동자들에게 선전물을 배포했다. 노동자들은 술렁거리기 시작했고, 노조 결성에 공감하며 지지를 표했다. 점심시간이 되자 여기저기에서 가입원서를 찾기 시작했다. 우리는 가입원서를 쓰게 해야 할지 말아야 할지 망설여졌다. 한국노총 금속연맹 서울지역사무소의 교육선전부장이라는 자가 회사 측과 수작을 부려 잘못하면 어용노조가 될 수도 있다는 우려 때문이었다. 그러나 망설임도 잠시, 노동자들은 가입원서 양식을 배부하라고 재촉했고 순식간에 250여 장의 가입원서가 작성되었다. 서로 믿고 단결하여 빛이 될 250명의 동지들이 모인 것이었다. 이것은 노동자들이 그동안 가지고 있었던 회사에 대한 불만을 표출하는 것이고, 한편으로 노동자들도 우리들과 같은 생각을 갖고 있다는 것을 확인하는 과정이었다. 참으로 가슴 벅찬 경험이었다. 불안했던 마음은 금세 자신감으로 바뀌었다.

다음날 노동조합 결성 보고대회에서 회사 측 임원은 노동조합을 노동자들의 대표로 인정하는 발언을 했다. 새롭게 선출된 위원장 언니는 식당 입구에 종이박스를 깔고 노조활동 보장을 요구하며 상근활동을 시작했다. 아무것도 갖춰지지 않은 조건에서 뚝심 있게 앞장서는 위원장 언니가 그렇게 든든할 수가 없었다. 회사 측은 마지못해 위원장 상근을 인정하고 작은 노조사무실을 내주었다. 노조사무실이 만들어지자 요정들이 요술이라도 부리듯이 칠판, 주전자, 소파, 거울, 책꽂이 등 조합의 집기들이 채워졌다. 조합원들이 라인별로 논의하여 자발적으로 모금을 해서 만들어 낸 결과였다. 정말 신이 났다. 라인에서는 중간 관리자들의 부당노동행위가 매일같이 일어났다. 초기 기선제압을 위한 다툼이었다. 간부들은 퇴근 후 매일 합숙을 하며 사측의 부당노동행위 사례를 분석하고 대응책을 마련했다. 그 결과는 선전물로 작성하여 새벽에 성문밖교회에 가서 복사를 해 조합원들의 손에 들려줬다. 간부들은 퇴근 후에 모여 중간 관리자들의 노동조합 음해성 발언과 부당노동행위가 잦아들 때까지 회의를 했고 매일같이 선전물을 통해 조합원과 함께 공유하며 대응했다. 노동조합은 조합원 전체가 주인이므로 간부 몇 명으로는 유지해 갈 수 없다는 것을 계속 강조했다.

당시 임금인상 협상을 벌이고 있던 노사위원들은 단체행동이 뒷받침될 수 없는 노사협의회의 한계를 절감하고 있었기에 자연스럽게 노동조합에게 임금인상 교섭권을 위임했다. 이는 노동조합 준비팀에 노사위원이 포함되어 있었고, 노동조합 결성 이후 이 분이 부위원장으로 활동하

노동조합 결성 이후 첫 조합원교육을 하는 필자

고 있었기 때문이었다. 노동조합에서는 임금 30% 인상을 요구하였고 교섭이 결렬되자 곧바로 전 조합원이 파업투쟁에 들어갔다. "노동자도 인간답게 살고 싶다"는 구호와 함께 유행가의 노래가사를 바꾸어 불렀다. 조합원들은 그동안 억눌렀던 감정들을 구호로 내지르며 관리자들이 들으라는 듯이 신바람 나게 노래를 불렀다. 훤한 대낮에, 그것도 공장 안 앞마당에서 진행된 농성은 조합원들이 해방감을 만끽하는 순간이기도 했다. 그러나 8월의 햇살은 뜨거웠고, 준비 없이 들어간 파업으로 간부들의 속은 타 들어갔다. 메가폰 하나 들고 긴장한 채 프로그램을 진행하는 간부들의 목소리는 메말라 갔다. 교섭위원이 아니었던 나는 현장에서 파업 프로그램을 진행했다. 조합원들 앞에 섰는데 다행히 많이 떨리지는 않았다. 아마도 교회에서 활동했던 경험이 있어서 그랬던 것 같다. 하지만 이 투쟁을 어떻게 이끌어야 할지, 다음 프로그램은 무엇을 하며 시간을 보내야 할지 막막했고, 내가 앞장서 있는 것을 시골에 계신 부모님이 알게 되면 뭐라고 하실지 두려웠다.

농성 2일째, 저녁 규찰을 서던 조합원이 누가 찾아왔다며 날 불렀다. 나가 보니 내가 다니고 있던 교회의 전도사님과 나우정밀에 입사할 수 있게 도와준 고등학교 선배 언니가 있었다. 언니는 나우정밀에 다니고 있었지만 사무직에 근무하고 있어 조합 가입을 하지 않았다. 그들은 놀랍고 걱정스런 표정으로 나를 붙잡고 교회로 가서 이야기하자고 했다. 당시 철야 농성을 유지하고 있던 상황이라 앞에 서서 진행을 담당해야 하는 간부들의 목은 다 상했고 지쳐 있었다. 마음이 불안했고, 지쳐서 여기서 벗어나고 싶은 생각이 잠시 들었던 때라 내가 잠깐 자리를 비운다고 해서 크게 문제가 될 것 같지는 않았다. 시골에서 아버지가 올라오셔서 집에 다녀와야겠다고 간부들에게 거짓말을 했다. 전도사님과 언니를 따라가 훈계를 듣고 집에서 하룻밤 자고 다음날 농성장에 합류했다.

밤 사이에 많은 일들이 있었다. 남성 부위원장은 대학에 다녔던 경력을 이력서에 기재하지 않았다는 이유로 사측과 노동부 근로감독관, 남부서 정보과 형사까지 동원된 협박에 못 이겨 사직서를 냈고, 임금교섭은 마무리되었다. 노동자들의 투쟁이 들불처럼 일어났던 그 상황에서도 노동자들의 약한 지점을 찾아 내려 노동부 근로감독관과 경찰서 정보과 형사들은 눈에 불을 켰다. 당시 파업은 법적 절차를 거치지 않았고, 간부 중에 유일하게 남성이며 핵심이라고 여긴 부위원장만 제거하면 노동조합은 무력화될 것이라 판단했던 것이다. 아주 절묘한 시점에 '이력서상 학력 미기재'를 들이대며 탄압의 빌미로 사용했던 것이다. 12.5% 임금인상은 요구액에 비해 많이 부족했지만 사측에서 일방적으로 쥐꼬리만큼 올려주던 것에 비하면 우리 힘으로 쟁취한 의미 있는 것이었다. 2박 3일간의 파업투쟁이 아주 긴 시간으로 여겨질 만큼 무척 힘들게 느껴졌다. 그러나 처음으로 조합원들과 함께했던 파업투쟁의 과정은 이후 투쟁을 준비하는 데 소중한 경험이 되었다.

내게 1987년 임금인상투쟁은 실수와 교훈을 주기도 했다. 노조간부인 내가 거짓말을 하고 잠시 농성장을 이탈한 일인데, 지금까지 아무에게도 말하지 못했다. 잠시 한눈을 팔았고, 간부로서 바른 모습이 아니라고 여겨 부끄러웠기 때문이다. 어렵고 힘든 상황에 처할 때마다 간부들도 여러 심경의 변화가 생길 수 있는데, 그럴 때마다 서로 소통하는 게 아주 중요한 일이라는 것을 배우기도 했다. 특히 신규 노조 설립하는 곳을 보면 노조결성 초기에 간부들에게 가족이나 지인, 회사 측의 집중적인 회유가 쏟아지기 때문에 서로의 감정변화에 대해 확인하며 믿음을 쌓아 가는 과정은 중요하다고 여겨진다.

그 다음해인 1988년 임금인상 시기에 회사 공장장과 과장은 부모님이 계신 시골집을 찾아가 "당신 딸이 우리 회사를 망하게 하려 한다"며 협박과 회유를 했다. 부모님은 나에게 "급한 일이 생겼다, 내려오너라" 했는데 나는 눈치를 채고 거부했다. 걱정이 되신 엄마가 직접 서울로 올라오셨고 회사 측의 말이 사실인지 확인하며 시골로 내려가자고 설득했다. 나는 노조활동을 하게 됐던 이유를 설명하고 엄마를 이해시켰다. 엄마는 격려하며 내편이 되어 시골로 내려가셨다. 이때 나는 힘든 마음의 상태를 다른 간부들과 솔직하게 터놓고 이야기하는 자리를 만들었고, 서로 눈물, 콧물흘리며 이해하면서 극복할 수 있는 힘을 가졌다.

조합원들의 불만사항을 단체협약으로 확보

우리는 처음으로 마련하는 단체협약을 쟁취하기 위한 준비에 들어갔다. 노동조합의 상집간부들을 더 충원하고 조합원 15명당 1인의 대의원을 선출하며 조합의 조직체계를 확립해 갔다. 그동안 조합원들의 불만인 근로조건을 개선할 수 있는 기회가 온 것이다. 지역의 다른 노조의 단체협약을 모아 비교 분석하여 시안을 준비했고 조합원들과 토론을 거쳐 단체협약 요구안을 확정했다. 그동안 사용할 수 없었던 휴가(연월차휴가, 생리휴가, 경조휴가), 모두의 소원이었던 강제잔업·휴일특근 폐지, 경조사비, 승급 및 근속수당 신설, 노동조합 전임자 및 유급 조합활동 시간 보장, 인사문제 등 우리들의 일상생활에 아주 직접적인 영향을 미치는 내용들이었다. 처음으로 제정하는 단체협약인 만큼 참으로 중요했다. 그 사이 내 직책이 사무국장으로 바뀌었다. 준비기간을 갖고 교섭에 임해 보기는 노동조합의 교섭위원들이나 회사 측의 교섭위원들이나 처음이다. 노조 교섭팀은 첫 교섭의 기선 제압이 중요하다는 이야기를 선배 노동자들에게 자주 들었던 터였다. 우리는 상견례를 하는 첫번째 교섭 자리의 시나리오를 짜고 모의교섭도 해보았다.

드디어 첫 교섭일, 우리는 미리 짜놓은 각본대로 예정된 사회자가 순발력 있게 벌떡 일어나 "첫 교섭이니 간단한 식순에 따라 진행합시다"라고 제안했다. 전체 교섭위원들을 일어서게 해 성실한 교섭을 할 것을 약속하는 선서문 낭독에 동참시켰고, 노사 양측의 대표가 인사말을 하는데 먼저 노조 위원장이 인사말을 하고 우리의 요구안을 설명했다. 회사 측 교섭위원들은 당황하는 모습이 역력했고, 우리는 계획하고 준비한 만큼 이루어져 한층 자신감이 생겼다. 사장이 노동조합을 대등한 관계로 인정하도록 하기 위해 사측 교섭위원들이 반말을 하면 우리도 일부러 반말을 하며 맞받아치고 노동조합 교섭위원들을 직책에 맞게 불러주기를 요구했다. 겨우 스물한 살인 내가 한참 연장자인 사장과 관리자들을 이렇게 상대하는 것이 불편하고 어색했지만, 우리들을 아랫사람으로만 취급하는 이들 앞에서 이런 분위기를 만들지 않고서는 교섭이 제대로 이루어질 수 없다고 판단했으므로 어쩔 수 없었다. 이렇게 배짱 있는 분위기를 만들 수 있었던 것은 든든한 조합원들이 있었기 때문이다. 조합원 중에 절반이 넘는 기혼여성들의 대부분은 30~40대로, 20대인 간부들과는 나이 차이가 크게 났다. 하지만 조합원들은 꼬박꼬박 '님'자를 붙여 간부들의 직책을 불러주었다. 위원장님, 사무장님 등등. 조합원들은 "우리가 노조간부를 이렇게 불러주지 않으면 회사 측에서 무시하고 얕본다"는 이유에서 그렇게 불렀던 것이다.

우리들은 교섭으로만 해결하려 하지 않았다. 단체협약 요구안에 들어 있는 내용들을 실천으로 옮기고 일상화시켜 회사 측에서 어쩔 수 없이 받아들이게 만들고자 했다. 일명 악법이나 잘못된 관례를 무력화시키는 투쟁이었다. 업무시간 중 위원장의 현장순회가 한 가지 예였다. 위원장의 현장순회가 이루어지면 관리자들이 막아섰다. 그러면 바로 조합원들이 위원장을 보호하기 위해 몸싸움을 벌이고 어쩔 수 없이 라인이 멈춰 서기도 했다. 사측에서는 위원장의 현장순회가 업무에 지장을 초래하며 방해한다고 막았지만 막는 과정에서 조합원들의 동참으로 라인이 멈추고 더 큰 손실이 생기자 허용할 수밖에 없었다. 조합원들이 일치된 행동으로 벌여야 했던 강제잔업 거부투쟁도 교섭기간 중에 시작되었다.

교섭은 일주일에 2~3회씩 업무시간 중에 이루어졌는데, 퇴근하는 조합원들은 정문 앞에 모여 교섭결과를 듣고 퇴근하기도 하였고, 10분 남짓한 쉬는 시간에 교섭이 이루어지고 있으면 삼삼오오 모여 "교섭위원 힘내세요!"를 외쳤다. 교섭이 있던 날이면 노조간부와 대의원들은 교섭위원으로부터 자세한 보고를 들었고, 라인별 조합원들의 상태를 점검하며 회사 측을 압박할 수 있는 투쟁방법을 논의했다. 교섭 결과는 선전물에 일목요연하게 정리하여 다음날 조합원들에게 배포하였다. 대의원들은 점심시간을 이용해 조합원들을 모아 교섭결과 보고 및 투쟁방법에 대한 의견을 듣거나, 실천해야 할 투쟁계획에 대해 조합원들과 함께 점검하며 의지를 다졌다. 구체적으로 계획하고 약속한 대로 실천하다 보니 노동조합의 힘은 커나가기 시작했고 노동조합의 요구안은 대부분 수용되었으며, 조합원들은 달콤한 승리감을 맛볼 수 있었다. 노동자들이 스스로 권리를 찾겠다는 의지를 모으면 해낼 수 있다는 자신감을 얻은 소중한 단체협약 쟁취투쟁이었다.

나우정밀 노동조합의 기풍을 세우다

우리는 노동조합 활동을 하면서 몇 가지 기풍을 만들었다.

우선 유급 조합원 보고시간이다. 이 제도는 1988년 단체협약을 통해 만들었는데 전 조합원이 조합활동 시간으로 매주 15분을 사용할 수 있었다. 이 시간은 회사에서 관리자들이 조회시간을 갖듯이 노동조합도 조합원에게 매주 활동보고를 할 시간이 필요하다는 이유에서 조합원 교육시간, 총회시간과는 별개로 가지게 된 시간이었다. 이 시간을 점심시간이나 오전, 오후에 10분씩 있는 휴식시간과 연결하여 요긴하게 사용했다. 일상적으로는 조합의 일상사를 소통하는 시간으로 사용하였지만, 투쟁시기에

1989년 나우정밀 노동조합 간부·대의원 수련회에서(첫줄 가운데가 필자)

는 집회 및 단체행동을 실천하는 시간으로 사용하거나 교섭위원 지지, 회사 측 항의방문 등의 목적으로 이용하였다. 목적에 따라 조합원 전체모임 형식을 띠기도 하고, 최소 단위인 라인에서 대의원 구성단위로 나누어 사용하기도 하였다. 이것은 "노동조합의 주인은 조합원이고, 그 힘은 조합원에게서 나온다"는 간부들의 신념에서 만들어진 것이었다.

둘째로, 일상적인 노조의 회의활동으로 정례 상집간부회의와 대의원회의가 있었다. 매주 단위로 월요일은 상집간부회의, 화요일은 대의원회의, 수요일은 조합원 보고시간으로 이루어졌다. 대의원대회는 1년에 1회 정도 열렸고, 의결사항들은 대부분 전 조합원총회로 이루어졌다. 대의원들은 의결 단위보다는 집행 단위로서의 역할이 훨씬 컸다. 당시 조합원 수가 최대일 때는 650명까지 되었기 때문에 투쟁 시기, 쟁의대책위원회로 전환되면 부서체계와 별개로 현장을 더욱 강화하는 직책[대대장]을 추가로 배치하고 소위원을 구성하여 조합원들과 함께하려는 노력을 기울였다. 이런 체계를 갖추고 간부들 중심으로 활동하게 되는 연대활동이나 상급조 직 활동에 대한 내용을 조합원들에게 이해시키기 위해 노력했다. 파업 프로그램으로 조합원들이 상급단체[서노협, 전노협] 사무실을 방문해 격려도 받고 실체를 확인하는 시간을 가졌다. 그래야 일상으로 돌아갔을 때 조합원들에게 상급단체 사업을 보고하면 조합원들이 쉽게 알아들었으며 실천사업 참가를 조직하는 데에도 도움이 되었다. 조합원들이 정확한 판단을 하려면 상집^{상임집행위}간부들이 알고 있는 정보를 최대한 조합원들에게 전달해서 공유할 수 있어야 한다고 보았다.

셋째, 작업장 라인의 조장을 조합원들이 직접 선출할 수 있도록 만든 것이다. 이것도 1988년 단체협약 체결을 통해 이루어졌다. 조장의 역할은 라인에서 관리직인 주임의 업무를 보조하며 자재 조달과 대략 30여 명 정도의 라인 구성원 관리업무를 담당하는 것이었는데, 별도의 수당은 없었다. 그동안은 주임이 자기에게 잘 보이는 사람을 조장으로 선출해 왔다. 조장은 라인의 구성원들에게 작게나마 영향력을 행사할 수 있어서 누구나 선호하는 직책이었다. 이전의 조장들은 대부분 비조합원이었기 때문에 노조의 힘이 약화되면 노조활동의 방해세력이 될 수도 있었다. 그러나 조합원들이 조장을 직접 선출하게 되면서 조합활동에 적극적이고 조합원의 신임을 얻는 사람만이 조장이 될 수 있었다. 현장에 대한 노조의 장악력이 그만큼 커지게 된 것이다.

넷째, 점심시간에 노동가가 들리도록 하는 것을 일상적인 일로 만들었다. 2층 노조사무실의 창문 밖으로 스피커를 매달아 사내 운동장에 노동가가 울려 퍼지게 만들었다. 처음에는 교섭과정이 진척이 없어 항의를 하기 위해 점심시간에 노동가를 틀었으나 나중에는 투쟁이 끝났는데도 점심시간이 되면 노동가를 틀었다. 새로운 노동가요도 계속 틀어주어 조합원들이 귀에 익어 쉽게 배울 수 있게 했고, 노조가 회사를 주도하는 분위기를 만들어 조합원들의 사기를 살릴 수 있도록 했다. 관리자나 비조합원들도 계속 들어서인지 노동가가 낯설어지지 않자 무의식중에 따라 부르기도 했다. 회사는 투쟁이 끝났으니 노동가를 틀지 말라고 몇 차례 요청했지만 무시하고, 비바람에 스피커의 수명이 다할 때까지 노동가가 울려 퍼지게 했다.

마지막으로 우리는 학생 출신 활동가들을 본명으로 재입사하게 만들었다. 노조활동을 했던 학생 출신 활동가는 세 명이었다. 결성 초기에는 열성 조합원 역할을 하다가 두 명은 대의원으로 활동하기 시작했고 다른 한 명은 조합원으로 남아 있었다. 이 때문에 대의원 활동이 활발했다. 이후 이들은 상집간부로 활동하기 시작했다. '위장취업자＝빨갱이'라고 세뇌되어 있던 노동자들이 보기에도 이들은 노동자들의 권리를 찾는 데 누구보다 앞장섰고 헌신적이었다.

이들의 신원이 알려지자, 노조는 긴급 확대간부회의를 열어 이력서 허위 기재에 따른 입사목적을 공유하고 사측에서 관리자들이 먼저 알게 되면 악선전할 게 뻔하니 다음날 조합원들에게 공개되기 전까지는 비밀로 했다. 누가 먼저 조합원들에게 이 사실을 밝힐 것인가? 발 빠른 대응은 여론 선점에 있어 아주 중요하게 작용한다. 이처럼 의견이 분분한 사안이 발생하면 노조는 전체 조합원 집회를 통해 모든 사실을 밝혔다. 그런 다음 조합원들이 궁금해하는 부분이나 관리자들의 악선전에 대해서는 대의원 회의를 소집해 확인한 후, 다시 라인별 모임이나 선전물 등을 통해 해명하고 입장을 알려내는 방식을 취했다. 이 사실은 조합원들에게 놀라운 사건이었지만, 우선 이 활동가들을 잃지 않게 해 달라는 요구가 더 강했다. '우리 조합원은 어떤 희생이 따른다 할지라도 같이 싸워 나갈 것을 서명을 통해 밝힙니다'라는 집단서명이 바로 이루어져 회사에 전달되었다. 활동가들을 사복경찰들이 연행하려 하자 전 조합원이 집단 출·퇴근을 하면서 지켜 주었으며, 회사 측과의 교섭을 통해 이들이 본명으로 재입사를 할 수 있도록 만들었다. 당시 사회적 분위기는 위장취업자에 대한 악선전과 오해 때문에 노조를 흔들기에 충분했으나 노조활동을 주도적으로 열심히 했던 이들을 지켜내는 것이 노조를 지키는 것이라고 여겼다. 이런 위기감은 조합원들을 한마음으로 묶어 세웠고 투쟁에서 승리하자, 믿음은 큰 자부심이 되었다.

연대투쟁에서 지원받은 가마니 깔개

요즘 집회를 하거나 농성을 하면 주로 쓰이는 깔개는 은빛 보온재 반짝이 깔개이다. 1988년 봄 8박 9일간의 임금인상 파업투쟁을 철야농성으로 진행했고, 구사대의 위협으로 농성장을 회사 정문 앞마당에 차렸다. 당시 농성물품은 달리 준비할 게 없었을 정도로 빈약했고, 차디 찬 시멘트 바닥에 종이상자 쪼가리를 깔고 이슬을 맞으며 노숙농성을 해야 했다.

파업투쟁 1일째, 아침 일찍 큰 키에 독특하게 생긴 분이 트럭에서 내려 우리 사업장 정문 앞으로 걸어왔다. 바로 단병호 위원장이었다. 동아건설노조 농성장에서 사용하던 돌돌 말린 가마니 몇 덩이와 사용하다 남은 농성물품 등을 전달받았다. 단병호 위원장은 "우리 사업장만 먼저 끝내서 미안하다"며 즉석에서 편지도 써서 전달했다.

88년 임투소식1호

"나우 동지여! 여러분의 투쟁은 결코 나우만의 투쟁이 아닙니다. 1,200만 노동형제의 인간다운 삶을 위한 투쟁에 앞장 선 투사라는 긍지로 끝까지 투쟁해 주시길 바랍니다."

당시 '제3자 개입금지'라는 악법 조항이 판을 치고 있었다. 또한 구사대와의 폭력이 발생할 것을 우려하여 우리는 단병호 위원장을 우리 사업장 안으로 들이지를 못하고, 정문을 열지 못한 채 철문을 사이에 두고 물건과 쪽지만을 받아야 했다. 거칠거칠한 볏짚을 이용해 엮어진 가마니였지만 고운 비단에 비교할 수 없는 소중한 깔개였다.

5·1절 밤 9시경, 메이데이 집회에 참여했던 10여 개 노동조합 150여 명의 노동자들의 지지방문이 있었다. 우리는 구사대의 폭력과 3자 개입금

구로지역 노동조합 사무장단 모임의 등산(뒷편 왼쪽에 앉아 있는 이)

지로 상당히 고립된 농성을 하고 있었다. 정문을 사이에 두고 구사대들과 연대투쟁에 나선 노동자들이 대치했지만 노동자들이 많이 모였기에 별다른 시비 없이 상봉이 이루어졌다. 이때도 우리는 담장을 사이에 두고 인사를 해야 했다. 우리 조합원들은 공단이 떠나가라 환호성을 질렀고, 왜 노동형제라 부르는지 실감했고 연대투쟁의 소중함을 배워 갔다.

그때만 해도 한국노총 소속 사업장을 제외한 서울 전 지역 '민주노조' 사업장의 간부들이 매주 수요일 저녁에 모여 일상적인 부서별 모임을 가졌다. 온수공단의 린나이 노동조합에서 창동의 동아건설 노동조합까지 지역은 넓었지만 서로 귀하게 여겼고 뭉쳐야 된다는 생각이 앞서다 보니 거리의 멀고 가까움은 크게 문제가 되지 않았다. 위원장들뿐만 아니라 상집간부들의 일상적인 회의 및 연대가 활발하다 보니 지역에 투쟁사업장

서노협에서 간 지리산 등반대회

이 발생하면 투쟁내용을 조합원들과 함께 공유하고 투쟁지원금이나 농성 물품[라면, 쌀 등]을 사들고 함께 방문하는 품앗이 투쟁이 활발했다. 나는 사무국장 모임에 참석했는데, 사무국장들의 업무 특성상 서로 공동사업 을 추진하기가 애매해서 모임이 활발하게 진행되지는 못했다. 사무국장 들이 노조 내에서 잔업무가 많아 힘든 점들을 달래기 위함이었는지 친목 위주의 등산을 가끔 했던 기억이 있다. 이런 모임들은 노동조합의 대표자 나 상근자가 아니어도 타사업장과의 정보 교류와 소통, 지역의 공동사업 을 추진할 수 있는 공간으로 의미가 컸으며, 이후 서울지역노동조합협의 회[약칭 '서노협']를 창립하는 원천이 되었다.

1990년 임금인상 시기: 70일간의 파업투쟁

1988년 5월 29일, 서노협 결성식 당시 나는 현장에 참석했지만 이 조직이

나우정밀 노조 총회 모습

무엇을 하려는지 사실 감을 잡지 못했고, 조직에 대한 구체적인 상도 갖고 있지 못했다. 다만 같은 지역에서 민주노조 활동을 공유하고 공동사업을 모색하기 위한 간부들 간의 모임이 필요하다는 것을 느끼는 정도였다.

노동조합 결성 이후 세 차례의 임금인상과 두 차례의 단체협약 쟁취 투쟁을 진행하면서 나우정밀 사업주가 경쟁력을 빌미로 사용자 집단인 경총^{한국경영자총협회}과 구로공단협의회의 눈치를 보고, '제3자 개입금지'라는 악법 조항 때문에 사업장 투쟁 시 서로 힘이 되어야 할 품앗이활동이 많이 제한될 수밖에 없는 조건이었다. 그래서 "전국의 노동자들이 하나로 뭉칠 때 악법을 깨고 우리들의 노동조건이 개선될 수 있다"는 사실을 알게 되었다. 1989년 8월 총회에서 내부의 역량을 지역으로 발전시키지 못했다는 반성의 평가가 있었고, 노조활동 목표를 "기업별 노동조합 의식을 극복하고 전노협^{전국노동조합협의회} 건설에 힘쓴다"로 정했다. 전국 노동자들의 공

동요구와 공동투쟁을 수행하기 위한 '전국노동조합협의회' 건설의 필요
성이 공감되었다.

1990년 1월 22일, 드디어 새날이 밝았다. 우리 노조는 상집간부 중심
으로 전노협 결성식에 참가했다. 장소는 비택^{비밀전술}이었고 전철의 역사 안
에서 대기하고 있다가 지시에 따라 움직였다. 장소는 서울 시내 모 대학일
줄 알았는데 수원의 성균관 대학교였다. 성균관대로 가는 전철 안에서 지
역의 아는 간부를 봐도 아는 체 할 수가 없었고 모두가 조용히 침묵할 뿐
이었다. 정보가 새나가지 않은 덕분에 성공적으로 성균관대에 진입할 수
있었다. 긴장된 가운데 출범식이 진행되었고 '전노협진군가'를 힘차게 불
렀던 기억이 난다. "새날이 밝아온다 동지여 한발 두발 전진이다……." 출
범식이 끝나고 백골단의 침탈로 도망치느라 힘들었던 기억도 떠오른다.
학교 주변은 건물이 거의 없었고 대부분 논밭으로 이뤄진 벌판이었다. 전
날 내린 눈으로 하얗게 변한 벌판을 달리는 우리들 모습이 눈에 잘 띌 것
같아 무척 걱정이 되었다. 무엇보다 전노협 위원장이 된 단병호 위원장이
체포되지 않기를 간절히 바랐다.

자본과 정권은 전노협의 공동투쟁을 사전에 봉쇄하고 와해시키기 위
해 혈안이 되어 있었다. 정부가 나서서 임금 7% 동결을 못박았고, 전노협
핵심 사업장에 업무조사를 실시하겠다고 했다. 이때 서노협 구로지구위
원회 의장으로 우리 노조 위원장이 선출되어 조합원들은 위원장이 구속
될까 봐 걱정이 참 컸다. 우리 노동조합도 업무조사 대상 사업장이었는데
조합원들과 함께 업무조사에 대해 거부 방침을 세우고 토론하기도 했다.

우리 사업장에서는 1989년 가을에 시작했던 단체협약 체결이 지연
되었고 회사 측은 위원장과 핵심간부 두 명을 고소하였다. 또한 노동조합

1989년 12월 회사 측에 단체협약 체결을 촉구하며 집단행동에 나선 모습(맨 오른쪽이 필자)

과 전면전을 작정이라도 한 듯 "3개월치 물량을 비축했다"는 소식을 들었다. 우리는 이런 상황이 전노협의 공동투쟁을 무력화시키기 위해 저임금을 유지하며 이 과정에서 핵심간부를 제거하고 노동조합을 와해시키려는 의도라고 파악했다. 우리는 만만치 않을 거라 예상하고 조합원과 함께 이번 임금인상투쟁은 노조탄압분쇄에 초점을 맞추고 장기전이 될 수 있음을 공유했다. 예상대로 회사 측은 경제단체협의회의 지침에 따라 7%만을 고수했고 파업투쟁 23일째 부분적인 직장폐쇄를 공고했다.

직장폐쇄에 맞선 우리에게는 파업현장을 사수하고 공권력 투입에 대비한 파업지도부의 보호가 중요한 사안이 되었다. 위원장과 학생 출신 활동가 선전부장, 조사부장에게 제3자 개입금지, 쟁의조정법위반 혐의로 사전 구속영장이 발부되어 있었다. 불시의 공권력 투입에 대비해 두려움을 떨쳐내고 안전한 농성장 사수를 위해 조합원들과 함께 훈련을 했다. 누워 있다가도 간부가 불시에 호루라기를 불면 잽싸게 일어나 신발을 신고 '질서!'를 외치며 줄을 맞춰 스크럼을 짜고 앉는 일이었다. 농성투쟁 28일째[직장폐쇄 6일째] 아침 집회를 하고 60여 명의 조합원들이 공단 가두홍보를 위해 정문을 나섰을 때 전경차 5대가 대기하고 있다가 나가려던 조합원들을 에워싸고 공단 가두선전을 막았다. 전경들과 밀고 당기는 대치상황에서 어느 조합원이 농성장 옆에 있던 정화조에서 인분을 퍼서 전경들에게 뿌렸다. 날아간 인분이 전경들의 옷에 범벅이 되었고, 전경 지휘관의 입속으로 들어갔다고 한다. 얼굴이 일그러진 지휘관의 "모두 연행해!"란 명령에 따라 우리는 침탈을 대비해 그간 스크럼 짜며 연습했던 실력 발휘를 제대로 못하고 얼떨결에 모두 닭장차에 실려 난지도에 버려졌고, 위원장을 포함해 세 명의 간부가 구속되었다.

나는 당시 직책이 사무국장이었지만 위원장 구속 시 직무대행으로 내정되어 있었기에, 사전에 계획된 제2의 농성장인 성문밖교회에서 힘든 투쟁을 이어 가야 했다. 조합원들은 매일 도시락을 싸들고 아침마다 온통 철조망 가시로 뒤덮인 나우정밀 정문 앞에 모여 직장폐쇄 철회 집회를 하고 현장진입 투쟁을 전개했다. 이 과정에서 매일같이 전경들에게 끌려 닭장차에 실려 외곽에 버려지기 일쑤였다. 그러면 조합원들은 다시 성문밖교회로 모이기 시작해 오후가 되면 전체 조합원이 집결하였다. 오후에는 사장 집에 몰려가 항의시위를 하기도 하고 하루의 투쟁을 공유하고 전경들의 연행에 대한 대응방법을 논의하였다. 투쟁은 길어져 여름 장마철까지 계속되었고 비가 계속 쏟아지던 어느 날 아침, 여전히 정문 앞에서 집회를 가졌다. 전경들이 집회를 방해하자 조합원들이 스크럼을 짜고 닭장

1990년 4월 노조사무실에서 파업농성 19일째 일정표를 작성하는 필자

차를 포위하였다. 전경들이 조합원을 닭장차로 연행하려 하자 모든 조합원들은 약속이라도 한 듯 일제히 우산을 접고 젖은 땅바닥에 드러누워 처참하게 비를 맞았다. 전경들이 더욱 거칠게 끌고 가려고 하자 조합원 한 명이 차바퀴 밑으로 들어가 강제연행에 저항하였지만, 이날도 모두 연행되어 외곽에 버려졌다.

나는 위원장 직무대행으로 아침 집회나 선전전 등에 참가할 경우 연행이 우려된다고 하여 제외되었고 성문밖교회에서 숙식을 했다. 이런 상황이 계속되자 투쟁의 현장에 함께하지 못하는 것에 대한 미안함과 정서적으로 조합원들과 괴리가 생길까 걱정이 늘었다. 하루는 간부들과 주간 투쟁계획을 세우며 회의를 마친 후 총무부장이 펑펑 울기 시작했다. "앞에서 집회 진행하기도 힘들고 조합원들 맞는 것도 더 이상 볼 수가 없다. 온몸에 멍투성이다"라고 이야기했다. 거기에 조합원들은 파업기간 중 임금을 지급받지 못해 생계에 곤란을 겪었다. 노동조합에서는 하루에 출퇴근 교통비 토큰 2개를 지급했고 도시락은 각자 싸 가지고 다녔다. 임금교섭은 아무 진척이 없었고 회사 측은 "나우정밀은 경단협경제단체협의회 지침에 따라 7% 인상 선도업체라는 것을 강조하며 지불능력이 없는 것이 아니라 다른 곳에서 압력을 받고 있어 주변 여건상 더 이상 인상률을 높일 수 없다"는 발언을 했다. 관리자들은 조합원들에게 "회사는 무노동 무임금을 적용할 것이다"란 소문을 흘리며 조합원들의 집을 직접 찾아가 회유하기 시작했다. 회유된 조합원들은 5~6명씩 모여 업무에 복귀하면서 파업 이탈자가 생기기 시작했다. 이탈자는 계속 늘어나 80여 명이 업무에 복귀했다. 조합원들은 현장에 들어간 파업 이탈자에 대해 분노하며 욕하였지만, 내일은 또 누가 들어갈까 불안한 마음은 커져만 갔다. 전국의 임투가 마무리되고 있었고 여름휴가철이 가까워지며 파업 이탈자가 늘어나 투쟁을 마무리할 수밖에 없었다. 7월 25일, 직장폐쇄로 쫓겨난 이후 '임금 50원의 추가 인상과 성과급 50%지급, 생산장려금 174,000원'으로 마무리하게 되었다. 투쟁과정에 비하면 인상액은 너무나 초라했다.

그러나 조합원들은 회사 측의 탄압에 맞서 잘해냈다는 자부심으로 당당하게 복귀하였다. 한편으로 이탈자에 대한 원망과 분노는 갈수록 심해져 화장실이나 식당에서 마주치면 싸움이 일어났다. 이탈자들은 쥐구멍이라도 있으면 숨을 듯이 말을 못했다. 회사 측은 라인을 별도로 마련했으며, 점심시간도 다르게 해서 이들이 조합원들과 최대한 마주칠 일이 없도록 만들었다. '어제의 동지가 오늘의 적'이 되는 현장이었다. 간부들은 "이탈자들을 너무 몰아붙이지 말고 이해하자"고 설득했지만 전혀 통하지가 않았다. 파업투쟁의 과정에서 세 명의 노조간부들이 구속되었고, 80여 명의 조합원이 이탈하여 집행력과 조직적인 손실이 커졌다. 약간의 임금인상 또한 무노동무임금이 적용되어 오히려 경제적인 손실도 있었다. 지금까지는 "노동조합 깃발 아래 투쟁하면 된다"라고 믿어 왔는데 우리가 맞서는 것은 나우정밀 사장 한사람이 아니라 전체 자본가 세력이라는 것을 확인했다. 공권력의 폭력성과 정권과 자본가들이 한통속임을 인식하고 나아가 노동자도 이에 맞서기 위해 정치세력화가 필요하다는 것을 깨달았다.

1990년 7월 서노협 대의원대회에서 나우정밀 노조가 모범노동조합상을 받는 모습(가운데 마이크 잡고 인사하는 이가 필자)

　　나는 핵심간부[위원장, 학생 출신 활동가 두 명]들의 구속으로 실무역량이 취약해진 상태에서 위원장 직무대행을 맡게 되었는데, 교섭내용이나 진척상태를 보며 판단을 하고 전술을 구사해야 하는데 많이 부족했다. 자신 없어 하는 나의 판단을 믿으며 함께했던 간부들이 고마우면서도 어깨가 참 무거웠다. 임금인상 과정에서 임금 한자리수 고수, 장기간 파업 유도, 무노동 무임금 적용, 간부 구속, 직장폐쇄, 공권력투입, 비조합원 형성 등에 맞서 단결의 의지만을 가지고 버텨 낸 조합원들은 힘에 부쳐 했다. 시간이 지날수록 "우리가 싸워 봐야 바위에 계란치기다", "공동임투는 말로만 하더라. 우리 노조도 앞장서지 말고 중간만 가자", "전국의 노동자들이 하나로 뭉쳐 한날 한시에 떨쳐 일어나야 가능한 일이다" 등의 피해의

1990년 구로지역 노동자 관악산 등반대회

식과 불신이 자리 잡게 되었다.

그러던 1991년 5월, 예상치 못한 일이 있었는데, 아줌마 조합원들과 가두투쟁을 한 것이다. 한진중공업 박창수 위원장의 의문사와 강경대 열사의 죽음에 분노하며 임금인상 기간 중 파업을 하고 조합원들과 함께 지랄탄과 최루탄의 공격을 받으며 서울 시내 주요 도로와 3공단과 가리봉 오거리를 중심으로 가두투쟁을 벌였다. 나는 1989년 시위 때 깔려 죽을 뻔했던 악몽이 떠오르면서 조합원들이 다칠까 봐 걱정이 됐다. 그러나 조합원들은 무섭다고 하면서도 차도를 점거하여 전경과 싸우는 새로운 투쟁에 무척 신나했다.

1991년 임금인상투쟁에서는 전 해의 후유증과 무노동 무임금에 대한 부담으로 전면파업을 할 수가 없었다. 부분파업을 한 달 정도 하고 투쟁이 마무리되었다. 해고자 원직복직 요구가 있었지만 관철하지 못하고 정리되었다. 노동조합은 9월에 가진 제4차 정기총회에서 해고자 신분인 김점숙 위원장을 재추대하였다. 구로구청과 노동부에 임원 변경 신고에 대해 대표자격 시비를 하며 노동조합법 위반사항에 대한 시정지시를 요구했다. 회사 측도 가세해 대표자격에 대해 시비를 걸었다. 노동조합은 지속적인 대표자격 투쟁을 전개하는 것이 어렵다는 판단을 하여 조합원들과 토론해 새로운 위원장을 선출키로 하고 총회를 소집했다. 해고된 위원장을 노동조합 고문으로 하고 직무대행이던 내가 위원장이 되었다. 아직도 초대 위원장으로 고생했던 김점숙 위원장을 너무 쉽게 포기한 것 같아 미안하고 떳떳하지 못한 행동이었다는 자책감을 안고 있다.

'노동해방 세상'은 어떤 세상일까?

간부 활동을 3년 가까이 하게 되니 늘 채워지지 않는 갈증이 생겼다. 실무적인 일에 치이며 반복되는 임단협 투쟁은 다람쥐 쳇바퀴 돌 듯 한다는 생각이 들었고, 잘은 모르지만 뭔가 근원적인 투쟁의 목표와 방향을 세워야 할 것 같았다. 또한 구호로 외치고 있는 '노동해방 세상'은 어떤 세상을 말하는지 궁금해지기 시작했다. 이론적인 부분에 대해 학출 활동가들에게 공부를 하자고 요구하고 시도해 보았지만 계속 후순위로 밀렸다.

1990년 위원장과 학출 활동가들이 구속되어 위원장 직무대행을 맡게 되면서 뭔가 중심을 잡고 활동하려면 전망을 갖기 위한 이론적인 무장이 필요하다는 생각이 더 강해졌다. 한편으론 우리 노동조합에 있던 학출 활동가들에 대한 불만도 있었다. 학습을 시켜 주지 않은 것에 대한 불만이었는데, 그것은 활동방식의 차이라는 생각이 들었다. 그래서 1990년 70일간의 파업투쟁을 마무리한 후 구로지역 간부들에게 "운동에 대한 전망을 가질 수 있는 공부를 하고 싶다"는 소문을 냈다. 대부분의 간부들이 머뭇거리는 듯했다. 어느 날 구로지역 한 간부의 추천으로 어떤 정치조직과 연결되었고 우리 노조간부들을 다 모아서 매주 1회 정도 함께 학습하기로 했다. 지금까지도 그 정파의 이름은 잘 모르겠으나 비합법 전위조직을 추구했고 모임을 할 때도 무척 비밀스러웠다. 뒤늦게 관련자 구속사건을 통해 확인한 결과 '남한프롤레타리아계급투쟁동맹'이라 불리는 조직이었다. 지도하는 선배가 참여해서 우리는 교재를 정해 학습하고 토론했다. 처음 봤던 책이 박노해의 『우리들의 사랑 우리들의 분노』였고, 제목은 기억나지 않지만 아마도 근현대사와 경제학, 철학 관련 서적들을 보았는데, 이 책들을 보며 새롭게 눈을 뜨는 느낌이었다. 이 사회는 자본가계급과 노동자계급이 존재하는 자본주의 사회로 국가의 모든 권력이 자본가계급에 의해 움직이고 있다는 것을 알았다. 생산수단을 국유화하여 노동자계급이 권력을 잡는 사회주의 국가가 되어야 한다는 것도 배웠다. 또한 이 모임에서는 노동조합을 경제적인 투쟁에 머무르게 해서는 안 되고 이것을 방해하는 관료들은 몰아내야 하며 정치투쟁이 결합되어야 한다는 점을 강조했다. 당시 공개적으로 "혁명적 임시정부로 파쇼정권 타도하고 민중정권 수립하자! 대공장을 몰수하여 노동자 통제관리로 완전고용 쟁취하자! 모든 토지 국유화하고 호화주택 몰수하여 무상주택 분배받자!"는 선전 선동을 하기도 했다.

그런데 시간이 지날수록 이 정치조직의 활동방식이 조합원들과 일상적인 활동을 펼치는 데 괴리가 나타나는 것 같아서 부담스러워졌다. 그동안 지역에서 헌신적으로 활동해 온 간부들에 대해서도 노동운동의 성장을 방해하는 '관료'라며 비판의 목소리를 높이는 것 역시 정서적으로 받

아들이기가 어려웠다. 내게 그 조
직의 가입을 권유했지만 결정을 미
루다가 "학습을 그만하겠다"고 했
더니 나에 대해 우리 노조간부들에
게 '비인간적이고 노사협조주의자'
라며 격리하기 시작했다. 자업자득
이라고 할지 모르겠으나, 나는 간
부들과 분리되어 소외되었고 힘든
시기를 보내야 했다. 어느 날 이 조
직에서 만든 신문을 출근하는 공단
노동자에게 배포하기 위해 상임집

1993년 8월 총회에서 위원장 당선 소감을 말하는
필자

행위원 전원이 참가할 것을 결의하라는 요구를 해와서, 그 참가 여부에 대
해 상집회의에서 논의하며 서로 평행선을 유지한 채 날밤을 새웠던 기억
이 떠오른다.

　이런 과정을 겪는 가운데 1993년 노동조합 설립 7년차에 이르러 우
리는 처음으로 위원장 선거를 경선으로 치렀고, 선거에서 내가 다시 위원
장에 당선되었다. 그 정파의 영향력하에 있던 간부, 대의원들은 나에 대한
미움과 조합원들에 대한 실망감으로 상처가 아주 컸던 것으로 여겨진다.
이 시기가 조합활동 전 과정에서 정파 문제에 휘말리며 마음이 아주 힘들
었던 때로 기억에 남아 있다. 누구는 경선의 장점을 이야기하기도 하지만,
경쟁구도 속에 서로 견제하며 사람의 마음을 다치게 했던 과정은 참 소모
적이었다는 생각이 든다.

나우정밀이 해태그룹에 넘어가다

'문민정부'라는 가면을 쓰고 들어선 김영삼 정권은 물가상승률을 3% 이내로 잡겠다며 노동자들에게 고통분담을 강요하며 임금인상 요구를 억제했다. 회사 측에서는 외주 하청을 늘리고 신규채용을 하지 않아 조합원은 점점 감소되었다. 최대 650여 명에 이르던 조합원 숫자가 280여 명으로 감소했다. 이중 기혼여성이 70%를 차지했다. 자연 인원 감원으로 인해 노동강도는 강화되었다. 신경영 전략의 일환으로 ISO-9000 유럽시장 확대를 위한 인증제로 작업현장에 현수막을 내걸고 작업대를 정리하며 조합원들의 현장통제를 강화해 들어왔다.

1994년 김영삼 정권의 임금억제 고통전담에 맞서 전국노동자대표자회의 차원의 투쟁전선을 구축하였고, 서노협 구로지구위원회 26개 노동조합은 '94년 임단투 구로지역공동대책위원회'를 발족하여 4월 17일 구로지역 노동자 등반대회를 개최한 후 다음날 첫 교섭이 시작되었다. 이때 교섭위원들이 붉은 조끼와 머리띠를 매고 교섭에 임하는 투쟁문화가 처음 시작되었다. 11월 '전국민주노동조합총연맹(준)'이 발족되었고 조합원들에게 민주노총에 대한 관심을 높이기 위해 조합원 교육을 꾸준히 배치했다.

나는 같은 해 11월, 위원장 임기 중에 결혼을 했고 계획에 없던 첫아이를 가졌다. 다음해인 1995년 임투가 끝나고 8월에 위원장 임기를 마치고 나서 회계감사직을 맡고, 바로 산전후휴가에 들어갔다. 산후휴가 기간 중인 9월 말경 "나우정밀이 해태그룹에 인수된다"는 사실을 알았다. 나우정밀의 회장은 기술과 생산투자는 하지 않은 채 부동산과 주식 투자로 개인의 막대한 이익만 챙기고 회사를 해태그룹에 팔아넘겼다. 대기업이 무

1996,1997년 노동법개악 저지투쟁(왼쪽에서 세번째)

선전화기 사업에 뛰어들면서 기술력과 가격경쟁에서 밀려 결국 해태그룹에 인수합병된 것이다. 이미 인켈을 인수한 해태그룹은 나우정밀을 인수하여 인켈에 경영권을 넘겼고 노동자들에게는 고용과 근로조건이 승계되었다. 그러나 경영진은 현장통제와 조합원 길들이기를 위해 무던히 애를 썼고 이 때문에 노조와의 신경전은 계속되었다. 1996년 11월 1일에 나우정밀과 인켈이 해태전자로 흡수, 합병되었다.

1997년 새해에는 개악된 노동법의 폐기를 위한 총파업에 동참하여 투쟁을 전개했다. 민주노총 지도부의 총파업 선언에 따라 즉각적으로 파업 선포식을 갖고 조합원과 함께 "노동법, 안기부법 날치기 통과 규탄 및 김영삼 정권 퇴진 결의대회"에 참여하고 저녁부터 간부 철야농성에 들어갔다. 회사 측은 관리자들을 동원하여 조합원들의 집을 방문해 파업 참여

1996, 1997년 노동법개악 저지투쟁(왼쪽에서 세번째)

를 하지 말라고 설득하러 다녔고 전체 라인 관리자가 노동조합 사무실에
찾아와 이전 문제를 거론하며 파업중지를 종용했다. 3사 합병 이후 공장
이전설이 계속 유포되는 상황으로 조건이 만만치는 않았지만 이미 노동
조합은 하반기 사업계획으로 노동법 개정투쟁을 결의하고 간부들로 팀을
구성하여 조합원 교육과 홍보를 집중적으로 진행해 왔다. 당시 노사관계
개혁위원회의 노동법 개악안에 대한 반대를 분명히 하고 10월 17일 민주
노총 산하 노동조합 전체가 중식집회를 진행했으며, 11월 6일에는 수도권
노동조합의 경고성 파업투쟁을 진행하였고, 우리 노조에서도 임시총회
형식으로 참가했다. 11월 9일 노동자대회를 앞두고 노동법 개악 결사반대
라는 리본을 착용하고 사진전 및 영상물 보기, 4행시 짓기 등 다양한 행동
을 조직하여 많은 조합원들이 노동자대회에 참가했다. 12월 4일 금속연맹
은 총파업 찬반투표에 들어가 91.4%의 높은 찬성률로 총파업을 결정했다.

그러나 보수야당이 개악안의 국회통과를 반대하는 분위기 속에서 총파업을 유보하였다. 우리 노조는 간부들의 아침 선전전과 머리띠 매고 일하기, 조합원 작업복 거부 등을 통해 긴장감을 계속 유지했다. 크리스마스 때를 틈타 12월 26일 새벽, 신한국당이 안기부법과 노동법 개악안을 날치기 통과시켰다. 간부들은 구속을 각오하고 조합원들은 무노동 무임금 적용을 각오하고 파업에 동참했다. 당시 나는 직책이 회계감사였지만 우리 노조의 특성상 상집회의에 참석하고 상집간부 역할을 겸임했다. 이는 조합원들이 노동조합 간부를 기피해 어쩔 수 없는 조건이었다.

나우정밀 노동조합 해산 총회

1997년 8월 22일 "해태상사가 부도 위기를 모면하기 위해 계열사 중 식음료, 유통, 정보통신, 광고 등 핵심 사업을 제외한 나머지를 매각 또는 통폐합한다"는 내용을 발표하였다. 이에 따라 공장 이전 공고를 게시하였다. 구로공장[나우정밀]은 매각하고 해태전자가 있는 경기도 화성으로 이전한다는 내용이었다.

노동조합은 바로 항의집회를 열고 공장이전반대투쟁을 결의하였고 회사 측과 교섭을 진행했다. 회사 측은 "공장 이전은 이미 결정된 사항으로 계획대로 추진하겠다"는 의사를 분명히 했다. 공장 이전에 따른 대책은 "통근버스 3개월간 한시적 운행, 미혼에 한해 기숙사 사용, 퇴직금은 퇴사자 우선순위로 지급하며 기한은 장담할 수 없다"는 성의 없는 것이었다. 노동조합은 공장이전반대투쟁을 전개하였지만, 부도위기설에 조합원들이 무척 조급해했다. 근로자퇴직급여보장법의 「퇴직금의 우선변제」 조항이 개악돼 '부도 시 노동자들의 퇴직금의 우선변제가 3년간'이란 사실에

1997년 봄 마지막이 된 조합원들의 나들이

대부분 10년 이상의 장기근속자인 조합원들은 퇴직금 수급 여부에 많이 불안해했다. 이 때문에 노조는 조합원 토론을 통해 '공장 이전에 따른 처우 및 보상'을 요구하였다. 금속연맹 주최로 해태그룹 본사 앞에서 집회를 기획하고 10월 말경 정문 봉쇄를 예상하면서 투쟁을 준비하였다. 10월 28일, 교섭 결과 이전 가능자에 대한 처우와 불가능자에 대한 처우를 보고하며 "아쉽지만 정리하자"는 의견이 다수를 차지해 공장 이전에 따른 교섭을 마무리하였다. 화성공장 출근을 검토하던 70여 명의 조합원들은 통근 거리와 조건을 파악하기 위해 답사를 다녀온 후 포기하였다.

마지막까지 남아 있던 134명의 조합원들은 10년 동안 투쟁의 삶을 회상하며 엉엉~ 울었다. 모두가 잊을 수 없는 1990년 장기간의 임금인상 투쟁 과정을 이야기했고, 노동조합을 통해 자신감 있는 삶을 살 수 있게 되었다는 이야기를 했다. 10월 말일자로 사직서를 쓰고 미운 정 고운 정 들었던 나우정밀과 작별을 고했다.

이후 해태그룹은 1997년 11월 1일 부도를 맞고 해태전자는 법정관리를 신청하였다. 노조는 조합원들의 퇴직금을 제대로 지급받기 위해 본사

항의방문투쟁을 몇 차례 진행한 끝에 3월 말일자로 전원 퇴직금을 받을 수 있었다. 1998년 4월 4일, 우여곡절 많은 나우정밀노동조합 해산총회를 가졌다.

쉽지 않았던 노동조합 활동

나우정밀 노동조합 10년의 활동은 나의 삶에 긍정적인 많은 영향을 주었지만 또한 무척 힘들었던 시기이기도 했고, 나 개인의 삶이 없다고 여긴 적도 있었다. 나이 마흔을 넘겨 이 글을 쓰면서 생각해 보니 그리 긴 시간도 아니었고, 현재 벌어지고 있는 노조 탄압의 양상에 비하면 호사스러운 노조활동을 했다는 생각도 든다. 전혀 활동경험이 없었는데도 사무국장을 비롯해 주요 상근간부 활동을 하면서 실무적인 업무에 많이 치인 것도 사실이다. 그때는 소모임에 가입해 문화활동을 하는 조합원을 보면서 부러워했었다. 내 성격이 책임감은 강하면서 완벽함을 추구하는 스타일이라 그런지 사전에 계획을 세워야 하고 스스로 할 수 있겠다는 자신감이 생겨야 일을 추진하는 편이다. 일에 확신이 없으면 머뭇거리거나 회피하고 싶은 경우가 많았다. 그러나 같이 활동하게 된 위원장은 어려운 조건에서도 하기로 결정한 일에 대해 밀고 나가는 뚝심이 있고 따뜻한 사람이었다. 한 가지 공통점은 위원장이나 나나 자신의 감정을 제대로 표현하지 못하는 '숙맥'이라는 것이다.

　20대 초반 무렵만 해도 내가 착하고 합리적인 사람이라고 생각했다. 그래서인지 남들 눈치보며 의식하는 '착한 사람' 콤플렉스가 있었는데, 그건 순전히 내 생각과 내 기준에 따른 나만의 착각이었다. 다양한 사람과 사건을 접해 보지 못한 채 갖고 있었던 얄팍한 생각이었던 것이다. 노조

간부로 활동하면서는 내가 마음에 드는 사람과 함께하거나 좋아하는 일만 할 수 있는 게 아니어서 그런지 서서히 나 자신을 돌아보기 시작했다. 평상시에도 말이 많지 않은 편인데 힘들어지면 더 말수가 적어지고 툭하면 상집간부들 앞에서 울기도 많이 울었다. 감정 표현에 익숙하지 않은 데다, 어느 정도까지 참다가 더 이상 참을 수 없으면 울음보가 터지는데, 이미 이 시점에는 무엇 때문에 힘든 건지 정리도 잘 안 될 지경에 이른다. 나의 눈물 때문에 함께 고생하는 간부들의 사기가 떨어지고 그들을 당황스럽게 만들었을 것이라고 생각하니, 참 미안해진다.

한번은 1988년 즈음인데, 초기 노조 상근자가 위원장과 사무국장 두 명이었던 시절이다. 대외적인 활동을 담당하는 것이 위원장의 역할이라면 조합원들의 근황이나 상태를 잘 챙기는 것이 사무국장의 역할이었다. 그래서 대외활동 못지않게 위원장에게 꾸준한 현장순회를 요구했다. 조합원의 상태에 근거한 사업계획이 수립되지 않으면 뜬구름 잡는 식의 활동이 되고, 집행하는 데도 어려움이 뒤따르기 때문이었다. 구로지역 연대체인 구로지구협의회 위원장단 모임이 이루어졌다. 협의회 의장이 우리 노조 위원장이었는데, 이 회의에서 정확하게 사안이 무엇이었는지는 기억이 나질 않지만, '○○○○와 노동운동탄압 분쇄를 위해 구로지역 사업장 전면파업'을 결의하였다. 아무튼 위원장단 회의에서 결정한 파업결의를 우리 노조에서 어떻게 집행을 할지 상집회의에서 논의를 했다. 상집간부 전원이 파업동참에는 동의했으나 참여방식에 대해서는 다른 주장들이 나왔다. 위원장은 "쟁의절차를 거치지 않은 불법파업을 하자"는 주장이었고, 나머지 상집간부들은 "단체협약으로 보장하고 있는 조합원총회 또는 교육시간을 활용하자"는 의견이었다. 다들 피곤한데 서로 합의를 이루지 못하고 시간은 흘러가고 있었다. 나는 이런 상황이 조합에 대한 위원장의 감이 떨어졌기 때문에 생긴 일이고 이것은 대외활동을 많이 하는 위원장에 대한 내 보필이 부족해 생긴 일이라고 자책했다. 또 일은 추진해야 하는데 내 생각처럼 이루어지지 않는 조급함과 답답함에 회의석상에서 울었다. 누구 의견이 옳고 그름을 떠나, 내 생각과 다를 때 어떻게 합의해서 일을 추진을 해야 할지 힘들었기 때문인 것 같다.

불가능이란 없다

노조활동을 하면서 만만했던 적은 단 한 번도 없었다. 정부와 자본가들의 지침에 따라 호시탐탐 노조파괴를 노리는 사측과의 접전이 일상이었기 때문이다. 사측의 의도를 파악해 대응책을 마련하고 집행하는 일은 일상업무였다. 농사일처럼 시기성을 요구하는 경우가 대부분인지라 때맞춰 비가 오지 않으면 식물들이 쓰러지듯이 조합원들에게도 물을 주지 않으면 점차적으로 노동조합에서 멀어질 수 있다는 긴장감을 항상 유지해야 했다. 그래서 불가능이란 있을 수 없고 뭔가 극복방안을 찾는 게 최선이었다. 이런 일상이 반복되다 보니 사람 중심이 아니라 일 중심으로 사고하게 되고 그나마 부족했던 감정상태가 더욱 메말라 갔던 것 같다.

그러나 조합원들과 함께하는 실천사업을 집행하면 힘이 생기고 신뢰가 쌓였다. 우리 노동조합은 10년간의 활동에서 매년 임금인상시기에 파업을 꼭 했다. 87년 3일간, 88년 9일간, 89년 9일간, 90년 70일간, 91년부터는 부분파업 후 20~30일씩 파업은 기본이었다. 파업에 들어가기 전 수순으로 작업장 분위기를 투쟁의 분위기로 만들어 가는 것이다. 우리들의 요구나 바람을 A4용지 또는 색지에 글로 쓰거나 그림을 그려 표현한 다음

라인에서 서로 공유하고 작업장 위에 줄을 띄워 매다는 것이다. 일명 '빨 랫줄 그림'. 이렇게 하고 나면 행사장의 만국기가 걸린 것처럼 분위기가 술렁이기 시작하고 "한판 붙자!"는 분위기로 전환된다. 초반에는 기세 싸움이 필수적이다. 조합원들이 퇴근한 다음, 사측에서 제거하면 다음날 더 많은 그림을 그려 달거나, 회사 임원들이 드나드는 사무실 쪽의 통로 벽에 도배질을 하는 것이다. 파업을 유지하기 위해서 현장점거가 필요했다. 우리는 법적 쟁의행위 기간에 돌입하면 조합원들에게 점거현장을 알리고 작업 중 대의원들이 불시에 신호를 보내며 호루라기를 불면 모두 하던 일을 멈추고 신속하게 점거현장으로 집결했다. 이때 조합원들이 "벌떡~ 벌떡~" 일어나서 의자 넘어가는 소리에 서로 놀랐다는 이야기도 많이 했다. 그렇게 할 수밖에 없었던 이유는 회사 측에서 작업현장을 잠가 버리면 운동장에서 별 보며 노숙농성을 해야 했기 때문이다. 농성장을 점거하면 서로 "해냈다!"는 기쁨과 함께 일사천리로 농성장이 꾸며진다. 작업장에 있는 박스와 포장테이프는 농성장의 장판이 되고 현장에서 만들어진 식탁, 살림살이 보관할 서랍장 등이 갖춰지는 걸 보면 조합원들의 다재다능함을 확인할 수 있다.

1990년 70일간 파업을 했을 때의 일이다. 전체 조합원은 650여 명이었고, 이중 미혼[아가씨조합원]과 기혼[아줌마조합원] 숫자는 절반씩이었다. 그래서 낮에 농성은 아줌마조합원 중심으로 유지했고, 저녁 농성은 아줌마조합원들의 퇴근시간에 맞춰 아가씨조합원들이 출근해 2교대로 이루어졌다. 밤 농성 중에 비상상황이 일어나면 비상연락망 체계를 통해 퇴근했던 아줌마조합원들이 즉각 달려오기로 되어 있었다. 우리는 점거한 현장 건물 안에서 농성을 하며 프로그램을 진행했지만 구사대의 분위기가 심상치 않으면 밖으로 나와 운동장에서 정황을 살피며 프로그램을 진행했다. 어느 날 술을 마시고 들이닥친 구사대의 폭력이 극에 달해 칼을 들고 설치며 조합원들이 농성하고 있는 곳으로 트럭을 몰고 돌진한 일이 있었다. 크게 다친 사람은 없었지만, 이러한 무자비한 폭력이 발생하면 조합원들은 겁에 질려 기가 죽는다. 이 사건은 밤 12시가 다 되어 일어났는데, 집에 퇴근해 있는 아줌마조합원들에게 비상을 걸었다. 대중교통은 끊어졌고 조합원들이 택시를 타고 속속들이 몰려들기 시작하는데 이때의 감동은 잊을 수가 없다. 퇴근했던 아줌마조합원들이 절반 이상 모여 500여 명의 노동자들이 밤이슬을 맞으며 조용한 공단거리의 잠을 깨웠다. "휘몰아치는 거센 바람에도, 부딪쳐 오는 거센 억압에도, 우리는 반드시 모이었다 마주 보았다~" 동지가를 힘차게 부르며 '동지'에 대해 가졌던 선입견과 어색함은 완전히 해소되었다. 새벽이 되자 구사대의 폭력은 잦아들었고 아줌마조합원들은 가족들을 챙기기 위해 집으로 돌아갔다. 치밀하게 계획을 세우고 함께 한 약속들은 지켜졌으며 서로에게 힘이 되고 신뢰가 쌓여 갔다.

특히 아줌마조합원들은 우리 노조의 중심이었다. 회사 측에서 1986년 투쟁 이후 아줌마들을 채용하면 투쟁이 없을 것이라 판단했지만, 오판이었다. 아줌마들의 경험에서 우러나오는 투쟁은 씩씩하고 확실했다. 거기에 엄마들이라서 그런지 라인의 아가씨들을 잘 챙겨 주었다. 대부분 아가씨로 구성된 상집간부들에 대한 보살핌은 지극정성이었다. 건강이 안좋은 간부가 있으면 한약을 달여다 먹이고, 갓 담근 싱싱한 김치, 밑반찬 등을 챙겨 주던 아줌마들의 손길이 지금도 감사하고 고맙기만 하다.

한편 노조를 결성한 뒤 반복해 온 임단협 투쟁은 경제적인 측면과 근로조건 개선에서 우리 사업장엔 상당한 영향을 미쳤다. 당시에 열나게 바빴고 우리 사업장의 조건을 바꿔 내는 데 온 힘을 기울였다. 하지만 돌이켜 보면, 이 사업장 하나 없어지면 물거품이 될 조건들에 너무도 연연했었다는 생각이 든다. 물론 그래서인지 그때에도 산업별노조를 만들어야 된다는 이야기가 계속 있어 왔다. 당시 우리의 투쟁은 구로공단 노동자들의 투쟁을 촉구하는 촉매제로 작용할 것이고, 우리의 임금인상은 다른 노동자들에게 영향을 미쳐 임금인상 효과가 있을 것이라고 해석했다. 우리 사업장 조건이 바뀌면 그것이 파급효과를 미쳐 세상을 바꿔 내는 데 기여한다고 생각했다. 실제 결과가 어땠는지는 잘 모르겠으나 지금도 노동조합이 없는 사업장 노동자들을 보면 과거와 별반 다르지 않게 열악하기만 하다. 스스로가 권리를 찾지 않으면 아무도 대신 해줄 수는 없다고 본다. 그러나 노동자들이 권리를 찾는 데 용기를 낼 수 있도록 누군가 사회적 분위기를 만들어 가는 일도 아주 중요하다고 생각한다.

6. 생계를 위한 취업, 그리고 다시 현장으로

여동생을 통해 알게 된 남편과 5년간의 연애 끝에 1994년 11월 19일 결혼하였다. 우리의 첫 만남은 좀 신선하다. 동생을 통해 서로의 존재를 알게 된 우리는 얼굴도 모른 채 잊어버릴 만하면 한 번씩 안부를 묻는 통화만 했다. 나는 노조활동에 바빴고, 남편도 조직활동을 하느라 둘의 관계를 진척시키는 일은 항상 후순위로 밀렸다. 한참을 그렇게 지내던 어느 날, 충무로 대한극장 앞에서 만나기로 하였다. 서로 얼굴을 모르는 처지고, 그때는 핸드폰이 없던 시절이라, 서로 의상착의를 확인해 만나기로 했다. 남편은 신문을 들고 나오기로 했는데 내가 먼저 약속장소에 도착했다. 예정시간을 조금 지나 한 남자가 헐레벌떡 뛰어오더니 극장 앞 벤치에 덜렁 앉더니 주변을 살피는 기색도 없이 신문 보는 일에만 열중하고 있었다. 나는 자존심이 상해 그냥 돌아갈까 하다가 확인하지 않고 돌아가면 평생 후회할 것 같아 용기를 내어 벤치에서 신문만 보고 있는 남자에게 다가가 확인했다. 그렇게 우리의 첫 만남이 이루어졌다. 우리는 연애기간이 길었지만 사실 만난 것은 얼마 되지 않았다. 각자의 활동과 남편의 수배, 구속, 군복무 등 시간적·물리적으로 자유로운 연애가 허락되지 않았다.

결혼한 후 바로 아이가 생겼고, 남편의 뒤늦은 학교 졸업으로 마땅한 경제활동을 할 수 있는 일자리를 잡기가 만만치 않았다. 내가 일을 해야 생활이 가능했다. 나는 아이 출산을 앞두고 위원장 임기를 마쳤다. 첫 아이는 내가 위원장 임기 중에 가져서 활동에 제약이 될 수 있다는 생각에 조합원들의 축하인사가 부담스러웠다. 돌이켜 보면 아이한테는 미안한 일이고, 그만큼 우리는 부부로서, 부모로서 여유를 가질 틈도 없이 신혼을 지나쳐 왔다. 아이는 시어머니에게 맡겨졌다.

나는 나우정밀을 그만둔 이후 쉬는 기간에도 작은 전자부품 조립, 머리띠 테이프 붙이기 등을 했다. 오랜 기간 동안 하지는 않았지만 생활비도 못 대면서 집안 살림과 아이 보살핌이 소홀해지고 어깻죽지와 목이 아프고 등골이 빠져 나가는 듯했다. 다음에는 텔레마케터 교육과정을 거쳐 자동차보험 가입자를 유치하는 일을 약 1년 정도 했으나, 이 일 역시 내 적성은 아니었다.

다시 집 근처의 자동차부품을 가공하는 작은 업체에 들어갔다. 이 업체는 기아자동차에 납품하는 협력업체의 재하청 업체쯤 되는데 직원은 이주노동자를 포함하여 10명 남짓이었다. CNC기계를 사용하여 볼트나 너트 등을 절삭 가공하는 업체였다. 내 담당업무는 제품이 완성되어 나오면 물건이 정상적으로 나왔는지 치수를 재고 포장하여 납품 보내는 일이었다. 물품을 가공하는 과정에서 묻어 있는 절삭유를 제거하기 위해선 완제품을 석유에 담가 마치 물로 헹구듯이 씻어야 했다. 바닥은 온통 기름으로 질벅거리고 이 기름으로 신발 밑창이 제대로 붙어 있질 못했다. 처음에는 기름 냄새에 머리가 아프고 손이 기름으로 젖으니 빨갛게 부풀어 올랐다. 가장 두려웠던 건 지하실에서 일하면서 온통 기름으로 질벅거리는 현장에 불이 나는 것이었다. 항상 걱정이 되었다.

그러던 어느 날, 남편은 갑작스럽게 울산으로 가자고 해 나는 다소 당황스러워 잠시 머뭇거리기는 했지만 지금껏 배운 도둑질이 그것뿐이니 크게 망설이지 않고 2002년 가을 울산으로 가기로 결정하였다. 남편의 선배 도움으로 나는 민주노총 울산지역본부에서 상근활동을 시작했다. 예전 나우정밀 노조의 향수를 가지고 시작한 지역활동은 단위노조 활동과 많이 달랐다. 예상은 했었으나 어디 한곳 제대로 발붙일 곳 없이 허공에 떠 있는 듯한 느낌이라면 적절할까? 활동의 어려움과 부족함을 나눌 조직이 있었던 것도 아니고, 다시 활동을 시작하며 몇 년의 공백을 극복하기도 버거웠다. 가장 어려웠던 것은 집단적인 움직임보다는 개인적으로 알아서 판단해야 하는 분위기였다. 사업계획을 수립하고 집행하려면 추진과정이 눈에 들어오지도 않았고 가늠할 수조차 없었다. 내가 맡았던 직책이 조직국장이었는데 집회를 잡아 놓고 몇 명이 참석할지 걱정이 되지만 별로 할 게 없이 손 놓고 있는 상태였다. 울산은 많은 사업들이 현대자동차 노조에 의해 좌지우지 되었다. 그래서 구로공단에서의 아기자기한 맛이 없었고 서로에게 의지하지도 않았다. 현대자동차 노조의 움직임 여부에 따라 사업집행의 결정이 좌우되었기에 작은 노조들의 행보는 별로 중요하지 않게 보였다.

단위사업장의 조직 상태와 분위기는 많은 사업장들이 조직골간 자체가 민주적인 운영방식의 체계를 갖추고 있지 못했다. 현장의 사정은 엉망인데 파업지침은 내려오니, 내공이 큰 사람들이나 버텨 낼 수 있는 데다 싶었다. 지역본부는 현장감만 가지고는 어렵고 실무력을 갖춘 전문가들이 필요하다고 여겨졌다. 나는 그림을 크게 멀리 그릴 줄 모른다. 당장의 할 일이 있어야 하고 거기에 충실하며 조합원 또는 대중들과 함께하는 과정이 없으니 힘도 생기지 않고 재미도 없었다. 2005년 성난 파도처럼 일어났던 울산건설플랜트 노조투쟁을 겪으며 정작 지역본부 담당자는 소외되는 모습을 보면서 회의를 느낀 터라 미련 없이 3년간의 상급단체 활동을 그만두었다.

거기에 개인적 삶도 편안하지 않았다. 2004년 7월 아홉 살 터울의 둘째 딸아이를 낳고는 남편과 다툼이 잦았다. 다툼의 동기는 그때그때 달랐지만 다툼은 주기적으로 반복되었다. 둘째가 태어나자 시어머니가 울산에 내려오셔서 15개월간 돌봐 주시고 올라가셨다. 한번은 다툼 끝에 남편이 "더 이상 갑갑해서 같이 살기 힘들다"며 별거 선언을 한 이후에야 나는 심각하게 생각하기 시작했다. 집안 생계의 일정 부분을 책임져 온 입장에서 억울하기도 했지만 나에게 뭔가 잘못된 게 있다는 사실이 느껴지기 시작했다. 남편은 자상하고 감성이 풍부하면서 예민한 편이었는데 남편의 이런 감정을 내가 잘 헤아리지 못했던 것이다. 가족관계나 아이를 대할 때 감정을 알아 주기보다는 내 중심적으로 해석하고 마치 노조 일을 하듯이

가족과 함께

원인과 해결책을 찾고 바꿔야 한다는 생각을 떨치지 못했다. 나는 내성적인 성격임을 알면서도 외향적인 성격을 지향했으나, 바뀌어야 된다는 생각만 있지 변화는 무척 더뎠다. 내 성향과 감성을 바꾸는 일도 쉽지 않은데, 하물며 남편과 아이의 감성을 나와 똑같이 규정하고 기대했던 무지한 아내와 엄마였다. 내 의무감에 충실했지만 뭔가 부족했다는 것을 뒤늦게 알았다.

그러면서 나 자신을 돌아보니 나의 감정을 살피지 못하고 방치된 채 스스로 억압하며 지내왔다는 생각이 들었다. 나이 마흔이 넘어 무색무취한 자신을 발견하는 일은 그 어떤 일보다 슬픈 일이다. 아내와 엄마로서 형편없는 사람같이 여겨졌고, 가족들은 물론 나 자신에게 너무나 미안했다. 20대를 잘 살았다고 자부하며 그걸 밑천 삼아 지금까지 버텨 왔는데, 그 믿음이 한순간에 무너지며 나의 자존감은 바닥을 향해 곤두박질쳤다.

스스로 감정을 돌보는 데 충실해야 하고 자신의 감정을 표현하는 연습이 필요함을 절감했다. 그래야 다른 사람의 감정도 잘 살필 수 있을 거라 믿었다. 의욕을 앞세우기보단 있는 그대로 받아들이고 인정하는 과정이 필요하다는 것을 알아가고 있다. 큰아이 중3, 작은아이 일곱 살, 이제서야 아이들의 눈높이에 맞춰야 한다는 것을 배우고 있다.

우리집 안 게시판과 빈 공간 벽엔 이런 글귀가 쓰여 있다. "아이를 있는 그대로 존중하고 거듭해서 격려하자." 우리 작은아이는 "엄마, 저 종이는 언제 뗄 거야?" 하고 나에게 묻는다. "종이를 떼면 엄마는 잘 잊어버리니까 계속 둘 거야"라고 답한다. 감정표현에 인색한 엄마 밑에서 자란 아들은 사춘기를 거치며 어느새 내가 올려다 볼 만큼 훌쩍 커버렸다. 이제나마 아들에게 미안한 마음을 조금이나마 덜어보고자 짝사랑이라도 하듯 친해 보려 하지만 아들은 어색해하며 나를 경계한다. 남편은 옆에서 "그게 다 당신한테 배운 냉정함이야" 하며 약간 삐딱하게 토를 달곤 한다. 남편과 다툼의 과정에서 서로 감정이 다르다는 것을 알았고 상대를 보는 그대로 공감해 줘야 함을 깨달았다. 하지만 지금도 남편과의 관계에서 조금만 분위기가 경직되어도 어찌해야 할지 당황스럽기만 하다.

노동상담과 비정규직 노동자 지원 사업

지역본부 활동을 정리한 뒤 나는 2005년 9월부터 울산 비정규센터에서 일하기 시작했다. 그곳의 노동상담 내용 중 가장 많은 비중을 차지하는 것은 임금체불이다. 노동자들이 속 끓이다 찾는 곳이 우리 같은 단체들인데, 가장 안타까운 것은 사업주들의 '한솥밥 먹는 식구'라는 이데올로기에 얼마나 길들여져 있는지 법률 위반을 한 사업주는 오히려 큰소리치고 당당

'모든 노동자에게 근로기준법 전면 적용' 캠페인을 하는 필자

한데 정작 노동자 자신의 가정은 임금체불로 파산지경에 처했음에도 법적 대응을 제안하면 마음 불편해하고 망설이는 모습들이다.

2007년 7월 1일부터 일명 비정규보호법이 시행되고 있지만 법을 비웃기라도 하듯 같은 일을 하고 임금은 절반 수준인 비정규직 노동자들의 차별이 고착화되어 가고 있다. 대표적인 비정규직——용역, 파견, 하청업체의 간접고용——노동자들이 노동조합에 가입하거나 만들기는 갈수록 더 어려워지고 있는 현실이다. 기간제 계약으로 항상적인 고용불안 상태에 놓인 데다 노동조합이라도 만들어 권리를 찾고자 하면 원청으로부터 업체가 계약해지 당해 밥그릇까지 깨지게 되는 상황이 벌어지기 때문이다. 어려운 조건을 해결할 길은 그나마 노동조합이 유일한 대안인데 목구멍이 포도청인 노동자들에게 차마 노동조합을 만들라고 말하기가 쉽지 않다. 오로지 노동자 개인의 결심으로 온갖 불이익과 위험부담을 감수하고 암담한 현실을 개척하라고 하는 건 너무 무책임하지 않나 싶다. 최근 주요사업으로 용역업체 소속 간접고용으로 1년 단위로 근로계약을 맺고 건물 청소일을 하고 있는 고령 여성노동자들을 만나 노동조건 실태조사를 하는 중이다.

이분들을 만나면 참 애정이 간다. 예전 나우정밀 노조의 아줌마조합원들이 이제 나이가 더 들어 청소일을 하는 분들이 많기 때문이다. 우리 시어머니도 아파트 청소일을 하고 계신다. 이들이 식사하는 휴게공간은 더듬더듬 통로가 어디인지 찾기도 힘든 미로 같은 지하실이고, 밥도 도시락을 싸 가지고 다녀야 한다. 옛말에 "밥은 주고 일을 시키라" 했건만 이분들은 언감생심 꿈조차 꿀 수 없다. 혹자는 운동 삼아 용돈벌이로 일을 할 수 있으니 다행이라고 하나 대부분 생계를 위해 일을 할 수밖에 없는 조건이다. 평생을 고생하고 사신 60~70대의 어머니들이 밥벌이를 위해 힘든 노동을 떠나지 못하고 있는 것이다. 어떤 형태로든 이분들이 따뜻한 밥을 편히 먹고 쉴 수 있는 공간이 주어진다면, 꼭 노동조합이 아니어도 좋다고 생각한다. 육체적 노동, 정신적 노동, 나이의 많고 적음을 떠나 노동의 가치가 인정되고 존중받는 사회가 되었으면 한다.

7. 나를 찾아가며 미래를 꿈꾸다

나의 20대 전부였던 나우정밀 노동조합 활동은 버거웠지만 나의 삶을 위해 최선을 다한 과정이었고 아주 소중한 경험이었다. 사회의식이 뒤떨어진 나에게 세상을 바르게 볼 줄 아는 20대 초반의 나침반과 같았다. 당시 함께했던 간부들은 나이를 떠나 친구이자 동지이다. 내게 학창시절의 친구는 끊어지고 현재 과거를 함께했던 친구들은 이들뿐이다. 그 간부들이 전국에 흩어져 살아도 1년에 한두 번씩 만나고 있다. 모임을 시작한 지는 몇 해 되지 않았지만. 아주 오랜만에 만나도 어제 봤던 모습 같고 변하지 않은 성격과 말투들이 섞이면 수다만으로도 깔깔거리며 밤을 지새울 수 있는 사람들이다. 올 가을[2010년 가을]에는 노동조합이 해산한 이후 처음으로 조합원 전체모임을 추진할 예정이다. 당시의 아가씨조합원, 아줌마조합원으로 돌아갈 수 있을지 벌써부터 기대가 된다. "인간답게 살고 싶다"며 투쟁으로 일어선 지 20년 이상의 세월이 지난 지금, 또다시 비정규직노동자로 살아가고 있을 동지들을 만나게 될 것이다.

지난 10년간의 나우정밀노조활동에서 잠시 한눈을 팔아 실수할 때도 있었고, 내 스스로가 만든 책임감의 굴레를 버겁게 지고 오기도 했다. 그러나 내가 노동자라는 것을 자각하고 노동자의 삶을 개척하고 바꿔 내는 일에 꾸준히 정진해 온 것만은 칭찬해 주고 싶다. 지금도 비정규센터 일을 하면서 내세울 만하게 자랑할 것은 없는 것 같다. 다만 노동자들의 처지를 이해하고 알고 있는 만큼 실천할 뿐이다.

뒤늦은 나이에 나의 과거를 돌아보며 이해를 하고 알아 갈 수 있는 여유를 가질 수 있다는 것이 다행이고 행복한 일이라 생각한다. "알아 간다는 것이 극복할 수 있는 힘으로 작용한다"는 것을 경험하며 자신감이 생긴다. 가난한 집안의 맏딸로, 노동조합 위원장으로 때론 밥벌이를 위해 내 스스로 책임감과 당위로 옥죄어 온 삶을 위로하며 자유롭고 싶다. 이런 나의 마음을 이해하고 알아주는 사람이 옆에 있어 다행이고 고맙다. 맞벌이로 일을 하며 가족들과 함께할 수 있는 시간은 절대적으로 부족하다. 큰아이의 경우 부모의 애정과 손길이 필요했던 시기는 어느새 훌쩍 지나 버렸고, 둘째아이는 항상 애타게 부모의 애정과 관심을 기다리고 있다. 가능하다면 주말엔 가족과 함께 시간을 보내려 노력한다. 지난 세월을 겪으며 얻은 작은 깨달음은 "내가 건강하고 행복해야 가족도 눈에 들어오고 활동도 즐겁게 잘할 수 있다"는 것이다.

이제는 내가 나를 돌보고 알아가면서도, 자본의 노예로 속박당하지 않고 인간다운 행복을 추구하며 살아가는 세상, 목적이 부정되거나 소실되어 본래 의미가 뒤바뀌지 않는 삶을 희망하며 살아갈 수 있을 것 같다.

이 연표는 1970년부터 1999년까지 국내 주요 정세와 주요 노동운동 관련
사건을 담은 연표이다. 볼드체로 표시된 사건은 이 책의 본문에서 언급되고
있는 사건이며, 관련 쪽수를 대괄호 안에 표시해 놓았다. 또 주요 노동운동
사건에 대해서는 그 내용에 대해 간략한 설명을 달았다.

1970

2월 21일_외국인 투자기업 한국화이자 노동자. 노조활동 보장요구 농성
4월 8일_서울 마포구 와우시민아파트 붕괴
11월 13일_전태일 분신 [유정숙 29~31쪽, 신순애 73쪽]
11월 27일_청계피복 노조 결성 [유정숙 31~34쪽]

1971

1월 12일_아시아자동차 노조원, 노조 인정요구 단식농성
2월 9일_제3차 경제개발5개년계획 발표
3월 18일_한영섬유 김진수 피살
8월 10일_광주대단지 주민항쟁
9월 15일_방림방적노동자 체불임금농성
10월_위수령 발동(15일 서울 일원, 20일 마산 일원)
12월 6일_국가비상사태 선언
12월 25일_대연각 호텔화재

1972

4월_한국모방 노조민주화투쟁
4월 22일_평화새마을교실 설립 [유정숙 42쪽]
7월 4일_남북공동성명
10월_10월유신 제4공화국 수립
북한. 사회주의헌법 제정 및 국가주석제 신설

> **평화새마을교실**
> 청계피복 노조가 청계천 여성노동자들의 배움에
> 대한 갈망을 해소해 주고자 이화여대 학생들의
> 도움으로 시작했던 야학. 중등기초과정을 3개월
> 간 2과목씩 가르쳤다.

1973

4월_삼립식품 1,000명의 노동자 임금인상요구 농성
5월 21일_동화시장 옥상, 새마을노동교실 개관
[유정숙 45~48쪽, 신순애 76쪽]
6월 23일_개헌청원 백만인 서명운동
12월 20일_콘트롤데이타 노조 결성

1974

2월_인혁당 사건, 민청학련 사건
대통령 긴급조치 선포
2월_반도상사 노조 결성
9월_현대조선소 노동자투쟁

2월 7일_노동교실을 되찾기 위한 점거농성

[신순애 76쪽]

YH무역 노동자, 노조설립

4월 11일_서울 농대생 김상진 할복자살

노동교실 점거농성
새마을노동교실이 사용주의 입장에 따라 운영되는 데 반발한 여성노동자들이 노동조합의 운영권을 되찾기 위해 노동교실을 점거해 농성한 사건.

3월 1일_재야, '민주구국선언' 발표

3월 26일_청계노조 임금인상, 시다직불제투쟁

7월 25일_동일방직 나체시위

9월 9일_풍천화섬 노동자 가두시위,
양승조 지부장 구속, 석방투쟁

[신순애 86, 98쪽]

풍천화섬 사건
저임금에 휴일도 없이 장시간 노동을 강요하던 풍천화섬이 1976년 추석날에도 휴가를 주지 않자, 50여 명의 여성노동자가 모여 임금인상과 기숙사 외출 자유 보장, 공휴일 근무 폐지, 노조 결성의 자유 보장 등을 요구하며 회사 밖으로 나가 가두시위를 한 사건. 당시 주동자였던 박숙녀는 노조 결성 등에 대해 조언을 받았던 청계피복 노조의 양승조 지부장을 찾아 도피하는 데 도움을 얻었다. 이를 안 경찰이 양승조를 구속하였는데, 이에 항의해 청계피복 조합원들이 석방투쟁을 벌였다.

민종진 질식사 사건
협신피혁에서 공장폐수로를 청소하던 민종진 씨가 유독가스에 중독되어 질식사한 사건. 회사가 경비절감을 위해 폐수처리시설을 가동하지 않고 노동자가 그 속에 직접 들어가 청소하게 하여 일어났다.

수출목표 100억 불 달성

유신철폐 민주회복대학생연합시위

5월 2일_와이셔츠업체 임금인상투쟁 [신순애 83~84쪽]

7월 2일_민종진 가스질식사 항의시위 [신순애 87~88쪽]

7월 22일_이소선 구속, 노동교실 폐쇄

9월 9일_청계피복 노동자, 노동교실 농성투쟁 [신순애 89~92쪽]
이소선 석방 및 노동3권 보장요구

노동교실 농성투쟁
이소선 구속과 노동교실 강제폐쇄에 맞서 노동자들이 노동교실을 점거하고 농성에 돌입. 이때 청계피복 노동자들은 목숨을 걸고 싸웠으나, 결국 전원 연행되어 다섯 명이 구속되었다.

동일방직 '똥물사건'
동일방직 노조 선거일에 회사와 한국노총 섬유노조 본부 소속의 남자들이 대의원 투표를 위해 모인 여성노동자들에게 똥물을 퍼붓고 폭행한 사건. 당시 그 자리에 있던 경찰들은 도움을 요청하는 여성노동자들에게 오히려 욕설을 퍼부었다. 이에 노동자들이 농성을 시작하자 한국노총 섬유노조 본조는 동일방직 노조를 사고 지부로 규정하고, 조합원들의 자격을 박탈하고 제명시켰다.

전남 함평 고구마 부정수매사건

2월 21일_동일방직 '똥물사건'
한일도루코 노조 재결성(복구)

6월_한일도루코 노조, 회사의 노조 어용화에 맞서
민주파 지회장 당선 [박육남 296~299쪽]

10월_부마항쟁

1980

1월_ 남화전자 노조 결성과 갈등 [조분순 349~353쪽]
3월 2일_ 해태제과 8시간노동제 투쟁으로 확보
3월 3일_ 남화전자 민주노조확보투쟁 [조분순 354~356쪽]
4월 9일_ 청계피복 노동자 임금인상요구하며 철야농성(11일간 투쟁)
　　　　[신순애 105쪽, 김한영 138~140쪽, 이승숙 190쪽]
5월 9일_ 전국금속노련 산하 노동자들이
　　　　집행부의 어용성 규탄 농성,
　　　　금속노조민주화추진위원회 구성
5월 13일_ 원풍,동일방직, 금속노조 등,
　　　　어용노조 민주화와 노동3권 보장을
　　　　요구하며 한국노총 농성(~14일)
5월 15일_ 서울역 시위 '서울의 봄'
5월 17일_ 서통노조 결성
5월 18일_ 광주민중항쟁(~27일)
7월 1일_ 비상계엄하 노동조합 활동 지침 시달
8월 21일_ 신군부의 민주노조 탄압 구체화(제1차 노동계 정화조치)
9월 18일_ 노동계 정화조치로 이영순 지부장, 유옥순 간부직에서 해임 [유옥순 266쪽]
9월 20일_ 제2차 노동계 정화조치로 민주노조간부 방용석·김문수 등 191명 강제사표
12월_ 한일도루코 노조간부들 연행되어 20일간 고문뒤 석방,
　　　　이기창 부지회장 삼청교육대 끌려감 [박육남 315~318쪽]
12월 7일_ 합동수사본부, 청계노조 임현재 지부장 및 간부 7명 강제연행

> **노동계 정화조치**
> 1980년 정권을 장악한 신군부가 민주노조를 제거하고 노동운동을 원천봉쇄하기 위해 진행했던 조치. 제1차 정화조치로 전국 지역지부 160여 개가 모두 해체되었으며, 이로 인해 중소 영세사업장의 노조 결성과 운영은 심각한 타격을 받았다. 1980년 11월에는 '정화된 노조간부의 노조활동 금지 지침'을 발표해, 정화된 노동조합 간부들이 노조활동을 재개하거나 사업장 노조간부들을 접촉할수 없도록 했다. 또 신군부 세력의 노동계 정화조치에 순응하지 않는 사람들에 대해서는 보안사 등 국가기관이 연행하여 무수한 고문을 자행했고, 삼청교육대로 보내 참혹한 고통을 받도록 하였다. 정화조치에 의해 당시 노조에 열성적이었던 조합원들까지 이 조치의 희생자가 되어 해고의 길로 내몰렸다.

1981

1월 6일_ 청계피복 노조 해산명령 [유정숙 57~58쪽]
1월 22일_ 청계피복 노조 폐쇄
1월 30일_ 청계피복 노조, 노조 해산명령에 저항,
　　　　아시아·아메리카 자유노동기구(AAFLI) 한국사무소
　　　　농성, 11명 구속 [유정숙 58쪽, 김한영 140~142쪽]
3월 3일_ 제5공화국 출범
7월 11일_ 남화전자 노조, 노동부의 폐업조치로 해체 [조분순 357~359쪽]

> **청계피복노조 해산명령**
> 신군부의 탄압으로 서울시장 명의의 노조해산 명령서가 발부됨. 이 명령에 불복하자 경찰과 헌병이 노조사무실을 습격, 장부와 통장을 압수하고, 사무실 집기를 들어낸 후 출입문을 폐쇄함.

1982

2월 23일_ 콘트롤데이타 노조 쟁의돌입 [유옥순 267쪽]
3월 12일_ 콘트롤데이타, 이영순 전 지부장·유옥순 등 6명 해고
3월 15일_ 콘트롤데이타 노조, 철야농성과 정상근무를 반복하며 투쟁(8박9일) [유옥순 267쪽]
3월 18일_ 부산 미문화원 방화사건
6월 4일_ 콘트롤데이타, 경찰기동대 200여 명,
　　　　새벽 2시 30분경 협상회의장 난입하여 조합원 49명 강제연행
7월 7일_ 콘트롤데이타 노조 '철수반대투쟁' [유옥순 269~270쪽]
7월 15일_ 콘트롤데이타, 노조간부들 무차별 집단폭행당함(~16일)
7월 20일_ 콘트롤데이타 폐업 결정
8월 27일_ 치안본부, '야학연합회사건'으로 관련자 500여 명 연행
9월_ 원풍모방 노조 강제해산

> **원풍모방 노조 강제해산**
> 1970년대 설립된 민주노조 중 신군부정권 수립 이후 유일하게 남아 있던 원풍모방 노조가 경찰의 폭력에 의해 강제해산된 사건. 노조 탄압에도 불구하고 노조 파괴가 쉽지 않자, 회사와 정부는 1982년 9월 27일 폭력배를 고용해 노조사무실을 점거하고 조합원들을 마구잡이로 폭행하며 끌어냈다. 이에 조합원들은 노조사무실을 돌려주기를 요구하며 농성에 들어갔는데, 이 또한 10월 1일 경찰의 진압으로 해산당하고 만다.

1983

12월 16일_민주노조 출신 해고노동자들이 블랙리스트 철폐투쟁 전개

1984

3월 10일_한국노동자복지협의회 창립
4월 8일_청계노조 복구대회개최 [김한영 143~145쪽, 이승숙 198쪽]
4월 14일_청계노조 노조현판식
5월 1일_청계노조 합법성 공개토론회
6월 8일_가리봉전자 노조결성
6월 9일_대우어패럴 노조결성
6월 11일_선일섬유 노조결성
7월 14일_효성물산 노조결성
9월 19일_청계노조 1차 합법성 쟁취투쟁 노학연대투쟁
　　　　 [김한영 145~147쪽, 이승숙 199~200쪽]
10월 12일_청계노조 2차 합법성 쟁취 가두시위 [김한영 147~148쪽]
11월 18일_전태일 추도식 개최
11월 30일_택시기사 박종만 분신, 연대투쟁 [이승숙 202쪽]

> **청계노조 합법성 쟁취투쟁**
> 청계 노동자들은 1984년 4월 8일 명동성당에서 청계노조 복구대회를 개최한 이후 9월 19일부터 다섯 차례에 걸친 합법성 쟁취투쟁을 벌였다. 매회 2,000여 명의 노동자와 대학생들이 참여하여 1981년 강제해산시킨 청계노조의 합법화를 선언하였다. 이후 청계 노동자들은 정권의 노조 인정과는 무관하게 '법외 노조'로서 활동을 벌여 나갔다.

> **박종만 분신**
> 민경택시 기사였던 박종만은 1984년 11월 29일 노조사무장 이태길의 해고철회와 노조탄압 중지를 요구하며 동료들과 회사 앞마당에서 철야 연좌농성을 벌인 뒤 30일 오전 10시경 분신했다. 이에 청계피복 노조를 비롯해 민주화운동 진영의 사람들은 시신을 빼앗기지 않기 위해 시신이 안치된 병원으로 달려가 농성을 벌였다.

1985

3월_신정·목동주민 철거반대시위
　　　 민주통일민중운동연합(민통련) 결성
4월_구로, 대우어패럴, 효성물산, 가리봉전자 등 민주노조 임금인상투쟁
　　　　 [성훈화 399~400쪽]
4월 10일_경인지역 노동운동탄압저지투쟁위원회(노투) 결성 [조분순 365쪽]
4월 12일_청계노조 3차 합법성 쟁취시위 [이승숙 203~205쪽]
4월 16일_대우자동차 임금인상파업(~25일)
5월 1일_노투, 메이데이 집회와 영등포 가두시위
5월 23일_서울 미문화원 점거농성
4~5월_구로공단 민주노조들, 임금인상투쟁
6월 17일_노투 해고노동자 18명, 노조 탄압 중지 요구하며
　　　　　 신민당사 농성(~7월 1일)
6월 24일_구로동맹파업(~29일) [조분순 369쪽, 성훈화 401~405쪽]
7월 23일_구로동맹파업 해고노동자들, 가리봉 오거리 연좌농성 [성훈화 407쪽]
8월 25일_서울노동운동연합(서노련) 결성, 위원장 민종덕 구속
　　　　 [김한영 149쪽, 이승숙 206~207쪽, 조분순 369쪽]
10월 5일_전국노동자민중민주민족통일헌법쟁취위원회(전민헌쟁) 결성
10월 11일_전민헌쟁, 독재타도 대림동 가두시위
10월 16일_대림자동차(부평) 공장 이전 대책수립요구 파업농성
10월 22일_서노련과 청계노조를 '불법단체'로 규정하고, 해산명령
11월 13일_청계노조 4차 합법성 쟁취투쟁 [김한영 148~149쪽]
11월 17일_전태일 15주기 추모시위

> **구로동맹파업**
> 대우어패럴 노조간부 3인의 구속사건에 항의하여 6월 24일 구로공단의 대우어패럴, 선일섬유, 효성물산, 가리봉전자 등 노조원들이 동맹파업을 시작했다. 이 투쟁은 구속자 석방, 노동3권보장 등을 요구하며 10여 개 노동조합의 연대투쟁으로 발전했고, 전국 곳곳에서 민주화운동 세력들은 지지투쟁을 벌였다. 연대투쟁은 6월 29일 정권의 폭력으로 해산되었고 44명의 노동자들이 구속되었다. 구로동맹파업은 노동자들이 직접적인 이해를 뛰어넘어 선 최초의 연대파업이라는 점에서 큰 의미가 있었다.

1986

2월 12일_신민당 개헌운동 선언
3월 17일_신흥정밀 박영진 분신 [김한영 150쪽, 조분순 369~370쪽]
3월 22일_서노련, 전태일기념관 점거농성(~25일) [이승숙 207~208쪽, 조분순 370쪽]
3월 24일_구로 나우정밀 노동자 임금인상 요구하며 농성 [김덕종 447~449쪽]
4월 11일_청계노조 5차 합법성 쟁취투쟁
5월 3일_인천노동자항쟁 [박육남 326~327쪽]
5월 15일_서울노동운동연합 사건
6월 4일_권인숙 성고문사건 알려짐
9월 20일_서울아시안게임개최(~10월 5일)

> **박영진 분신**
> 1986년 3월 27일 신흥정밀 노동자 박영진은 근로기준법 준수, 부당노동행위 철회, 노동3권 보장을 요구하며 농성하던 중에 분신하였다. 분신 후 병원으로 이송된 박영진은 분신 13시간 만에 숨을 거두었다. 그의 장례식날에는 마석에서 청량리까지 노동자와 경찰 간의 치열한 투석전이 벌어졌다.

> **인천노동자항쟁(5·3항쟁)**
> 1986년 5월 3일 인천 남구 주안 사거리에서 80년 5월 광주항쟁 이후 최대 규모의 시위가 벌어졌다. 시위에 참가한 노동자들은 노동3권 보장, 생존권 보장을 요구하였고, 이날의 집회는 대규모 공장지역인 인천에서 벌어졌다는 점에서 전국적인 주목을 받게 된다. 시위 이후 전두환 정권은 이른바 '공안정국'을 조성하여 87년 6·29선언을 발표할 때까지 가혹한 탄압을 지속한다.

1987

1월 14일_박종철 고문치사사건
3월 21일_한국여성노동자회 결성 [유옥순 277~281쪽]
4월 13일_ 4·13호헌조치
6월 9일_이한열 최루탄 피격사건
6월 10일_국본, 박종철고문치사 규탄 및 호헌철폐를 위한 범국민대회개최
6월 16일_국본, 최루탄 추방의 날 선포
6월 29일_노태우 6·29선언
6월_6월 항쟁
7~9월_노동자대투쟁 [김한영 153~156쪽, 박육남 328쪽]
7월 15일_청계노조 사무실탈환투쟁 [김한영 155쪽]
8월 20일_나우정밀 노조결성 [김덕종 456~459쪽]
8월 30일_나우정밀 노조 임금인상투쟁 [김덕종 459~462쪽]

> **7·8·9월 노동자대투쟁**
> 1987년 7월 5일 현대엔진 노동자들의 민주노조결성을 시작으로 울산을 뒤덮은 노동자투쟁은 7·8·9월 거제, 마산, 창원 같은 남부지역, 중부지역 그리고 수도권을 뒤덮었다. 이 시기 참여 노동자 수는 122만 명으로 전국 노동자의 1/30나 되었다. 노동자들은 임금인상, 노동시간단축, 근로조건 개선, 인간적 대우, 두발 자유화 등을 요구했다. 투쟁의 성과로 민주노조가 전국 곳곳에 뿌리내렸다.

1988

2월 23일_청계노동자 신고필증확보를 위한 무기한 농성돌입 [이승숙 213~216쪽]
2월 25일_제6공화국 출범
5월 2일_청계노조 농성 70일, 신고필증 확보 [이승숙 216쪽]
5월 8일_나우정밀 노조 임금인상투쟁(8박 9일) [김덕종 469~471쪽]
5월 29일_서노협 결성(82개 노조 참여) [김덕종 471쪽]
6월 7일_전국노운협 결성
9월 17일_올림픽 개최(~10월 2일)
11월_농민 수입개방저지 여의도시위
11월 13일_전태일정신계승 및 노동악법개정을 위한 전국노동자대회
12월 12일_현대중공업, 유니온숍 인정 등을 요구하며 파업
(~1989년 4월 18일, '128일 파업')

> **1988년 전국노동자대회**
> 11월 13일 전태일 열사가 산화한 지 18년 만에 최초로 전국의 노동자들이 한자리에 모여 '전태일 열사 정신계승-전국노동자대회'를 연세대에서 열었다. 5만여 명의 참가 노동자들은 대회를 마치고 "노동법을 개정하라", "전두환, 이순자를 구속하라", "군부독재 타도하자", "전경련을 해체하라" 등의 구호를 외치면서 신촌을 지나 한강다리를 건너 국회의사당까지 진출했다. 이날을 기점으로 이후 매년 11월 13일에는 전국노동자대회가 열리기 시작했다.

1989

1월 2일_풍산금속 경찰투입 파업강제해산
3월 3일_청계피복 노조.임금인상투쟁(~4월 25일) [김한영 160쪽]
3월 25일_문익환 목사 방북(~4월 3일)
5월 4일_나우정밀 노조 임금인상투쟁(8박 9일 전면파업)
6월 30일_전대협 대표 임수경 방북(~8월 15일)
9월 22일_참교육을 위한 전국학부모회 창립
11월 12일_전국회의, 노동악법철폐 및 전노협건설을 위한 전국노동자대회, 가두시위
11월 17일_서노협, 총회투쟁, 노동악법철폐와 전노협건설탄압분쇄결의대회

전노협 결성

1990년 1월 22일 낮 12시 40분 경기도 수원의 성균관대 자연과학캠퍼스에서 '자본과
권력에 대처할 수 있는 노동자의 전국조직'의 기치를 내걸고 '전노협(전국노동조합협의
회)이 결성된다. 초대 위원장에는 단병호가 선출되고 전국 14개 지역, 2개 업종에 속한
6백여 개의 단위노조, 조합원 20만 명으로 구성된 '전노협'은 1995년 민주노총으로 전
환될 때까지 민주노조들이 주축이 된 유일한 노동자들의 전국조직으로 기능하였다.

1990

1월 22일_민정당·민주당·공화당 3당합당
1월 22일_전노협 결성 [김덕종 473~474쪽]
4월 12일_KBS노조 제작거부투쟁 시작
4월 24일_소련과 국교수교,
　　　　　북한, '우리식 사회주의' 주장
4월 25일_현대중공업, 노조간부구속항의 전면파업돌입
5월 1일_전노협, 세계노동절 101주년 기념 노운탄 분쇄와
　　　　　민중기본권쟁취를 위한 전국노동자대회, 전노협 전국총파업
5월 9일_범국민대책위, 민자당해체와 공안통치종식을 위한
　　　　　범국민대회 개최
**5월 17일_나우정밀 노조, 임금인상·무노동무임금 철회투쟁
　　　　　(70일 전면파업) [김덕종 474~479쪽]**
5월 18일_범국민대책위, 노태우정권퇴진 제2차 국민대회 개최
5월 25일_범국민대책위, 제3차 국민대회 개최
5월 26일_청계피복 노조 임금인상파업(~6월 6일)
9월 17일_남북한 UN 동시가입
12월 9일_16개 대기업노조, '연대를 위한 대기업노조회의' 결성

1990년 5월 전국 총파업투쟁

1990년 창립된 전노협은 정권의 지속적인 탄압 속에서도 KBS노동자들의 방송민
주화투쟁, 울산의 현대중공업 골리앗투쟁에 대해 지원연대투쟁을 벌이면서 연대
정신을 발휘하였다. 그 결과 민주노조운동을 지켜 내기 위해 전노협은 5월 총파
업을 벌였는데, 5월 1일 전국 155개 노조, 12만 명, 5월 3일 81개 노조, 9만 1천여
명, 5월 4일 155개 노조, 12만 명이 참여하였다. 5월 총파업투쟁은 한국전쟁 이후
최초의 전국총파업이었다.

1월 13일_원진레이온, 김봉환 산업재해 사망항의집회
2월 10일_대기업노동조합연대회의 간부 67명 연행
4월 26일_강경대군 교내시위 중 백골단의 쇠파이프에 맞아 사망
4월 27일_고(故)강경대 열사 폭력살인규탄과 공안통치종식을 위한
　　　　　범국민대책회의 결성
5월 1일_전노협, 세계노동절 102주년 기념대회 가두시위
5월 6일_한진중공업 박창수 위원장 의문사(안양병원)
5월 9일_전국투본, 시한부총파업 방침에 따라 98개 노조 총회투쟁
　　　　 서노협, 범국민대회참가(59개 노조)
5월 11일_전국투본, 고박창수위원장 옥중살인 및 원진직업병 살인규탄
　　　　　노태우 정권퇴진 결의대회(전국 14개 도시, 5만여 명 가두시위)
5월 18일_서울투본 총파업(22개 노조), 구로공단역 가두행진, 제2차국민대회 참가
10월 27일_국제노동기구(ILO)기본조약비준과 노동법개정을 위한 전국노동자공대위 출범
10월 27일_서노협, 노동법개정을 위한 서울지역 노동자등반대회(도봉산)
12월 9일_ILO 가입

박창수 위원장 의문사

1991년 4월 강경대 치사사건에 이어 5월 6일 한진중공업 노조 위원장 박창수가 의문사했다. 박창수 위원장은 입원 중이던 병원에서 사체로 발견되었는데, 당시 검찰은 명확한 수사 없이 추락자살로 결론지었고, 유족들과 아무런 합의도 없이 영안실에서 시신을 탈취하기까지 한다. 현재까지 사망원인이 밝혀지지 않은, 군부독재 시절 벌어진 수많은 의문사 사건 가운데 하나이다.

1월 7일_노동부, 총액임금제 적용대상 326개 사업장의 임금협상을
　　　　 총액 기준 5% 내로 타결토록 결정.
1월 15일_경총, 임금인상률 가이드라인 총액 기준의 4.5～5.5%로 결정 발표
4월 26일_ILO 공대위, 세계노동절투쟁기간 선포(～5월 6일)
5월 19일_서울투본, 총액제분쇄잔업거부투쟁(～5월 20일)
8월 24일_중국과 수교

2월 25일_제14대 김영삼 정부 출범
6월 1일_전국노동조합대표자회의(전노대) 출범
8월 12일_금융실명제 실시

4월 15일_우루과이 라운드 타결
6월 23일_전국기관차협의회, 변형근로시간제철폐,
　　　　　해고간부복직 등을 요구하며 전면파업돌입(～30일)
6월 24일_서울지하철노조 임금인상 요구하며 파업돌입(～30일)
11월 13일_민주노총(추), 민주노총건설을 위한 94년 전국노동자대회,
　　　　　민주노총(준) 발족선포

1995

5월 12일_현대자동차, 양봉수 대의원 분신
5월 13일_양봉수 분신대책위,
　　　　　양봉수 동지 분신 진상보고 및
　　　　　노조탄압규탄대회, 전면파업돌입
5월 16일_한국통신노조, 간부 64명의
　　　　　파면철회 요구하며 철야농성
6월 6일_한국통신, 경찰투입으로 명동성당과
　　　　　조계사에서 농성 중이던 간부 13명 구속
6월 27일_지방자치제 전면 실시
11월 11일_민주노총 창립
12월 3일_전두환 구속
12월 20일_5·18 특별법 제정

> **양봉수 대의원 분신**
> 1995년 5월 12일 현대자동차 노조 대의원 양봉수가 공장 본관 정문에서 온몸에 기름을 뿌리고 분신했다. 양봉수는 90년 현대자동차에 입사, 92년 성과분배투쟁으로 해고, 93년 복직하여, 94년 현대자동차 노동조합 대의원에 당선되었다. 95년 UPH(시간당 생산대수) 문제로 사측과 협상 중 사측의 일방적인 약속 파기에 항의하여 생산라인을 중단하며 다시 해고되었고, 복직투쟁 도중 분신하였다. 이 사건을 계기로 침체되어 있었던 현대자동차 내의 노동운동이 다시 결집하게 되었다.

1996

12월 12일_한국 OECD 가입
12월 26일_여당, 안기부법·노동법 날치기 통과
12월 26일_민주노총, 1단계 노동법개악반대 전국총파업투쟁돌입

> **1996, 97년 노동법 개악저지 총파업투쟁**
> 1996년 12월 26일 김영삼 정권이 정리해고제법제화 등으로 개악한 노동법과 안기부법을 날치기 통과시키자, 민주노총은 바로 총파업을 벌였다. 1996년 12월 26일에서부터 1997년 1월 말까지 3,206개 노조, 359만 7,011명이 참가한 한국전쟁 이후 최대 규모의 정치총파업이었다. 이 총파업은 정권의 반민주적 작태에 분노한 국민의 지지를 받으며 진행되었다.

1997

1월 3일_민주노총, 2단계 1차총파업
1월 7일_민주노총, 2단계 2차총파업 돌입
　　　　'날치기 노동법·안기부법 무효와 김영삼정권 퇴진결의대회' 개최
1월 15일_민주노총, 3단계 총파업투쟁(수요파업전환)
2월 28일_민주노총, 4단계 부분파업
3월 10일_국회, 노동법 개정안 통과
11월_경제위기, IMF 관리체제

1998

4월 4일_나우정밀 노조 해산 [김덕종 487~489쪽]
4월 26일_청계피복노조, 서울의류제조업 노조로 명칭 변경 [김한영 161쪽]

1999

2월 28일_남녀차별금지법 제정(7월 1일 시행)